受中央财经大学一流学科项目、北京财经研究

U0492585

中国与"一带一路"沿线国家
经贸投资发展报告
（2019～2020年）

伍晓光 林光彬 王卉彤 赵浚竹 著

REPORT ON THE DEVELOPMENT OF TRADE AND INVESTMENT COOPERATION BETWEEN CHINA AND COUNTRIES ALONG THE BELT AND ROAD INITIATIVE

中国财经出版传媒集团
经济科学出版社
Economic Science Press

图书在版编目（CIP）数据

中国与"一带一路"沿线国家经贸投资发展报告：2019~2020年/伍晓光等著. —北京：经济科学出版社，2020.12

ISBN 978-7-5218-2166-6

Ⅰ.①中… Ⅱ.①伍… Ⅲ.①"一带一路"–对外经贸合作–研究报告–中国–2019-2020 ②"一带一路"–对外投资–研究报告–中国–2019-2020 Ⅳ.① F125

中国版本图书馆CIP数据核字（2020）第240422号

责任编辑：李 雪 袁 溦
责任校对：蒋子明
责任印制：王世伟

中国与"一带一路"沿线国家经贸投资发展报告（2019~2020年）
伍晓光 林光彬 王卉彤 赵浚竹 著
经济科学出版社出版、发行 新华书店经销
社址：北京市海淀区阜成路甲28号 邮编：100142
总编部电话：010-88191217 发行部电话：010-88191522
网址：www.esp.com.cn
电子邮箱：esp@esp.com.cn
天猫网店：经济科学出版社旗舰店
网址：http://jjkxcbs.tmall.com
北京季蜂印刷有限公司印装
710×1000 16开 24.25印张 500000字
2020年12月第1版 2020年12月第1次印刷
ISBN 978-7-5218-2166-6 定价：96.00元
（图书出现印装问题，本社负责调换。电话：010-88191510）
（版权所有 侵权必究 打击盗版 举报热线：010-88191661
QQ：2242791300 营销中心电话：010-88191537
电子邮箱：dbts@esp.com.cn）

前　言

根据国家发改委统计数据表明，截至 2020 年 11 月，我国已与 138 个国家、31 个国际组织签署 201 份共建"一带一路"合作文件[①]。自 2013 年，习近平总书记提出"一带一路"倡议以来，中国与"一带一路"沿线国家的经贸合作取得了举世瞩目的成就，国际贸易、投资、工程合作等方面的合作规模不断加大、合作领域不断深入。中国与"一带一路"沿线国家发挥各自比较优势，资源互补、互惠互利，对双方国家的经济增长、就业、人民收入水平提高，发挥了积极的作用。

关于中国与"一带一路"沿线国家经贸、投资合作指数的文献，已有大量的图书出版。但对于贸易投资合作指数的结构性细化、时效性，受数据来源等诸多因素的影响，还有待进一步提高效率。本报告是基于中央财经大学一流学科建设项目"中国与'一带一路'国家贸易投资跟踪研究"支持，围绕中国与"一带一路"沿线国家进出口贸易、双向直接投资合作的发展现状展开研究，发布了 2019 年中国与"一带一路"沿线的贸易投资指数（结构、竞争、互补），并给出了各细节指标中的"一带一路"合作排名。同时，针对中国"一带一路"倡议五周年，经贸投资合作发展的成就，也给出了数据指标和排行榜。本报告发布的指数，是目前使用各机构数据来源中，较新的版本。

本书所有数据来自于联合国商品贸易统计数据库、世界银行数据库、世界贸易组织数据库、联合国贸易和发展会议数据库等官方数据库；同时，大量的原始数据依据：2013~2019 年《世界发展报告》（World Development Report）、《世界经济展望报告》（World Economy Outlook）、《区域经济展望报告》（Regional Economic Outlook）、《世界经济形势与展望报告》（World Economic Situation and Prospects）、《世界贸易报告》（World Trade Report）、《世界关税概括》（World Tariff Profiles）、《贸易和发展报告》（Trade and Development Report）、《国际贸易统计报告》（International Trade Statistics）、《世界投资报告》（World Investment Report）、《世界投资前景调查报告》（World Investment Prospects Survey）、《营商环境报告》、《全球竞争力报告》、《中国对外直接投资统计公报》、《中国国际收支报告》、《对外投资合作国别（区域）指南》、《中国对外直接投资统计公报》和

[①] 戴小河，安蓓. 我国已与 138 个国家、31 个国际组织签署 201 份共建"一带一路"合作文件［EB/OL］.（2020-11-17）[2020-11-30].http://www.xinhuanet.com/world/2020-11/17/c_1126752050.htm.

《中国外资公报》等报告。在编撰此书中，经过大量整理和复杂的计算，得到了本报告的经贸投资竞争与互补指标体系。同时，本书于2020年9月再次更新了2019年相关数据和指标，以期保证报告的时效性。

本报告的结构、指标体系、指标测算、技术指导由中央财经大学财经研究院林光彬教授、王卉彤教授、伍晓光老师主持完成。课题组成员包括中央财经大学2018级和2019级研究生魏诗谣、艾丽婷、李家政、张亚男、王琪同学。在全体成员的共同努力和无私付出中，关于数据的计算、检验、更新、报告的编写工作有条不紊地推进。

当然，受原始数据发布时间的限制，我们报告的数据时效性，还有待进一步提升。撰写中的失误与错误，还请社会读者、专家赐教。

作者

2020年11月

目 录

第一章 "一带一路"沿线国家经济发展基本情况 ······ 1
　第一节 "一带一路"沿线国家经济发展现状 ······ 1
　　一、经济增长规模、速度及发展水平 ······ 1
　　二、经济产业发展概况 ······ 6
　　三、财政收入概况 ······ 10
　　四、对外贸易依存度概况 ······ 11
　　五、汇率概况 ······ 13
　　六、失业率概况 ······ 14
　第二节 "一带一路"沿线国家近年经济发展走势（2014~2019年） ······ 16
　　一、经济增长速度及发展水平 ······ 16
　　二、经济产业发展概况 ······ 19
　　三、财政收入 ······ 23
　　四、对外贸易依存度 ······ 25
　　五、汇率 ······ 26
　　六、失业率 ······ 28

第二章 "一带一路"沿线国家对外贸易投资及与中国经贸合作发展概况 ······ 30
　第一节 "一带一路"沿线国家对外贸易投资发展及与中国经贸联系现状 ······ 30
　　一、进口贸易规模及与中国联系现状 ······ 30
　　二、出口贸易规模及与中国联系现状 ······ 39
　　三、净出口贸易规模与联系 ······ 44
　　四、国际直接投资流入规模与联系 ······ 47
　　五、国际直接投资流出规模与联系 ······ 52

第二节 "一带一路"沿线国家对外贸易投资发展及与中国经贸联系
　　　　走势（2014~2019年）………………………………………… 56
　　一、进口贸易规模与联系走势 ………………………………………… 56
　　二、出口贸易规模与联系走势 ………………………………………… 60
　　三、净出口贸易规模与联系走势 ……………………………………… 63
　　四、国际直接投资流入规模与联系走势 ……………………………… 66
　　五、国际直接投资流出规模与联系走势 ……………………………… 69

第三章 中国与"一带一路"沿线国家进出口贸易的要素结构特征 …… 73
　第一节 "一带一路"沿线国家对中国进出口贸易的要素结构 ……… 73
　　一、"一带一路"沿线国家对中国出口贸易的要素结构 …………… 73
　　二、"一带一路"沿线国家对中国进口贸易的要素结构 …………… 79
　第二节 中国对"一带一路"沿线国家进出口贸易的要素结构 ……… 85
　　一、中国对"一带一路"沿线国家出口贸易的要素结构 …………… 85
　　二、中国对"一带一路"沿线国家进口贸易的要素结构 …………… 92

第四章 中国与"一带一路"沿线国家进出口贸易的技术结构特征 …… 99
　第一节 "一带一路"沿线国家对中国进出口贸易的技术结构 ……… 99
　　一、"一带一路"沿线国家对中国出口贸易的技术结构 …………… 99
　　二、"一带一路"沿线国家对中国进口贸易的技术结构 …………… 106
　第二节 中国对"一带一路"沿线国家进出口贸易的技术结构 ……… 112
　　一、中国对"一带一路"沿线国家出口贸易的技术结构 …………… 112
　　二、中国对"一带一路"沿线国家进口贸易的技术结构 …………… 118

第五章 中国与"一带一路"沿线国家经贸联系的竞争性指数 ………… 125
　第一节 中国与"一带一路"沿线国家贸易的显示性比较优势指数 … 125
　　一、"一带一路"沿线国家对中国贸易的显示性比较优势指数 …… 125
　　二、中国对"一带一路"沿线国家贸易的显示性比较优势指数 …… 140
　第二节 中国与"一带一路"沿线国家的贸易条件指数 ……………… 152
　第三节 中国与"一带一路"沿线国家贸易的出口相似度指数 ……… 156
　第四节 中国与"一带一路"沿线国家贸易的产品竞争性指数 ……… 160
　　一、"一带一路"沿线国家对中国贸易的产品竞争性指数 ………… 160

二、中国对"一带一路"沿线国家贸易的产品竞争性指数 …………… 164

第六章　中国与"一带一路"沿线国家经贸联系的互补性指数 …………… 168
　第一节　中国与"一带一路"沿线国家的产业内贸易指数 …………… 168
　　一、"一带一路"沿线国家对中国的产业内贸易指数 …………… 168
　　二、中国对"一带一路"沿线国家的产业内贸易指数 …………… 182
　第二节　中国与"一带一路"沿线国家的贸易依存度指数 …………… 194
　　一、"一带一路"沿线国家对中国的贸易依存度指数 …………… 194
　　二、中国对"一带一路"沿线国家的贸易依存度指数 …………… 198
　第三节　中国与"一带一路"沿线国家贸易的产品互补性指数 …………… 201
　　一、"一带一路"沿线国家出口与中国进口的产品互补性指数 ……… 202
　　二、中国出口与"一带一路"沿线国家进口的产品互利性指数 ……… 214

附　表 …………………………………………………………………… 226

第一章 "一带一路"沿线国家经济发展基本情况

第一节 "一带一路"沿线国家经济发展现状

一、经济增长规模、速度及发展水平

（一）经济增长规模——国内生产总值[①]

2019年，"一带一路"沿线国家中，国内生产总值（GDP）排名前十的是印度、俄罗斯、印度尼西亚、沙特阿拉伯、土耳其、波兰、泰国、阿联酋、以色列和菲律宾（见表1-1）。按经济体所属区域划分[②]，东南亚国家中，国内生产总值排名前五[③]的是印度尼西亚、泰国、菲律宾、新加坡和马来西亚；东欧中亚国家中，国内生产总值排名前三的是俄罗斯、哈萨克斯坦和乌克兰；南亚国家中，国内生产总值排名前三的是印度、孟加拉国和巴基斯坦；西亚北非国家中，国内生产总值排名前三的是沙特阿拉伯、土耳其和阿联酋；中东欧国家中，国内生产总值排名前五的是波兰、罗马尼亚、捷克、匈牙利和斯洛伐克（见表1-2）。

[①] 2019年，"一带一路"沿线国家国内生产总值数据详见附表1-1。

[②] 其中，东南亚国家包括：印度尼西亚、泰国、马来西亚、越南、新加坡、菲律宾、老挝、文莱和东帝汶。东欧中亚国家包括：蒙古国、俄罗斯、乌克兰、格鲁吉亚、阿塞拜疆、亚美尼亚、摩尔多瓦、哈萨克斯坦、乌兹别克斯坦、土库曼斯坦、吉尔吉斯斯坦和塔吉克斯坦（为了统计方便，蒙古国、俄罗斯、格鲁吉亚、阿塞拜疆、亚美尼亚都放在本区域分析）。南亚国家包括：印度、巴基斯坦、孟加拉国、斯里兰卡、阿富汗、尼泊尔、马尔代夫和不丹。西亚北非国家包括：沙特阿拉伯、阿联酋、阿曼、伊朗、土耳其、以色列、埃及、科威特、伊拉克、卡塔尔、约旦、黎巴嫩、巴林、也门、叙利亚和巴勒斯坦。中东欧国家包括：波兰、罗马尼亚、捷克、斯洛伐克、保加利亚、匈牙利、拉脱维亚、立陶宛、斯洛文尼亚、爱沙尼亚、克罗地亚、阿尔巴尼亚、塞尔维亚、北马其顿（原"马其顿共和国"于2019年2月正式更名，本书均用"北马其顿"指代该国）、波黑和黑山。全书划分方式同此。

[③] 根据对象国的经济体量和与中国的经贸联系程度，分区域排名，东南亚国家和中东欧国家给出前五排名，其他区域给出前三排名，全书排名方式同此。

表 1-1　　　　2019年"一带一路"沿线国家国内生产总值排名　　　单位：亿美元

国家	国内生产总值
印度	28751.4
俄罗斯	16998.8
印度尼西亚	11191.9
沙特阿拉伯	7929.7
土耳其	7544.1
波兰	5921.6
泰国	5436.5
阿联酋	4211.4
以色列	3951.0
菲律宾	3768.0

资料来源：作者根据世界银行数据库数据计算。

表 1-2　　　2019年"一带一路"沿线国家分区域国内生产总值排名　　　单位：亿美元

区域	国家	国内生产总值
东南亚国家	印度尼西亚	11191.9
	泰国	5436.5
	菲律宾	3768.0
	新加坡	3720.6
	马来西亚	3647.0
东欧中亚国家	俄罗斯	16998.8
	哈萨克斯坦	1801.6
	乌克兰	1537.8
南亚国家	印度	28751.4
	孟加拉国	3025.7
	巴基斯坦	2782.2
西亚北非国家	沙特阿拉伯	7929.7
	土耳其	7544.1
	阿联酋	4211.4
中东欧国家	波兰	5921.6
	罗马尼亚	2500.8
	捷克	2464.9
	匈牙利	1609.7
	斯洛伐克	1054.2

资料来源：作者根据世界银行数据库数据计算。

（二）经济增长速度——国内生产总值增速[①②]

2019 年，“一带一路”沿线国家中，国内生产总值增速排名前十的是埃及、乌克兰、乌兹别克斯坦、菲律宾、孟加拉国、柬埔寨、亚美尼亚、塔吉克斯坦、泰国和马尔代夫（见表 1–3）。按经济体所属区域划分，东南亚国家中，国内生产总值增速排名前五的是菲律宾、柬埔寨、泰国、印度尼西亚和缅甸；东欧中亚国家中，国内生产总值增速排名前三的是乌克兰、乌兹别克斯坦和亚美尼亚；南亚国家中，国内生产总值增速排名前三的是孟加拉国、马尔代夫和印度；西亚北非国家中，国内生产总值增速排名前三的是埃及、以色列和伊拉克；中东欧国家中，国内生产总值增速排名前五的是罗马尼亚、保加利亚、爱沙尼亚、匈牙利和塞尔维亚（见表 1–4）。

表 1–3　2019 年“一带一路”沿线国家国内生产总值增速排名　单位：%

国家	增速
埃及	20.8
乌克兰	17.5
乌兹别克斯坦	14.9
菲律宾	13.9
孟加拉国	10.4
柬埔寨	10.4
亚美尼亚	9.8
塔吉克斯坦	7.9
泰国	7.7
马尔代夫	7.5

资料来源：作者根据世界银行数据库数据计算。

① 2019 年，“一带一路”沿线国家国内生产总值增速数据详见附表 1–1。

② 本书中增速计算方法：（1）当间隔年份为奇数且基期为正数时，计算公式为 {（现期 / 基期）^[1/（间隔年份）] –1 } ×100%；（2）当间隔年份为奇数且基期为负数时，计算公式为 { 1–（现期 / 基期）^ [1/（间隔年份）]} ×100%；（3）当间隔年份为偶数且基期、现期均为正数时，计算公式为 {（现期 / 基期）^[1/（间隔年份）]–1 }×100%；（4）当间隔年份为偶数且基期为正数、现期为负数时，计算公式为 [（现期 / 基期 –1）/ 间隔年份] ×100%；（5）当间隔年份为偶数且基期为负数时，计算公式为 [（1– 现期 / 基期）/ 间隔年份）] ×100%。

表1-4　2019年"一带一路"沿线国家分区域国内生产总值增速排名　　单位:%

区域	国家	增速
东南亚国家	菲律宾	13.9
	柬埔寨	10.4
	泰国	7.7
	印度尼西亚	7.4
	缅甸	6.8
东欧中亚国家	乌克兰	17.5
	乌兹别克斯坦	14.9
	亚美尼亚	9.8
南亚国家	孟加拉国	10.4
	马尔代夫	7.5
	印度	5.8
西亚北非国家	埃及	20.8
	以色列	6.6
	伊拉克	4.4
中东欧国家	罗马尼亚	4.4
	保加利亚	4.3
	爱沙尼亚	2.1
	匈牙利	2.0
	塞尔维亚	1.6

资料来源:作者根据世界银行数据库数据计算。

(三)经济发展水平——人均国内生产总值(人均GDP)[①]

2019年,"一带一路"沿线国家中,人均国内生产总值排名前十的是新加坡、卡塔尔、以色列、阿联酋、科威特、文莱、斯洛文尼亚、爱沙尼亚、巴林和沙特阿拉伯(见表1-5)。按经济体所属区域划分,东南亚国家中,人均国内生产总值排名前五的是新加坡、文莱、马来西亚、泰国和印度尼西亚;东欧中亚国家中,人均国内生产总值排名前三的是俄罗斯、哈萨克斯坦和阿塞拜疆;南亚国家中,人均国内生产总值排名前三的是马尔代夫、斯里兰卡和印度;西亚北非国家中,人均国内生产总值排名前三的是卡塔尔、以色列和阿联酋;中东欧国家中,国内人均生产总值增速排名前五的是斯洛文尼亚、爱沙尼亚、捷克、立陶宛和斯洛伐克(见表1-6)。

---

① 2019年,"一带一路"沿线国家人均国内生产总值数据详见附表1-2。

表1-5　　2019年"一带一路"沿线国家人均国内生产总值排名　　单位：美元

国家	人均国内生产总值
新加坡	65233.3
卡塔尔	64781.7
以色列	43641.4
阿联酋	43103.3
科威特	32032.0
文莱	31086.8
斯洛文尼亚	25739.2
爱沙尼亚	23659.9
巴林	23504.0
沙特阿拉伯	23139.8

资料来源：作者根据世界银行数据库数据计算。

表1-6　　2019年"一带一路"沿线国家分区域人均国内生产总值排名　　单位：美元

区域	国家	人均国内生产总值
东南亚国家	新加坡	65233.3
	文莱	31086.8
	马来西亚	11414.8
	泰国	7808.2
	印度尼西亚	4136.6
东欧中亚国家	俄罗斯	11585.0
	哈萨克斯坦	9731.1
	阿塞拜疆	4793.6
南亚国家	马尔代夫	10790.0
	斯里兰卡	3853.0
	印度	2104.0
西亚北非国家	卡塔尔	64781.7
	以色列	43641.4
	阿联酋	43103.3
中东欧国家	斯洛文尼亚	25739.2
	爱沙尼亚	23659.9
	捷克	23101.8
	立陶宛	19455.5
	斯洛伐克	19329.1

资料来源：作者根据世界银行数据库数据计算。

二、经济产业发展概况

(一)农业产值①

由于2019年"一带一路"沿线国家农业产值的数据未更新,本书选取2018年的数据进行分析。2018年,"一带一路"沿线国家中,农业产值排名前十的是印度、印度尼西亚、巴勒斯坦、俄罗斯、土耳其、泰国、越南、孟加拉国、菲律宾和埃及(见表1-7)。按经济体所属区域划分,东南亚国家中,农业产值排名前五的是印度尼西亚、泰国、越南、菲律宾和马来西亚;东欧中亚国家中,农业产值排名前三的是俄罗斯、乌兹别克斯坦和乌克兰;南亚国家中,农业产值排名前三的是印度、巴基斯坦和孟加拉国;西亚北非国家中,农业产值排名前三的是土耳其、埃及和沙特阿拉伯;中东欧国家中,农业产值增速排名前五的是波兰、罗马尼亚、匈牙利、捷克和塞尔维亚(见表1-8)。

表1-7　　　2018年"一带一路"沿线国家农业产值排名　　　单位:亿美元

国家	农业产值
印度	3969.9
印度尼西亚	1334.8
巴基斯坦	718.9
俄罗斯	521.6
土耳其	448.7
泰国	409.9
越南	360.0
孟加拉国	358.3
菲律宾	307.2
埃及	281.6

资料来源:作者根据世界银行数据库数据计算。

表1-8　　　2018年"一带一路"沿线国家分区域农业产值排名　　　单位:亿美元

区域	国家	农业产值
东南亚国家	印度尼西亚	1334.8
	泰国	409.9
	越南	360.0
	菲律宾	307.2
	马来西亚	270.3

① 2018年,"一带一路"沿线国家农业产值数据详见附表1-3。

续表

区域	国家	农业产值
东欧中亚国家	俄罗斯	521.6
	乌兹别克斯坦	145.4
	乌克兰	132.6
南亚国家	印度	3969.9
	巴基斯坦	718.9
	孟加拉国	358.3
西亚北非国家	土耳其	448.7
	埃及	281.6
	沙特阿拉伯	175.0
中东欧国家	波兰	123.4
	罗马尼亚	104.1
	匈牙利	56.1
	捷克	48.2
	塞尔维亚	32.1

资料来源：作者根据世界银行数据库数据计算。

（二）工业产值①

由于2019年"一带一路"沿线国家工业产值的数据未更新，本书选取2018年的数据进行分析。2018年，"一带一路"沿线国家中，工业产值排名前十的是印度、俄罗斯、印度尼西亚、沙特阿拉伯、土耳其、阿联酋、泰国、波兰、马来西亚和伊拉克（见表1-9）。按经济体所属区域划分，东南亚国家中，工业产值排名前五的是印度尼西亚、泰国、马来西亚、菲律宾和新加坡；东欧中亚国家中，工业产值排名前三的是俄罗斯、哈萨克斯坦和乌克兰；南亚国家中，工业产值排名前三的是印度、孟加拉国和巴基斯坦；西亚北非国家中，工业产值排名前三的是沙特阿拉伯、土耳其和阿联酋；中东欧国家中，工业产值增速排名前五的是波兰、捷克、罗马尼亚、北马其顿和黑山（见表1-10）。

表1-9　　　　2018年"一带一路"沿线国家工业产值排名　　　　单位：亿美元

国家	工业产值
印度	7271.6
俄罗斯	5315.1
印度尼西亚	4140.6
沙特阿拉伯	3896.5

---

① 2018年，"一带一路"沿线国家工业产值数据详见附表1-4。

续表

国家	工业产值
土耳其	2273.4
阿联酋	1937.9
泰国	1766.2
波兰	1675.9
马来西亚	1373.3
伊拉克	1257.9

资料来源：作者根据世界银行数据库数据计算。

表1-10　2018年"一带一路"沿线国家分区域工业产值排名　　单位：亿美元

区域	国家	工业产值
东南亚国家	印度尼西亚	4140.6
	泰国	1766.2
	马来西亚	1373.3
	菲律宾	1017.5
	新加坡	917.7
东欧中亚国家	俄罗斯	5315.1
	哈萨克斯坦	600.7
	乌克兰	304.8
南亚国家	印度	7271.6
	孟加拉国	782.0
	巴基斯坦	565.8
西亚北非国家	沙特阿拉伯	3896.5
	土耳其	2273.4
	阿联酋	1937.9
中东欧国家	波兰	1675.9
	捷克	789.4
	罗马尼亚	694.1
	北马其顿	29.9
	黑山	8.8

资料来源：作者根据世界银行数据库数据计算。

（三）服务业产值[①]

由于2018年及2019年"一带一路"沿线国家服务业产值的数据未更新，本

[①] 2017年，"一带一路"沿线国家服务业产值数据详见附表1-5。

书选取2017年的数据进行分析。2017年,"一带一路"沿线国家中,服务业产值排名前十的是印度、俄罗斯、土耳其、印度尼西亚、沙特阿拉伯、波兰、伊朗、泰国、新加坡和菲律宾(见表1-11)。按经济体所属区域划分,东南亚国家中,服务业产值排名前五的是印度尼西亚、泰国、新加坡、菲律宾和马来西亚;东欧中亚国家中,服务业产值排名前三的是俄罗斯、哈萨克斯坦和乌克兰;南亚国家中,服务业产值排名前三的是印度、巴基斯坦和孟加拉国;西亚北非国家中,服务业产值排名前三的是土耳其、沙特阿拉伯和伊朗;中东欧国家中,服务业产值增速排名前五的是波兰、罗马尼亚、斯洛伐克、保加利亚和匈牙利(见表1-12)。

表1-11　　　2017年"一带一路"沿线国家服务业产值排名　　　单位:亿美元

国家	服务业产值
印度	12709.7
俄罗斯	8863.2
土耳其	4537.6
印度尼西亚	4430.6
沙特阿拉伯	3587.4
波兰	3058.0
伊朗	2872.2
泰国	2563.4
新加坡	2281.5
菲律宾	1878.1

资料来源:作者根据世界银行数据库数据计算。

表1-12　　　2017年"一带一路"沿线国家分区域服务业产值排名　　　单位:亿美元

区域	国家	服务业产值
东南亚国家	印度尼西亚	4430.6
	泰国	2563.4
	新加坡	2281.5
	菲律宾	1878.1
	马来西亚	1602.8
东欧中亚国家	俄罗斯	8863.2
	哈萨克斯坦	915.7
	乌克兰	563.8

续表

区域	国家	服务业产值
南亚国家	印度	12709.7
	巴基斯坦	1619.1
	孟加拉国	1335.4
西亚北非国家	土耳其	4537.6
	沙特阿拉伯	3587.4
	伊朗	2872.4
中东欧国家	波兰	3058.0
	罗马尼亚	1189.7
	斯洛伐克	531.2
	保加利亚	331.5
	匈牙利	331.5

资料来源：作者根据世界银行数据库数据计算。

三、财政收入概况[①]

由于2019年"一带一路"沿线国家财政收入的数据未更新，本书选取2018年的数据进行分析。2018年，"一带一路"沿线国家中，财政收入排名前十的是斯里兰卡、印度、阿富汗、俄罗斯、印度尼西亚、泰国、新加坡、马来西亚、菲律宾和巴基斯坦（见表1-13）。按经济体所属区域划分，东南亚国家中，财政收入排名前五的是印度尼西亚、泰国、新加坡、马来西亚和菲律宾；东欧中亚国家中，财政收入排名前三的是俄罗斯、乌克兰和哈萨克斯坦；南亚国家中，财政收入排名前三的是斯里兰卡、印度和阿富汗；西亚北非国家中，财政收入排名前三的是沙特阿拉伯、土耳其和以色列；中东欧国家中，财政收入排名前三的是波黑、阿尔巴尼亚和北马其顿（见表1-14）。

表1-13　　　　2018年"一带一路"沿线国家财政收入排名　　　　单位：亿美元

国家	财政收入
斯里兰卡	17123.2
印度	5497.0
阿富汗	3968.4
俄罗斯	1900.8
印度尼西亚	1354.2

---

① 2018年，"一带一路"沿线国家财政收入数据详见附表1-6。

续表

国家	财政收入
泰国	982.7
新加坡	668.9
马来西亚	577.1
菲律宾	513.5
巴基斯坦	432.2

资料来源：作者根据世界银行数据库数据计算。

表1-14　　2018年"一带一路"沿线国家分区域财政收入排名　　单位：亿美元

区域	国家	财政收入
东南亚国家	印度尼西亚	1354.2
	泰国	982.7
	新加坡	668.9
	马来西亚	577.1
	菲律宾	513.5
东欧中亚国家	俄罗斯	1900.8
	乌克兰	263.6
	哈萨克斯坦	210.2
南亚国家	斯里兰卡	17123.2
	印度	5497.0
	阿富汗	3968.4
西亚北非国家	沙特阿拉伯	241.6
	土耳其	237.6
	以色列	117.8
中东欧国家	波黑	78.5
	阿尔巴尼亚	38.6
	北马其顿	34.0

资料来源：作者根据世界银行数据库数据计算。

四、对外贸易依存度概况[①]

2019年，"一带一路"沿线国家中，对外贸易依存度排名前十的是新加坡、越南、斯洛伐克、斯洛文尼亚、捷克、匈牙利、柬埔寨、北马其顿、阿联酋和立陶宛（见表1-15）。按经济体所属区域划分，东南亚国家中，对外贸易依存度排名前五的是新加坡、越南、柬埔寨、马来西亚和泰国；东欧中亚国家中，对外贸易

---

① 2019年，"一带一路"沿线国家对外贸易依存度数据详见附表1-7。

依存度排名前三的是蒙古国、吉尔吉斯斯坦和格鲁吉亚；南亚国家中，对外贸易依存度排名前三的是马尔代夫、阿富汗和尼泊尔；西亚北非国家中，对外贸易依存度排名前三的是阿联酋、阿曼和巴林；中东欧国家中，对外贸易依存度排名前五的是斯洛伐克、斯洛文尼亚、捷克、匈牙利和北马其顿（见表1-16）。

表1-15　2019年"一带一路"沿线国家对外贸易依存度排名　　　单位：%

国家	对外贸易依存度
新加坡	201.6
越南	197.8
斯洛伐克	170.5
斯洛文尼亚	165.3
捷克	152.9
匈牙利	151.2
柬埔寨	133.6
北马其顿	131.2
阿联酋	128.7
立陶宛	126.8

资料来源：作者根据世界贸易组织数据库、世界银行数据库数据计算。

表1-16　2019年"一带一路"沿线国家分区域对外贸易依存度排名　　　单位：%

区域	国家	对外贸易依存度
东南亚国家	新加坡	201.6
	越南	197.8
	柬埔寨	133.6
	马来西亚	121.5
	泰国	88.8
东欧中亚国家	蒙古国	99.2
	吉尔吉斯斯坦	81.3
	格鲁吉亚	72.3
南亚国家	马尔代夫	56.7
	阿富汗	43.8
	尼泊尔	42.6
西亚北非国家	阿联酋	128.7
	阿曼	84.8
	巴林	78.8

续表

区域	国家	对外贸易依存度
中东欧国家	斯洛伐克	170.5
	斯洛文尼亚	165.3
	捷克	152.9
	匈牙利	151.2
	北马其顿	131.2

资料来源：作者根据世界贸易组织数据库、世界银行数据库数据计算。

五、汇率概况[①]

2019年，"一带一路"沿线国家中，汇率稳定性排名前十的是东帝汶、沙特阿拉伯、阿联酋、阿曼、卡塔尔、约旦、黎巴嫩、巴林、阿塞拜疆和马尔代夫（见表1-17）。按经济体所属区域划分，东南亚国家中，汇率稳定性排名前五的是东帝汶、柬埔寨、印度尼西亚、文莱和新加坡；东欧中亚国家中，汇率稳定性排名前三的是阿塞拜疆、亚美尼亚和吉尔吉斯斯坦；南亚国家中，汇率稳定性排名前三的是马尔代夫、不丹和孟加拉国；西亚北非国家中，汇率稳定性排名前三的是沙特阿拉伯、阿联酋和阿曼；中东欧国家中，汇率稳定性排名前五的是阿尔巴尼亚、塞尔维亚、保加利亚、黑山和波黑（见表1-18）。

表1-17　　　　2019年"一带一路"沿线国家汇率稳定性排名　　　　单位：%

国家	年均波动率
东帝汶	0.0
沙特阿拉伯	0.0
阿联酋	0.0
阿曼	0.0
卡塔尔	0.0
约旦	0.0
黎巴嫩	0.0
巴林	0.0
阿塞拜疆	0.0
马尔代夫	0.1

资料来源：作者根据世界银行数据库数据计算。

[①] 2019年，"一带一路"沿线国家汇率数据详见附表1-8。

表1-18 2019年"一带一路"沿线国家分区域汇率稳定性排名 单位：%

区域	国家	年均波动率
东南亚国家	东帝汶	0.0
	柬埔寨	0.2
	印度尼西亚	0.6
	文莱	1.1
	新加坡	1.1
东欧中亚国家	阿塞拜疆	0.0
	亚美尼亚	0.5
	吉尔吉斯斯坦	1.4
南亚国家	马尔代夫	0.1
	不丹	0.1
	孟加拉国	1.2
西亚北非国家	沙特阿拉伯	0.0
	阿联酋	0.0
	阿曼	0.0
中东欧国家	阿尔巴尼亚	1.7
	塞尔维亚	5.1
	保加利亚	5.4
	黑山	5.4
	波黑	5.4

资料来源：作者根据世界银行数据库数据计算。

六、失业率概况[①]

2019年，"一带一路"沿线国家中，失业率排名前十的是巴勒斯坦、波黑、北马其顿、亚美尼亚、约旦、黑山、格鲁吉亚、也门、塞尔维亚和阿尔巴尼亚（见表1-19）。按经济体所属区域划分，东南亚国家中，失业率排名前五的是文莱、印度尼西亚、新加坡、马来西亚和东帝汶；东欧中亚国家中，失业率排名前三的是亚美尼亚、格鲁吉亚和塔吉克斯坦；南亚国家中，失业率排名前三的是马尔代夫、斯里兰卡和孟加拉国；西亚北非国家中，失业率排名前三的是巴勒斯坦、约旦和也门；中东欧国家中，失业率排名前五的是波黑、北马其顿、黑山、塞尔维亚和阿尔巴尼亚（见表1-20）。

---

① 2019年，"一带一路"沿线国家失业率数据详见附表1-9。

表 1-19　　　　2019 年"一带一路"沿线国家失业率排名　　　　单位：%

国家	失业率
巴勒斯坦	29.9
波黑	18.4
北马其顿	17.8
亚美尼亚	17.7
约旦	14.9
黑山	14.9
格鲁吉亚	14.2
也门	12.8
塞尔维亚	12.7
阿尔巴尼亚	12.3

资料来源：作者根据世界银行数据库数据计算。

表 1-20　　　2019 年"一带一路"沿线国家分区域失业率排名　　　单位：%

区域	国家	失业率
东南亚国家	文莱	9.2
	印度尼西亚	4.4
	新加坡	3.6
	马来西亚	3.4
	东帝汶	3.0
东欧中亚国家	亚美尼亚	17.7
	格鲁吉亚	14.2
	塔吉克斯坦	11.1
南亚国家	马尔代夫	6.4
	斯里兰卡	4.3
	孟加拉国	4.3
西亚北非国家	巴勒斯坦	29.9
	约旦	14.9
	也门	12.8
中东欧国家	波黑	18.4
	北马其顿	17.8
	黑山	14.9
	塞尔维亚	12.7
	阿尔巴尼亚	12.3

资源来源：根据世界银行数据库数据计算。

第二节 "一带一路"沿线国家近年经济发展走势（2014~2019年）

一、经济增长速度及发展水平

（一）经济增长速度——国内生产总值增速[①]

2014~2019年，"一带一路"沿线国家中，国内生产总值年均增速排名前十的是孟加拉国、柬埔寨、马尔代夫、尼泊尔、印度、越南、老挝、泰国、菲律宾和以色列（见表1-21）。按经济体所属区域划分，东南亚国家中，国内生产总值年均增速排名前五的是柬埔寨、越南、老挝、泰国和菲律宾；东欧中亚国家中，国内生产总值年均增速排名前三的是摩尔多瓦、亚美尼亚和乌克兰；南亚国家中，国内生产总值年均增速排名前三的是孟加拉国、马尔代夫和尼泊尔；西亚北非国家中，国内生产总值年均增速排名前三的是以色列、约旦和巴林；中东欧国家中，国内生产总值年均增速排名前五的是罗马尼亚、黑山、保加利亚、捷克和爱沙尼亚（见表1-22）。

表1-21　2014~2019年"一带一路"沿线国家国内生产总值年均增速排名　　单位：%

国家	年均增速
孟加拉国	11.8
柬埔寨	10.2
马尔代夫	9.2
尼泊尔	8.9
印度	7.1
越南	7.1
老挝	6.5
泰国	5.9
菲律宾	5.8
以色列	5.0

资料来源：作者根据世界银行数据库数据计算。

[①] 2014~2019年，"一带一路"沿线国家国内生产总值年均增速数据详见附表1-1。

表1-22　2014~2019年"一带一路"沿线国家分区域国内生产总值年均增速排名　　单位：%

区域	国家	年均增速
东南亚国家	柬埔寨	10.2
	越南	7.1
	老挝	6.5
	泰国	5.9
	菲律宾	5.8
东欧中亚国家	摩尔多瓦	4.7
	亚美尼亚	3.3
	乌克兰	2.9
南亚国家	孟加拉国	11.8
	马尔代夫	9.2
	尼泊尔	8.9
西亚北非国家	以色列	5.0
	约旦	3.8
	巴林	3.0
中东欧国家	罗马尼亚	4.6
	黑山	3.7
	保加利亚	3.6
	捷克	3.5
	爱沙尼亚	3.2

资料来源：作者根据世界银行数据库数据计算。

（二）经济发展水平——人均国内生产总值（人均GDP）[①]

2014~2019年，"一带一路"沿线国家中，人均国内生产总值年均增速排名前十的是孟加拉国、柬埔寨、尼泊尔、摩尔多瓦、越南、印度、泰国、罗马尼亚、马尔代夫和老挝（见表1-23）。按经济体所属区域划分，东南亚国家中，人均国内生产总值年均增速排名前五的是柬埔寨、越南、泰国、老挝和印度尼西亚；东欧中亚国家中，人均国内生产总值年均增速排名前三的是摩尔多瓦、乌克兰和亚美尼亚；南亚国家中，人均国内生产总值年均增速排名前三的是孟加拉国、尼泊尔和印度；西亚北非国家中，人均国内生产总值年均增速排名前三的是以色列、约旦和黎巴嫩；中东欧国家中，人均国内生产总值年均增速排名前五的是罗马尼亚、保加利亚、黑山、立陶宛和捷克（见表1-24）。

---

① 2014~2019年，"一带一路"沿线国家人均国内生产总值年均增速数据详见附表1-2。

表1-23 2014~2019年"一带一路"沿线国家人均国内生产总值年均增速排名   单位：%

国家	年均增速
孟加拉国	10.6
柬埔寨	8.5
尼泊尔	7.6
摩尔多瓦	6.2
越南	6.0
印度	6.0
泰国	5.6
罗马尼亚	5.2
马尔代夫	4.9
老挝	4.9

资料来源：作者根据世界银行数据库数据计算。

表1-24 2014~2019年"一带一路"沿线国家分区域人均国内生产总值年均增速排名   单位：%

区域	国家	年均增速
东南亚国家	柬埔寨	8.5
	越南	6.0
	泰国	5.6
	老挝	4.9
	印度尼西亚	3.4
东欧中亚国家	摩尔多瓦	6.2
	乌克兰	3.3
	亚美尼亚	3.0
南亚国家	孟加拉国	10.6
	尼泊尔	7.6
	印度	6.0
西亚北非国家	以色列	3.0
	约旦	1.2
	黎巴嫩	0.2
中东欧国家	罗马尼亚	5.2
	保加利亚	4.4
	黑山	3.7
	立陶宛	3.3
	捷克	3.2

资料来源：作者根据世界银行数据库数据计算。

二、经济产业发展概况

(一)农业产值①

2014~2018年,"一带一路"沿线国家中,农业产值年均增速排名前十的是阿曼、马尔代夫、约旦、不丹、卡塔尔、孟加拉国、巴基斯坦、尼泊尔、拉脱维亚和老挝(见表1-25)。按经济体所属区域划分,东南亚国家中,农业产值年均增速排名前五的是老挝、印度尼西亚、柬埔寨、越南和泰国;东欧中亚国家中,农业产值年均增速排名前三的是摩尔多瓦、乌克兰和蒙古国;南亚国家中,农业产值年均增速排名前三的是马尔代夫、不丹和孟加拉国;西亚北非国家中,农业产值年均增速排名前三的是阿曼、约旦和卡塔尔;中东欧国家中,农业产值年均增速排名前五的是拉脱维亚、斯洛文尼亚、罗马尼亚、波黑和阿尔巴尼亚(见表1-26)。

表1-25　2014~2018年"一带一路"沿线国家农业产值年均增速排名　　单位:%

国家	年均增速
阿曼	14.1
马尔代夫	11.0
约旦	9.2
不丹	8.9
卡塔尔	8.6
孟加拉国	7.8
巴基斯坦	5.5
尼泊尔	4.9
拉脱维亚	4.8
老挝	4.5

资料来源:作者根据世界银行数据库数据计算。

表1-26　2014~2018年"一带一路"沿线国家分区域农业产值年均增速排名　　单位:%

区域	国家	年均增速
东南亚国家	老挝	4.5
	印度尼西亚	3.0
	柬埔寨	2.9
	越南	2.2
	泰国	-0.1

---

① 2014~2018年,"一带一路"沿线国家农业产值年均增速数据详见附表1-3。

续表

区域	国家	年均增速
东欧中亚国家	摩尔多瓦	-0.2
	乌克兰	-0.5
	蒙古国	-3.5
南亚国家	马尔代夫	11.0
	不丹	8.9
	孟加拉国	7.8
西亚北非国家	阿曼	14.1
	约旦	9.2
	卡塔尔	8.6
中东欧国家	拉脱维亚	4.8
	斯洛文尼亚	3.1
	罗马尼亚	2.5
	波黑	1.8
	阿尔巴尼亚	1.3

资料来源：作者根据世界银行数据库数据计算。

（二）工业产值[①]

2014~2018年，"一带一路"沿线国家中，工业产值年均增速排名前十的是马尔代夫、柬埔寨、孟加拉国、老挝、尼泊尔、越南、黑山、蒙古国、印度和吉尔吉斯斯坦（见表1-27）。按经济体所属区域划分，东南亚国家中，工业产值年均增速排名前五的是柬埔寨、老挝、越南、新加坡和泰国；东欧中亚国家中，工业产值年均增速排名前三的是蒙古国、吉尔吉斯斯坦和摩尔多瓦；南亚国家中，工业产值年均增速排名前三的是马尔代夫、孟加拉国和尼泊尔；西亚北非国家中，工业产值年均增速排名前三的是以色列、约旦和巴林；中东欧国家中，工业产值年均增速排名前五的是黑山、波黑、北马其顿、保加利亚和阿尔巴尼亚（见表1-28）。

表1-27　2014~2018年"一带一路"沿线国家工业产值年均增速排名　　单位：%

国家	年均增速
马尔代夫	22.0
柬埔寨	16.7
孟加拉国	14.5

[①] 2014~2018年，"一带一路"沿线国家工业产值年均增速数据详见附表1-4。

续表

国家	年均增速
老挝	10.3
尼泊尔	9.0
越南	7.9
黑山	7.5
蒙古国	7.1
印度	6.6
吉尔吉斯斯坦	5.6

资料来源：作者根据世界银行数据库数据计算。

表1-28　2014~2018年"一带一路"沿线国家分区域工业产值年均增速排名　　单位：%

区域	国家	年均增速
东南亚国家	柬埔寨	16.7
	老挝	10.3
	越南	7.9
	新加坡	4.8
	泰国	4.2
东欧中亚国家	蒙古国	7.1
	吉尔吉斯斯坦	5.6
	摩尔多瓦	5.1
南亚国家	马尔代夫	22.0
	孟加拉国	14.5
	尼泊尔	9.0
西亚北非国家	以色列	3.4
	约旦	3.1
	巴林	1.4
中东欧国家	黑山	7.5
	波黑	4.7
	北马其顿	3.6
	保加利亚	3.6
	阿尔巴尼亚	3.1

资料来源：作者根据世界银行数据库数据计算。

（三）服务业产值[①]

2014~2017年，"一带一路"沿线国家中，服务业产值年均增速排名前十的是孟加拉国、不丹、柬埔寨、伊朗、印度、尼泊尔、巴基斯坦、老挝、泰国和印度尼西亚（见表1-29）。按经济体所属区域划分，东南亚国家中，服务业产值年均增速排名前五的是柬埔寨、老挝、泰国、印度尼西亚和菲律宾；东欧中亚国家中，服务业产值年均增速排名前三的是亚美尼亚、摩尔多瓦和吉尔吉斯斯坦；南亚国家中，服务业产值年均增速排名前三的是孟加拉国、不丹和印度；西亚北非国家中，服务业产值年均增速排名前三的是伊朗、沙特阿拉伯和巴林；中东欧国家中，服务业产值年均增速排名前五的是罗马尼亚、阿尔巴尼亚、爱沙尼亚、北马其顿和立陶宛（见表1-30）。

表1-29　2014~2017年"一带一路"沿线国家服务业产值年均增速排名　　　单位：%

国家	年均增速
孟加拉国	12.9
不丹	10.8
柬埔寨	9.8
伊朗	9.8
印度	9.2
尼泊尔	9.0
巴基斯坦	8.6
老挝	6.1
泰国	5.8
印度尼西亚	5.6

资料来源：作者根据世界银行数据库数据计算。

表1-30　2014~2017年"一带一路"沿线国家分区域服务业产值年均增速排名　　　单位：%

区域	国家	年均增速
东南亚国家	柬埔寨	9.8
	老挝	6.1
	泰国	5.8
	印度尼西亚	5.6
	菲律宾	4.8

---

① 2014~2017年，"一带一路"沿线国家服务业产值年均增速数据详见附表1-5。

续表

区域	国家	年均增速
东欧中亚国家	亚美尼亚	2.5
	摩尔多瓦	1.1
	吉尔吉斯斯坦	0.3
南亚国家	孟加拉国	12.9
	不丹	10.8
	印度	9.2
西亚北非国家	伊朗	9.8
	沙特阿拉伯	5.3
	巴林	4.7
中东欧国家	罗马尼亚	4.5
	阿尔巴尼亚	0.6
	爱沙尼亚	0.2
	北马其顿	0.2
	立陶宛	0.0

资料来源：作者根据世界银行数据库数据计算。

三、财政收入[①]

2014~2018年，"一带一路"沿线国家中，财政收入年均增速排名前十的是马尔代夫、阿富汗、印度、不丹、摩尔多瓦、菲律宾、泰国、蒙古国、约旦和阿尔巴尼亚（见表1-31）。按经济体所属区域划分，东南亚国家中，财政收入年均增速排名前五的是柬埔寨、菲律宾、泰国、新加坡和印度尼西亚；东欧中亚国家中，财政收入年均增速排名前三的是摩尔多瓦、蒙古国和乌克兰；南亚国家中，财政收入年均增速排名前三的是斯里兰卡、马尔代夫和阿富汗；西亚北非国家中，财政收入年均增速排名前三的是约旦、以色列和阿联酋；中东欧国家中，财政收入年均增速排名前三的是阿尔巴尼亚、北马其顿和波黑（见表1-32）。

表1-31　　2014~2018年"一带一路"沿线国家财政收入年均增速排名　　单位：%

国家	年均增速
马尔代夫	10.3
阿富汗	9.1
印度	8.9

---

① 2014~2018年，"一带一路"沿线国家财政收入年均增速数据详见附表1-6。

续表

国家	年均增速
不丹	8.7
摩尔多瓦	6.4
菲律宾	5.7
泰国	5.2
蒙古国	5.0
约旦	4.6
阿尔巴尼亚	4.5

资料来源：作者根据世界银行数据库数据计算。

表1-32　2014~2018年"一带一路"沿线国家分区域财政收入年均增速排名　　单位：%

区域	国家	年均增速
东南亚国家	柬埔寨	15.3
	菲律宾	5.7
	泰国	5.2
	新加坡	4.2
	印度尼西亚	1.0
东欧中亚国家	摩尔多瓦	6.4
	蒙古国	5.0
	乌克兰	3.4
南亚国家	斯里兰卡	13.0
	马尔代夫	10.3
	阿富汗	9.1
西亚北非国家	约旦	4.6
	以色列	4.3
	阿联酋	4.2
中东欧国家	阿尔巴尼亚	4.5
	北马其顿	3.5
	波黑	1.8

资料来源：作者根据世界银行数据库数据计算。

四、对外贸易依存度[①]

2014~2019年,"一带一路"沿线国家中,对外贸易依存度年均增速排名前十的是东帝汶、乌兹别克斯坦、阿塞拜疆、柬埔寨、老挝、越南、北马其顿、塞尔维亚、克罗地亚、斯洛文尼亚和亚美尼亚(见表1-33)。按经济体所属区域划分,东南亚国家中,对外贸易依存度年均增速排名前五的是东帝汶、柬埔寨、老挝、越南和缅甸;东欧中亚国家中,对外贸易依存度年均增速排名前三的是乌兹别克斯坦、阿塞拜疆和亚美尼亚;南亚国家中,对外贸易依存度年均增速排名前三的是阿富汗、尼泊尔和斯里兰卡;西亚北非国家中,对外贸易依存度年均增速排名前三的是土耳其、埃及和伊拉克;中东欧国家中,对外贸易依存度年均增速排名前五的是北马其顿、塞尔维亚、克罗地亚、斯洛文尼亚和波兰(见表1-34)。

表1-33 2014~2019年"一带一路"沿线国家对外贸易依存度年均增速排名   单位:%

国家	年均增速
东帝汶	15.6
乌兹别克斯坦	15.2
阿塞拜疆	6.0
柬埔寨	4.9
老挝	4.6
越南	4.3
北马其顿	4.0
塞尔维亚	3.7
克罗地亚	3.4
斯洛文尼亚	3.4
亚美尼亚	3.2

资料来源:作者根据世界贸易组织数据库、世界银行数据库数据计算。

表1-34 2014~2019年"一带一路"沿线国家分区域对外贸易依存度年均增速排名   单位:%

区域	国家	年均增速
东南亚国家	东帝汶	15.6
	柬埔寨	4.9
	老挝	4.6
	越南	4.3
	缅甸	1.78

[①] 2014~2019年,"一带一路"沿线国家对外贸易依存度年均增速数据详见附表1-7。

续表

区域	国家	年均增速
东欧中亚国家	乌兹别克斯坦	15.2
	阿塞拜疆	6.0
	亚美尼亚	3.2
南亚国家	阿富汗	1.6
	尼泊尔	0.1
	斯里兰卡	−0.4
西亚北非国家	土耳其	3.0
	埃及	1.5
	伊拉克	−0.2
中东欧国家	北马其顿	4.0
	塞尔维亚	3.7
	克罗地亚	3.4
	斯洛文尼亚	3.4
	波兰	1.8

资料来源：作者根据世界贸易组织数据库、世界银行数据库数据计算。

五、汇率[①]

2014~2019年，"一带一路"沿线国家中，汇率稳定性排名前十的是东帝汶、沙特阿拉伯、阿联酋、阿曼、卡塔尔、约旦、黎巴嫩、巴林、马尔代夫[②]和以色列（见表1-35）。按经济体所属区域划分，东南亚国家中，汇率稳定性排名前五的是东帝汶、柬埔寨、泰国、新加坡和文莱；东欧中亚国家中，汇率稳定性排名前三的是亚美尼亚、摩尔多瓦和吉尔吉斯斯坦；南亚国家中，汇率稳定性排名前三的是马尔代夫、孟加拉国和印度；西亚北非国家中，汇率稳定性排名前三的是沙特阿拉伯、阿联酋、阿曼、卡塔尔、约旦、黎巴嫩和巴林[③]；中东欧国家中，汇率稳定性排名前五的是阿尔巴尼亚、捷克、克罗地亚、北马其顿和黑山（见表1-36）。

表1-35　　2014~2019年"一带一路"沿线国家汇率稳定性排名　　单位：%

国家	年均波动率（绝对值）
东帝汶	0.0
沙特阿拉伯	0.0
阿联酋	0.0

[①] 2014~2019年，"一带一路"沿线国家汇率年均波动率数据详见附表1-8。
[②] 上述9个国家的汇率波动率均为0，排名不分先后。
[③] 上述7个国家的汇率波动率均为0，排名不分先后。

续表

国家	年均波动率（绝对值）
阿曼	0.0
卡塔尔	0.0
约旦	0.0
黎巴嫩	0.0
巴林	0.0
马尔代夫	0.0
以色列	0.1

资料来源：作者根据世界银行数据库数据计算。

表1-36　2014~2019年"一带一路"沿线国家分区域汇率稳定性排名　　单位：%

区域	国家	年均波动率（绝对值）
东南亚国家	东帝汶	0.0
	柬埔寨	0.1
	泰国	0.9
	新加坡	1.5
	文莱	1.5
东欧中亚国家	亚美尼亚	2.9
	摩尔多瓦	4.6
	吉尔吉斯斯坦	5.4
南亚国家	马尔代夫	0.0
	孟加拉国	1.7
	印度	2.9
西亚北非国家	沙特阿拉伯	0.0
	阿联酋	0.0
	阿曼	0.0
	卡塔尔	0.0
	约旦	0.0
	黎巴嫩	0.0
	巴林	0.0
中东欧国家	阿尔巴尼亚	0.8
	捷克	2.0
	克罗地亚	2.9
	北马其顿	3.4
	黑山	3.5

资料来源：作者根据世界银行数据库数据计算。

六、失业率[①]

2014~2019年,"一带一路"沿线国家中,失业率年均负增速排名前十的是捷克、保加利亚、克罗地亚、斯洛伐克、斯洛文尼亚、匈牙利、罗马尼亚、立陶宛、拉脱维亚和北马其顿(见表1-37)。按经济体所属区域划分,东南亚国家中,失业率年均负增速排名前五的是菲律宾、老挝、柬埔寨、东帝汶和新加坡;东欧中亚国家中,失业率年均负增速排名前三的是俄罗斯、吉尔吉斯斯坦和塔吉克斯坦;南亚国家中,失业率年均负增速排名前三的是不丹、尼泊尔和阿富汗;西亚北非国家中,失业率年均负增速排名前三的是以色列、科威特和卡塔尔;中东欧国家中,失业率年均负增速排名前五的是捷克、保加利亚、克罗地亚、斯洛伐克和斯洛文尼亚(见表1-38)。

表1-37 2014~2019年"一带一路"沿线国家失业率年均负增速排名   单位:%

国家	年均负增速
捷克	-20.6
保加利亚	-17.6
克罗地亚	-16.7
斯洛伐克	-15.9
斯洛文尼亚	-15.4
匈牙利	-15.1
罗马尼亚	-10.2
立陶宛	-9.9
拉脱维亚	-9.7
北马其顿	-8.7

资料来源:作者根据世界银行数据库数据计算。

表1-38 2014~2019年"一带一路"沿线国家分区域失业率年均负增速排名   单位:%

区域	国家	年均负增速
东南亚国家	菲律宾	-7.7
	老挝	-3.8
	柬埔寨	-3.7
	东帝汶	-1.8
	新加坡	-0.6

---

① 2014~2019年,"一带一路"沿线国家失业率年均负增速数据详见附表1-9。

续表

区域	国家	年均负增速
东欧中亚国家	俄罗斯	-2.5
	吉尔吉斯斯坦	-1.8
	塔吉克斯坦	-1.0
南亚国家	不丹	-3.6
	尼泊尔	-3.1
	阿富汗	-2.6
西亚北非国家	以色列	-7.8
	科威特	-5.7
	卡塔尔	-5.3
中东欧国家	捷克	-20.6
	保加利亚	-17.6
	克罗地亚	-16.7
	斯洛伐克	-15.9
	斯洛文尼亚	-15.4

资料来源：作者根据世界银行数据库数据计算。

第二章 "一带一路"沿线国家对外贸易投资及与中国经贸合作发展概况

第一节 "一带一路"沿线国家对外贸易投资发展及与中国经贸联系现状

一、进口贸易规模及与中国联系现状

（一）进口贸易规模[①]

2019年，"一带一路"沿线国家整体的进口贸易总额为44484.3亿美元。"一带一路"沿线国家中，进口贸易额排名前十的是印度、新加坡、波兰、阿联酋、俄罗斯、越南、泰国、土耳其、马来西亚和捷克（见表2-1）。按经济体所属区域划分，东南亚国家中，进口贸易总额排名前五的是新加坡、越南、泰国、马来西亚和印度尼西亚；东欧中亚国家中，进口贸易总额排名前三的是俄罗斯、乌克兰和哈萨克斯坦；南亚国家中，进口贸易总额排名前三的是印度、孟加拉国和巴基斯坦；西亚北非国家中，进口贸易总额排名前三的是阿联酋、土耳其和沙特阿拉伯；中东欧国家中，进口贸易总额排名前五的是波兰、捷克、匈牙利、罗马尼亚和斯洛伐克（见表2-2）。

表2-1　　2019年"一带一路"沿线国家进口贸易总额排名　　单位：百万美元

国家	进口额
印度	483864
新加坡	359266
波兰	261998
阿联酋	261905
俄罗斯	254052
越南	253903

[①] 2019年，"一带一路"沿线国家进口贸易总额数据详见附表2-1。

续表

国家	进口额
泰国	236640
土耳其	210347
马来西亚	204998
捷克	178248

资料来源：作者根据世界贸易组织数据库数据计算。

表2-2　　2019年"一带一路"沿线国家分区域进口贸易总额排名　　单位：百万美元

区域	国家	进口额
东南亚国家	新加坡	359266
	越南	253903
	泰国	236640
	马来西亚	204998
	印度尼西亚	170727
东欧中亚国家	俄罗斯	254052
	乌克兰	60607
	哈萨克斯坦	37757
南亚国家	印度	483864
	孟加拉国	60144
	巴基斯坦	50463
西亚北非国家	阿联酋	261905
	土耳其	210347
	沙特阿拉伯	141891
中东欧国家	波兰	261998
	捷克	178248
	匈牙利	119814
	罗马尼亚	96530
	斯洛伐克	90049

资料来源：作者根据世界贸易组织数据库数据计算。

（二）进口贸易产品结构

本书按HS二位编码分析"一带一路"产品结构，包括：01活动物（animals；live）；02肉及食用杂碎（meat and edible meat offal）；03鱼、甲壳动物，软体动物及其他水生无脊椎动物（fish and crustaceans, molluscs and other aquatic invertebrates）；04 乳品，蛋品，天然蜂蜜，其他食用动物产品（dairy produce; birds' eggs; natural honey; edible products of animal origin, not elsewhere specified or included）；05 其他动物产品（animal originated products; not elsewhere specified or included）；06 活树及其他活植物，鳞茎、根及类似品，插花及装饰用簇叶（trees and other plants, live; bulbs, roots and the like; cut flowers and ornamental foliage）；07 食用蔬菜、根及块茎（vegetables and certain roots and tubers; edible）；08 食用水果及坚果，柑橘属水果或甜瓜的果皮（fruit and nuts, edible; peel of citrus fruit or melons）；09 咖啡、茶、马黛茶及调味香料（coffee, tea, mate and spices）；10 谷物（cereals）；11 制粉工业产品，麦芽，淀粉，菊粉，面筋（products of the milling industry; malt, starches, inulin, wheat gluten）；12 含油子仁及果实，杂项子仁及果实，工业用或药用植物，稻草、秸秆及饲料（oil seeds and oleaginous fruits; miscellaneous grains, seeds and fruit, industrial or medicinal plants; straw and fodder）；13 虫胶，树胶、树脂及其他植物液、汁（lac; gums, resins and other vegetable saps and extracts）；14 编结用植物材料，其他植物产品（vegetable plaiting materials; vegetable products not elsewhere specified or included）；15 动、植物油、脂及其分解产品，精制的食用油脂，动、植物蜡（animal or vegetable fats and oils and their cleavage products; prepared animal fats; animal or vegetable waxes）；16 肉、鱼、甲壳动物，软体动物及其他水生无脊椎动物的制品（meat, fish or crustaceans, molluscs or other aquatic invertebrates; preparations thereof）；17 糖及糖食（sugars and sugar confectionery）；18 可可及可可制品（cocoa and cocoa preparations）；19 谷物、粮食粉、淀粉或乳的制品，糕饼点心（preparations of cereals, flour, starch or milk; pastrycooks' products）；20 蔬菜、水果、坚果或植物其他部分的制品（preparations of vegetables, fruit, nuts or other parts of plants）；21 杂项食品（miscellaneous edible preparations）；22 饮料、酒及醋（beverages, spirits and vinegar）；23 食品工业的残渣及废料，配制的动物饲料（food industries, residues and wastes thereof; prepared animal fodder）；24 烟草及烟草代用品的制品（tobacco and manufactured tobacco substitutes）；25 盐，硫磺，泥土及石料，石膏料，石灰及水泥（salt; sulphur; earths, stone; plastering materials, lime and cement）；26 矿砂、矿渣及矿灰（ores, slag and ash）；27 矿物燃料、矿物油及其蒸馏产品，沥青物质，矿物蜡（mineral fuels, mineral oils and products of their distillation; bituminous substances; mineral waxes）；28 无机化学品，贵金属、稀土金属、放射性元素及其同位素的有机及无机化合物（inorganic chemicals; organic and inorganic compounds of precious metals; of rare earth metals, of radio-active elements and of isotopes）；29 有机化合物（organic chemicals）；30

药品（pharmaceutical products）；31 肥料（fertilizers）；32 鞣料浸膏及染料浸膏，鞣酸及其衍生物，染料、颜料及其他着色料，油漆及清漆，油灰及其他类似胶黏剂，墨水、油墨（tanning or dyeing extracts; tannins and their derivatives; dyes, pigments and other colouring matter; paints, varnishes; putty, other mastics; inks）；33 精油及香膏，芳香料制品及化妆盥洗品（essential oils and resinoids; perfumery, cosmetic or toilet preparations）；34 肥皂、有机表面活性剂、洗涤剂、润滑剂、人造蜡、调制蜡、光洁剂、蜡烛及类似品、塑型用膏、"牙科用蜡"及牙科用熟石膏制剂（soap, organic surface-active agents; washing, lubricating, polishing or scouring preparations; artificial or prepared waxes, candles and similar articles, modelling pastes, dental waxes and dental preparations with a basis of plaster）；35 蛋白类物质，改性淀粉，胶，酶（albuminoidal substances; modified starches; glues; enzymes）；36 炸药，烟火制品，火柴，引火合金，易燃材料制品（explosives; pyrotechnic products; matches; pyrophoric alloys; certain combustible preparations）；37 照相及电影用品（photographic or cinematographic goods）；38 杂项化学产品（chemical products n.e.c.）；39 塑料及其制品（plastics and articles thereof）；40 橡胶及其制品（rubber and articles thereof）；41 生皮（毛皮除外）及皮革（raw hides and skins (other than furskins) and leather）；42 皮革制品，鞍具及挽具，旅行用品、手提包及类似容器，动物肠线（蚕胶丝除外）制品（articles of leather; saddlery and harness; travel goods, handbags and similar containers; articles of animal gut (other than silk-worm gut)）；43 毛皮、人造毛皮及其制品（furskins and artificial fur; manufactures thereof）；44 木及木制品，木炭（wood and articles of wood; wood charcoal）；45 软木及软木制品（cork and articles of cork）；46 稻草、秸秆、针茅或其他编结材料制品，篮筐及柳条编结品（manufactures of straw, esparto or other plaiting materials; basketware and wickerwork）；47 木浆及其他纤维状纤维素浆，回收（废碎）纸或纸板（pulp of wood or other fibrous cellulosic material; recovered (waste and scrap) paper or paperboard）；48 纸及纸板，纸浆、纸或纸板制品（paper and paperboard; articles of paper pulp, of paper or paperboard）；49 书籍、报纸、印刷图画及其他印刷品，手稿、打字稿及设计图纸（printed books, newspapers, pictures and other products of the printing industry; manuscripts, typescripts and plans）；50 蚕丝（silk）；51 羊毛、动物细毛或粗毛，马毛纱线及其机织物（wool, fine or coarse animal hair; horsehair yarn and woven fabric）；52 棉花（cotton）；53 其他植物纺织纤维，纸纱线及其机织物（vegetable textile fibres; paper yarn and woven fabrics of paper yarn）；54 化学纤维长丝（man-made filaments; strip and the like of man-made textile materials）；55 化学纤维短纤（man-made staple fibres）；56 絮胎、毡呢及无纺织物，特种纱线，线、绳、索、

缆及其制品（wadding, felt and nonwovens, special yarns; twine, cordage, ropes and cables and articles thereof）；57 地毯及纺织材料的其他铺地制品（carpets and other textile floor coverings）；58 特种机织物，簇绒织物，花边，装饰毯，装饰带，刺绣品（fabrics; special woven fabrics, tufted textile fabrics, lace, tapestries, trimmings, embroidery）；59 浸渍、涂布、包覆或层压的纺织物，工业用纺织制品（textile fabrics; impregnated, coated, covered or laminated; textile articles of a kind suitable for industrial use）；60 针织物及钩编织物（fabrics; knitted or crocheted）；61 针织或钩编的服装及衣着附件（apparel and clothing accessories; knitted or crocheted）；62 非针织或非钩编的服装及衣着附件（apparel and clothing accessories; not knitted or crocheted）；63 其他纺织制成品，成套物品，旧衣着及旧纺织品，碎织物（textiles, made up articles; sets; worn clothing and worn textile articles; rags）；64 鞋靴、护腿和类似品及其零件（footwear; gaiters and the like; parts of such articles）；65 帽类及其零件（headgear and parts thereof）；66 雨伞、阳伞、手杖、鞭子、马鞭及其零件（umbrellas, sun umbrellas, walking-sticks, seat sticks, whips, riding crops; and parts thereof）；67 已加工羽毛、羽绒及其制品，人造花，人发制品（feathers and down, prepared; and articles made of feather or of down; artificial flowers; articles of human hair）；68 石料、石膏、水泥、石棉、云母及类似材料的制品（stone, plaster, cement, asbestos, mica or similar materials; articles thereof）；69 陶瓷产品（ceramic products）；70 玻璃及其制品（glass and glassware）；71 天然或养殖珍珠、宝石或半宝石、贵金属、包贵金属及其制品，仿首饰，硬币（natural, cultured pearls; precious, semi-precious stones; precious metals, metals clad with precious metal, and articles thereof; imitation jewellery; coin）；72 钢铁（iron and steel）；73 钢铁制品（iron or steel articles）；74 铜及其制品（copper and articles thereof）；75 镍及其制品（nickel and articles thereof）；76 铝及其制品（aluminium and articles thereof）；77 保留在统一制度中的使用（reserved for any future use in the harmonized system）；78 铅及其制品（lead and articles thereof）；79 锌及其制品（zinc and articles thereof）；80 锡及其制品（tin; articles thereof）；81 其他贱金属、金属陶瓷及其制品（metals; n.e.c., cermets and articles thereof）；82 贱金属工具、器具、利口器、餐匙、餐叉及其零件（tools, implements, cutlery, spoons and forks, of base metal; parts thereof, of base metal）；83 贱金属杂项制品（metal; miscellaneous products of base metal）；84 核反应堆、锅炉、机器、机械器具及其零件（nuclear reactors, boilers, machinery and mechanical appliances; parts thereof）；85 电机、电气设备及其零件，录音机及放声机、电视图像、声音的录制和重放设备及其零件、附件（electrical machinery and equipment and parts thereof; sound recorders and reproducers;

television image and sound recorders and reproducers, parts and accessories of such articles); 86 铁道及电车道机车、车辆及其零件, 铁道及电车道轨道固定装置及其零件、附件, 各种机械（包括电动机械）交通信号设备（railway, tramway locomotives, rolling-stock and parts thereof; railway or tramway track fixtures and fittings and parts thereof; mechanical (including electro-mechanical) traffic signalling equipment of all kinds); 87 车辆及其零件、附件, 但铁道及电车道车辆除外（vehicles; other than railway or tramway rolling stock, and parts and accessories thereof); 88 航空器、航天器及其零件（aircraft, spacecraft and parts thereof); 89 船舶及浮动结构体（ships, boats and floating structures); 90 光学、照相、电影、计量、检验、医疗或外科用仪器及设备、精密仪器及设备, 上述物品的零件、附件（optical, photographic, cinematographic, measuring, checking, medical or surgical instruments and apparatus; parts and accessories); 91 钟表及其零件（clocks and watches and parts thereof); 92 乐器及其零件、附件（musical instruments; parts and accessories of such articles); 93 武器、弹药及其零件、附件（arms and ammunition; parts and accessories thereof); 94 家具, 寝具、褥垫、弹簧床垫、软座垫及类似的填充制品, 未列名灯具及照明装置, 发光标志、发光铭牌及类似品, 活动房屋（furniture; bedding, mattresses, mattress supports, cushions and similar stuffed furnishings; lamps and lighting fittings, n.e.c.; illuminated signs, illuminated name-plates and the like; prefabricated buildings); 95 玩具、游戏品、运动品及其零件、附件（toys, games and sports requisites; parts and accessories thereof); 96 杂项制品（miscellaneous manufactured articles); 97 艺术品、收藏品及古物（works of art; collectors' pieces and antiques); 98 项目进口、化学实验室、乘客行李、空运或邮寄个人进口、船商（project imports; laboratory chemicals; passengers' baggage, personal importations by air or post; ship stores); 99 特殊交易品及未分类商品（commodities not specified according to kind)。

根据 HS 二位编码分类, 2019 年, "一带一路"沿线各国进口贸易产品类别前五名分别为: 85 电机、电气设备及其零件, 录音机及放声机、电视图像、声音的录制和重放设备及其零件、附件; 84 核反应堆、锅炉、机器、机械器具及其零件; 87 车辆及其零件、附件, 但铁道及电车道车辆除外; 39 塑料及其制品; 27 矿物燃料、矿物油及其蒸馏产品, 沥青物质, 矿物蜡, 详见附表 2-2。

（三）中国与"一带一路"沿线国家的出口贸易联系

1. 中国与"一带一路"沿线国家的出口贸易规模①

由于2019年的数据暂未更新，因此针对2018年的数据进行分析。2018年，中国对"一带一路"沿线国家的贸易出口额为7044.1亿美元，占对世界贸易出口比重的28.2%。其中，2018年，中国对"一带一路"沿线国家贸易出口额排名前十的是越南、印度、新加坡、俄罗斯、马来西亚、印度尼西亚、泰国、菲律宾、阿联酋和波兰（见表2-3）。按经济体所属区域划分，东南亚国家中，中国对其贸易出口额排名前五的是越南、新加坡、马来西亚、印度尼西亚和泰国；东欧中亚国家中，中国对其贸易出口额排名前三的是俄罗斯、哈萨克斯坦和乌克兰；南亚国家中，中国对其贸易出口额排名前三的是印度、孟加拉国和巴基斯坦；西亚北非国家中，中国对其贸易出口额排名前三的是阿联酋、土耳其和沙特阿拉伯；中东欧国家中，中国对其贸易出口额排名前五的是波兰、捷克、匈牙利、罗马尼亚和斯洛文尼亚（见表2-4）。

表2-3　2018年中国对"一带一路"沿线国家贸易出口额排名　　单位：百万美元

国家	出口额
越南	84015.8
印度	76880.6
新加坡	49817.8
俄罗斯	48005.2
马来西亚	45848.4
印度尼西亚	43246.3
泰国	42974.3
菲律宾	35111.2
阿联酋	29902.9
波兰	20944.3

资料来源：作者根据联合国商品贸易统计数据库数据计算。

---

① 2018年，中国对"一带一路"沿线国家贸易出口额数据详见附表2-3。

表2-4　2018年中国对"一带一路"沿线国家分区域贸易出口额排名　单位：百万美元

区域	国家	出口额
东南亚国家	越南	84015.8
	新加坡	49817.8
	马来西亚	45848.4
	印度尼西亚	43246.3
	泰国	42974.3
东欧中亚国家	俄罗斯	48005.2
	哈萨克斯坦	11326.6
	乌克兰	7025.5
南亚国家	印度	76880.6
	孟加拉国	17759.5
	巴基斯坦	16967.1
西亚北非国家	阿联酋	29902.9
	土耳其	17864.2
	沙特阿拉伯	17560.6
中东欧国家	波兰	29902.9
	捷克	17864.2
	匈牙利	17560.6
	罗马尼亚	14009.0
	斯洛文尼亚	12020.9

资料来源：作者根据联合国商品贸易统计数据库数据计算。

2. 中国对"一带一路"沿线国家贸易出口额占对世界出口的比重[①]

2018年，中国对"一带一路"沿线国家贸易出口额占对世界出口的比重排名前十的是越南、印度、新加坡、俄罗斯、马来西亚、印度尼西亚、泰国、菲律宾、阿联酋和波兰（见表2-5）。按经济体所属区域划分，东南亚国家中，中国对其贸易出口额占比排名前五的是越南、新加坡、马来西亚、印度尼西亚和泰国；东欧中亚国家中，中国对其贸易出口额占比排名前三的是俄罗斯、哈萨克斯坦和乌克兰；南亚国家中，中国对其贸易出口额占比排名前三的是印度、孟加拉国和巴基斯坦；西亚北非国家中，中国对其贸易出口额占比排名前三的是阿联酋、土耳其和沙特阿拉伯；中东欧国家中，中国对其贸易出口额占比排名前五的是波兰、捷克、匈牙利、罗马尼亚和斯洛文尼亚（见表2-6）。

---

① 2018年，中国对"一带一路"沿线国家贸易出口额占对世界出口的比重数据详见附表2-4。

表 2-5　2018年中国对"一带一路"沿线国家贸易出口额占比排名　　单位：%

国家	占比
越南	3.37
印度	3.08
新加坡	2.00
俄罗斯	1.92
马来西亚	1.84
印度尼西亚	1.73
泰国	1.72
菲律宾	1.41
阿联酋	1.20
波兰	0.84

资料来源：作者根据联合国商品贸易统计数据库数据计算。

表 2-6　2018年中国对"一带一路"沿线国家分区域贸易出口额占比排名　　单位：%

区域	国家	占比
东南亚国家	越南	3.37
	新加坡	2.00
	马来西亚	1.84
	印度尼西亚	1.73
	泰国	1.72
东欧中亚国家	俄罗斯	1.92
	哈萨克斯坦	0.45
	乌克兰	0.28
南亚国家	印度	3.08
	孟加拉国	0.71
	巴基斯坦	0.68
西亚北非国家	阿联酋	1.20
	土耳其	0.72
	沙特阿拉伯	0.70
中东欧国家	波兰	0.84
	捷克	0.48
	匈牙利	0.26
	罗马尼亚	0.18
	斯洛文尼亚	0.18

资料来源：作者根据联合国商品贸易统计数据库数据计算。

3."一带一路"沿线国家进口贸易伙伴

2018年,"一带一路"沿线国家中,中国已成为25个国家的第一大进口贸易伙伴,成为21个国家第二或第三大进口贸易伙伴,这意味着中国已成为"一带一路"沿线中三分之二国家的前三大进口贸易伙伴(见表2-7),2014~2018年"一带一路"沿线国家前十大进口贸易伙伴及进口贸易占比数据详见附表2-5。

表2-7　　　2018年中国在"一带一路"沿线国家进口贸易伙伴中的地位

中国为第一大进口贸易伙伴	印度尼西亚、泰国、马来西亚、越南、新加坡、菲律宾、缅甸、柬埔寨、文莱、蒙古国、俄罗斯、乌兹别克斯坦、吉尔吉斯斯坦、沙特阿拉伯、阿曼、以色列、埃及、科威特、约旦、黎巴嫩、印度、巴基斯坦、孟加拉国、不丹
中国为第二、第三大进口贸易伙伴	老挝、乌克兰、格鲁吉亚、阿塞拜疆、亚美尼亚、摩尔多瓦、哈萨克斯坦、土耳其、卡塔尔、巴林、波兰、捷克、斯洛伐克、阿尔巴尼亚、塞尔维亚、黑山、斯里兰卡、阿富汗、尼泊尔、马尔代夫

资料来源:作者根据联合国商品贸易统计数据库数据计算。

二、出口贸易规模及与中国联系现状

(一)出口贸易规模[①]

2019年,"一带一路"沿线国家整体的出口贸易总额为45364.3亿美元。"一带一路"沿线国家中,出口贸易总额排名前十的是俄罗斯、新加坡、印度、阿联酋、沙特阿拉伯、越南、波兰、泰国、马来西亚和捷克(见表2-8)。按经济体所属区域划分,东南亚国家中,出口贸易总额排名前五的是新加坡、越南、泰国、马来西亚和印度尼西亚;东欧中亚国家中,出口贸易总额排名前三的是俄罗斯、哈萨克斯坦和乌克兰;南亚国家中,出口贸易总额排名前三的是印度、孟加拉国和巴基斯坦;西亚北非国家中,出口贸易总额排名前三的是阿联酋、沙特阿拉伯和土耳其;中东欧国家中,出口贸易总额排名前五的是波兰、捷克、匈牙利、斯洛伐克和罗马尼亚(见表2-9)。

表2-8　　　2019年"一带一路"沿线国家出口贸易总额排名　　　单位:百万美元

国家	出口额
俄罗斯	418796
新加坡	390763
印度	324163

[①] 2019年,"一带一路"沿线国家出口贸易总额数据详见附表2-6。

续表

国家	出口额
阿联酋	280136
沙特阿拉伯	268590
越南	264273
波兰	264013
泰国	246245
马来西亚	238195
捷克	198511

资料来源：作者根据世界贸易组织数据库数据计算。

表2-9　2019年"一带一路"沿线国家分区域出口贸易总额排名　　单位：百万美元

区域	国家	出口额
东南亚国家	新加坡	390763
	越南	264273
	泰国	246245
	马来西亚	238195
	印度尼西亚	167497
东欧中亚国家	俄罗斯	418796
	哈萨克斯坦	57309
	乌克兰	50066
南亚国家	印度	324163
	孟加拉国	37943
	巴基斯坦	23352
西亚北非国家	阿联酋	280136
	沙特阿拉伯	268590
	土耳其	180871
中东欧国家	波兰	264013
	捷克	198511
	匈牙利	123616
	斯洛伐克	89682
	罗马尼亚	76873

资料来源：作者根据世界贸易组织数据库数据计算。

（二）出口贸易产品结构

2019年，"一带一路"沿线各国出口贸易产品类型前五名分别为：27矿物燃料、矿物油及其蒸馏产品，沥青物质、矿物蜡；84核反应堆、锅炉、机器、机械器具及其零件；85电机、电气设备及其零件，录音机及放声机、电视图像、声音的录制和重放设备及其零件、附件；72钢铁；39塑料及其制品，详见附表2-7。

（三）中国与"一带一路"沿线国家的进口贸易联系

1. 中国与"一带一路"沿线国家的进口贸易规模[①]

由于2019年的数据暂未更新，因此针对2018年的数据进行分析。2018年，中国对"一带一路"沿线国家的贸易进口额为5626.9亿美元，占对世界贸易进口比重的26.4%。其中，2018年，中国对"一带一路"沿线国家贸易进口额排名前十的是越南、马来西亚、俄罗斯、沙特阿拉伯、泰国、印度尼西亚、新加坡、伊拉克、伊朗和菲律宾（见表2-10）。按经济体所属区域划分，东南亚国家中，中国对其贸易进口额排名前五的是越南、马来西亚、泰国、印度尼西亚和新加坡；东欧中亚国家中，中国对其贸易进口额排名前三的是俄罗斯、哈萨克斯坦和土库曼斯坦；南亚国家中，中国对其贸易进口额排名前三的是印度、巴基斯坦和孟加拉国；西亚北非国家中，中国对其贸易进口额排名前三的是沙特阿拉伯、伊拉克和伊朗；中东欧国家中，中国对其贸易进口额排名前五的是斯洛伐克、捷克、匈牙利、波兰和罗马尼亚（见表2-11）。

表2-10　　　2018年中国对"一带一路"沿线国家贸易进口额排名　　　单位：百万美元

国家	进口额
越南	64087.4
马来西亚	63322.0
俄罗斯	58886.5
沙特阿拉伯	45898.7
泰国	44918.7
印度尼西亚	34154.7
新加坡	33638.3
伊拉克	22466.1
伊朗	21098.9
菲律宾	20595.7

资料来源：作者根据联合国商品贸易统计数据库数据计算。

---

① 2018年，中国对"一带一路"沿线国家贸易进口额数据详见附表2-8。

表2-11　　　　　　　2018年中国对"一带一路"沿线国家
　　　　　　　　　　分区域贸易进口额排名　　　　　单位：百万美元

区域	国家	进口贸易额
东南亚国家	越南	64087.4
	马来西亚	63322.0
	泰国	44918.7
	印度尼西亚	34154.7
	新加坡	33638.3
东欧中亚国家	俄罗斯	58886.5
	哈萨克斯坦	8529.6
	土库曼斯坦	8119.4
南亚国家	印度	18850.0
	巴基斯坦	2179.8
	孟加拉国	985.4
西亚北非国家	沙特阿拉伯	45898.7
	伊拉克	22466.1
	伊朗	21098.9
中东欧国家	斯洛伐克	5244.3
	捷克	4406.2
	匈牙利	4338.7
	波兰	3646.2
	罗马尼亚	2170.0

资料来源：作者根据联合国商品贸易统计数据库数据计算。

2. 中国对"一带一路"沿线国家贸易进口额占对世界进口的比重[①]

2018年，中国对"一带一路"沿线国家贸易进口额占比排名前十的是埃及、乌克兰、乌兹别克斯坦、菲律宾、孟加拉国、柬埔寨、亚美尼亚、塔吉克斯坦、泰国和马尔代夫（见表2-12）。按经济体所属区域划分，中国对东南亚国家中，贸易进口占比排名前五的是越南、马来西亚、泰国、印度尼西亚和新加坡；中国对东欧中亚国家中，贸易进口额占比排名前三的是俄罗斯、哈萨克斯坦和土库曼斯坦；中国对南亚国家中，贸易进口额占比排名前三的是印度、巴基斯坦和孟加拉国；中国对西亚北非国家中，贸易进口额占比排名前三的是沙特阿拉伯、伊拉克和伊朗；中国对中东欧国家中，贸易进口额占比排名前五的是斯洛伐克、捷克、匈牙利、波兰和罗马尼亚（见表2-13，详见附表2-9）。

---

① 2018年，中国对"一带一路"沿线国家贸易进口额占对世界进口的比重数据详见附表2-9。

表 2-12 2018 年中国对"一带一路"沿线国家贸易进口额占比排名　　单位：%

国家	占比
埃及	20.8
乌克兰	17.5
乌兹别克斯坦	14.9
菲律宾	13.9
孟加拉国	10.4
柬埔寨	10.4
亚美尼亚	9.8
塔吉克斯坦	7.9
泰国	7.7
马尔代夫	7.5

资料来源：作者根据联合国商品贸易统计数据库数据计算。

表 2-13 2018 年中国对"一带一路"沿线国家分区域贸易进口额占比排名　　单位：%

区域	国家	占比
东南亚国家	越南	3.00
	马来西亚	2.97
	泰国	2.10
	印度尼西亚	1.60
	新加坡	1.58
东欧中亚国家	俄罗斯	2.76
	哈萨克斯坦	0.40
	土库曼斯坦	0.38
南亚国家	印度	0.88
	巴基斯坦	0.10
	孟加拉国	0.05
西亚北非国家	沙特阿拉伯	2.15
	伊拉克	1.05
	伊朗	0.99
中东欧国家	斯洛伐克	0.25
	捷克	0.21
	匈牙利	0.20
	波兰	0.17
	罗马尼亚	0.10

资料来源：作者根据联合国商品贸易统计数据库数据计算。

3."一带一路"沿线国家出口贸易伙伴

2018年,在"一带一路"沿线国家中,中国已成为8个国家第一大出口贸易伙伴,成为10个国家第二或第三大出口贸易伙伴,这意味着中国已成为"一带一路"沿线中四分之一国家的前三大出口贸易伙伴(见表2-14),2014~2018年,"一带一路"沿线国家前十大出口贸易伙伴及出口贸易占比数据详见附表2-10。

表2-14　2018年中国在"一带一路"沿线国家出口贸易伙伴中的地位

中国为第一大出口贸易伙伴	印度尼西亚、泰国、新加坡、缅甸、蒙古国、俄罗斯、沙特阿拉伯、阿富汗
中国为第二、第三大出口贸易伙伴	马来西亚、越南、老挝、哈萨克斯坦、乌兹别克斯坦、以色列、科威特、印度、巴基斯坦、斯里兰卡

资料来源:作者根据联合国商品贸易统计数据库数据计算。

三、净出口贸易规模与联系

(一)净出口贸易额[①]

2019年,"一带一路"沿线国家的净出口贸易总额为4536435百万美元。"一带一路"沿线国家中,净进口贸易总额排名前十的是沙特阿拉伯、卡塔尔、马来西亚、伊拉克、新加坡、科威特、捷克、哈萨克斯坦、阿联酋、阿曼(见表2-15)。按经济体所属区域划分,东南亚国家中,净出口贸易总额排名前五的是马来西亚、新加坡、越南、泰国和文莱;东欧中亚国家中,净出口贸易总额排名前三的是俄罗斯、哈萨克斯坦和阿塞拜疆;南亚国家中,净出口贸易总额排名前三的是不丹、马尔代夫和阿富汗;西亚北非国家中,净出口贸易总额排名前三的是沙特阿拉伯、卡塔尔和伊拉克;中东欧国家中,净出口贸易总额排名前五的是捷克、匈牙利、波兰、斯洛文尼亚和斯洛伐克(见表2-16,详见附表2-11)。

表2-15　2019年"一带一路"沿线国家净出口贸易总额排名　　单位:百万美元

国家	净出口额
沙特阿拉伯	126699
卡塔尔	41291
马来西亚	33197
伊拉克	32548
新加坡	31497

---

① 2019年,"一带一路"沿线国家净出口贸易总额数据详见附表2-11。

续表

国家	净出口额
科威特	30242
捷克	20263
哈萨克斯坦	19552
阿联酋	18231
阿曼	17817

资料来源：作者根据世界贸易组织数据库数据计算。

表2-16　2019年"一带一路"沿线国家分区域净出口贸易总额排名　单位：百万美元

区域	国家	净出口额
东南亚国家	马来西亚	33197
	新加坡	31497
	越南	10370
	泰国	9605
	文莱	2120
东欧中亚国家	俄罗斯	164744
	哈萨克斯坦	19552
	阿塞拜疆	8000
南亚国家	不丹	−370
	马尔代夫	−2550
	阿富汗	−6260
西亚北非国家	沙特阿拉伯	126699
	卡塔尔	41291
	伊拉克	32548
中东欧国家	捷克	20263
	匈牙利	3802
	波兰	2015
	斯洛文尼亚	904
	斯洛伐克	−367

资料来源：作者根据世界贸易组织数据库数据计算。

（二）中国与"一带一路"沿线国家的贸易平衡[①]

由于2019年的数据暂未更新，因此针对2018年的数据进行分析。2018年，

[①] 2018年，中国对"一带一路"沿线国家贸易净出口额详见附表2-12。

中国对"一带一路"沿线国家贸易顺差额达1417.3亿美元，中国与50个国家呈贸易顺差，其中，与印度的顺差额最大，达580.3亿美元；同时，中国与14个国家呈贸易逆差，其中，与沙特阿拉伯的逆差额最大，达283.4亿美元。2018年，中国对"一带一路"沿线国家贸易净出口额排名前十的是印度、越南、波兰、孟加拉国、新加坡、巴基斯坦、菲律宾、土耳其、阿联酋和埃及（见表2-17）。按经济体所属区域划分，东南亚国家中，中国对其贸易净出口额排名前五的是越南、新加坡、菲律宾、印度尼西亚和缅甸；东欧中亚国家中，中国对其贸易净出口额排名前三的是吉尔吉斯斯坦、乌克兰和哈萨克斯坦；南亚国家中，中国对其贸易净出口额总额排名前三的是印度、孟加拉国和巴基斯坦；西亚北非国家中，中国对其贸易净出口额排名前三的是土耳其、阿联酋和埃及；中东欧国家中，中国对其贸易净出口额排名前五的是波兰、捷克、斯洛文尼亚、罗马尼亚和匈牙利（见表2-18）。

表2-17　2018年中国对"一带一路"沿线国家贸易净出口额排名　　单位：百万美元

国家	净出口额
印度	58030.6
越南	19928.4
波兰	17298.1
孟加拉国	16774.1
新加坡	16179.5
巴基斯坦	14787.3
菲律宾	14515.5
土耳其	14101.5
阿联酋	13621.6
埃及	10186.4

资料来源：作者根据联合国商品贸易统计数据库数据计算。

表2-18　2018年中国对"一带一路"沿线国家分区域贸易净出口额排名　　单位：百万美元

区域	国家	净出口额
东南亚国家	越南	19928.4
	新加坡	16179.5
	菲律宾	14515.5
	印度尼西亚	9091.7
	缅甸	5849.0
东欧中亚国家	吉尔吉斯斯坦	5492.6
	乌克兰	4389.7
	哈萨克斯坦	2797.0

续表

区域	国家	净出口额
南亚国家	印度	58030.6
	孟加拉国	16774.1
	巴基斯坦	14787.3
西亚北非国家	土耳其	14101.5
	阿联酋	13621.6
	埃及	10186.4
中东欧国家	波兰	17298.1
	捷克	7506.3
	斯洛文尼亚	3844.2
	罗马尼亚	2342.1
	匈牙利	2201.7

资料来源：作者根据联合国商品贸易统计数据库数据计算。

四、国际直接投资流入规模与联系

（一）国际直接投资流入量[①]

2019年，"一带一路"沿线国家整体的国际直接投资流入量为3122.0亿美元，排名前十的国家是新加坡、俄罗斯、印度尼西亚、以色列、越南、阿联酋、波兰、埃及、土耳其和马来西亚（见表2-19）。按经济体所属区域划分，东南亚国家中，国际直接投资流入量排名前五的是新加坡、印度尼西亚、越南、马来西亚和菲律宾；东欧中亚国家中，国际直接投资流入量排名前三的是俄罗斯、哈萨克斯坦和乌克兰；南亚国家中，国际直接投资流入量排名前三的是斯里兰卡、马尔代夫和尼泊尔；西亚北非国家中，国际直接投资流入量排名前三的是以色列、阿联酋和埃及；中东欧国家中，国际直接投资流入量排名前五的是波兰、捷克、罗马尼亚、匈牙利和塞尔维亚（见表2-20）。

表2-19　2019年"一带一路"沿线国家国际直接投资流入量排名　　单位：百万美元

国家	国际直接投资流入量
新加坡	92080.5
俄罗斯	31735.1
印度尼西亚	23429.0

[①] 2019年，"一带一路"沿线国家国际直接投资流入量数据详见附表2-13。

续表

国家	国际直接投资流入量
以色列	18224.2
越南	16120.0
阿联酋	13787.5
波兰	13220.5
埃及	9010.0
土耳其	8434.0
马来西亚	7650.5

资料来源：作者根据联合国贸易和发展会议数据库数据计算。

表2-20　2019年"一带一路"沿线国家分区域国际直接投资流入量排名　　单位：百万美元

区域	国家	国际直接投资流入量
东南亚国家	新加坡	92080.5
	印度尼西亚	23429.0
	越南	16120.0
	马来西亚	7650.5
	菲律宾	4996.4
东欧中亚国家	俄罗斯	31735.1
	哈萨克斯坦	3118.1
	乌克兰	3070.0
南亚国家	斯里兰卡	758.0
	马尔代夫	565.0
	尼泊尔	185.0
西亚北非国家	以色列	18224.2
	阿联酋	13787.5
	埃及	9010.0
中东欧国家	波兰	13220.5
	捷克	7576.5
	罗马尼亚	5971.2
	匈牙利	5204.5
	塞尔维亚	4584.9

资料来源：作者根据联合国贸易和发展会议数据库数据计算。

(二)中国对"一带一路"国家直接投资联系

1. 中国对"一带一路"国家直接投资规模①

由于2019年中国与"一带一路"沿线国家投资规模的数据未更新,本书按2018年的数据进行分析。2018年,中国对"一带一路"沿线国家直接投资规模为178.2亿美元,排名前十的国家是新加坡、印度尼西亚、马来西亚、老挝、越南、阿联酋、柬埔寨、泰国、俄罗斯和孟加拉国(见表2-21)。按经济体所属区域划分,中国对东南亚国家中,直接投资规模排名前五的是新加坡、印度尼西亚、马来西亚、老挝和越南;中国对东欧中亚国家中,直接投资规模排名前三的是俄罗斯、塔吉克斯坦和哈萨克斯坦;中国对南亚国家中,直接投资规模排名前三的是孟加拉国、印度和尼泊尔;中国对西亚北非国家中,直接投资规模排名前三的是阿联酋、以色列和沙特阿拉伯;中国对中东欧国家中,直接投资规模排名前五的是塞尔维亚、波兰、捷克、匈牙利和爱沙尼亚(见表2-22)。

表2-21　2018年中国对"一带一路"沿线国家直接投资规模排名　单位:百万美元

国家	直接投资流入量
新加坡	6411.3
印度尼西亚	1864.8
马来西亚	1662.7
老挝	1241.8
越南	1150.8
阿联酋	1081.0
柬埔寨	778.3
泰国	737.3
俄罗斯	725.2
孟加拉国	543.7

资料来源:作者根据中国对外直接投资统计公报数据计算。

表2-22　2018年中国对"一带一路"沿线国家分区域直接投资规模排名　单位:百万美元

区域	国家	直接投资流入量
东南亚国家	新加坡	6411.3
	印度尼西亚	1864.8
	马来西亚	1662.7
	老挝	1241.8
	越南	1150.8

① 2018年,中国对"一带一路"沿线国家直接投资规模数据详见附表2-14。

续表

区域	国家	直接投资流入量
东欧中亚国家	俄罗斯	725.2
	塔吉克斯坦	388.2
	哈萨克斯坦	118.4
南亚国家	孟加拉国	543.7
	印度	206.2
	尼泊尔	51.2
西亚北非国家	阿联酋	1081.0
	以色列	410.6
	沙特阿拉伯	383.1
中东欧国家	塞尔维亚	153.4
	波兰	117.8
	捷克	113.0
	匈牙利	95.0
	爱沙尼亚	53.2

资料来源：作者根据中国对外直接投资统计公报数据计算。

2. 中国对"一带一路"沿线国家直接投资占对世界直接投资的比重[①]

2018年，中国对"一带一路"沿线国家直接投资占对世界直接投资的比重达12.5%，其中直接投资占比排名前十的是新加坡、印度尼西亚、马来西亚、老挝、越南、阿联酋、俄罗斯、柬埔寨、泰国和塔吉克斯坦（见表2-23）。按经济体所属区域划分，中国对东南亚国家中，直接投资占比排名前五的是新加坡、印度尼西亚、马来西亚、老挝和越南；中国对东欧中亚国家中，直接投资占比排名前三的是俄罗斯、塔吉克斯坦和哈萨克斯坦；中国对南亚国家中，直接投资占比占比排名前二的是印度和阿富汗；中国对西亚北非国家中，直接投资占比占比排名前三的是阿联酋、以色列和沙特阿拉伯；中国对中东欧国家中，直接投资占比占比排名前五的是塞尔维亚、波兰、捷克、匈牙利和爱沙尼亚（见表2-24）。

表2-23　　2018年中国对"一带一路"沿线国家直接投资占比排名　　单位：%

国家	占比
新加坡	4.5
印度尼西亚	1.3
马来西亚	1.2

① 2018年，中国对"一带一路"沿线国家直接投资占对世界直接投资的比重数据详见附表2-15。

续表

国家	占比
老挝	0.9
越南	0.8
阿联酋	0.8
俄罗斯	0.7
柬埔寨	0.5
泰国	0.5
塔吉克斯坦	0.4

资料来源：作者根据中国对外直接投资统计公报数据计算。

表2-24　2018年中国对"一带一路"沿线国家分区域直接投资占比排名　　单位：%

区域	国家	占比
东南亚国家	新加坡	4.482
	印度尼西亚	1.304
	马来西亚	1.162
	老挝	0.868
	越南	0.805
东欧中亚国家	俄罗斯	0.672
	塔吉克斯坦	0.360
	哈萨克斯坦	0.110
南亚国家	印度	0.034
	阿富汗	0.002
西亚北非国家	阿联酋	0.756
	以色列	0.287
	沙特阿拉伯	0.268
中东欧国家	塞尔维亚	0.107
	波兰	0.082
	捷克	0.079
	匈牙利	0.066
	爱沙尼亚	0.037

资料来源：作者根据中国对外直接投资统计公报数据计算。

五、国际直接投资流出规模与联系

(一)国际直接投资流出量①

2019年,"一带一路"沿线国家国际直接投资流出量为1492.2亿美元,排名前十的国家是新加坡、俄罗斯、阿联酋、沙特阿拉伯、印度、泰国、以色列、马来西亚、捷克和卡塔尔(见表2-25)。按经济体所属区域划分,东南亚国家中,国际直接投资流出量排名前五的是新加坡、泰国、马来西亚、印度尼西亚和菲律宾;东欧中亚国家中,国际直接投资流出量排名前三的是俄罗斯、阿塞拜疆和乌克兰;南亚国家中,国际直接投资流出量排名前三的是印度、斯里兰卡和阿富汗;西亚北非国家中,国际直接投资流出量排名前三的是阿联酋、沙特阿拉伯和以色列;中东欧国家中,国际直接投资流出量排名前五的是捷克、匈牙利、波兰、爱沙尼亚和塞尔维亚(见表2-26)。

表2-25　2019年"一带一路"沿线国家国际直接投资流出量排名　单位:百万美元

国家	国际直接投资流出量
新加坡	33283.3
俄罗斯	22529.9
阿联酋	15901.1
沙特阿拉伯	13185.0
印度	12104.0
泰国	11846.8
以色列	8566.4
马来西亚	6304.0
捷克	4917.9
卡塔尔	4450.3

资料来源:作者根据联合国贸易和发展会议数据库数据计算。

表2-26　2019年"一带一路"沿线国家分区域国际直接投资流出量排名　单位:百万美元

区域	国家	国际直接投资流出量
东南亚国家	新加坡	33283.3
	泰国	11846.8
	马来西亚	6304.0
	印度尼西亚	3380.4
	菲律宾	658.1

---

① 2019年,"一带一路"沿线国家国际直接投资流出量数据详见附表2-16。

续表

区域	国家	国际直接投资流出量
东欧中亚国家	俄罗斯	22529.9
	阿塞拜疆	2431.7
	乌克兰	648.0
南亚国家	印度	12104.0
	斯里兰卡	77.0
	阿富汗	26.0
西亚北非国家	阿联酋	15901.1
	沙特阿拉伯	13185.0
	以色列	8566.4
中东欧国家	捷克	4917.9
	匈牙利	2625.5
	波兰	2132.3
	爱沙尼亚	1967.3
	塞尔维亚	343.2

资料来源：作者根据联合国贸易和发展会议数据库数据计算。

（二）"一带一路"国家对中国直接投资联系

1. "一带一路"国家对中国直接投资规模①

由于2019年的数据暂未更新，因此针对2018年的数据进行分析。2018年，"一带一路"沿线国家对中国直接投资规模为60.6亿美元，"一带一路"沿线国家中，直接投资规模排名前十的是新加坡、马来西亚、越南、菲律宾、泰国、印度尼西亚、斯洛伐克、阿联酋、哈萨克斯坦和文莱（见表2-27）。按经济体所属区域划分，东南亚国家中，对中国直接投资规模排名前五的是新加坡、马来西亚、越南、菲律宾和泰国；东欧中亚国家中，对中国直接投资规模排名前三的是哈萨克斯坦、乌克兰和阿塞拜疆；南亚国家中，对中国直接投资规模排名前三的是阿富汗、巴基斯坦和尼泊尔；西亚北非国家中，对中国直接投资规模排名前三的是阿联酋、也门和以色列；中东欧国家中，对中国直接投资规模排名前五的是斯洛伐克、克罗地亚、捷克、斯洛文尼亚和罗马尼亚（见表2-28）。

---

① 2018年，"一带一路"沿线国家对中国直接投资规模数据详见附表2-17。

表2-27　　　2018年"一带一路"沿线国家对中国直接投资规模排名　　单位：百万美元

国家	国际直接投资流出量
新加坡	5210.2
马来西亚	211.6
越南	138.8
菲律宾	49.9
泰国	45.7
印度尼西亚	32.5
斯洛伐克	28.8
阿联酋	25.7
哈萨克斯坦	19.7
文莱	18.7

资料来源：作者根据中国外资公报数据计算。

表2-28　　　2018年"一带一路"沿线国家对中国分区域直接投资规模排名　单位：百万美元

区域	国家	国际直接投资流出量
东南亚国家	新加坡	5210.2
东南亚国家	马来西亚	211.6
东南亚国家	越南	138.8
东南亚国家	菲律宾	49.9
东南亚国家	泰国	45.7
东欧中亚国家	哈萨克斯坦	19.7
东欧中亚国家	乌克兰	0.8
东欧中亚国家	阿塞拜疆	0.4
南亚国家	阿富汗	2.3
南亚国家	巴基斯坦	0.7
南亚国家	尼泊尔	0.2
西亚北非国家	阿联酋	25.7
西亚北非国家	也门	15.4
西亚北非国家	以色列	11.3
中东欧国家	斯洛伐克	28.8
中东欧国家	克罗地亚	6.2
中东欧国家	捷克	4.2
中东欧国家	斯洛文尼亚	4.2
中东欧国家	罗马尼亚	2.7

资料来源：作者根据中国外资公报数据计算。

2."一带一路"沿线国家对中国直接投资占中国利用外资额的比重[①]

由于2019年的数据暂未更新,因此针对2018年的数据进行分析。2018年,"一带一路"沿线国家对中国直接投资占中国利用外资额的比重达4.4%,"一带一路"沿线国家中,对中国直接投资占比排名前十的是新加坡、马来西亚、越南、沙特阿拉伯、俄罗斯、菲律宾、印度、泰国、印度尼西亚和斯洛伐克(见表2-29)。按经济体所属区域划分,东南亚国家中,直接投资占比排名前五的是新加坡、马来西亚、越南、菲律宾和泰国;东欧中亚国家中,直接投资占比排名前三的是俄罗斯、哈萨克斯坦和乌克兰;南亚国家中,直接投资占比排名前三的是印度、阿富汗和巴基斯坦;西亚北非国家中,直接投资占比排名前三的是沙特阿拉伯、阿联酋和也门;中东欧国家中,直接投资占比排名前五的是斯洛伐克、克罗地亚、捷克、斯洛文尼亚和罗马尼亚(见表2-30)。

表2-29　2018年"一带一路"沿线国家对中国直接投资占比排名　单位:%

国家	占比
新加坡	3.767
马来西亚	0.153
越南	0.100
沙特阿拉伯	0.063
俄罗斯	0.041
菲律宾	0.036
印度	0.034
泰国	0.033
印度尼西亚	0.023
斯洛伐克	0.021

资料来源:作者根据中国外资公报数据计算。

表2-30　2018年"一带一路"沿线国家对中国分区域直接投资占比排名　单位:%

区域	国家	占比
东南亚国家	新加坡	3.767
	马来西亚	0.153
	越南	0.100
	菲律宾	0.036
	泰国	0.033

[①] 2018年,"一带一路"沿线国家对中国直接投资占中国利用外资额的比重数据详见附表2-18。

续表

区域	国家	占比
东欧中亚国家	俄罗斯	0.041
	哈萨克斯坦	0.014
	乌克兰	0.001
南亚国家	印度	0.034
	阿富汗	0.002
	巴基斯坦	0.000
西亚北非国家	沙特阿拉伯	0.063
	阿联酋	0.019
	也门	0.011
中东欧国家	斯洛伐克	0.021
	克罗地亚	0.004
	捷克	0.003
	斯洛文尼亚	0.003
	罗马尼亚	0.002

资料来源：作者根据中国外资公报数据计算。

第二节 "一带一路"沿线国家对外贸易投资发展及与中国经贸联系走势（2014~2019年）

一、进口贸易规模与联系走势

（一）进口贸易规模走势[①]

2014~2019年，"一带一路"沿线国家进口贸易总额呈现出波动的趋势，从2014年的42707.3亿美元提升至2019年的44484.3亿美元，年均增速为0.8%。"一带一路"沿线国家中，进口贸易规模年均增速排名前十的是柬埔寨、越南、乌兹别克斯坦、菲律宾、尼泊尔、孟加拉国、马尔代夫、老挝、阿塞拜疆和塞尔维亚（见表2-31）。按经济体所属区域划分，东南亚国家中，进口贸易规模年均增速排名前五的是柬埔寨、越南、菲律宾、老挝和文莱；东欧中亚国家中，进口贸易规模年均增速排名前三的是乌兹别克斯坦、阿塞拜疆和亚美尼亚；南亚国家中，进口贸易规模年均增速排名前三的是尼泊尔、孟加拉国和马尔代夫；西亚北非国

---

① 2014~2019年，"一带一路"沿线国家进口贸易总额年均增速数据详见附表2-1。

家中，进口贸易规模年均增速排名前三的是科威特、以色列和埃及；中东欧国家中，进口贸易规模年均增速排名前五的是塞尔维亚、北马其顿、斯洛文尼亚、罗马尼亚和克罗地亚（见表2-32）。

表2-31　2014~2019年"一带一路"沿线国家进口贸易总额年均增速排名　　单位：%

国家	年均增速
柬埔寨	15.6
越南	11.4
乌兹别克斯坦	10.6
菲律宾	10.4
尼泊尔	9.8
孟加拉国	7.9
马尔代夫	7.8
老挝	7.0
阿塞拜疆	5.5
塞尔维亚	5.3

资料来源：作者根据世界贸易组织数据库数据计算。

表2-32　2014~2019年"一带一路"沿线国家分区域进口贸易总额年均增速排名　　单位：%

区域	国家	年均增速
东南亚国家	柬埔寨	15.6
	越南	11.4
	菲律宾	10.4
	老挝	7.0
	文莱	4.0
东欧中亚国家	乌兹别克斯坦	10.6
	阿塞拜疆	5.5
	亚美尼亚	4.6
南亚国家	尼泊尔	9.8
	孟加拉国	7.9
	马尔代夫	7.8

续表

区域	国家	年均增速
西亚北非国家	科威特	2.2
	以色列	1.4
	埃及	1.2
中东欧国家	塞尔维亚	5.3
	北马其顿	5.3
	斯洛文尼亚	5.3
	罗马尼亚	4.4
	克罗地亚	4.2

资料来源：作者根据世界贸易组织数据库数据计算。

（二）进口贸易产品结构

根据HS二位编码分类，2014~2019年，"一带一路"沿线各国进口贸易产品类型前五名分别为：85电机、电气设备及其零件，录音机及放声机、电视图像、声音的录制和重放设备及其零件、附件；84核反应堆、锅炉、机器、机械器具及其零件；87车辆及其零件、附件，但铁道及电车道车辆除外；39塑料及其制品；27矿物燃料、矿物油及其蒸馏产品，沥青物质，矿物蜡详见附表2-2。

（三）中国与"一带一路"沿线国家的出口贸易规模走势[①]

由于2019年的数据暂未更新，因此针对2018年的数据进行分析。2014~2018年，中国对"一带一路"沿线国家的贸易出口额从6358.92亿美元增长到7044.1亿美元，年均增速为2.6%，在中国对外贸易的出口占比从27.1%增长到28.2%。"一带一路"沿线国家中，贸易出口额年均增速排名前十的是波黑、东帝汶、黑山、斯洛文尼亚、文莱、阿富汗、叙利亚、亚美尼亚、孟加拉国和柬埔寨（见表2-33）。按经济体所属区域划分，东南亚国家中，贸易出口额年均增速排名前五的是东帝汶、柬埔寨、菲律宾、越南和泰国；东欧中亚国家中，贸易出口额年均增速排名前三的是亚美尼亚、乌兹别克斯坦和乌克兰；南亚国家中，贸易出口额年均增速排名前三的是阿富汗、孟加拉国和印度；西亚北非国家中，贸易出口额年均增速排名前三的是阿曼、叙利亚和以色列；中东欧国家中，贸易出口额年均增速排名前五的是斯洛文尼亚、塞尔维亚、捷克、波兰和阿尔巴尼亚（见表2-34）。

[①] 2014~2018年，中国对"一带一路"沿线国家贸易出口额年均增速数据详见附表2-3。

表 2-33　2014~2018 年中国对"一带一路"沿线国家贸易出口额年均增速排名　　单位：%

国家	年均增速
波黑	40.3
东帝汶	27.7
黑山	21.0
斯洛文尼亚	20.6
文莱	19.0
阿富汗	16.0
叙利亚	14.4
亚美尼亚	14.1
孟加拉国	13.1
柬埔寨	12.6

资料来源：作者根据联合国商品贸易统计数据库数据计算。

表 2-34　2014~2018 年中国对"一带一路"沿线国家分区域贸易出口额年均增速排名　　单位：%

区域	国家	年均增速
东南亚国家	东帝汶	21.8
	柬埔寨	16.5
	菲律宾	10.6
	越南	7.2
	泰国	5.8
东欧中亚国家	亚美尼亚	14.8
	乌兹别克斯坦	10.1
	乌克兰	8.3
南亚国家	阿富汗	14.1
	孟加拉国	10.8
	印度	9.1
西亚北非国家	阿曼	8.6
	叙利亚	6.7
	以色列	4.7
中东欧国家	斯洛文尼亚	22.2
	塞尔维亚	14.5
	捷克	10.5
	波兰	10.1
	阿尔巴尼亚	9.4

资料来源：作者根据联合国商品贸易统计数据库数据计算。

二、出口贸易规模与联系走势

(一)出口贸易规模走势①

2014~2019年,"一带一路"沿线国家出口贸易总额呈现出波动的趋势,从2014年的46793.5亿美元下降至2019年的45364.3亿美元,年平均增长率为-0.6%。2014~2019年,"一带一路"沿线国家出口贸易总额年均增速排名前十的国家是东帝汶、老挝、柬埔寨、阿富汗、越南、亚美尼亚、缅甸、北马其顿、乌兹别克斯坦和塞尔维亚(见表2-35)。按经济体所属区域划分,东南亚国家中,出口贸易总额年均增速排名前五的是东帝汶、老挝、柬埔寨、越南和缅甸;东欧中亚国家中,出口贸易总额年均增速排名前三的是亚美尼亚、乌兹别克斯坦和格鲁吉亚;南亚国家中,出口贸易总额年均增速排名前三的是阿富汗、孟加拉国和马尔代夫;西亚北非国家中,出口贸易总额年均增速排名前三的是土耳其、埃及和黎巴嫩;中东欧国家中,出口贸易总额年均增速排名前五的是北马其顿、塞尔维亚和克罗地亚、斯洛文尼亚和波兰(见表2-36)。

表2-35　2014~2019年"一带一路"沿线国家出口贸易总额年均增速排名　　单位:%

国家	年均增速
东帝汶	59.3
老挝	17.2
柬埔寨	15.5
阿富汗	13.0
越南	12.0
亚美尼亚	11.7
缅甸	8.8
北马其顿	7.7
乌兹别克斯坦	6.8
塞尔维亚	5.7

资料来源:作者根据世界贸易组织数据库数据计算。

① 2014~2019年,"一带一路"沿线国家出口贸易总额年均增速数据详见附表2-6。

表 2-36   2014~2019年"一带一路"沿线国家分区域出口贸易总额年均增速排名   单位：%

区域	国家	年均增速
东南亚国家	东帝汶	61.2
	老挝	17.6
	柬埔寨	13.5
	越南	12.0
	缅甸	8.8
东欧中亚国家	亚美尼亚	11.7
	乌兹别克斯坦	6.8
	格鲁吉亚	5.6
南亚国家	阿富汗	13.0
	孟加拉国	4.5
	马尔代夫	3.1
西亚北非国家	土耳其	1.7
	埃及	1.5
	黎巴嫩	1.2
中东欧国家	北马其顿	7.7
	塞尔维亚	5.7
	克罗地亚	4.7
	斯洛文尼亚	4.5
	波兰	3.7

资料来源：作者根据世界贸易组织数据库数据计算。

（二）出口贸易产品结构

根据HS二位编码分类，2014~2019年，"一带一路"沿线各国出口贸易产品类型前五名分别为：27矿物燃料、矿物油及其蒸馏产品，沥青物质，矿物蜡；84核反应堆、锅炉、机器、机械器具及其零件；85电机、电气设备及其零件，录音机及放声机、电视图像、声音的录制和重放设备及其零件、附件；72钢铁；39塑料及其制品（详见附表2-7）。

（三）中国与"一带一路"沿线国家的进口贸易规模走势[①]

由于2019年的数据暂未更新，因此针对2018年的数据进行分析。2014~2018年，中国对"一带一路"沿线国家的贸易进口额从2014年的4827.0亿美元增长到2018年的5626.9亿美元，年均增速为3.9%，在中国对外贸易的进口占比从

[①] 2014~2018年，中国对"一带一路"沿线国家贸易进口额年均增速数据详见附表2-8。

24.6%增长到26.4%，年均增速为1.8%。"一带一路"沿线国家中，贸易进口额年均增速排名前十的是东帝汶、马尔代夫、巴勒斯坦、越南、柬埔寨、立陶宛、克罗地亚、波黑、塞尔维亚和黎巴嫩（见表2-37）。按经济体所属区域划分，东南亚国家中，贸易进口额年均增速排名前五的是东帝汶、越南、柬埔寨、印度尼西亚和文莱；东欧中亚国家中，贸易进口额年均增速排名前三的是亚美尼亚、塔吉克斯坦和摩尔多瓦；南亚国家中，贸易进口额年均增速排名前三的是马尔代夫、阿富汗和斯里兰卡；西亚北非国家中，贸易进口额年均增速排名前三的是巴勒斯坦、黎巴嫩和埃及；中东欧国家中，贸易进口额年均增速排名前五的是立陶宛、克罗地亚、波黑、塞尔维亚和斯洛文尼亚（见表2-38）。

表2-37　2014~2018年中国对"一带一路"沿线国家贸易进口额年均增速排名　　单位：%

国家	年均增速
东帝汶	134.4
马尔代夫	104.6
巴勒斯坦	50.5
越南	34.0
柬埔寨	30.0
立陶宛	20.5
克罗地亚	20.5
波黑	20.1
塞尔维亚	18.8
黎巴嫩	17.9

资料来源：作者根据联合国商品贸易统计数据库数据计算。

表2-38　2014~2018年中国对"一带一路"沿线国家分区域贸易进口额年均增速排名　　单位：%

区域	国家	年均增速
东南亚国家	东帝汶	134.4
	越南	34.0
	柬埔寨	30.0
	印度尼西亚	8.7
	文莱	6.9
东欧中亚国家	亚美尼亚	17.1
	塔吉克斯坦	12.6
	摩尔多瓦	11.6

续表

区域	国家	年均增速
南亚国家	马尔代夫	104.6
	阿富汗	8.5
	斯里兰卡	8.2
西亚北非国家	巴勒斯坦	50.5
	黎巴嫩	17.9
	埃及	12.2
中东欧国家	立陶宛	20.5
	克罗地亚	20.5
	波黑	20.1
	塞尔维亚	18.8
	斯洛文尼亚	15.6

资料来源：作者根据联合国商品贸易统计数据库数据计算。

三、净出口贸易规模与联系走势

（一）净出口贸易规模走势[①]

"一带一路"沿线国家净出口贸易总额呈现出波动下降的趋势，从2014年的净出口4086.2亿美元下降至2019年的净出口880.0亿美元，年平均增长率为-26.4%。"一带一路"沿线国家中，净出口贸易总额年均增速排名前十的是泰国、波兰、老挝、缅甸、越南、蒙古国、土耳其、东帝汶、塔吉克斯坦和保加利亚（见表2-39）。按经济体所属区域划分，东南亚国家中，净出口贸易总额年均增速排名前五的是泰国、老挝、缅甸、越南和东帝汶；东欧中亚国家中，净出口贸易总额年均增速排名前三的是蒙古国、塔吉克斯坦和吉尔吉斯斯坦；南亚国家中，净出口贸易总额年均增速排名前三的是阿富汗、斯里兰卡和不丹；西亚北非国家中，净出口贸易总额年均增速排名前三的是土耳其、约旦和黎巴嫩；中东欧国家中，净出口贸易总额年均增速排名前五的是波兰、保加利亚、爱沙尼亚、波黑和北马其顿（见表2-40）。

表2-39　2014~2019年"一带一路"沿线国家净出口贸易总额年均增速排名　　单位：%

国家	年均增速
泰国	301.8

[①] 2014~2019年，"一带一路"沿线国家净出口贸易总额年均增速数据详见附表2-11。

续表

国家	年均增速
波兰	189.5
老挝	41.5
缅甸	35.5
越南	34.4
蒙古国	22.6
土耳其	19.0
东帝汶	12.3
塔吉克斯坦	8.3
保加利亚	6.5

资料来源：作者根据世界贸易组织数据库数据计算。

表2-40　　2014~2019年"一带一路"沿线国家分区域净出口贸易总额年均增速排名　　单位：%

区域	国家	年均增速
东南亚国家	泰国	301.8
	老挝	41.5
	缅甸	35.5
	越南	34.4
	东帝汶	12.3
东欧中亚国家	蒙古国	22.6
	塔吉克斯坦	8.3
	吉尔吉斯斯坦	5.2
南亚国家	阿富汗	2.6
	斯里兰卡	0.6
	不丹	-1.2
西亚北非国家	土耳其	19.0
	约旦	5.4
	黎巴嫩	3.3
中东欧国家	波兰	189.5
	保加利亚	6.5
	爱沙尼亚	3.5
	波黑	2.1
	北马其顿	0.4

资料来源：作者根据世界贸易组织数据库数据计算。

（二）中国与"一带一路"沿线国家的净出口贸易走势①

由于2019年的数据暂未更新，因此针对2018年的数据进行分析。2014~2018年，中国对"一带一路"沿线国家的贸易净出口额从1531.9亿美元下降到1417.3亿美元，年均增速为-1.9%。"一带一路"沿线国家中，净出口贸易额年均增速排名前十的是北马其顿、也门、菲律宾、缅甸、乌克兰、斯洛文尼亚、阿尔巴尼亚、东帝汶、阿富汗和柬埔寨（见表2-41）。按经济体所属区域划分，东南亚国家中，净出口贸易额年均增速排名前五的是菲律宾、缅甸、东帝汶、柬埔寨和泰国；东欧中亚国家中，净出口贸易额年均增速排名前三的是乌克兰、乌兹别克斯坦和格鲁吉亚；南亚国家中，净出口贸易额年均增速排名前三的是阿富汗、印度和孟加拉国；西亚北非国家中，净出口贸易额年均增速排名前三的是也门、叙利亚和阿曼；中东欧国家中，净出口贸易额年均增速排名前五的是北马其顿、斯洛文尼亚、阿尔巴尼亚、塞尔维亚和波兰（见表2-42）。

表2-41　　2014~2018年中国对"一带一路"沿线国家贸易净出口额年均增速排名　　单位：%

国家	年均增速
北马其顿	131.7
也门	64.6
菲律宾	55.4
缅甸	48.5
乌克兰	28.2
斯洛文尼亚	23.4
阿尔巴尼亚	23.1
东帝汶	21.1
阿富汗	14.4
柬埔寨	13.6

资料来源：作者根据联合国商品贸易统计数据库数据计算。

---

① 2014~2018年，中国对"一带一路"沿线国家贸易净出口额年均增速数据详见附表2-12。

表2-42　　2014~2018年中国对"一带一路"沿线国家分区域
贸易净出口额年均增速排名　　　　单位：%

区域	国家	年均增速
东南亚国家	菲律宾	55.4
	缅甸	48.5
	东帝汶	21.1
	柬埔寨	13.6
	泰国	13.0
东欧中亚国家	乌克兰	28.2
	乌兹别克斯坦	10.6
	格鲁吉亚	5.2
南亚国家	阿富汗	14.4
	印度	11.3
	孟加拉国	11.1
西亚北非国家	也门	64.6
	叙利亚	6.7
	阿曼	6.7
中东欧国家	北马其顿	131.7
	斯洛文尼亚	23.4
	阿尔巴尼亚	23.1
	塞尔维亚	12.8
	波兰	11.2

资料来源：作者根据联合国商品贸易统计数据库数据计算。

四、国际直接投资流入规模与联系走势

（一）国际直接投资流入规模走势[①]

2014~2019年，"一带一路"沿线国家国际直接投资流入量呈现出波动的趋势，从2014年的3040.4亿美元下降至2015年的2605.1亿美元，又逐渐上升至2018年的3355.1亿美元，又逐渐下降至2019年的3122.0亿美元，年均增速为0.53%。"一带一路"沿线国家中，国际直接投资流入量年均增速排名前十的是立陶宛、斯洛伐克、乌克兰、蒙古国、尼泊尔、爱沙尼亚、乌兹别克斯坦、以色列、缅甸和保加利亚（见表2-43）。按经济体所属区域划分，东南亚国家中，国际直接投资流入量年均增速排名前五的是缅甸、柬埔寨、越南、东帝汶和新加坡；东欧中亚国家中，国际直接投资流入量年均增速排名前三的是乌克兰、蒙古国和乌

[①] 2014~2019年，"一带一路"沿线国家国际直接投资流入量年均增速数据详见附表2-13。

兹别克斯坦；南亚国家中，国际直接投资流入量年均增速排名前三的是尼泊尔、马尔代夫和斯里兰卡；西亚北非国家中，国际直接投资流入量年均增速排名前三的是以色列、伊拉克和阿曼；中东欧国家中，国际直接投资流入量年均增速排名前五的是立陶宛、斯洛伐克、爱沙尼亚、保加利亚和塞尔维亚（见表2-44）。

表2-43　2014~2019年"一带一路"沿线国家国际直接投资流入量年均增速排名　　单位：%

国家	年均增速
立陶宛	311.0
斯洛伐克	236.7
乌克兰	49.6
蒙古国	48.6
尼泊尔	43.9
爱沙尼亚	34.8
乌兹别克斯坦	24.7
以色列	24.7
缅甸	23.9
保加利亚	21.6

资料来源：作者根据联合国贸易和发展会议数据库数据计算。

表2-44　　　　2014~2019年"一带一路"沿线国家分区域国际
直接投资流入量年均增速排名　　单位：%

区域	国家	年均增速
东南亚国家	缅甸	23.9
	柬埔寨	14.9
	越南	11.9
	东帝汶	8.6
	新加坡	4.7
东欧中亚国家	乌克兰	49.6
	蒙古国	48.0
	乌兹别克斯坦	24.7
南亚国家	尼泊尔	43.9
	马尔代夫	11.2
	斯里兰卡	-3.2
西亚北非国家	以色列	24.7
	伊拉克	21.3
	阿曼	19.4

续表

区域	国家	年均增速
中东欧国家	立陶宛	311.0
	斯洛伐克	236.7
	爱沙尼亚	34.8
	保加利亚	21.6
	塞尔维亚	15.9

资料来源：作者根据联合国贸易和发展会议数据库数据计算。

（二）中国对"一带一路"沿线国家直接投资规模走势①

2014~2018年，中国对"一带一路"沿线国家的直接投资规模从6358.9亿美元增长到7044.1亿美元，年均增速为7.0%。中国对"一带一路"沿线国家中，直接投资规模年均增速排名前十的是捷克、孟加拉国、哈萨克斯坦、塞尔维亚、约旦、以色列、克罗地亚、乌克兰、塔吉克斯坦和越南（见表2-45）。按经济体所属区域划分，东南亚国家中，中国对其直接投资规模年均增速排名前五的是越南、马来西亚、新加坡、柬埔寨和印度尼西亚；东欧中亚国家中，中国对其直接投资规模年均增速排名前三的是哈萨克斯坦、乌克兰和塔吉克斯坦；南亚国家中，中国对其直接投资规模年均增速排名前三的是孟加拉国、尼泊尔和印度；西亚北非国家中，中国对其直接投资规模年均增速排名前三的是约旦、以色列和阿曼；中东欧国家中，中国对其直接投资规模年均增速排名前五的是捷克、塞尔维亚、克罗地亚、匈牙利和波兰（见表2-46）。

表2-45　2014~2018年中国对"一带一路"沿线国家直接投资规模年均增速排名　　单位：%

国家	年均增速
捷克	160.3
孟加拉国	115.9
哈萨克斯坦	98.8
塞尔维亚	90.3
约旦	88.8
以色列	67.2
克罗地亚	58.5
乌克兰	55.3

① 2014~2018年，中国对"一带一路"沿线国家直接投资规模年均增速数据详见附表2-14。

续表

国家	年均增速
塔吉克斯坦	38.0
越南	36.4

资料来源：作者根据中国对外直接投资统计公报数据库数据计算。

表2-46　　　2014~2018年中国对"一带一路"沿线国家分区域
直接投资规模年均增速排名　　　　　　单位：%

区域	国家	年均增速
东南亚国家	越南	36.4
	马来西亚	33.6
	新加坡	22.9
	柬埔寨	15.4
	印度尼西亚	10.0
东欧中亚国家	哈萨克斯坦	98.8
	乌克兰	55.3
	塔吉克斯坦	38.0
南亚国家	孟加拉国	115.9
	尼泊尔	3.3
	印度	-10.2
西亚北非国家	约旦	88.8
	以色列	67.2
	阿曼	36.0
中东欧国家	捷克	160.3
	塞尔维亚	90.3
	克罗地亚	58.5
	匈牙利	29.3
	波兰	27.8

资料来源：作者根据中国对外直接投资统计公报数据库数据计算。

五、国际直接投资流出规模与联系走势

（一）国际直接投资流出规模走势[①]

2014~2019年，"一带一路"沿线国家国际直接投资流出量呈现出波动的趋势，从2014年的2118.5亿美元下降至2016年的1429.7亿美元，又逐渐上升

[①] 2014~2019年，"一带一路"沿线国家国际直接投资流出量年均增速数据详见附表2-16。

至2018年的1849.7亿美元，又逐渐下降至2019年的1492.2亿美元，年均增速为-6.8%。"一带一路"沿线国家中，国际直接投资流出量年均增速排名前十的是立陶宛、罗马尼亚、吉尔吉斯斯坦、爱沙尼亚、伊朗、乌克兰、北马其顿、阿尔巴尼亚、斯洛伐克和科威特（见表2-47）。按经济体所属区域划分，东南亚国家中，国际直接投资流出量年均增速排名前五的是泰国、柬埔寨、新加坡、印度尼西亚和越南；东欧中亚国家中，国际直接投资流出量年均增速排名前三的是吉尔吉斯斯坦、乌克兰和蒙古国；南亚国家中，国际直接投资流出量年均增速排名前三的是斯里兰卡、印度和孟加拉国；西亚北非国家中，国际直接投资流出量年均增速排名前三的是伊朗、科威特和沙特阿拉伯；中东欧国家中，国际直接投资流出量年均增速排名前五的是立陶宛、罗马尼亚、爱沙尼亚、北马其顿和阿尔巴尼亚（见表2-48）。

表2-47　2014~2019年"一带一路"沿线国家国际直接投资流出量年均增速排名　　单位：%

国家	年均增速
立陶宛	239.1
罗马尼亚	163.3
吉尔吉斯斯坦	126.6
爱沙尼亚	115.0
伊朗	89.8
乌克兰	42.3
北马其顿	31.3
阿尔巴尼亚	30.7
斯洛伐克	29.1
科威特	24.9

资料来源：作者根据联合国贸易和发展会议数据库数据计算。

表2-48　2014~2019年"一带一路"沿线国家分区域国际直接投资流出量年均增速排名　　单位：%

区域	国家	年均增速
东南亚国家	泰国	16.3
	柬埔寨	4.4
	新加坡	-8.7
	印度尼西亚	-13.7
	越南	-16.6

续表

区域	国家	年均增速
东欧中亚国家	吉尔吉斯斯坦	126.6
	乌克兰	42.3
	蒙古国	3.5
南亚国家	斯里兰卡	2.8
	印度	0.5
	孟加拉国	-146.9
西亚北非国家	伊朗	89.8
	科威特	24.9
	沙特阿拉伯	19.6
中东欧国家	立陶宛	239.1
	罗马尼亚	163.3
	爱沙尼亚	115.0
	北马其顿	31.3
	阿尔巴尼亚	30.7

资料来源：作者根据联合国贸易和发展会议数据库数据计算。

(二)"一带一路"沿线国家对中国直接投资规模走势[①]

2014~2018年，"一带一路"沿线国家对中国的直接投资规模呈现出波动趋势，从2014年的66.0亿美元增长到2015年的82.5亿美元，又下降至2017年的54.1亿美元，又增长至2018年的60.6亿美元，年均增速为-2.1%。"一带一路"沿线国家中，对中国直接投资规模年均增速排名前十的是越南、克罗地亚、斯洛文尼亚、也门、罗马尼亚、斯洛伐克、叙利亚、约旦、匈牙利和沙特阿拉伯（见表2-49）。按经济体所属区域划分，东南亚国家中，对中国直接投资规模年均增速排名前五的是越南、缅甸、马来西亚、新加坡和泰国；东欧中亚国家中，对中国直接投资规模年均增速排名前三的是蒙古国、乌克兰和俄罗斯；南亚国家中，对中国直接投资规模年均增速排名前三的是阿富汗、印度和尼泊尔；西亚北非国家中，对中国直接投资规模年均增速排名前三的是也门、叙利亚和约旦；中东欧国家中，对中国直接投资规模年均增速排名前五的是克罗地亚、斯洛文尼亚、罗马尼亚、斯洛伐克和匈牙利（见表2-50）。

[①] 2014~2018年，"一带一路"沿线国家对中国直接投资规模年均增速数据详见附表2-17。

表 2-49 2014~2018年"一带一路"沿线国家对中国直接投资规模年均增速排名 单位：%

国家	年均增速
越南	567.3
克罗地亚	318.8
斯洛文尼亚	189.4
也门	101.1
罗马尼亚	89.7
斯洛伐克	68.1
叙利亚	50.9
约旦	35.8
匈牙利	30.6
沙特阿拉伯	29.8

资料来源：作者根据中国外资公报数据计算。

表 2-50 2014~2018年"一带一路"沿线国家分区域对中国直接投资规模年均增速排名 单位：%

区域	国家	年均增速
东南亚国家	越南	567.3
	缅甸	8.9
	马来西亚	7.7
	新加坡	-2.8
	泰国	-6.8
东欧中亚国家	蒙古国	26.5
	乌克兰	20.5
	俄罗斯	8.6
南亚国家	阿富汗	23.5
	印度	-1.6
	尼泊尔	-9.1
西亚北非国家	也门	101.1
	叙利亚	50.9
	约旦	35.8
中东欧国家	克罗地亚	318.8
	斯洛文尼亚	189.4
	罗马尼亚	89.7
	斯洛伐克	68.1
	匈牙利	30.6

资料来源：作者根据中国外资公报数据计算。

第三章 中国与"一带一路"沿线国家进出口贸易的要素结构特征

第一节 "一带一路"沿线国家对中国进出口贸易的要素结构

按照《国际贸易标准分类》第3次修订版（STIC.REV3）将商品分为10类[①]。其中0~4类属于资源密集型产品；第6类、第8类属于劳动密集型产品；第5类、第7类、第9类大多为资本密集型产品。

一、"一带一路"沿线国家对中国出口贸易的要素结构

2014~2018年"一带一路"沿线国家主要向中国出口资源密集型产品，进口资本密集型产品。其中，2018年，共有26个国家（拉脱维亚、阿尔巴尼亚、塞尔维亚、北马其顿、黑山、土耳其、埃及、卡塔尔、黎巴嫩、印度尼西亚、缅甸、老挝、文莱、蒙古国、印度、阿富汗、马尔代夫、俄罗斯、乌克兰、格鲁吉亚、阿塞拜疆、亚美尼亚、摩尔多瓦、哈萨克斯坦、乌兹别克斯坦、吉尔吉斯斯坦）主要向中国出口资源密集型产品；共有7个国家（波兰、保加利亚、立陶宛、波黑、巴勒斯坦、柬埔寨、巴基斯坦）主要向中国出口劳动密集型产品；共有19个国家（罗马尼亚、捷克、斯洛伐克、匈牙利、斯洛文尼亚、爱沙尼亚、克罗地亚、沙特阿拉伯、阿联酋、阿曼、以色列、科威特、约旦、巴林、泰国、马来西亚、越南、新加坡、菲律宾）主要向中国出口资本密集产品；其余国家数据不详，具体计算结果见表3-1。

[①] 第0类为食物和活动物，第1类为饮料及烟草，第2类为非食用原材料（不包括燃料），第3类为矿物燃料、润滑油及有关原料，第4类为动植物油、脂和蜡，第5类为未另列明的化学品和有关产品，第6类为主要按原料分类的制成品，第7类为机械及运输设备，第8类为杂项制品，第9类为STIC未分类的其他商品。

表 3-1　2014~2019 年"一带一路"沿线国家对中国货物贸易出口要素结构　单位：%

国家	要素结构	2014年	2015年	2016年	2017年	2018年	2019年
印度尼西亚	资源密集型产品	72.28	73.15	71.54	71.15	69.36	69.05
	劳动密集型产品	12.39	16.50	18.35	20.69	21.10	21.71
	资本密集型产品	15.33	10.35	10.11	8.16	9.54	9.24
泰国	资源密集型产品	35.00	35.97	36.15	39.75	36.66	38.37
	劳动密集型产品	15.07	15.73	16.30	14.69	13.39	13.98
	资本密集型产品	49.93	48.30	47.55	45.56	49.95	47.65
马来西亚	资源密集型产品	28.18	31.96	29.95	34.16	29.46	30.35
	劳动密集型产品	11.83	11.64	11.04	9.94	11.55	14.17
	资本密集型产品	59.99	56.40	59.01	55.90	58.99	55.48
越南	资源密集型产品	44.77	37.12	37.34	28.31	22.71	22.33
	劳动密集型产品	21.80	28.62	28.23	24.13	24.25	24.23
	资本密集型产品	33.43	34.26	34.43	47.56	53.04	53.44
新加坡	资源密集型产品	11.92	9.61	10.28	14.16	13.06	10.98
	劳动密集型产品	8.95	9.97	11.71	11.92	10.56	9.58
	资本密集型产品	79.13	80.42	78.01	73.92	76.38	79.44
菲律宾	资源密集型产品	31.51	20.34	20.71	21.34	20.58	24.81
	劳动密集型产品	9.75	6.64	6.23	10.10	12.60	11.61
	资本密集型产品	58.74	73.02	73.06	68.56	66.82	63.58
缅甸	资源密集型产品	68.83	82.60	85.37	80.13	76.26	73.46
	劳动密集型产品	25.59	14.93	14.00	18.69	22.53	25.41
	资本密集型产品	5.58	2.47	0.63	1.18	1.21	1.13
柬埔寨	资源密集型产品	59.67	16.96	16.53	19.63	24.77	—
	劳动密集型产品	38.35	64.59	56.65	67.18	63.69	—
	资本密集型产品	1.98	18.45	26.82	13.19	11.54	—
老挝	资源密集型产品	74.85	76.80	90.76	92.18	82.36	82.56
	劳动密集型产品	3.60	1.55	2.09	2.13	9.46	7.29
	资本密集型产品	21.55	21.65	7.15	5.69	8.18	10.15
文莱	资源密集型产品	55.95	57.16	76.66	86.03	50.54	65.64
	劳动密集型产品	1.80	1.86	1.49	0.18	0.45	0.80
	资本密集型产品	42.25	40.98	21.85	13.79	49.01	33.56
东帝汶	资源密集型产品	—	—	—	84.92	—	—
	劳动密集型产品	—	—	—	0.04	—	—
	资本密集型产品	—	—	—	15.04	—	—

续表

国家	要素结构	2014年	2015年	2016年	2017年	2018年	2019年
蒙古国	资源密集型产品	98.41	98.56	95.61	98.23	98.61	98.71
	劳动密集型产品	1.45	1.17	2.42	1.56	1.04	1.23
	资本密集型产品	0.14	0.27	1.97	0.21	0.35	0.06
印度	资源密集型产品	40.62	31.47	39.61	35.94	41.40	46.05
	劳动密集型产品	36.51	43.53	33.26	32.61	20.69	16.20
	资本密集型产品	22.87	25.00	27.13	31.45	37.91	37.75
巴基斯坦	资源密集型产品	23.44	21.60	27.81	24.69	24.55	33.95
	劳动密集型产品	74.45	72.26	69.58	71.53	64.58	62.58
	资本密集型产品	2.11	6.14	2.61	3.78	10.87	3.47
孟加拉国	资源密集型产品	—	7.90	—	—	—	—
	劳动密集型产品	—	88.03	—	—	—	—
	资本密集型产品	—	4.07	—	—	—	—
斯里兰卡	资源密集型产品	46.25	24.82	34.32	23.88	—	—
	劳动密集型产品	47.51	29.87	49.68	24.64	—	—
	资本密集型产品	6.24	45.31	16.00	51.48	—	—
阿富汗	资源密集型产品	30.29	57.96	22.37	—	81.34	
	劳动密集型产品	2.57	1.16	1.36	—	0.55	
	资本密集型产品	67.14	40.88	76.27	—	18.11	
尼泊尔	资源密集型产品	43.69	17.96	14.92	29.27	—	
	劳动密集型产品	49.35	80.47	68.79	51.53	—	
	资本密集型产品	6.96	1.57	16.29	19.20	—	
马尔代夫	资源密集型产品	100.00	100.00	95.71	99.63	100.00	
	劳动密集型产品	0.00	0.00	4.12	0.37	0.00	
	资本密集型产品	0.00	0.00	0.17	0.00	0.00	
不丹	资源密集型产品	—	—	—	—	—	
	劳动密集型产品	—	—	—	—	—	
	资本密集型产品	—	—	—	—	—	
俄罗斯	资源密集型产品	88.93	85.22	83.09	82.48	89.16	86.19
	劳动密集型产品	1.79	2.66	2.60	2.84	3.45	4.14
	资本密集型产品	9.28	12.12	14.31	14.68	7.39	9.67
乌克兰	资源密集型产品	92.52	93.89	93.11	81.53	86.53	—
	劳动密集型产品	0.54	1.59	2.40	2.14	2.26	—
	资本密集型产品	6.94	4.52	4.49	16.33	11.21	—

续表

国家	要素结构	2014年	2015年	2016年	2017年	2018年	2019年
格鲁吉亚	资源密集型产品	99.64	99.64	98.66	95.04	92.16	90.33
	劳动密集型产品	0.30	0.10	0.01	1.14	6.57	7.83
	资本密集型产品	0.06	0.26	1.33	3.82	1.27	1.84
阿塞拜疆	资源密集型产品	9.08	5.69	92.16	94.63	68.47	95.27
	劳动密集型产品	11.86	5.39	0.03	0.03	6.34	0.34
	资本密集型产品	79.06	88.92	7.81	5.34	25.19	4.39
亚美尼亚	资源密集型产品	99.91	99.93	99.73	98.27	89.12	92.15
	劳动密集型产品	0.09	0.06	0.27	0.90	1.53	1.60
	资本密集型产品	0.00	0.01	0.00	0.83	9.35	6.25
摩尔多瓦	资源密集型产品	82.12	75.40	71.73	88.16	79.22	—
	劳动密集型产品	8.08	21.33	26.23	10.43	20.06	—
	资本密集型产品	9.80	3.27	2.04	1.41	0.72	—
哈萨克斯坦	资源密集型产品	66.13	47.87	38.68	39.17	50.16	56.12
	劳动密集型产品	20.11	29.55	40.55	42.57	38.93	36.43
	资本密集型产品	13.76	22.58	20.77	18.26	10.91	7.45
乌兹别克斯坦	资源密集型产品	—	—	—	57.24	68.73	66.47
	劳动密集型产品	—	—	—	33.01	26.98	29.21
	资本密集型产品	—	—	—	9.75	4.29	4.32
土库曼斯坦	资源密集型产品	—	—	—	—	—	—
	劳动密集型产品	—	—	—	—	—	—
	资本密集型产品	—	—	—	—	—	—
吉尔吉斯斯坦	资源密集型产品	64.49	43.00	80.97	73.04	83.55	86.28
	劳动密集型产品	15.90	36.93	13.46	12.22	11.06	11.21
	资本密集型产品	19.61	20.07	5.57	14.74	5.39	2.51
塔吉克斯坦	资源密集型产品	—	—	—	—	—	—
	劳动密集型产品	—	—	—	—	—	—
	资本密集型产品	—	—	—	—	—	—
沙特阿拉伯	资源密集型产品	2.22	2.51	1.96	3.44	5.68	—
	劳动密集型产品	2.05	1.38	3.82	1.22	1.83	—
	资本密集型产品	95.73	96.11	94.22	95.34	92.49	—
阿联酋	资源密集型产品	10.00	7.70	2.63	4.59	4.73	—
	劳动密集型产品	9.78	9.46	6.72	13.79	4.99	—
	资本密集型产品	80.22	82.84	90.65	81.62	90.28	—
阿曼	资源密集型产品	9.64	5.52	12.20	12.76	7.56	—
	劳动密集型产品	10.94	4.18	7.16	4.08	2.99	—
	资本密集型产品	79.42	90.30	80.64	83.16	89.45	—

续表

国家	要素结构	2014年	2015年	2016年	2017年	2018年	2019年
伊朗	资源密集型产品	46.24	—	43.57	44.82	—	—
	劳动密集型产品	0.38	—	3.33	2.78	—	—
	资本密集型产品	53.38	—	53.10	52.40	—	—
土耳其	资源密集型产品	67.60	64.84	64.19	65.23	59.00	58.96
	劳动密集型产品	15.59	14.94	18.94	16.45	16.42	19.16
	资本密集型产品	16.81	20.22	16.87	18.32	24.58	21.88
以色列	资源密集型产品	2.95	2.07	2.70	3.48	2.46	2.12
	劳动密集型产品	19.60	15.28	18.06	20.15	18.53	21.92
	资本密集型产品	77.45	82.65	79.24	76.37	79.01	75.96
埃及	资源密集型产品	57.41	75.17	79.01	78.81	80.90	74.13
	劳动密集型产品	38.26	23.06	16.11	10.02	8.18	13.88
	资本密集型产品	4.33	1.77	4.88	11.17	10.92	11.99
科威特	资源密集型产品	1.09	1.61	1.93	1.14	0.95	—
	劳动密集型产品	0.47	0.20	0.26	0.14	0.63	—
	资本密集型产品	98.44	98.19	97.81	98.72	98.42	—
伊拉克	资源密集型产品	—	—	—	—	—	—
	劳动密集型产品	—	—	—	—	—	—
	资本密集型产品	—	—	—	—	—	—
卡塔尔	资源密集型产品	84.33	85.44	81.80	86.35	89.36	88.70
	劳动密集型产品	0.01	0.17	0.49	0.38	0.06	1.42
	资本密集型产品	15.66	14.39	17.71	13.27	10.58	9.88
约旦	资源密集型产品	1.96	0.37	0.75	4.07	5.06	2.03
	劳动密集型产品	1.35	1.95	7.70	7.54	9.62	4.92
	资本密集型产品	96.69	97.68	91.55	88.39	85.32	93.05
黎巴嫩	资源密集型产品	65.32	68.07	35.10	76.86	67.94	—
	劳动密集型产品	19.32	10.24	41.48	5.94	14.19	—
	资本密集型产品	15.36	21.69	23.42	17.20	17.87	—
巴林	资源密集型产品	85.32	2.92	3.40	0.79	9.04	—
	劳动密集型产品	0.26	23.34	12.43	3.21	4.92	—
	资本密集型产品	14.42	73.74	84.17	96.00	86.04	—
也门	资源密集型产品	98.75	19.57	—	—	—	4.89
	劳动密集型产品	0.16	23.64	—	—	—	86.75
	资本密集型产品	1.09	56.79	—	—	—	8.36
叙利亚	资源密集型产品	—	—	—	—	—	—
	劳动密集型产品	—	—	—	—	—	—
	资本密集型产品	—	—	—	—	—	—

续表

国家	要素结构	2014年	2015年	2016年	2017年	2018年	2019年
巴勒斯坦	资源密集型产品	94.08	0.00	0.00	0.00	13.72	—
	劳动密集型产品	0.00	0.00	100.00	53.17	79.16	—
	资本密集型产品	5.92	100.00	0.00	46.83	7.12	—
波兰	资源密集型产品	16.95	12.28	13.64	11.34	12.73	13.44
	劳动密集型产品	50.25	52.27	44.12	50.80	47.67	46.28
	资本密集型产品	32.80	35.45	42.24	37.86	39.60	40.28
罗马尼亚	资源密集型产品	33.86	32.32	25.03	25.36	20.54	20.10
	劳动密集型产品	20.01	25.68	27.30	26.37	24.48	26.32
	资本密集型产品	46.13	42.00	47.67	48.27	54.98	53.58
捷克	资源密集型产品	8.56	7.61	6.17	8.55	11.17	16.62
	劳动密集型产品	23.56	26.41	25.82	23.81	23.69	23.53
	资本密集型产品	67.88	65.98	68.01	67.64	65.14	59.85
斯洛伐克	资源密集型产品	0.24	0.68	0.69	0.83	1.06	1.73
	劳动密集型产品	6.12	8.99	8.67	9.04	8.82	6.79
	资本密集型产品	93.64	90.33	90.64	90.13	90.12	91.48
保加利亚	资源密集型产品	29.23	20.13	30.80	14.47	12.13	14.47
	劳动密集型产品	60.64	68.44	55.06	73.98	75.99	73.98
	资本密集型产品	10.13	11.43	14.14	11.55	11.88	11.55
匈牙利	资源密集型产品	2.63	4.14	4.50	3.80	3.23	4.43
	劳动密集型产品	19.16	18.10	16.86	14.78	20.15	25.69
	资本密集型产品	78.21	77.76	78.64	81.42	76.62	69.88
拉脱维亚	资源密集型产品	70.74	67.45	68.69	69.50	70.44	74.73
	劳动密集型产品	12.00	10.90	11.52	10.64	9.39	10.74
	资本密集型产品	17.26	21.65	19.79	19.86	20.17	14.53
立陶宛	资源密集型产品	44.05	42.42	37.45	32.62	33.45	32.62
	劳动密集型产品	34.19	40.98	49.41	39.67	40.93	39.67
	资本密集型产品	21.76	16.60	13.14	27.71	25.62	27.71
斯洛文尼亚	资源密集型产品	5.26	8.69	3.88	6.30	6.01	6.30
	劳动密集型产品	21.08	23.40	15.75	16.44	15.68	16.44
	资本密集型产品	73.66	67.91	80.37	77.26	78.31	77.26
爱沙尼亚	资源密集型产品	35.61	34.63	27.16	34.84	32.50	32.93
	劳动密集型产品	28.03	27.24	28.02	19.93	28.00	25.34
	资本密集型产品	36.36	38.13	44.82	45.23	39.50	41.73
克罗地亚	资源密集型产品	41.10	26.93	36.09	40.17	32.65	37.27
	劳动密集型产品	27.40	13.52	18.03	18.38	16.93	12.72
	资本密集型产品	31.50	59.55	45.88	41.45	50.42	50.01

续表

国家	要素结构	2014年	2015年	2016年	2017年	2018年	2019年
阿尔巴尼亚	资源密集型产品	66.91	97.03	95.12	95.13	95.25	—
	劳动密集型产品	0.00	2.97	0.75	4.75	4.49	—
	资本密集型产品	33.09	0.00	4.13	0.12	0.26	—
塞尔维亚	资源密集型产品	43.60	45.55	50.93	45.51	36.65	10.59
	劳动密集型产品	12.52	18.21	13.19	7.93	34.43	82.39
	资本密集型产品	43.88	36.24	35.88	46.56	28.92	7.02
北马其顿	资源密集型产品	4.80	3.34	11.38	27.69	50.14	22.45
	劳动密集型产品	87.48	93.39	65.90	63.15	45.66	76.55
	资本密集型产品	7.72	3.27	22.72	9.16	4.20	1.00
波黑	资源密集型产品	60.57	51.43	44.71	51.17	47.03	55.31
	劳动密集型产品	29.50	26.73	47.38	38.58	48.16	39.75
	资本密集型产品	9.93	21.84	7.91	10.25	4.81	4.94
黑山	资源密集型产品	99.93	99.72	93.53	99.21	96.82	—
	劳动密集型产品	0.02	0.04	0.18	0.36	2.03	—
	资本密集型产品	0.05	0.24	6.29	0.43	1.15	—

资料来源：作者根据联合国商品贸易统计数据库数据计算。

二、"一带一路"沿线国家对中国进口贸易的要素结构

2018年，共有12个国家（立陶宛、克罗地亚、阿尔巴尼亚、波黑、卡塔尔、巴勒斯坦、缅甸、柬埔寨、文莱、阿富汗、马尔代夫、吉尔吉斯斯坦）主要向中国进口劳动密集型产品；共有40个国家（波兰、罗马尼亚、捷克、斯洛伐克、保加利亚、匈牙利、拉脱维亚、斯洛文尼亚、爱沙尼亚、塞尔维亚、北马其顿、黑山、沙特阿拉伯、阿联酋、阿曼、土耳其、以色列、埃及、科威特、约旦、黎巴嫩、巴林、印度尼西亚、泰国、马来西亚、越南、新加坡、菲律宾、老挝、蒙古国、印度、巴基斯坦、俄罗斯、乌克兰、格鲁吉亚、阿塞拜疆、亚美尼亚、摩尔多瓦、哈萨克斯坦、乌兹别克斯坦）主要向中国进口资本密集型产品；其余国家数据不详，具体计算结果见表3-2。

表3-2　2014~2019年"一带一路"沿线国家对中国货物贸易进口要素结构　　单位：%

国家	要素结构	2014年	2015年	2016年	2017年	2018年	2019年
印度尼西亚	资源密集型产品	7.55	6.88	7.53	9.13	7.72	7.47
	劳动密集型产品	30.60	31.36	32.12	31.54	32.29	32.94
	资本密集型产品	61.85	61.76	60.35	59.33	59.99	59.59

续表

国家	要素结构	2014年	2015年	2016年	2017年	2018年	2019年
泰国	资源密集型产品	4.82	4.68	5.27	5.01	4.92	6.71
	劳动密集型产品	31.15	32.24	33.75	32.90	33.57	34.09
	资本密集型产品	64.03	63.08	60.98	62.09	61.51	59.20
马来西亚	资源密集型产品	7.31	7.40	9.11	10.32	10.18	11.82
	劳动密集型产品	28.59	31.98	31.80	28.39	27.43	25.56
	资本密集型产品	64.10	60.62	59.09	61.29	62.39	62.62
越南	资源密集型产品	7.55	5.09	4.39	4.62	5.82	4.95
	劳动密集型产品	35.60	37.70	39.78	36.11	38.24	36.42
	资本密集型产品	56.85	57.21	55.83	59.27	55.94	58.63
新加坡	资源密集型产品	13.41	11.30	12.11	13.35	15.16	17.46
	劳动密集型产品	20.65	20.31	20.49	18.03	15.37	14.56
	资本密集型产品	65.94	68.39	67.40	68.62	69.47	67.98
菲律宾	资源密集型产品	15.77	10.67	13.93	16.68	14.93	18.22
	劳动密集型产品	35.37	37.71	40.29	38.01	38.66	34.43
	资本密集型产品	48.86	51.62	45.78	45.31	46.41	47.35
缅甸	资源密集型产品	3.07	2.94	3.06	3.17	3.67	4.32
	劳动密集型产品	41.33	33.58	43.92	48.84	54.69	55.94
	资本密集型产品	55.60	63.48	53.02	47.99	41.64	39.74
柬埔寨	资源密集型产品	1.91	1.75	1.42	1.34	1.50	—
	劳动密集型产品	77.98	78.26	78.15	77.45	78.02	—
	资本密集型产品	20.11	19.99	20.43	21.21	20.48	—
老挝	资源密集型产品	7.92	6.15	4.92	3.31	4.94	4.18
	劳动密集型产品	39.51	31.96	29.53	46.12	42.96	42.02
	资本密集型产品	52.57	61.89	65.55	50.57	52.10	53.80
文莱	资源密集型产品	6.65	5.44	5.99	3.85	1.50	12.55
	劳动密集型产品	55.68	57.34	55.70	70.10	55.31	46.70
	资本密集型产品	37.67	37.22	38.31	26.05	43.19	40.75
东帝汶	资源密集型产品	—	—	—	9.98	—	—
	劳动密集型产品	—	—	—	48.02	—	—
	资本密集型产品	—	—	—	42.00	—	—
蒙古国	资源密集型产品	13.35	16.89	19.92	16.71	13.44	14.50
	劳动密集型产品	49.22	41.83	38.47	36.06	36.42	34.77
	资本密集型产品	37.43	41.28	41.61	47.23	50.14	50.73

续表

国家	要素结构	2014年	2015年	2016年	2017年	2018年	2019年
印度	资源密集型产品	2.86	2.35	2.34	2.44	2.91	2.11
	劳动密集型产品	24.80	23.45	21.96	20.77	21.75	22.29
	资本密集型产品	72.34	74.20	75.70	76.79	75.34	75.60
巴基斯坦	资源密集型产品	4.20	3.55	3.24	3.04	3.46	3.83
	劳动密集型产品	35.36	37.56	34.06	33.11	32.61	31.22
	资本密集型产品	60.44	58.89	62.70	63.85	63.93	64.95
孟加拉国	资源密集型产品	—	5.25	—	—	—	—
	劳动密集型产品	—	58.95	—	—	—	—
	资本密集型产品	—	35.80	—	—	—	—
斯里兰卡	资源密集型产品	11.47	7.81	8.36	6.01	—	—
	劳动密集型产品	44.85	49.05	47.75	48.23	—	—
	资本密集型产品	43.68	43.14	43.89	45.76	—	—
阿富汗	资源密集型产品	1.33	1.96	2.12	—	2.25	—
	劳动密集型产品	29.31	30.45	43.58	—	69.81	—
	资本密集型产品	69.36	67.59	54.30	—	27.94	—
尼泊尔	资源密集型产品	4.00	3.86	5.13	5.52	—	—
	劳动密集型产品	39.87	40.70	37.92	34.63	—	—
	资本密集型产品	56.13	55.44	56.95	59.85	—	—
马尔代夫	资源密集型产品	8.41	9.72	7.52	8.26	11.13	—
	劳动密集型产品	48.77	55.98	46.97	52.58	51.03	—
	资本密集型产品	42.82	34.30	45.51	39.16	37.84	—
不丹	资源密集型产品	—	—	—	—	—	—
	劳动密集型产品	—	—	—	—	—	—
	资本密集型产品	—	—	—	—	—	—
俄罗斯	资源密集型产品	4.13	4.98	3.91	3.54	4.27	3.86
	劳动密集型产品	39.09	35.51	29.05	30.40	33.27	33.55
	资本密集型产品	56.78	59.51	67.04	66.06	62.46	62.59
乌克兰	资源密集型产品	3.65	4.91	2.83	2.67	2.31	—
	劳动密集型产品	44.64	39.84	38.69	35.69	34.28	—
	资本密集型产品	51.71	55.25	58.48	61.64	63.41	—
格鲁吉亚	资源密集型产品	2.89	3.71	3.99	3.20	2.31	2.69
	劳动密集型产品	54.90	50.59	53.03	51.39	48.41	46.96
	资本密集型产品	42.21	45.70	42.98	45.41	49.28	50.35

续表

国家	要素结构	2014年	2015年	2016年	2017年	2018年	2019年
阿塞拜疆	资源密集型产品	1.08	1.03	1.49	1.51	1.05	1.13
	劳动密集型产品	20.82	28.72	49.96	45.60	44.11	42.80
	资本密集型产品	78.10	70.25	48.55	52.89	54.84	56.07
亚美尼亚	资源密集型产品	2.57	2.45	1.55	1.64	1.03	1.07
	劳动密集型产品	51.85	49.31	49.05	51.48	44.98	44.91
	资本密集型产品	45.58	48.24	49.40	46.88	53.99	54.02
摩尔多瓦	资源密集型产品	1.72	2.35	1.99	2.51	2.38	—
	劳动密集型产品	44.50	46.04	47.38	48.19	45.66	—
	资本密集型产品	53.78	51.61	50.63	49.30	51.96	—
哈萨克斯坦	资源密集型产品	3.63	4.71	3.72	4.30	3.91	3.39
	劳动密集型产品	41.66	37.82	39.36	37.77	35.52	38.00
	资本密集型产品	54.71	57.47	56.92	57.93	60.57	58.61
乌兹别克斯坦	资源密集型产品	—	—	—	2.48	2.37	1.71
	劳动密集型产品	—	—	—	31.34	29.06	29.39
	资本密集型产品	—	—	—	66.18	68.57	68.90
土库曼斯坦	资源密集型产品	—	—	—	—	—	—
	劳动密集型产品	—	—	—	—	—	—
	资本密集型产品	—	—	—	—	—	—
吉尔吉斯斯坦	资源密集型产品	6.68	5.55	3.03	1.65	1.59	3.56
	劳动密集型产品	55.84	56.48	64.98	71.93	68.01	59.40
	资本密集型产品	37.48	37.97	31.99	26.42	30.40	37.04
塔吉克斯坦	资源密集型产品	—	—	—	—	—	—
	劳动密集型产品	—	—	—	—	—	—
	资本密集型产品	—	—	—	—	—	—
沙特阿拉伯	资源密集型产品	1.51	1.86	2.28	2.08	2.01	—
	劳动密集型产品	44.94	43.94	47.46	41.43	39.67	—
	资本密集型产品	53.55	54.20	50.26	56.49	58.32	—
阿联酋	资源密集型产品	3.29	2.90	2.99	1.64	2.60	—
	劳动密集型产品	45.90	41.79	37.29	25.70	28.69	—
	资本密集型产品	50.81	55.31	59.72	72.66	68.71	—
阿曼	资源密集型产品	4.68	6.37	13.59	3.91	7.27	—
	劳动密集型产品	50.89	46.66	39.44	46.06	44.54	—
	资本密集型产品	44.43	46.97	46.97	50.03	48.19	—

续表

国家	要素结构	2014年	2015年	2016年	2017年	2018年	2019年
伊朗	资源密集型产品	4.84	—	3.87	3.70	—	—
	劳动密集型产品	27.31	—	28.17	25.28	—	—
	资本密集型产品	67.85	—	67.96	71.02	—	—
土耳其	资源密集型产品	2.25	2.02	1.97	2.48	3.47	4.24
	劳动密集型产品	38.70	37.75	31.76	31.96	31.62	31.44
	资本密集型产品	59.05	60.23	66.27	65.56	64.91	64.32
以色列	资源密集型产品	4.06	3.70	3.71	3.77	2.74	2.91
	劳动密集型产品	52.78	54.20	53.75	53.49	44.91	44.95
	资本密集型产品	43.16	42.10	42.54	42.74	52.35	52.14
埃及	资源密集型产品	2.83	2.71	2.67	3.07	3.13	4.92
	劳动密集型产品	48.28	48.57	44.22	43.36	39.11	38.53
	资本密集型产品	48.89	48.72	53.11	53.57	57.76	56.55
科威特	资源密集型产品	1.23	1.05	1.68	1.22	1.10	—
	劳动密集型产品	48.07	45.07	49.57	41.06	41.38	—
	资本密集型产品	50.70	53.88	48.75	57.72	57.52	—
伊拉克	资源密集型产品	—	—	—	—	—	—
	劳动密集型产品	—	—	—	—	—	—
	资本密集型产品	—	—	—	—	—	—
卡塔尔	资源密集型产品	2.03	1.79	1.73	2.10	1.79	2.72
	劳动密集型产品	45.01	41.32	46.42	45.61	50.36	46.75
	资本密集型产品	52.96	56.89	51.85	52.29	47.85	50.53
约旦	资源密集型产品	2.21	2.16	2.20	2.06	2.51	2.54
	劳动密集型产品	56.29	54.16	52.94	47.75	45.76	46.64
	资本密集型产品	41.50	43.68	44.86	50.19	51.73	50.82
黎巴嫩	资源密集型产品	2.98	3.65	3.25	4.28	4.33	—
	劳动密集型产品	63.59	62.34	60.32	53.96	46.45	—
	资本密集型产品	33.43	34.01	36.43	41.76	49.22	—
巴林	资源密集型产品	7.11	6.05	3.78	7.54	10.99	—
	劳动密集型产品	42.32	44.47	42.54	43.28	37.38	—
	资本密集型产品	50.57	49.48	53.68	49.18	51.63	—
也门	资源密集型产品	8.39	13.81	—	—	—	6.73
	劳动密集型产品	53.54	44.08	—	—	—	47.63
	资本密集型产品	38.07	42.11	—	—	—	45.64

续表

国家	要素结构	2014年	2015年	2016年	2017年	2018年	2019年
叙利亚	资源密集型产品	—	—	—	—	—	—
	劳动密集型产品	—	—	—	—	—	—
	资本密集型产品	—	—	—	—	—	—
巴勒斯坦	资源密集型产品	3.85	3.32	4.07	3.20	3.60	—
	劳动密集型产品	62.19	61.31	62.37	55.71	58.78	—
	资本密集型产品	33.96	35.37	33.56	41.09	37.62	—
波兰	资源密集型产品	2.40	2.07	2.00	2.06	2.12	2.04
	劳动密集型产品	38.75	37.84	39.25	40.36	41.02	42.18
	资本密集型产品	58.85	60.09	58.75	57.58	56.86	55.78
罗马尼亚	资源密集型产品	3.91	3.35	3.49	3.03	4.20	2.32
	劳动密集型产品	36.59	35.46	34.91	36.50	35.22	36.65
	资本密集型产品	59.50	61.19	61.60	60.47	60.58	61.03
捷克	资源密集型产品	0.92	0.69	0.77	0.74	0.68	0.65
	劳动密集型产品	22.55	19.99	23.05	21.35	18.97	17.67
	资本密集型产品	76.53	79.32	76.18	77.91	80.35	81.68
斯洛伐克	资源密集型产品	0.69	0.60	0.58	0.59	1.07	0.79
	劳动密集型产品	28.92	29.10	33.91	31.21	32.57	30.64
	资本密集型产品	70.39	70.30	65.51	68.20	66.36	68.57
保加利亚	资源密集型产品	4.66	4.65	3.92	4.37	5.37	5.21
	劳动密集型产品	40.51	39.60	41.45	43.33	40.88	43.28
	资本密集型产品	54.83	55.75	54.63	52.30	53.75	51.51
匈牙利	资源密集型产品	0.55	0.43	0.43	0.48	0.53	0.50
	劳动密集型产品	13.16	14.49	16.33	18.68	23.35	22.76
	资本密集型产品	86.29	85.08	83.24	80.84	76.12	76.74
拉脱维亚	资源密集型产品	2.39	1.78	2.60	2.13	2.18	2.40
	劳动密集型产品	37.89	37.56	39.46	38.74	36.30	38.43
	资本密集型产品	59.72	60.66	57.94	59.13	61.52	59.17
立陶宛	资源密集型产品	3.66	3.76	3.19	3.01	3.18	3.44
	劳动密集型产品	51.95	52.73	54.86	50.80	51.81	51.52
	资本密集型产品	44.39	43.51	41.95	46.19	45.01	45.04
斯洛文尼亚	资源密集型产品	1.12	1.91	1.16	1.00	1.13	1.05
	劳动密集型产品	39.85	37.81	37.83	37.46	35.78	36.07
	资本密集型产品	59.03	60.28	61.01	61.54	63.09	62.88

续表

国家	要素结构	2014年	2015年	2016年	2017年	2018年	2019年
爱沙尼亚	资源密集型产品	1.52	1.46	1.58	1.39	2.28	1.71
	劳动密集型产品	38.44	36.88	38.54	36.16	35.12	38.33
	资本密集型产品	60.04	61.66	59.88	62.45	62.60	59.96
克罗地亚	资源密集型产品	3.94	3.45	2.91	1.99	1.78	2.15
	劳动密集型产品	52.39	50.91	50.39	56.40	52.09	48.03
	资本密集型产品	43.67	45.64	46.70	41.61	46.13	49.82
阿尔巴尼亚	资源密集型产品	2.72	4.78	5.28	3.78	2.97	—
	劳动密集型产品	63.04	43.65	42.45	47.57	54.01	—
	资本密集型产品	34.24	51.57	52.27	48.65	43.02	—
塞尔维亚	资源密集型产品	1.80	2.63	1.02	1.22	1.25	0.96
	劳动密集型产品	34.61	32.11	30.02	31.83	33.13	31.34
	资本密集型产品	63.59	65.26	68.96	66.95	65.62	67.70
北马其顿	资源密集型产品	3.18	2.78	2.14	2.81	2.12	1.86
	劳动密集型产品	41.24	41.72	40.51	38.54	37.74	36.06
	资本密集型产品	55.58	55.50	57.35	58.65	60.14	62.08
波黑	资源密集型产品	1.52	3.56	1.44	1.34	1.47	1.65
	劳动密集型产品	46.76	52.07	52.03	53.38	50.90	53.06
	资本密集型产品	51.72	44.37	46.53	45.28	47.63	45.29
黑山	资源密集型产品	1.26	1.94	1.88	1.19	1.10	—
	劳动密集型产品	47.34	38.83	49.91	44.15	44.00	—
	资本密集型产品	51.40	59.23	48.21	54.66	54.90	—

资料来源：作者根据联合国商品贸易统计数据库数据计算。

第二节 中国对"一带一路"沿线国家进出口贸易的要素结构

一、中国对"一带一路"沿线国家出口贸易的要素结构

由于2019年的数据未完全公布。因此按2018年的数据进行分析。2014~2018年，中国对"一带一路"沿线国家主要出口资本密集型产品，进口资源密集型产品。其中，2018年中国共向28个国家（斯洛伐克、斯洛文尼亚、阿尔巴尼亚、黑山、沙特阿拉伯、阿曼、以色列、埃及、科威特、伊拉克、卡塔尔、约旦、黎巴嫩、也门、叙利亚、印度尼西亚、菲律宾、孟加拉国、斯里兰卡、阿富汗、尼泊

尔、马尔代夫、不丹、格鲁吉亚、哈萨克斯坦、吉尔吉斯斯坦、塔吉克斯坦）主要出口劳动密集型产品；共向35个国家（波兰、罗马尼亚、捷克、保加利亚、匈牙利、拉脱维亚、立陶宛、爱沙尼亚、克罗地亚、塞尔维亚、北马其顿、波黑、阿联酋、伊朗、土耳其、巴林、巴勒斯坦、泰国、马来西亚、越南、新加坡、缅甸、老挝、文莱、东帝汶、蒙古国、印度、巴基斯坦、俄罗斯、乌克兰、阿塞拜疆、亚美尼亚、摩尔多瓦、乌兹别克斯坦、土库曼斯坦）主要出口资本密集型产品；其余国家数据不详，具体计算结果见表3-3。

表3-3 2014~2018年中国对"一带一路"沿线国家货物贸易出口要素结构　　单位：%

国家	要素结构	2014年	2015年	2016年	2017年	2018年
印度尼西亚	资源密集型产品	11.12	8.10	8.59	9.89	7.74
	劳动密集型产品	41.55	41.23	40.24	38.54	38.13
	资本密集型产品	47.33	50.67	51.17	51.57	54.13
泰国	资源密集型产品	9.31	10.50	10.44	9.30	8.70
	劳动密集型产品	38.68	35.69	34.89	34.43	35.62
	资本密集型产品	52.01	53.81	54.67	56.27	55.68
马来西亚	资源密集型产品	7.68	7.26	9.97	10.51	9.07
	劳动密集型产品	50.25	49.04	44.18	40.30	38.20
	资本密集型产品	42.07	43.70	45.85	49.19	52.73
越南	资源密集型产品	8.95	7.95	8.34	8.55	9.00
	劳动密集型产品	50.17	52.13	48.98	43.45	43.74
	资本密集型产品	40.88	39.92	42.68	48.00	47.26
新加坡	资源密集型产品	10.40	9.48	12.30	16.12	20.69
	劳动密集型产品	33.44	32.27	31.55	26.89	25.60
	资本密集型产品	56.16	58.25	56.15	56.99	53.71
菲律宾	资源密集型产品	11.62	8.81	11.30	13.81	13.37
	劳动密集型产品	49.27	53.58	54.36	51.37	48.25
	资本密集型产品	39.11	37.61	34.34	34.82	38.38
缅甸	资源密集型产品	7.62	5.44	6.37	7.30	8.85
	劳动密集型产品	48.91	39.56	41.37	41.59	44.63
	资本密集型产品	43.47	55.00	52.26	51.11	46.52
柬埔寨	资源密集型产品	2.70	2.44	1.51	1.62	1.63
	劳动密集型产品	75.35	73.41	75.20	76.05	75.29
	资本密集型产品	21.95	24.15	23.29	22.33	23.08

续表

国家	要素结构	2014年	2015年	2016年	2017年	2018年
老挝	资源密集型产品	2.16	4.30	3.88	2.26	4.28
	劳动密集型产品	15.23	22.08	28.88	31.80	35.26
	资本密集型产品	82.61	73.62	67.24	65.94	60.46
文莱	资源密集型产品	0.77	0.90	2.98	2.88	1.43
	劳动密集型产品	80.41	69.07	68.16	68.96	47.64
	资本密集型产品	18.82	30.03	28.86	28.16	50.93
东帝汶	资源密集型产品	5.71	6.07	3.34	6.45	7.60
	劳动密集型产品	61.56	57.30	50.03	54.92	45.00
	资本密集型产品	32.73	36.63	46.63	38.63	47.40
蒙古国	资源密集型产品	12.01	15.03	22.38	20.25	16.40
	劳动密集型产品	58.44	49.48	38.62	32.56	31.72
	资本密集型产品	29.55	35.49	39.00	47.19	51.88
印度	资源密集型产品	3.00	2.65	2.33	2.39	2.49
	劳动密集型产品	33.86	33.02	30.42	28.83	27.94
	资本密集型产品	63.14	64.33	67.25	68.78	69.57
巴基斯坦	资源密集型产品	3.64	3.10	3.03	3.17	4.10
	劳动密集型产品	48.66	51.79	45.92	43.66	41.55
	资本密集型产品	47.70	45.11	51.05	53.17	54.35
孟加拉国	资源密集型产品	5.16	4.82	7.84	8.47	8.90
	劳动密集型产品	60.22	61.62	58.13	57.32	57.69
	资本密集型产品	34.62	33.56	34.03	34.21	33.41
斯里兰卡	资源密集型产品	12.66	10.45	11.83	8.91	8.63
	劳动密集型产品	50.91	54.06	52.99	54.22	55.91
	资本密集型产品	36.43	35.49	35.18	36.87	35.46
阿富汗	资源密集型产品	5.03	5.61	4.74	6.56	4.60
	劳动密集型产品	48.33	43.94	42.01	44.10	55.48
	资本密集型产品	46.64	50.45	53.25	49.34	39.92
尼泊尔	资源密集型产品	2.05	6.25	8.77	8.11	8.35
	劳动密集型产品	86.97	67.92	62.05	53.80	51.46
	资本密集型产品	10.98	25.83	29.18	38.09	40.19
马尔代夫	资源密集型产品	5.07	4.25	3.55	4.91	4.05
	劳动密集型产品	46.92	60.15	49.33	54.17	54.64
	资本密集型产品	48.01	35.60	47.12	40.92	41.31

续表

国家	要素结构	2014年	2015年	2016年	2017年	2018年
不丹	资源密集型产品	21.12	7.96	10.12	3.78	5.31
	劳动密集型产品	57.10	56.32	33.03	21.01	57.96
	资本密集型产品	21.78	35.72	56.85	75.21	36.73
俄罗斯	资源密集型产品	4.67	5.72	5.65	5.28	5.25
	劳动密集型产品	56.19	54.56	48.01	46.54	44.66
	资本密集型产品	39.14	39.72	46.34	48.18	50.09
乌克兰	资源密集型产品	3.88	3.80	3.10	3.15	2.78
	劳动密集型产品	50.76	52.43	49.54	45.88	41.60
	资本密集型产品	45.36	43.77	47.36	50.97	55.62
格鲁吉亚	资源密集型产品	4.27	3.84	4.13	3.45	2.67
	劳动密集型产品	56.09	54.02	57.56	57.14	56.02
	资本密集型产品	39.64	42.14	38.31	39.41	41.31
阿塞拜疆	资源密集型产品	2.27	2.05	4.07	6.70	5.69
	劳动密集型产品	48.87	57.15	51.52	38.23	33.79
	资本密集型产品	48.86	40.80	44.41	55.07	60.52
亚美尼亚	资源密集型产品	4.56	3.08	2.29	2.66	0.89
	劳动密集型产品	44.22	32.64	32.42	42.32	29.29
	资本密集型产品	51.22	64.28	65.29	55.02	69.82
摩尔多瓦	资源密集型产品	2.89	2.85	2.21	2.20	2.79
	劳动密集型产品	43.99	48.71	50.19	41.59	41.01
	资本密集型产品	53.12	48.44	47.60	56.21	56.20
哈萨克斯坦	资源密集型产品	3.42	4.12	2.78	3.08	3.12
	劳动密集型产品	66.11	60.79	67.34	68.66	62.27
	资本密集型产品	30.47	35.09	29.88	28.26	34.61
乌兹别克斯坦	资源密集型产品	2.45	3.48	2.69	2.66	2.00
	劳动密集型产品	46.42	41.57	41.21	44.14	37.70
	资本密集型产品	51.13	54.95	56.10	53.20	60.30
土库曼斯坦	资源密集型产品	1.59	1.81	5.41	3.20	3.43
	劳动密集型产品	34.30	35.67	36.49	29.69	41.91
	资本密集型产品	64.11	62.52	58.10	67.11	54.66
吉尔吉斯斯坦	资源密集型产品	3.56	3.64	1.83	0.91	1.56
	劳动密集型产品	83.77	84.46	90.15	89.90	87.18
	资本密集型产品	12.67	11.90	8.02	9.19	11.26

续表

国家	要素结构	2014年	2015年	2016年	2017年	2018年
塔吉克斯坦	资源密集型产品	0.81	1.09	0.92	1.86	1.12
	劳动密集型产品	76.43	66.61	69.88	70.94	65.94
	资本密集型产品	22.76	32.30	29.20	27.20	32.94
沙特阿拉伯	资源密集型产品	1.87	2.03	2.27	2.12	2.21
	劳动密集型产品	62.20	62.51	65.14	63.50	60.40
	资本密集型产品	35.93	35.46	32.59	34.38	37.39
阿联酋	资源密集型产品	2.94	3.19	3.40	3.30	4.57
	劳动密集型产品	55.40	56.17	52.50	49.76	44.59
	资本密集型产品	41.66	40.64	44.10	46.94	50.84
阿曼	资源密集型产品	6.55	8.43	7.27	3.17	11.05
	劳动密集型产品	51.04	49.40	49.50	51.34	45.50
	资本密集型产品	42.41	42.17	43.23	45.49	43.45
伊朗	资源密集型产品	3.02	3.56	3.46	2.87	3.85
	劳动密集型产品	54.05	45.83	41.77	39.69	35.79
	资本密集型产品	42.93	50.61	54.77	57.44	60.36
土耳其	资源密集型产品	2.82	2.55	3.00	3.67	4.82
	劳动密集型产品	43.31	42.14	37.83	37.01	37.55
	资本密集型产品	53.87	55.31	59.17	59.32	57.63
以色列	资源密集型产品	3.72	2.92	3.26	3.14	3.23
	劳动密集型产品	58.20	62.32	59.47	57.28	55.22
	资本密集型产品	38.08	34.76	37.27	39.58	41.55
埃及	资源密集型产品	2.55	2.51	2.38	2.97	2.80
	劳动密集型产品	58.22	58.48	52.47	53.72	49.67
	资本密集型产品	39.23	39.01	45.15	43.31	47.53
科威特	资源密集型产品	2.20	1.19	1.49	1.58	1.28
	劳动密集型产品	59.49	60.48	64.23	58.44	62.31
	资本密集型产品	38.31	38.33	34.28	39.98	36.41
伊拉克	资源密集型产品	0.92	1.54	1.75	1.89	1.69
	劳动密集型产品	48.99	58.17	60.32	59.71	56.50
	资本密集型产品	50.09	40.29	37.93	38.40	41.81
卡塔尔	资源密集型产品	4.12	3.30	5.66	6.86	5.79
	劳动密集型产品	56.74	48.59	56.32	52.35	54.12
	资本密集型产品	39.14	48.11	38.02	40.79	40.09

续表

国家	要素结构	2014年	2015年	2016年	2017年	2018年
约旦	资源密集型产品	3.26	1.78	2.33	2.62	2.98
	劳动密集型产品	69.09	69.83	68.21	63.20	62.41
	资本密集型产品	27.65	28.39	29.46	34.18	34.61
黎巴嫩	资源密集型产品	2.81	3.32	3.44	4.28	4.40
	劳动密集型产品	68.76	67.29	61.73	55.51	54.34
	资本密集型产品	28.43	29.39	34.83	40.21	41.26
巴林	资源密集型产品	7.67	6.82	8.13	11.40	14.60
	劳动密集型产品	62.14	57.60	48.69	46.30	40.18
	资本密集型产品	30.19	35.58	43.18	42.30	45.22
也门	资源密集型产品	5.52	6.41	8.13	5.20	4.21
	劳动密集型产品	64.65	65.78	48.69	66.92	73.33
	资本密集型产品	29.83	27.81	43.18	27.88	22.46
叙利亚	资源密集型产品	3.05	2.50	2.34	1.96	2.77
	劳动密集型产品	59.58	60.73	61.65	56.68	56.22
	资本密集型产品	37.37	36.77	36.01	41.36	41.01
巴勒斯坦	资源密集型产品	4.17	7.02	5.83	5.29	5.47
	劳动密集型产品	54.54	44.41	42.95	43.31	40.10
	资本密集型产品	41.29	48.57	51.22	51.40	54.43
波兰	资源密集型产品	2.56	2.36	2.16	2.15	2.05
	劳动密集型产品	49.17	49.84	51.25	51.25	48.43
	资本密集型产品	48.27	47.80	46.59	46.60	49.52
罗马尼亚	资源密集型产品	3.49	3.52	3.68	2.48	3.12
	劳动密集型产品	46.53	43.06	42.04	43.07	41.35
	资本密集型产品	49.98	53.42	54.28	54.45	55.53
捷克	资源密集型产品	0.75	0.61	0.67	0.67	0.52
	劳动密集型产品	19.80	15.91	17.43	16.11	14.75
	资本密集型产品	79.45	83.48	81.90	83.22	84.73
斯洛伐克	资源密集型产品	0.35	0.36	0.26	0.27	0.33
	劳动密集型产品	44.90	48.57	55.50	54.48	57.43
	资本密集型产品	54.75	51.07	44.24	45.25	42.24
保加利亚	资源密集型产品	3.79	3.45	2.97	4.07	5.17
	劳动密集型产品	43.08	44.09	44.49	43.13	39.98
	资本密集型产品	53.13	52.46	52.54	52.80	54.85

续表

国家	要素结构	2014 年	2015 年	2016 年	2017 年	2018 年
匈牙利	资源密集型产品	0.37	0.37	0.34	0.38	0.44
	劳动密集型产品	22.73	25.94	22.08	27.43	28.16
	资本密集型产品	76.90	73.69	77.58	72.19	71.40
拉脱维亚	资源密集型产品	2.35	1.56	1.97	2.12	2.11
	劳动密集型产品	55.32	53.50	56.69	53.46	48.72
	资本密集型产品	42.33	44.94	41.34	44.42	49.17
立陶宛	资源密集型产品	3.22	3.85	3.70	3.33	3.06
	劳动密集型产品	47.50	45.70	47.24	47.40	47.84
	资本密集型产品	49.28	50.45	49.06	49.27	49.10
斯洛文尼亚	资源密集型产品	2.13	2.26	1.89	1.78	1.53
	劳动密集型产品	53.42	51.15	52.61	56.24	64.85
	资本密集型产品	44.45	46.59	45.50	41.98	33.62
爱沙尼亚	资源密集型产品	2.03	1.83	1.91	2.17	3.75
	劳动密集型产品	38.88	44.07	40.68	37.75	33.35
	资本密集型产品	59.09	54.10	57.41	60.08	62.90
克罗地亚	资源密集型产品	3.12	3.76	3.03	1.95	2.93
	劳动密集型产品	60.03	59.71	59.56	59.15	32.80
	资本密集型产品	36.85	36.53	37.41	38.90	64.27
阿尔巴尼亚	资源密集型产品	4.01	2.41	2.07	1.87	1.99
	劳动密集型产品	64.50	67.54	62.93	63.47	59.11
	资本密集型产品	31.49	30.05	35.00	34.66	38.90
塞尔维亚	资源密集型产品	2.49	1.99	1.72	1.83	1.41
	劳动密集型产品	37.56	34.53	34.15	35.39	34.84
	资本密集型产品	59.95	63.48	64.13	62.78	63.75
北马其顿	资源密集型产品	9.04	5.15	2.84	5.35	4.72
	劳动密集型产品	22.89	23.52	21.70	27.65	31.98
	资本密集型产品	68.07	71.33	75.46	67.00	63.30
波黑	资源密集型产品	1.08	5.18	4.31	4.56	3.82
	劳动密集型产品	21.35	30.16	31.09	43.44	43.12
	资本密集型产品	77.57	64.66	64.60	52.00	53.06
黑山	资源密集型产品	3.54	4.80	5.36	4.27	3.60
	劳动密集型产品	35.51	46.22	48.94	42.03	48.30
	资本密集型产品	60.95	48.98	45.70	53.70	48.10

资料来源：作者根据联合国商品贸易统计数据库数据计算。

二、中国对"一带一路"沿线国家进口贸易的要素结构

2018年,中国共向35个国家(拉脱维亚、爱沙尼亚、阿尔巴尼亚、塞尔维亚、黑山、沙特阿拉伯、阿联酋、阿曼、伊朗、土耳其、埃及、科威特、伊拉克、卡塔尔、黎巴嫩、也门、叙利亚、印度尼西亚、缅甸、老挝、文莱、东帝汶、蒙古国、阿富汗、马尔代夫、俄罗斯、乌克兰、格鲁吉亚、阿塞拜疆、亚美尼亚、哈萨克斯坦、乌兹别克斯坦、土库曼斯坦、吉尔吉斯斯坦、塔吉克斯坦)主要进口资源密集型产品;共向12个国家(保加利亚、立陶宛、波黑、巴勒斯坦、柬埔寨、印度、巴基斯坦、孟加拉国、斯里兰卡、尼泊尔、不丹、摩尔多瓦)主要进口劳动密集型产品;共向16个国家(波兰、罗马尼亚、捷克、斯洛伐克、匈牙利、斯洛文尼亚、克罗地亚、北马其顿、以色列、约旦、巴林、泰国、马来西亚、越南、新加坡、菲律宾)主要进口资本密集型产品;其余国家数据不详,具体计算结果见表3-4。

表3-4 2014~2018年中国对"一带一路"沿线国家货物贸易进口要素结构　　　单位:%

国家	要素结构	2014年	2015年	2016年	2017年	2018年
印度尼西亚	资源密集型产品	71.52	69.89	69.76	69.46	67.47
	劳动密集型产品	11.46	15.13	16.58	18.71	19.68
	资本密集型产品	17.02	14.98	13.66	11.83	12.85
泰国	资源密集型产品	26.94	26.14	25.03	31.59	28.25
	劳动密集型产品	15.32	15.76	18.76	12.59	11.93
	资本密集型产品	57.74	58.10	56.21	55.82	59.82
马来西亚	资源密集型产品	22.44	21.72	17.54	25.61	27.64
	劳动密集型产品	6.45	5.40	5.43	4.89	5.12
	资本密集型产品	71.11	72.88	77.03	69.50	67.24
越南	资源密集型产品	28.65	17.30	17.11	13.38	10.33
	劳动密集型产品	20.76	17.75	16.07	16.66	16.16
	资本密集型产品	50.59	64.95	66.82	69.96	73.51
新加坡	资源密集型产品	17.59	13.13	12.57	16.86	13.84
	劳动密集型产品	13.60	12.67	12.38	9.48	11.04
	资本密集型产品	68.81	74.20	75.05	73.66	75.12
菲律宾	资源密集型产品	23.17	20.86	15.32	17.07	16.18
	劳动密集型产品	6.22	5.70	6.26	5.59	7.23
	资本密集型产品	70.61	73.44	78.42	77.34	76.59
缅甸	资源密集型产品	18.49	47.21	69.20	62.42	55.59
	劳动密集型产品	81.29	42.33	11.91	17.80	20.84
	资本密集型产品	0.22	10.46	18.89	19.78	23.57

续表

国家	要素结构	2014年	2015年	2016年	2017年	2018年
柬埔寨	资源密集型产品	50.88	20.81	17.15	17.12	18.48
	劳动密集型产品	40.15	65.45	63.78	69.51	69.61
	资本密集型产品	8.97	13.74	19.07	13.37	11.91
老挝	资源密集型产品	92.92	67.43	65.71	66.61	65.17
	劳动密集型产品	5.35	9.72	9.07	6.54	8.50
	资本密集型产品	1.73	22.85	25.22	26.85	26.33
文莱	资源密集型产品	75.92	58.38	73.54	86.86	51.38
	劳动密集型产品	1.04	1.49	0.08	0.00	0.03
	资本密集型产品	23.04	40.13	26.38	13.14	48.59
东帝汶	资源密集型产品	66.31	15.08	85.32	93.12	93.93
	劳动密集型产品	0.43	0.06	4.20	0.03	0.86
	资本密集型产品	33.26	84.86	10.48	6.85	5.21
蒙古国	资源密集型产品	98.94	98.67	97.96	98.29	98.47
	劳动密集型产品	0.95	1.16	1.83	1.33	1.00
	资本密集型产品	0.11	0.17	0.21	0.38	0.53
印度	资源密集型产品	31.09	25.62	26.94	28.47	27.86
	劳动密集型产品	49.28	52.16	49.70	46.67	39.68
	资本密集型产品	19.63	22.22	23.36	24.86	32.46
巴基斯坦	资源密集型产品	24.16	20.14	28.62	28.78	26.19
	劳动密集型产品	74.34	74.21	69.46	69.51	66.36
	资本密集型产品	1.50	5.65	1.92	1.71	7.45
孟加拉国	资源密集型产品	22.19	16.85	17.33	16.16	13.25
	劳动密集型产品	70.60	78.80	77.87	78.82	84.41
	资本密集型产品	7.21	4.35	4.80	5.02	2.34
斯里兰卡	资源密集型产品	39.54	33.97	29.47	33.45	30.12
	劳动密集型产品	50.50	56.36	54.85	49.32	51.20
	资本密集型产品	9.96	9.67	15.68	17.23	18.68
阿富汗	资源密集型产品	89.02	55.78	28.59	63.34	78.08
	劳动密集型产品	8.35	14.93	6.14	27.91	20.86
	资本密集型产品	2.63	29.29	65.27	8.75	1.06
尼泊尔	资源密集型产品	35.99	5.60	0.36	0.51	2.12
	劳动密集型产品	62.75	64.96	84.58	85.73	85.44
	资本密集型产品	1.26	29.44	15.06	13.76	12.44

续表

国家	要素结构	2014年	2015年	2016年	2017年	2018年
马尔代夫	资源密集型产品	18.15	95.74	84.49	86.19	98.85
	劳动密集型产品	3.01	2.79	3.79	1.49	0.25
	资本密集型产品	78.84	1.47	11.72	12.32	0.90
不丹	资源密集型产品	0.00	0.00	0.50	0.00	22.35
	劳动密集型产品	11.30	5.22	95.38	94.30	58.18
	资本密集型产品	88.70	94.78	4.12	5.70	19.47
俄罗斯	资源密集型产品	88.41	81.18	82.42	88.26	89.97
	劳动密集型产品	6.06	11.50	10.91	6.64	6.76
	资本密集型产品	5.53	7.32	6.67	5.10	3.27
乌克兰	资源密集型产品	94.76	95.24	94.17	93.16	89.50
	劳动密集型产品	1.70	2.24	2.84	3.84	3.75
	资本密集型产品	3.54	2.52	2.99	3.00	6.75
格鲁吉亚	资源密集型产品	75.12	79.39	82.10	75.07	60.74
	劳动密集型产品	21.20	15.21	14.60	18.41	34.15
	资本密集型产品	3.68	5.40	3.30	6.52	5.11
阿塞拜疆	资源密集型产品	71.92	68.56	91.29	93.75	89.57
	劳动密集型产品	5.57	2.63	0.13	0.08	0.36
	资本密集型产品	22.51	28.81	8.58	6.17	10.07
亚美尼亚	资源密集型产品	96.45	96.87	96.78	95.61	94.48
	劳动密集型产品	3.54	3.04	3.11	4.20	5.35
	资本密集型产品	0.01	0.09	0.11	0.19	0.17
摩尔多瓦	资源密集型产品	33.49	26.53	36.52	33.98	31.94
	劳动密集型产品	60.97	73.42	60.75	48.40	56.82
	资本密集型产品	5.54	0.05	2.73	17.62	11.24
哈萨克斯坦	资源密集型产品	62.66	44.56	35.16	40.70	50.98
	劳动密集型产品	20.13	29.63	41.02	39.18	36.34
	资本密集型产品	17.21	25.81	23.82	20.12	12.68
乌兹别克斯坦	资源密集型产品	72.89	54.46	56.50	57.92	69.37
	劳动密集型产品	13.17	22.54	18.44	25.51	21.10
	资本密集型产品	13.94	23.00	25.06	16.57	9.53
土库曼斯坦	资源密集型产品	99.74	99.80	99.84	99.92	99.97
	劳动密集型产品	0.17	0.02	0.05	0.03	0.01
	资本密集型产品	0.09	0.18	0.11	0.05	0.02

续表

国家	要素结构	2014年	2015年	2016年	2017年	2018年
吉尔吉斯斯坦	资源密集型产品	51.75	39.77	72.29	62.61	65.03
	劳动密集型产品	32.63	60.21	26.31	36.86	34.13
	资本密集型产品	15.62	0.02	1.40	0.53	0.84
塔吉克斯坦	资源密集型产品	77.08	84.67	83.91	84.84	86.43
	劳动密集型产品	21.70	10.38	15.97	13.87	12.88
	资本密集型产品	1.22	4.95	0.12	1.29	0.69
沙特阿拉伯	资源密集型产品	79.11	72.62	70.86	69.50	70.22
	劳动密集型产品	0.21	0.21	0.33	0.20	0.21
	资本密集型产品	20.68	27.17	28.81	30.30	29.57
阿联酋	资源密集型产品	84.71	78.15	74.66	74.89	78.06
	劳动密集型产品	1.49	1.67	2.20	0.96	1.14
	资本密集型产品	13.80	20.18	23.14	24.15	20.80
阿曼	资源密集型产品	96.29	94.83	93.86	94.38	94.69
	劳动密集型产品	0.38	0.61	0.63	0.60	0.28
	资本密集型产品	3.33	4.56	5.51	5.02	5.03
伊朗	资源密集型产品	85.93	77.74	76.84	79.42	81.45
	劳动密集型产品	0.23	0.78	1.27	1.27	0.91
	资本密集型产品	13.84	21.48	21.89	19.31	17.64
土耳其	资源密集型产品	61.82	57.09	57.09	58.80	50.46
	劳动密集型产品	19.51	23.02	25.12	22.61	25.84
	资本密集型产品	18.67	19.89	17.79	18.59	23.70
以色列	资源密集型产品	3.48	2.84	2.70	2.64	2.72
	劳动密集型产品	32.35	36.13	34.55	27.33	33.47
	资本密集型产品	64.17	61.03	62.75	70.03	63.81
埃及	资源密集型产品	92.34	89.26	84.21	88.22	86.79
	劳动密集型产品	5.34	6.54	8.88	5.10	4.11
	资本密集型产品	2.32	4.20	6.91	6.68	9.10
科威特	资源密集型产品	83.81	82.32	84.48	87.53	87.08
	劳动密集型产品	0.00	0.00	0.00	0.00	0.00
	资本密集型产品	16.19	17.68	15.52	12.47	12.92
伊拉克	资源密集型产品	100.00	99.99	99.99	100.00	100.00
	劳动密集型产品	0.00	0.01	0.01	0.00	0.00
	资本密集型产品	0.00	0.00	0.00	0.00	0.00

续表

国家	要素结构	2014年	2015年	2016年	2017年	2018年
卡塔尔	资源密集型产品	87.67	81.37	80.66	85.21	88.41
	劳动密集型产品	0.14	0.01	0.13	0.09	0.05
	资本密集型产品	12.19	18.62	19.21	14.70	11.54
约旦	资源密集型产品	2.33	0.56	0.98	2.57	2.96
	劳动密集型产品	1.01	3.10	6.87	5.12	8.84
	资本密集型产品	96.66	96.34	92.15	92.31	88.20
黎巴嫩	资源密集型产品	77.90	52.21	50.04	67.30	65.87
	劳动密集型产品	13.59	38.92	41.74	19.47	25.09
	资本密集型产品	8.51	8.87	8.22	13.23	9.04
巴林	资源密集型产品	69.03	74.37	32.88	55.19	43.03
	劳动密集型产品	7.33	15.70	22.02	16.39	10.72
	资本密集型产品	23.64	9.93	45.10	28.42	46.25
也门	资源密集型产品	98.80	98.32	32.88	96.83	99.47
	劳动密集型产品	0.02	0.25	22.02	0.66	0.52
	资本密集型产品	1.18	1.43	45.10	2.51	0.01
叙利亚	资源密集型产品	30.78	80.72	71.10	46.55	46.68
	劳动密集型产品	1.62	2.54	6.62	8.62	22.79
	资本密集型产品	67.60	16.74	22.28	44.83	30.53
巴勒斯坦	资源密集型产品	0.00	0.00	3.10	0.00	27.42
	劳动密集型产品	96.78	99.53	96.21	95.44	70.80
	资本密集型产品	3.22	0.47	0.69	4.56	1.78
波兰	资源密集型产品	15.22	11.19	10.55	9.16	10.90
	劳动密集型产品	44.02	43.70	41.26	43.99	38.84
	资本密集型产品	40.76	45.11	48.19	46.85	50.26
罗马尼亚	资源密集型产品	22.53	15.94	12.89	11.69	10.95
	劳动密集型产品	31.11	35.51	36.66	35.12	33.81
	资本密集型产品	46.36	48.55	50.45	53.19	55.24
捷克	资源密集型产品	6.38	5.52	3.74	5.20	6.20
	劳动密集型产品	21.24	20.88	21.28	21.09	20.34
	资本密集型产品	72.38	73.60	74.98	73.71	73.46

续表

国家	要素结构	2014 年	2015 年	2016 年	2017 年	2018 年
斯洛伐克	资源密集型产品	0.81	1.03	0.48	0.56	0.48
	劳动密集型产品	5.09	7.52	6.41	6.17	3.73
	资本密集型产品	94.10	91.45	93.11	93.27	95.79
保加利亚	资源密集型产品	26.59	26.65	27.47	14.54	13.82
	劳动密集型产品	62.08	61.00	55.01	70.52	71.23
	资本密集型产品	11.33	12.35	17.52	14.94	14.95
匈牙利	资源密集型产品	1.32	2.86	2.87	2.56	1.70
	劳动密集型产品	20.42	19.50	17.06	15.16	17.87
	资本密集型产品	78.26	77.64	80.07	82.28	80.43
拉脱维亚	资源密集型产品	73.97	75.29	77.37	73.94	73.79
	劳动密集型产品	14.68	12.91	12.80	15.87	13.61
	资本密集型产品	11.35	11.80	9.83	10.19	12.60
立陶宛	资源密集型产品	38.78	28.44	25.33	32.50	34.40
	劳动密集型产品	38.95	49.39	56.21	52.52	45.30
	资本密集型产品	22.27	22.17	18.46	14.98	20.30
斯洛文尼亚	资源密集型产品	4.35	4.17	3.31	5.63	6.36
	劳动密集型产品	20.14	21.92	19.82	21.28	21.44
	资本密集型产品	75.51	73.91	76.87	73.09	72.20
爱沙尼亚	资源密集型产品	22.38	17.13	22.20	32.02	39.94
	劳动密集型产品	31.22	29.91	28.24	19.50	20.28
	资本密集型产品	46.40	52.96	49.56	48.48	39.78
克罗地亚	资源密集型产品	33.70	24.85	20.49	31.06	27.54
	劳动密集型产品	18.09	15.18	10.98	16.15	12.39
	资本密集型产品	48.21	59.97	68.53	52.79	60.07
阿尔巴尼亚	资源密集型产品	95.17	91.10	90.68	92.47	86.03
	劳动密集型产品	4.17	7.55	9.19	7.35	13.40
	资本密集型产品	0.66	1.35	0.13	0.18	0.57
塞尔维亚	资源密集型产品	79.49	68.10	70.33	52.37	43.20
	劳动密集型产品	7.29	18.20	9.97	15.73	18.25
	资本密集型产品	13.22	13.70	19.70	31.90	38.55

续表

国家	要素结构	2014年	2015年	2016年	2017年	2018年
北马其顿	资源密集型产品	2.44	2.72	7.25	12.57	36.82
	劳动密集型产品	91.02	91.43	72.48	61.59	24.40
	资本密集型产品	6.54	5.85	20.27	25.84	38.78
波黑	资源密集型产品	38.18	29.54	38.55	46.80	36.40
	劳动密集型产品	45.74	60.60	50.64	40.82	47.20
	资本密集型产品	16.08	9.86	10.81	12.38	16.40
黑山	资源密集型产品	99.72	99.89	99.33	99.37	97.25
	劳动密集型产品	0.08	0.01	0.18	0.02	0.44
	资本密集型产品	0.20	0.10	0.49	0.61	2.31

资料来源：作者根据联合国商品贸易统计数据库数据计算。

第四章 中国与"一带一路"沿线国家进出口贸易的技术结构特征

第一节 "一带一路"沿线国家对中国进出口贸易的技术结构

参考拉尔（Lall，2000）分类方法，在国际贸易标准分类（STIC）三位代码分类的基础上，把出口产品分为低技术密集度、中等技术密集度和高技术密集度三大类[①]。其中，低技术密集度产品指技术成熟，生产过程中多使用低技能劳动力，规模报酬不明显，行业进入壁垒较低，主要依靠价格竞争的产品，包括纺织、服装、鞋帽等；中等技术密集度产品指技术较为复杂，规模报酬明显，需要一定研发投入和高技能劳动力的产品，包括化学品、工程机械、汽车、钢铁等产品；高技术密集度产品技术更新快，研发投入强度高，更强调产品的设计和具备高精尖技术的人才，以及产学研合作进行技术创新，包括医药、航空、电子、电器设备、精密仪器等。

一、"一带一路"沿线国家对中国出口贸易的技术结构

2014~2018年，"一带一路"沿线国家主要向中国出口低技术密集度商品，同时进口低技术密集度商品。其中，2018年，共有41个国家（波兰、罗马尼亚、保加利亚、拉脱维亚、立陶宛、爱沙尼亚、阿尔巴尼亚、塞尔维亚、北马其顿、波黑、黑山、沙特阿拉伯、阿曼、土耳其、埃及、科威特、卡塔尔、黎巴嫩、巴勒斯坦、印度尼西亚、泰国、马来西亚、新加坡、缅甸、柬埔寨、老挝、文莱、蒙古国、印度、巴基斯坦、阿富汗、马尔代夫、俄罗斯、乌克兰、格鲁吉亚、阿塞拜疆、亚美尼亚、摩尔多瓦、哈萨克斯坦、乌兹别克斯坦、吉尔吉斯斯坦）主要向中国出口低技术密集度商品；共有9个国家（捷克、斯洛伐克、匈牙利、斯洛

[①] 各类产品对应的STIC三级代码（按STIC.REV3的分类标准）分别为：低技术密集度产品（除中等、高技术密集度外的产品）；中等技术密集度产品（266，267，512，513，533，553，554，562，572，582-585，591，598，653，671，672，678，711，713，714，721-728，736，737，741-745，749，762，763，772，773，775，781-786，791，793，812，872，873，882，884，885，951）；高技术密集度产品（524，541，712，716，718，751，752，759，761，764，771，774，776，778，792，871，874，881）。

文尼亚、克罗地亚、阿联酋、以色列、约旦、巴林）主要向中国出口中等技术密集度商品；共有2个国家（越南、菲律宾）主要向中国出口高技术密集度商品；其余国家数据不详，具体计算结果见表4-1。

表4-1　2014~2019年"一带一路"沿线国家对中国货物贸易出口技术结构　　　　单位：%

国家	技术结构	2014年	2015年	2016年	2017年	2018年	2019年
印度尼西亚	低技术密集度商品	88.21	89.97	86.76	87.01	86.78	84.63
	中等技术密集度商品	9.74	8.12	11.48	11.65	12.05	14.28
	高技术密集度商品	2.05	1.91	1.76	1.34	1.17	1.09
泰国	低技术密集度商品	73.64	70.66	68.60	69.46	70.40	66.07
	中等技术密集度商品	11.96	12.15	13.85	14.30	14.84	18.37
	高技术密集度商品	14.40	17.19	17.55	16.24	14.76	15.56
马来西亚	低技术密集度商品	44.13	48.13	45.87	48.57	47.56	49.15
	中等技术密集度商品	9.65	9.07	9.70	8.02	9.26	10.70
	高技术密集度商品	46.22	42.80	44.43	43.41	43.18	40.15
越南	低技术密集度商品	71.76	68.09	62.57	47.75	44.15	46.11
	中等技术密集度商品	8.10	6.07	6.77	5.52	7.12	6.81
	高技术密集度商品	20.14	25.84	30.66	46.73	48.73	47.08
新加坡	低技术密集度商品	38.84	36.32	36.12	43.77	43.00	42.58
	中等技术密集度商品	15.60	15.48	15.84	15.52	19.68	20.59
	高技术密集度商品	45.56	48.20	48.04	40.71	37.32	36.83
菲律宾	低技术密集度商品	—	28.02	27.19	32.13	33.41	36.65
	中等技术密集度商品	—	8.34	9.63	7.06	8.30	6.66
	高技术密集度商品	—	63.64	63.18	60.81	58.29	56.69
缅甸	低技术密集度商品	94.88	95.58	96.52	93.26	94.97	95.40
	中等技术密集度商品	5.02	4.38	3.40	6.57	4.82	4.34
	高技术密集度商品	0.10	0.04	0.08	0.17	0.21	0.26
柬埔寨	低技术密集度商品	98.19	84.89	83.85	91.50	93.33	—
	中等技术密集度商品	1.04	1.52	1.63	1.75	1.54	—
	高技术密集度商品	0.77	13.59	14.52	6.75	5.13	—
老挝	低技术密集度商品	98.33	91.51	93.01	95.00	93.03	93.45
	中等技术密集度商品	0.20	0.96	0.90	4.89	6.86	6.44
	高技术密集度商品	1.47	7.53	6.09	0.11	0.11	0.11

续表

国家	技术结构	2014年	2015年	2016年	2017年	2018年	2019年
文莱	低技术密集度商品	57.28	58.93	78.20	86.21	51.08	75.92
	中等技术密集度商品	42.09	40.75	21.62	13.74	48.70	23.69
	高技术密集度商品	0.63	0.32	0.18	0.05	0.22	0.39
东帝汶	低技术密集度商品	—	—	—	84.96	—	—
	中等技术密集度商品	—	—	—	15.04	—	—
	高技术密集度商品	—	—	—	0.00	—	—
蒙古国	低技术密集度商品	99.88	99.77	98.09	99.83	99.67	96.47
	中等技术密集度商品	0.10	0.21	1.89	0.09	0.32	3.22
	高技术密集度商品	0.02	0.02	0.02	0.08	0.01	0.31
印度	低技术密集度商品	81.18	81.67	74.34	76.63	80.62	74.28
	中等技术密集度商品	11.31	12.98	17.61	16.50	14.42	17.47
	高技术密集度商品	7.51	5.35	8.05	6.87	4.96	8.25
巴基斯坦	低技术密集度商品	98.57	94.57	97.60	94.71	87.85	95.68
	中等技术密集度商品	1.29	5.26	1.90	3.60	11.57	4.12
	高技术密集度商品	0.14	0.17	0.50	1.69	0.58	0.20
孟加拉国	低技术密集度商品	—	97.83	—	—	—	—
	中等技术密集度商品	—	1.55	—	—	—	—
	高技术密集度商品	—	0.62	—	—	—	—
斯里兰卡	低技术密集度商品	93.34	54.28	83.42	48.32	—	—
	中等技术密集度商品	4.52	42.56	6.64	48.14	—	—
	高技术密集度商品	2.14	3.16	9.94	3.54	—	—
阿富汗	低技术密集度商品	100.00	100.00	100.00	—	99.99	—
	中等技术密集度商品	0.00	0.00	0.00	—	0.00	—
	高技术密集度商品	0.00	0.00	0.00	—	0.01	—
尼泊尔	低技术密集度商品	97.51	96.89	82.27	80.26	—	—
	中等技术密集度商品	2.45	3.01	16.78	19.31	—	—
	高技术密集度商品	0.04	0.10	0.95	0.43	—	—
马尔代夫	低技术密集度商品	100.00	100.00	100.00	100.00	100.00	—
	中等技术密集度商品	0.00	0.00	0.00	0.00	0.00	—
	高技术密集度商品	0.00	0.00	0.00	0.00	0.00	—
不丹	低技术密集度商品	—	—	—	—	—	—
	中等技术密集度商品	—	—	—	—	—	—
	高技术密集度商品	—	—	—	—	—	—

续表

国家	技术结构	2014年	2015年	2016年	2017年	2018年	2019年
俄罗斯	低技术密集度商品	92.06	89.86	88.13	89.80	95.30	92.62
	中等技术密集度商品	6.38	8.04	9.17	6.79	3.83	5.48
	高技术密集度商品	1.56	2.10	2.70	3.41	0.87	1.90
乌克兰	低技术密集度商品	93.41	95.18	95.38	91.65	89.38	—
	中等技术密集度商品	5.56	3.66	2.77	5.21	9.42	—
	高技术密集度商品	1.03	1.16	1.85	3.14	1.20	—
格鲁吉亚	低技术密集度商品	99.95	99.74	98.67	95.26	93.13	92.04
	中等技术密集度商品	0.04	0.12	1.32	4.73	6.33	7.63
	高技术密集度商品	0.01	0.14	0.01	0.01	0.54	0.33
阿塞拜疆	低技术密集度商品	96.04	98.52	98.84	99.21	95.77	99.50
	中等技术密集度商品	2.96	1.47	0.79	0.79	4.22	0.34
	高技术密集度商品	1.00	0.01	0.37	0.00	0.01	0.16
亚美尼亚	低技术密集度商品	99.97	99.99	99.99	98.46	89.35	92.36
	中等技术密集度商品	0.02	0.01	0.01	1.52	10.65	7.63
	高技术密集度商品	0.01	0.00	0.00	0.02	0.00	0.01
摩尔多瓦	低技术密集度商品	90.65	95.01	82.63	98.50	97.54	—
	中等技术密集度商品	6.94	3.15	0.75	0.33	2.04	—
	高技术密集度商品	2.41	1.84	16.62	1.17	0.42	—
哈萨克斯坦	低技术密集度商品	94.92	91.93	85.10	84.52	87.12	89.42
	中等技术密集度商品	4.40	7.89	14.57	15.42	12.82	10.53
	高技术密集度商品	0.68	0.18	0.33	0.06	0.06	0.05
乌兹别克斯坦	低技术密集度商品	—	—	—	98.40	99.59	99.78
	中等技术密集度商品	—	—	—	1.22	0.38	0.15
	高技术密集度商品	—	—	—	0.38	0.03	0.07
土库曼斯坦	低技术密集度商品	—	—	—	—	—	—
	中等技术密集度商品	—	—	—	—	—	—
	高技术密集度商品	—	—	—	—	—	—
吉尔吉斯斯坦	低技术密集度商品	80.72	79.71	92.71	84.56	94.78	97.42
	中等技术密集度商品	17.36	19.60	4.46	14.34	4.88	1.87
	高技术密集度商品	1.92	0.69	2.83	1.10	0.34	0.71
塔吉克斯坦	低技术密集度商品	—	—	—	—	—	—
	中等技术密集度商品	—	—	—	—	—	—
	高技术密集度商品	—	—	—	—	—	—

续表

国家	技术结构	2014年	2015年	2016年	2017年	2018年	2019年
沙特阿拉伯	低技术密集度商品	77.11	78.64	77.35	80.59	81.09	—
	中等技术密集度商品	22.77	20.98	22.22	19.23	18.56	—
	高技术密集度商品	0.12	0.38	0.43	0.18	0.35	—
阿联酋	低技术密集度商品	48.24	44.89	48.77	43.82	30.36	—
	中等技术密集度商品	51.38	53.86	42.15	44.10	66.74	—
	高技术密集度商品	0.38	1.25	9.08	12.08	2.90	—
阿曼	低技术密集度商品	71.09	27.59	63.62	57.44	66.51	—
	中等技术密集度商品	28.89	72.40	36.37	42.22	33.23	—
	高技术密集度商品	0.02	0.01	0.01	0.34	0.26	—
伊朗	低技术密集度商品	88.27	—	87.69	83.78	—	—
	中等技术密集度商品	11.70	—	12.27	16.21	—	—
	高技术密集度商品	0.03	—	0.04	0.01	—	—
土耳其	低技术密集度商品	91.33	89.68	87.00	87.89	87.12	85.59
	中等技术密集度商品	7.87	9.46	11.71	10.96	11.31	13.02
	高技术密集度商品	0.80	0.86	1.29	1.15	1.57	1.39
以色列	低技术密集度商品	22.43	14.80	16.66	19.72	14.27	15.78
	中等技术密集度商品	25.14	21.94	18.23	18.42	15.02	16.33
	高技术密集度商品	52.43	63.26	65.11	61.86	70.71	67.89
埃及	低技术密集度商品	97.87	98.76	99.50	99.67	99.54	98.04
	中等技术密集度商品	2.13	1.22	0.37	0.29	0.39	1.77
	高技术密集度商品	0.00	0.02	0.13	0.04	0.07	0.19
科威特	低技术密集度商品	46.41	47.06	75.06	56.86	56.24	—
	中等技术密集度商品	53.58	52.76	24.89	43.13	43.23	—
	高技术密集度商品	0.01	0.18	0.05	0.01	0.53	—
伊拉克	低技术密集度商品	—	—	—	—	—	—
	中等技术密集度商品	—	—	—	—	—	—
	高技术密集度商品	—	—	—	—	—	—
卡塔尔	低技术密集度商品	99.93	97.05	95.15	95.91	97.90	98.14
	中等技术密集度商品	0.07	2.93	4.82	3.68	1.83	1.70
	高技术密集度商品	0.00	0.02	0.03	0.41	0.27	0.16
约旦	低技术密集度商品	4.09	2.35	8.10	11.76	16.78	7.09
	中等技术密集度商品	95.83	96.75	91.30	87.50	82.06	92.65
	高技术密集度商品	0.08	0.90	0.60	0.74	1.16	0.26

续表

国家	技术结构	2014年	2015年	2016年	2017年	2018年	2019年
黎巴嫩	低技术密集度商品	99.65	88.68	86.30	88.14	89.65	—
	中等技术密集度商品	0.24	4.35	11.74	11.67	10.30	—
	高技术密集度商品	0.11	6.97	1.96	0.19	0.05	—
巴林	低技术密集度商品	86.70	31.49	31.70	5.34	19.36	—
	中等技术密集度商品	13.30	68.46	68.28	94.19	80.61	—
	高技术密集度商品	0.00	0.05	0.02	0.47	0.03	—
也门	低技术密集度商品	99.24	57.13	—	—	—	97.89
	中等技术密集度商品	0.69	40.22	—	—	—	0.00
	高技术密集度商品	0.07	2.65	—	—	—	2.11
叙利亚	低技术密集度商品	—	—	—	—	—	—
	中等技术密集度商品	—	—	—	—	—	—
	高技术密集度商品	—	—	—	—	—	—
巴勒斯坦	低技术密集度商品	94.08	0.00	100.00	100.00	92.88	—
	中等技术密集度商品	5.92	100.00	0.00	0.00	7.12	—
	高技术密集度商品	0.00	0.00	0.00	0.00	0.00	—
波兰	低技术密集度商品	69.86	68.93	61.22	62.65	60.18	59.37
	中等技术密集度商品	20.67	21.07	24.43	24.53	24.91	25.99
	高技术密集度商品	9.47	10.00	14.35	12.82	14.91	14.64
罗马尼亚	低技术密集度商品	59.91	62.60	54.70	56.93	51.29	57.70
	中等技术密集度商品	32.66	27.57	31.66	31.09	36.13	28.21
	高技术密集度商品	7.43	9.83	13.64	11.98	12.58	14.09
捷克	低技术密集度商品	36.05	36.18	34.22	34.76	36.70	38.77
	中等技术密集度商品	44.72	42.29	45.02	42.63	41.38	37.80
	高技术密集度商品	19.23	21.53	20.76	22.61	21.92	23.43
斯洛伐克	低技术密集度商品	7.34	11.43	10.23	11.22	10.76	8.96
	中等技术密集度商品	90.20	85.17	86.31	85.02	84.27	86.37
	高技术密集度商品	2.46	3.40	3.46	3.76	4.97	4.67
保加利亚	低技术密集度商品	89.75	88.70	85.40	89.27	89.54	86.91
	中等技术密集度商品	6.42	6.98	8.82	7.27	6.55	9.53
	高技术密集度商品	3.83	4.32	5.78	3.46	3.91	3.56
匈牙利	低技术密集度商品	34.97	32.62	26.85	24.18	31.94	36.02
	中等技术密集度商品	43.74	48.43	55.03	55.31	43.00	25.93
	高技术密集度商品	21.29	18.95	18.12	20.51	25.06	38.05

续表

国家	技术结构	2014年	2015年	2016年	2017年	2018年	2019年
拉脱维亚	低技术密集度商品	82.32	78.13	78.85	79.03	78.91	83.36
	中等技术密集度商品	6.17	4.38	5.04	8.61	12.92	8.25
	高技术密集度商品	11.51	17.49	16.11	12.36	8.17	8.39
立陶宛	低技术密集度商品	77.08	84.75	81.77	69.51	73.56	77.33
	中等技术密集度商品	14.38	10.48	7.93	19.51	13.85	13.52
	高技术密集度商品	8.54	4.77	10.30	10.98	12.59	9.15
斯洛文尼亚	低技术密集度商品	44.73	47.81	27.81	28.17	32.29	41.14
	中等技术密集度商品	20.18	21.19	49.65	47.29	42.16	30.85
	高技术密集度商品	35.09	31.00	22.54	24.54	25.55	28.01
爱沙尼亚	低技术密集度商品	54.02	51.40	39.03	45.75	46.84	50.04
	中等技术密集度商品	23.67	25.65	28.41	21.32	20.94	24.08
	高技术密集度商品	22.31	22.95	32.56	32.93	32.22	25.88
克罗地亚	低技术密集度商品	70.75	46.20	54.93	57.76	43.45	49.92
	中等技术密集度商品	21.88	50.86	35.73	36.47	51.65	44.86
	高技术密集度商品	7.37	2.94	9.34	5.77	4.90	5.22
阿尔巴尼亚	低技术密集度商品	100.00	100.00	95.91	100.00	100.00	—
	中等技术密集度商品	0.00	0.00	4.09	0.00	0.00	—
	高技术密集度商品	0.00	0.00	0.00	0.00	0.00	—
塞尔维亚	低技术密集度商品	63.38	70.87	67.69	55.86	72.77	93.45
	中等技术密集度商品	22.87	14.89	18.45	32.63	19.25	4.85
	高技术密集度商品	13.75	14.24	13.86	11.51	7.98	1.70
北马其顿	低技术密集度商品	5.52	3.78	11.97	28.08	50.30	22.49
	中等技术密集度商品	93.47	96.09	87.63	71.84	49.65	77.45
	高技术密集度商品	1.01	0.13	0.40	0.08	0.05	0.06
波黑	低技术密集度商品	91.07	78.91	92.69	97.25	99.24	97.94
	中等技术密集度商品	8.79	15.83	3.55	1.71	0.58	1.44
	高技术密集度商品	0.14	5.26	3.76	1.04	0.18	0.62
黑山	低技术密集度商品	99.95	99.76	93.58	99.44	97.59	—
	中等技术密集度商品	0.00	0.01	0.16	0.00	0.00	—
	高技术密集度商品	0.05	0.23	6.26	0.56	2.41	—

资料来源：作者根据联合国商品贸易统计数据库数据计算。

二、"一带一路"沿线国家对中国进口贸易的技术结构

2018年，共有41个国家（波兰、保加利亚、立陶宛、斯洛文尼亚、阿尔巴尼亚、塞尔维亚、北马其顿、波黑、黑山、沙特阿拉伯、阿曼、土耳其、以色列、埃及、科威特、卡塔尔、约旦、黎巴嫩、巴林、巴勒斯坦、印度尼西亚、泰国、马来西亚、越南、菲律宾、缅甸、柬埔寨、老挝、文莱、蒙古国、巴基斯坦、阿富汗、马尔代夫、俄罗斯、乌克兰、格鲁吉亚、阿塞拜疆、亚美尼亚、摩尔多瓦、哈萨克斯坦、吉尔吉斯斯坦）主要向中国进口低技术密集度商品；共有3个国家（罗马尼亚、克罗地亚、乌兹别克斯坦）主要向中国进口中等技术密集度商品；共有8个国家（捷克、斯洛伐克、匈牙利、拉脱维亚、爱沙尼亚、阿联酋、新加坡、印度）主要向中国进口高技术密集度商品；其余国家数据不详，具体结果见表4-2。

表4-2 2014~2019年"一带一路"沿线国家对中国货物贸易进口技术结构　　单位：%

国家	技术结构	2014年	2015年	2016年	2017年	2018年	2019年
印度尼西亚	低技术密集度商品	41.34	39.75	39.80	42.94	43.61	44.04
	中等技术密集度商品	32.84	35.98	36.59	32.47	32.35	33.38
	高技术密集度商品	25.82	24.27	23.61	24.59	24.04	22.58
泰国	低技术密集度商品	54.64	54.58	54.66	55.77	55.99	44.43
	中等技术密集度商品	20.40	20.44	21.56	20.80	20.90	27.23
	高技术密集度商品	24.96	24.98	23.78	23.43	23.11	28.34
马来西亚	低技术密集度商品	37.26	41.15	43.20	40.68	40.18	40.77
	中等技术密集度商品	22.12	22.74	23.14	23.92	24.33	24.80
	高技术密集度商品	40.62	36.11	33.66	35.40	35.49	34.43
越南	低技术密集度商品	41.65	40.11	43.16	40.20	42.97	40.81
	中等技术密集度商品	27.41	29.74	26.99	26.76	25.74	26.28
	高技术密集度商品	30.94	30.15	29.85	33.04	31.29	32.91
新加坡	低技术密集度商品	35.98	33.54	33.93	32.35	31.94	33.34
	中等技术密集度商品	14.67	15.15	15.35	14.04	13.79	15.01
	高技术密集度商品	49.35	51.31	50.72	53.61	54.27	51.65
菲律宾	低技术密集度商品	—	50.61	54.64	56.71	55.48	53.20
	中等技术密集度商品	—	24.95	22.80	21.14	21.86	21.70
	高技术密集度商品	—	24.44	22.56	22.15	22.66	25.10
缅甸	低技术密集度商品	53.21	36.33	43.46	44.00	46.04	46.50
	中等技术密集度商品	39.33	52.14	45.22	44.33	43.89	43.10
	高技术密集度商品	7.46	11.53	11.32	11.67	10.07	10.40

续表

国家	技术结构	2014年	2015年	2016年	2017年	2018年	2019年
柬埔寨	低技术密集度商品	66.21	66.62	67.78	69.10	70.67	—
	中等技术密集度商品	28.15	28.37	28.02	25.25	25.38	—
	高技术密集度商品	5.64	5.01	4.20	5.65	3.95	—
老挝	低技术密集度商品	48.38	41.76	35.17	50.93	49.19	49.77
	中等技术密集度商品	34.25	36.60	42.47	29.24	31.09	33.12
	高技术密集度商品	17.37	21.64	22.36	19.83	19.72	17.11
文莱	低技术密集度商品	63.39	62.83	62.34	75.60	59.89	62.49
	中等技术密集度商品	17.17	18.28	23.81	16.71	32.75	26.85
	高技术密集度商品	19.44	18.89	13.85	7.69	7.36	10.66
东帝汶	低技术密集度商品	—	—	—	58.44	—	—
	中等技术密集度商品	—	—	—	35.50	—	—
	高技术密集度商品	—	—	—	6.06	—	—
蒙古国	低技术密集度商品	64.31	60.64	57.70	55.04	51.79	52.00
	中等技术密集度商品	27.97	28.32	29.02	31.10	36.02	40.00
	高技术密集度商品	7.72	11.04	13.37	13.86	12.19	8.00
印度	低技术密集度商品	38.73	34.60	32.61	30.76	35.20	35.44
	中等技术密集度商品	26.25	26.38	25.89	23.99	27.71	29.27
	高技术密集度商品	35.02	39.02	41.50	45.25	37.09	35.29
巴基斯坦	低技术密集度商品	42.85	43.72	40.45	39.84	41.49	42.64
	中等技术密集度商品	31.32	31.75	32.63	35.70	36.20	31.85
	高技术密集度商品	25.83	24.53	26.92	24.46	22.31	25.51
孟加拉国	低技术密集度商品	—	55.91	—	—	—	—
	中等技术密集度商品	—	34.06	—	—	—	—
	高技术密集度商品	—	10.03	—	—	—	—
斯里兰卡	低技术密集度商品	53.02	50.02	50.82	51.23	—	—
	中等技术密集度商品	33.62	35.28	33.51	30.86	—	—
	高技术密集度商品	13.36	14.70	15.67	17.91	—	—
阿富汗	低技术密集度商品	98.18	88.81	88.30	—	74.87	—
	中等技术密集度商品	1.29	9.46	10.17	—	14.41	—
	高技术密集度商品	0.53	1.73	1.53	—	10.72	—
尼泊尔	低技术密集度商品	41.32	42.76	39.58	38.74	—	—
	中等技术密集度商品	24.10	25.61	28.88	27.04	—	—
	高技术密集度商品	34.58	31.63	31.54	34.22	—	—

续表

国家	技术结构	2014年	2015年	2016年	2017年	2018年	2019年
马尔代夫	低技术密集度商品	57.69	66.69	56.73	60.78	63.12	—
	中等技术密集度商品	26.93	20.86	35.00	26.66	19.70	—
	高技术密集度商品	15.38	12.45	8.27	12.56	17.18	—
不丹	低技术密集度商品	—	—	—	—	—	—
	中等技术密集度商品	—	—	—	—	—	—
	高技术密集度商品	—	—	—	—	—	—
俄罗斯	低技术密集度商品	45.51	42.85	34.70	35.50	40.92	40.22
	中等技术密集度商品	25.58	23.59	37.95	34.88	25.74	27.24
	高技术密集度商品	28.91	33.56	27.35	29.62	33.34	32.54
乌克兰	低技术密集度商品	52.55	49.05	45.45	42.17	40.73	—
	中等技术密集度商品	25.37	24.35	24.51	26.33	27.47	—
	高技术密集度商品	22.08	26.60	30.04	31.50	31.80	—
格鲁吉亚	低技术密集度商品	57.86	54.57	57.46	55.19	52.84	50.99
	中等技术密集度商品	25.37	27.26	26.88	24.59	30.93	32.32
	高技术密集度商品	16.77	18.17	15.66	20.22	16.23	16.69
阿塞拜疆	低技术密集度商品	24.98	36.43	52.48	46.74	44.36	44.32
	中等技术密集度商品	48.91	37.41	32.02	32.60	33.90	29.82
	高技术密集度商品	26.11	26.16	15.50	20.66	21.74	25.86
亚美尼亚	低技术密集度商品	55.96	52.16	49.94	53.93	46.50	46.07
	中等技术密集度商品	23.66	25.01	23.14	25.00	26.35	29.57
	高技术密集度商品	20.38	22.83	26.92	21.07	27.15	24.36
摩尔多瓦	低技术密集度商品	47.31	47.55	48.49	49.02	46.66	—
	中等技术密集度商品	28.16	26.96	26.74	26.06	26.14	—
	高技术密集度商品	24.53	25.49	24.77	24.92	27.20	—
哈萨克斯坦	低技术密集度商品	48.73	47.31	47.79	47.87	45.37	51.74
	中等技术密集度商品	31.22	34.16	29.78	29.59	28.08	25.86
	高技术密集度商品	20.05	18.53	22.43	22.54	26.55	22.40
乌兹别克斯坦	低技术密集度商品	—	—	—	39.71	37.85	33.74
	中等技术密集度商品	—	—	—	49.34	51.97	35.05
	高技术密集度商品	—	—	—	10.95	10.18	31.21
土库曼斯坦	低技术密集度商品	—	—	—	—	—	—
	中等技术密集度商品	—	—	—	—	—	—
	高技术密集度商品	—	—	—	—	—	—

续表

国家	技术结构	2014年	2015年	2016年	2017年	2018年	2019年
吉尔吉斯斯坦	低技术密集度商品	59.29	55.74	55.33	56.81	59.13	54.02
	中等技术密集度商品	31.77	34.92	33.78	34.54	30.89	31.81
	高技术密集度商品	8.94	9.34	10.89	8.65	9.98	14.17
塔吉克斯坦	低技术密集度商品	—	—	—	—	—	—
	中等技术密集度商品	—	—	—	—	—	—
	高技术密集度商品	—	—	—	—	—	—
沙特阿拉伯	低技术密集度商品	46.79	45.26	48.13	44.65	45.09	—
	中等技术密集度商品	24.09	25.96	24.42	23.09	23.41	—
	高技术密集度商品	29.12	28.78	27.45	32.26	31.50	—
阿联酋	低技术密集度商品	49.02	44.80	40.22	27.73	34.12	—
	中等技术密集度商品	16.95	16.61	17.07	9.92	14.86	—
	高技术密集度商品	34.03	38.59	42.71	62.35	51.02	—
阿曼	低技术密集度商品	51.84	52.36	53.46	51.74	53.24	—
	中等技术密集度商品	40.43	31.34	28.62	31.59	31.84	—
	高技术密集度商品	7.73	16.30	17.92	16.67	14.92	—
伊朗	低技术密集度商品	43.95	—	45.17	47.12	—	—
	中等技术密集度商品	38.97	—	36.73	34.76	—	—
	高技术密集度商品	17.08	—	18.10	18.12	—	—
土耳其	低技术密集度商品	43.17	40.68	35.04	37.39	39.50	39.28
	中等技术密集度商品	25.05	27.44	27.82	28.70	29.71	28.57
	高技术密集度商品	31.78	31.88	37.14	33.91	30.79	32.15
以色列	低技术密集度商品	64.27	62.87	61.73	61.76	51.46	50.74
	中等技术密集度商品	20.66	21.70	24.02	23.59	20.67	21.77
	高技术密集度商品	15.07	15.43	14.25	14.65	27.87	27.49
埃及	低技术密集度商品	51.86	49.94	44.60	45.04	42.20	42.33
	中等技术密集度商品	27.65	28.37	32.46	30.15	28.02	28.94
	高技术密集度商品	20.49	21.69	22.94	24.81	29.78	28.73
科威特	低技术密集度商品	48.34	45.11	51.15	43.92	43.01	—
	中等技术密集度商品	18.47	22.00	19.46	19.06	24.77	—
	高技术密集度商品	33.19	32.89	29.39	37.02	32.22	—
伊拉克	低技术密集度商品	73.65	—	—	—	—	—
	中等技术密集度商品	19.90	—	—	—	—	—
	高技术密集度商品	6.45	—	—	—	—	—

续表

国家	技术结构	2014年	2015年	2016年	2017年	2018年	2019年
卡塔尔	低技术密集度商品	48.63	45.07	49.30	49.23	54.24	51.07
	中等技术密集度商品	24.05	28.19	20.01	21.26	19.92	19.65
	高技术密集度商品	27.32	26.74	30.69	29.51	25.84	29.28
约旦	低技术密集度商品	56.99	54.08	52.76	49.28	50.99	50.01
	中等技术密集度商品	20.52	19.71	21.79	21.89	21.04	23.27
	高技术密集度商品	22.49	26.21	25.45	28.83	27.97	26.72
黎巴嫩	低技术密集度商品	64.89	64.28	61.82	56.36	49.49	—
	中等技术密集度商品	19.08	20.04	22.47	26.19	28.18	—
	高技术密集度商品	16.03	15.68	15.71	17.45	22.33	—
巴林	低技术密集度商品	51.84	51.62	47.35	51.95	51.40	—
	中等技术密集度商品	15.81	17.92	20.64	21.02	19.85	—
	高技术密集度商品	32.35	30.46	32.01	27.03	28.75	—
也门	低技术密集度商品	60.77	58.09	—	—	—	49.71
	中等技术密集度商品	27.94	25.69	—	—	—	28.87
	高技术密集度商品	11.29	16.22	—	—	—	21.42
叙利亚	低技术密集度商品	—	—	—	—	—	—
	中等技术密集度商品	—	—	—	—	—	—
	高技术密集度商品	—	—	—	—	—	—
巴勒斯坦	低技术密集度商品	66.51	63.81	65.39	57.91	61.32	—
	中等技术密集度商品	12.33	14.30	16.20	14.87	19.06	—
	高技术密集度商品	21.16	21.89	18.41	27.22	19.62	—
波兰	低技术密集度商品	40.60	38.97	40.13	41.65	42.39	42.97
	中等技术密集度商品	17.51	18.25	18.41	18.68	19.85	20.78
	高技术密集度商品	41.89	42.78	41.46	39.67	37.76	36.25
罗马尼亚	低技术密集度商品	40.75	39.22	37.07	37.83	37.87	37.11
	中等技术密集度商品	28.09	36.10	37.99	39.34	39.56	39.87
	高技术密集度商品	31.16	24.68	24.94	22.83	22.57	23.02
捷克	低技术密集度商品	24.11	20.92	23.89	22.23	19.61	18.30
	中等技术密集度商品	12.23	12.00	13.91	13.85	12.61	11.92
	高技术密集度商品	63.66	67.08	62.20	63.92	67.78	69.78
斯洛伐克	低技术密集度商品	29.17	25.01	26.42	28.54	33.29	31.61
	中等技术密集度商品	14.42	14.72	14.37	15.99	20.57	24.62
	高技术密集度商品	56.41	60.27	59.21	55.47	46.14	43.77

续表

国家	技术结构	2014年	2015年	2016年	2017年	2018年	2019年
保加利亚	低技术密集度商品	50.54	49.17	48.75	49.95	48.48	49.74
	中等技术密集度商品	35.38	33.06	34.52	34.51	35.68	33.23
	高技术密集度商品	14.08	17.77	16.73	15.54	15.84	17.03
匈牙利	低技术密集度商品	15.09	17.61	18.94	21.98	27.10	23.93
	中等技术密集度商品	19.08	20.90	21.66	21.84	22.23	23.71
	高技术密集度商品	65.83	61.49	59.40	56.18	50.67	52.36
拉脱维亚	低技术密集度商品	42.28	39.25	42.20	40.77	37.89	39.21
	中等技术密集度商品	17.84	16.58	17.02	19.60	20.79	21.63
	高技术密集度商品	39.88	44.17	40.78	39.63	41.32	39.16
立陶宛	低技术密集度商品	57.62	57.85	58.55	52.87	54.52	53.42
	中等技术密集度商品	21.75	23.10	24.34	29.05	28.61	30.26
	高技术密集度商品	20.63	19.05	17.11	18.08	16.87	16.32
斯洛文尼亚	低技术密集度商品	49.72	48.49	46.63	45.77	45.88	46.94
	中等技术密集度商品	17.91	19.16	20.09	20.21	21.34	21.20
	高技术密集度商品	32.37	32.35	33.28	34.02	32.78	31.86
爱沙尼亚	低技术密集度商品	37.91	36.27	37.52	35.00	35.08	38.22
	中等技术密集度商品	27.48	25.84	24.98	23.16	23.95	24.92
	高技术密集度商品	34.61	37.89	37.50	41.84	40.97	36.86
克罗地亚	低技术密集度商品	57.15	51.44	48.86	44.02	40.27	50.86
	中等技术密集度商品	17.99	22.07	25.15	33.61	41.25	23.47
	高技术密集度商品	24.86	26.49	25.99	22.37	18.48	25.67
阿尔巴尼亚	低技术密集度商品	77.28	55.30	58.83	67.60	64.58	—
	中等技术密集度商品	13.95	19.39	21.74	19.73	18.58	—
	高技术密集度商品	8.77	25.31	19.43	12.67	16.84	—
塞尔维亚	低技术密集度商品	54.73	48.54	56.06	54.28	53.35	52.19
	中等技术密集度商品	18.82	22.25	17.26	18.81	18.96	21.76
	高技术密集度商品	26.45	29.21	26.68	26.91	27.69	26.05
北马其顿	低技术密集度商品	43.10	42.79	41.12	40.44	39.99	38.87
	中等技术密集度商品	19.18	23.10	24.24	28.73	28.39	31.15
	高技术密集度商品	37.72	34.11	34.64	30.83	31.62	29.98
波黑	低技术密集度商品	49.32	55.15	52.75	54.14	52.53	54.57
	中等技术密集度商品	25.02	18.04	19.36	19.78	20.77	20.77
	高技术密集度商品	25.66	26.81	27.89	26.08	26.70	24.66

续表

国家	技术结构	2014年	2015年	2016年	2017年	2018年	2019年
黑山	低技术密集度商品	47.64	39.94	51.05	44.28	44.21	—
	中等技术密集度商品	16.93	26.86	18.40	17.69	15.11	—
	高技术密集度商品	35.43	33.20	30.55	38.03	40.68	—

资料来源：作者根据联合国商品贸易统计数据库数据计算。

第二节 中国对"一带一路"沿线国家进出口贸易的技术结构

一、中国对"一带一路"沿线国家出口贸易的技术结构

由于2019年的数据未完全公布，因此按2018年的数据进行分析。2014~2018年，中国对"一带一路"沿线国家主要出口低技术密集度产品，同时进口低技术密集度产品。其中，2018年中国共向55个国家（波兰、罗马尼亚、保加利亚、拉脱维亚、立陶宛、斯洛文尼亚、爱沙尼亚、克罗地亚、阿尔巴尼亚、塞尔维亚、波黑、黑山、沙特阿拉伯、阿联酋、阿曼、土耳其、以色列、埃及、科威特、伊拉克、卡塔尔、约旦、黎巴嫩、巴林、也门、叙利亚、巴勒斯坦、印度尼西亚、泰国、马来西亚、越南、新加坡、菲律宾、缅甸、柬埔寨、文莱、东帝汶、蒙古国、印度、巴基斯坦、孟加拉国、斯里兰卡、阿富汗、尼泊尔、马尔代夫、不丹、俄罗斯、乌克兰、格鲁吉亚、摩尔多瓦、哈萨克斯坦、土库曼斯坦、吉尔吉斯斯坦、塔吉克斯坦）主要出口低技术密集度产品；共向4个国家（伊朗、阿塞拜疆、亚美尼亚、乌兹别克斯坦）主要出口中等技术密集度产品；共向4个国家（捷克、斯洛伐克、匈牙利、北马其顿）主要出口高技术密集度产品；其余国家数据不详，具体计算结果见表4-3。

表4-3 2014~2018年中国对"一带一路"沿线国家货物贸易出口技术结构　　单位：%

国家	技术结构	2014年	2015年	2016年	2017年	2018年
印度尼西亚	低技术密集度商品	54.83	51.64	50.75	49.88	47.45
	中等技术密集度商品	28.09	30.54	30.29	29.79	31.13
	高技术密集度商品	17.08	17.82	18.96	20.33	21.42
泰国	低技术密集度商品	51.14	49.76	49.09	47.66	49.02
	中等技术密集度商品	26.01	25.29	26.30	26.40	26.53
	高技术密集度商品	22.85	24.95	24.61	25.94	24.45

续表

国家	技术结构	2014年	2015年	2016年	2017年	2018年
马来西亚	低技术密集度商品	56.11	55.15	53.87	50.27	47.18
	中等技术密集度商品	19.23	20.37	21.85	20.78	20.69
	高技术密集度商品	24.66	24.48	24.28	28.95	32.13
越南	低技术密集度商品	55.69	55.18	54.72	50.12	50.99
	中等技术密集度商品	23.25	25.20	24.72	22.46	21.28
	高技术密集度商品	21.06	19.62	20.56	27.42	27.73
新加坡	低技术密集度商品	44.33	41.39	44.00	43.18	46.47
	中等技术密集度商品	22.84	24.45	22.82	21.75	19.46
	高技术密集度商品	32.83	34.16	33.18	35.07	34.07
菲律宾	低技术密集度商品	60.97	61.89	64.87	64.20	61.88
	中等技术密集度商品	22.81	21.97	20.75	20.62	20.61
	高技术密集度商品	16.22	16.14	14.38	15.18	17.51
缅甸	低技术密集度商品	54.51	45.61	48.81	48.51	53.47
	中等技术密集度商品	30.16	40.42	35.51	34.29	31.50
	高技术密集度商品	15.33	13.97	15.68	17.20	15.03
柬埔寨	低技术密集度商品	73.74	70.96	71.40	72.19	71.37
	中等技术密集度商品	20.23	21.56	22.34	20.13	20.98
	高技术密集度商品	6.03	7.48	6.26	7.68	7.65
老挝	低技术密集度商品	18.34	33.07	38.55	40.44	43.80
	中等技术密集度商品	58.51	38.10	40.30	37.02	32.98
	高技术密集度商品	23.15	28.83	21.15	22.54	23.22
文莱	低技术密集度商品	78.79	66.94	69.97	71.88	50.27
	中等技术密集度商品	15.14	29.81	21.27	22.35	42.97
	高技术密集度商品	6.07	3.25	8.76	5.77	6.76
东帝汶	低技术密集度商品	66.69	62.65	53.50	61.02	53.02
	中等技术密集度商品	23.33	27.88	31.98	27.27	40.52
	高技术密集度商品	9.98	9.47	14.52	11.71	6.46
蒙古国	低技术密集度商品	71.49	65.78	63.05	54.82	50.48
	中等技术密集度商品	23.55	25.76	25.42	32.18	38.73
	高技术密集度商品	4.96	8.46	11.53	13.00	10.79
印度	低技术密集度商品	46.57	43.54	40.34	38.96	39.47
	中等技术密集度商品	26.13	27.00	25.22	22.78	25.19
	高技术密集度商品	27.30	29.46	34.44	38.26	35.34

续表

国家	技术结构	2014年	2015年	2016年	2017年	2018年
巴基斯坦	低技术密集度商品	48.67	52.75	48.36	47.56	46.33
	中等技术密集度商品	32.89	29.34	31.54	34.13	35.18
	高技术密集度商品	18.44	17.91	20.10	18.31	18.49
孟加拉国	低技术密集度商品	63.53	63.46	62.21	61.76	62.43
	中等技术密集度商品	26.78	26.47	27.47	27.77	28.35
	高技术密集度商品	9.69	10.07	10.32	10.47	9.22
斯里兰卡	低技术密集度商品	60.75	61.57	61.40	60.33	61.53
	中等技术密集度商品	29.51	27.91	27.04	27.01	25.23
	高技术密集度商品	9.74	10.52	11.56	12.66	13.24
阿富汗	低技术密集度商品	53.14	48.79	44.25	49.12	53.26
	中等技术密集度商品	27.80	29.95	35.21	33.41	28.44
	高技术密集度商品	19.06	21.26	20.54	17.47	18.30
尼泊尔	低技术密集度商品	85.30	71.65	68.06	59.88	56.89
	中等技术密集度商品	6.94	13.36	12.24	17.90	19.41
	高技术密集度商品	7.76	14.99	19.70	22.22	23.70
马尔代夫	低技术密集度商品	52.08	65.72	52.92	60.24	60.59
	中等技术密集度商品	31.40	25.18	38.04	30.52	25.13
	高技术密集度商品	16.52	9.10	9.04	9.24	14.28
不丹	低技术密集度商品	77.47	61.90	42.07	28.72	60.78
	中等技术密集度商品	8.63	13.62	18.10	32.21	20.67
	高技术密集度商品	13.90	24.48	39.83	39.07	18.55
俄罗斯	低技术密集度商品	61.78	61.48	55.38	53.57	51.75
	中等技术密集度商品	21.72	21.77	27.97	26.11	24.71
	高技术密集度商品	16.50	16.75	16.65	20.32	23.54
乌克兰	低技术密集度商品	58.32	58.54	55.39	52.17	47.84
	中等技术密集度商品	26.11	23.80	25.95	28.22	28.11
	高技术密集度商品	15.57	17.66	18.66	19.61	24.05
格鲁吉亚	低技术密集度商品	62.63	60.20	63.44	62.38	61.09
	中等技术密集度商品	23.01	22.64	22.39	22.19	23.82
	高技术密集度商品	14.36	17.16	14.17	15.43	15.09
阿塞拜疆	低技术密集度商品	49.53	58.55	54.04	41.95	37.35
	中等技术密集度商品	34.95	27.04	33.35	38.95	41.88
	高技术密集度商品	15.52	14.41	12.61	19.10	20.77

续表

国家	技术结构	2014年	2015年	2016年	2017年	2018年
亚美尼亚	低技术密集度商品	49.97	35.57	36.43	45.77	29.16
	中等技术密集度商品	30.89	26.95	29.20	34.31	40.61
	高技术密集度商品	19.14	37.48	34.37	19.92	30.23
摩尔多瓦	低技术密集度商品	48.85	51.28	51.13	41.69	44.21
	中等技术密集度商品	26.54	32.21	33.43	32.06	33.28
	高技术密集度商品	24.61	16.51	15.44	26.25	22.51
哈萨克斯坦	低技术密集度商品	71.72	67.74	73.02	73.35	66.28
	中等技术密集度商品	20.09	23.53	18.40	17.55	21.15
	高技术密集度商品	8.19	8.73	8.58	9.10	12.57
乌兹别克斯坦	低技术密集度商品	51.61	47.55	45.71	48.34	42.02
	中等技术密集度商品	36.43	38.72	37.53	41.00	44.78
	高技术密集度商品	11.96	13.73	16.76	10.66	13.20
土库曼斯坦	低技术密集度商品	38.90	39.64	45.37	35.27	50.99
	中等技术密集度商品	49.71	46.75	43.29	55.73	39.31
	高技术密集度商品	11.39	13.61	11.34	9.00	9.70
吉尔吉斯斯坦	低技术密集度商品	82.70	81.73	86.39	88.01	86.21
	中等技术密集度商品	14.38	16.02	11.42	9.45	10.64
	高技术密集度商品	2.92	2.25	2.19	2.54	3.15
塔吉克斯坦	低技术密集度商品	75.45	66.46	70.62	73.36	67.27
	中等技术密集度商品	20.89	27.58	22.77	20.13	24.93
	高技术密集度商品	3.66	5.96	6.61	6.51	7.80
沙特阿拉伯	低技术密集度商品	63.35	63.62	66.61	64.33	61.24
	中等技术密集度商品	25.91	27.02	22.45	22.79	23.48
	高技术密集度商品	10.74	9.36	10.94	12.88	15.28
阿联酋	低技术密集度商品	56.67	57.80	55.02	52.31	50.59
	中等技术密集度商品	18.59	18.41	20.89	19.38	20.54
	高技术密集度商品	24.74	23.79	24.09	28.31	28.87
阿曼	低技术密集度商品	60.07	60.82	59.33	55.61	57.47
	中等技术密集度商品	33.33	32.45	33.45	34.11	29.62
	高技术密集度商品	6.60	6.73	7.22	10.28	12.91
伊朗	低技术密集度商品	56.32	48.76	44.20	42.14	41.27
	中等技术密集度商品	30.99	38.70	40.58	42.72	44.32
	高技术密集度商品	12.69	12.54	15.22	15.14	14.41

续表

国家	技术结构	2014年	2015年	2016年	2017年	2018年
土耳其	低技术密集度商品	47.33	46.17	42.26	41.63	45.12
	中等技术密集度商品	27.19	27.53	30.23	30.46	30.37
	高技术密集度商品	25.48	26.30	27.51	27.91	24.51
以色列	低技术密集度商品	67.77	68.01	65.73	64.11	63.25
	中等技术密集度商品	16.64	17.64	19.68	19.98	19.64
	高技术密集度商品	15.59	14.35	14.59	15.91	17.11
埃及	低技术密集度商品	59.86	59.96	54.64	54.37	52.44
	中等技术密集度商品	25.44	25.41	30.01	29.00	27.43
	高技术密集度商品	14.70	14.63	15.35	16.63	20.13
科威特	低技术密集度商品	61.26	61.06	65.82	61.51	62.98
	中等技术密集度商品	25.51	27.12	23.27	23.55	23.58
	高技术密集度商品	13.23	11.82	10.91	14.94	13.44
伊拉克	低技术密集度商品	51.49	58.60	60.47	60.65	57.73
	中等技术密集度商品	36.61	30.88	27.85	29.04	32.04
	高技术密集度商品	11.90	10.52	11.68	10.31	10.23
卡塔尔	低技术密集度商品	62.02	54.05	65.38	62.25	61.75
	中等技术密集度商品	28.40	34.29	25.79	27.55	27.90
	高技术密集度商品	9.58	11.66	8.83	10.20	10.35
约旦	低技术密集度商品	71.13	70.27	68.93	63.70	64.95
	中等技术密集度商品	18.31	15.92	18.63	20.33	20.84
	高技术密集度商品	10.56	13.81	12.44	15.97	14.21
黎巴嫩	低技术密集度商品	69.94	68.42	63.58	57.83	57.58
	中等技术密集度商品	18.28	20.97	23.83	29.04	27.71
	高技术密集度商品	11.78	10.61	12.59	13.13	14.71
巴林	低技术密集度商品	71.17	65.51	59.26	61.34	58.41
	中等技术密集度商品	18.92	22.82	27.45	26.05	25.87
	高技术密集度商品	9.91	11.67	13.29	12.61	15.72
也门	低技术密集度商品	66.06	67.68	65.90	65.66	68.39
	中等技术密集度商品	24.12	20.49	25.24	26.66	26.04
	高技术密集度商品	9.82	11.83	8.86	7.68	5.57
叙利亚	低技术密集度商品	60.44	62.08	63.54	58.82	61.64
	中等技术密集度商品	24.67	23.76	23.38	27.21	27.31
	高技术密集度商品	14.89	14.16	13.08	13.97	11.05

续表

国家	技术结构	2014年	2015年	2016年	2017年	2018年
巴勒斯坦	低技术密集度商品	58.80	53.49	50.41	49.19	44.70
	中等技术密集度商品	29.48	29.00	34.60	35.60	37.11
	高技术密集度商品	11.72	17.51	14.99	15.21	18.19
波兰	低技术密集度商品	44.79	43.84	43.89	44.55	44.20
	中等技术密集度商品	18.84	19.04	20.00	20.40	22.48
	高技术密集度商品	36.37	37.12	36.11	35.05	33.32
罗马尼亚	低技术密集度商品	47.02	44.80	43.14	41.42	40.29
	中等技术密集度商品	26.33	32.92	34.84	37.84	38.05
	高技术密集度商品	26.65	22.28	22.02	20.74	21.66
捷克	低技术密集度商品	18.03	14.77	15.53	15.09	13.84
	中等技术密集度商品	12.10	12.70	14.71	15.54	14.29
	高技术密集度商品	69.87	72.53	69.76	69.37	71.87
斯洛伐克	低技术密集度商品	25.61	20.24	19.18	17.19	22.40
	中等技术密集度商品	14.28	13.41	14.90	19.17	27.76
	高技术密集度商品	60.11	66.35	65.92	63.64	49.84
保加利亚	低技术密集度商品	49.94	52.01	49.87	48.95	46.84
	中等技术密集度商品	31.92	31.08	32.65	32.57	32.23
	高技术密集度商品	18.14	16.91	17.48	18.48	20.93
匈牙利	低技术密集度商品	14.54	16.21	13.97	21.38	24.56
	中等技术密集度商品	17.39	20.76	21.07	19.75	23.64
	高技术密集度商品	68.07	63.03	64.96	58.87	51.80
拉脱维亚	低技术密集度商品	61.20	59.59	60.91	58.44	54.50
	中等技术密集度商品	20.08	18.92	21.29	22.90	23.72
	高技术密集度商品	18.72	21.49	17.80	18.66	21.78
立陶宛	低技术密集度商品	53.73	53.61	53.21	52.29	52.66
	中等技术密集度商品	29.76	28.25	28.30	30.30	31.52
	高技术密集度商品	16.51	18.14	18.49	17.41	15.82
斯洛文尼亚	低技术密集度商品	63.95	58.97	58.44	61.57	68.94
	中等技术密集度商品	20.35	23.16	24.48	22.47	19.16
	高技术密集度商品	15.70	17.87	17.08	15.96	11.90
爱沙尼亚	低技术密集度商品	39.83	44.70	40.92	39.27	37.84
	中等技术密集度商品	27.97	24.56	28.32	26.74	27.85
	高技术密集度商品	32.20	30.74	30.76	33.99	34.31

续表

国家	技术结构	2014年	2015年	2016年	2017年	2018年
克罗地亚	低技术密集度商品	68.44	66.34	65.50	63.85	60.23
	中等技术密集度商品	17.69	18.64	20.19	21.94	23.55
	高技术密集度商品	13.87	15.02	14.31	14.21	16.22
阿尔巴尼亚	低技术密集度商品	67.31	68.87	63.99	65.19	62.14
	中等技术密集度商品	25.32	22.37	27.27	26.12	27.01
	高技术密集度商品	7.37	8.76	8.74	8.69	10.85
塞尔维亚	低技术密集度商品	41.80	37.84	37.25	39.08	38.75
	中等技术密集度商品	29.34	29.87	32.68	31.79	32.09
	高技术密集度商品	28.86	32.29	30.07	29.13	29.16
北马其顿	低技术密集度商品	32.14	28.63	23.96	30.73	33.09
	中等技术密集度商品	25.65	34.73	45.80	34.28	32.22
	高技术密集度商品	42.21	36.64	30.24	34.99	34.69
波黑	低技术密集度商品	31.63	64.11	59.70	69.11	68.77
	中等技术密集度商品	43.55	13.17	15.00	15.54	13.78
	高技术密集度商品	24.82	22.72	25.30	15.35	17.45
黑山	低技术密集度商品	48.19	52.40	63.68	54.69	67.59
	中等技术密集度商品	43.64	35.41	21.25	20.37	9.99
	高技术密集度商品	8.17	12.19	15.07	24.94	22.42

资料来源：作者根据联合国商品贸易统计数据库数据计算。

二、中国对"一带一路"沿线国家进口贸易的技术结构

2018年，中国共向53个国家（波兰、罗马尼亚、保加利亚、拉脱维亚、立陶宛、爱沙尼亚、阿尔巴尼亚、塞尔维亚、北马其顿、波黑、黑山、沙特阿拉伯、阿联酋、阿曼、伊朗、土耳其、埃及、科威特、伊拉克、卡塔尔、黎巴嫩、巴林、也门、叙利亚、巴勒斯坦、印度尼西亚、泰国、新加坡、缅甸、柬埔寨、老挝、文莱、东帝汶、蒙古国、印度、巴基斯坦、孟加拉国、斯里兰卡、阿富汗、尼泊尔、马尔代夫、不丹、俄罗斯、乌克兰、格鲁吉亚、阿塞拜疆、亚美尼亚、摩尔多瓦、哈萨克斯坦、乌兹别克斯坦、土库曼斯坦、吉尔吉斯斯坦、塔吉克斯坦）主要进口低技术密集度产品；共向6个国家（捷克、斯洛伐克、匈牙利、斯洛文尼亚、克罗地亚、约旦）主要进口中等技术密集度产品；共向4个国家（以色列、马来西亚、越南、菲律宾）主要进口高技术密集度产品；其余国家数据不详，具体计算结果见表4-4）。

表 4-4　2014~2018 年中国对"一带一路"沿线国家货物贸易进口技术结构　单位：%

国家	技术结构	2014年	2015年	2016年	2017年	2018年
印度尼西亚	低技术密集度商品	86.10	85.42	83.89	84.20	83.74
	中等技术密集度商品	8.92	8.47	10.72	11.28	12.17
	高技术密集度商品	4.98	6.11	5.39	4.52	4.09
泰国	低技术密集度商品	55.48	50.88	48.79	50.41	49.39
	中等技术密集度商品	11.60	11.67	11.99	13.46	13.80
	高技术密集度商品	32.92	37.45	39.22	36.13	36.81
马来西亚	低技术密集度商品	30.59	28.60	23.99	32.03	34.73
	中等技术密集度商品	6.06	5.78	6.23	6.51	7.11
	高技术密集度商品	63.35	65.62	69.78	61.46	58.16
越南	低技术密集度商品	50.43	55.92	59.64	47.75	40.76
	中等技术密集度商品	14.80	11.58	7.41	5.34	5.74
	高技术密集度商品	34.77	32.50	32.95	46.91	53.50
新加坡	低技术密集度商品	48.97	46.07	47.00	52.62	45.79
	中等技术密集度商品	17.79	17.49	16.17	14.17	18.17
	高技术密集度商品	33.24	36.44	36.83	33.21	36.04
菲律宾	低技术密集度商品	29.06	25.79	20.46	22.24	22.43
	中等技术密集度商品	4.79	5.13	4.98	5.58	5.53
	高技术密集度商品	66.15	69.08	74.56	72.18	72.04
缅甸	低技术密集度商品	97.84	94.65	95.52	91.18	92.04
	中等技术密集度商品	2.08	5.00	3.80	8.19	7.34
	高技术密集度商品	0.08	0.35	0.68	0.63	0.62
柬埔寨	低技术密集度商品	88.05	76.78	75.96	81.25	86.11
	中等技术密集度商品	1.69	1.78	1.90	1.97	1.98
	高技术密集度商品	10.26	21.44	22.14	16.78	11.91
老挝	低技术密集度商品	98.40	93.86	96.92	96.81	94.33
	中等技术密集度商品	1.54	6.13	2.88	1.83	3.39
	高技术密集度商品	0.06	0.01	0.20	1.36	2.28
文莱	低技术密集度商品	76.96	58.85	73.63	86.87	51.40
	中等技术密集度商品	23.03	40.09	26.36	13.13	48.58
	高技术密集度商品	0.01	1.06	0.01	0.00	0.02
东帝汶	低技术密集度商品	66.46	15.13	88.28	94.71	95.04
	中等技术密集度商品	0.00	0.05	0.05	2.52	0.02
	高技术密集度商品	33.54	84.82	11.67	2.77	4.94

续表

国家	技术结构	2014年	2015年	2016年	2017年	2018年
蒙古国	低技术密集度商品	100.00	99.99	100.00	99.98	99.98
	中等技术密集度商品	0.00	0.01	0.00	0.02	0.02
	高技术密集度商品	0.00	0.00	0.00	0.00	0.00
印度	低技术密集度商品	88.85	88.18	85.26	85.94	86.74
	中等技术密集度商品	7.95	8.47	10.15	10.11	9.79
	高技术密集度商品	3.20	3.35	4.59	3.95	3.47
巴基斯坦	低技术密集度商品	99.42	95.11	98.60	98.59	91.69
	中等技术密集度商品	0.57	4.87	1.08	1.29	8.30
	高技术密集度商品	0.01	0.02	0.32	0.12	0.01
孟加拉国	低技术密集度商品	95.19	96.14	96.25	95.79	95.33
	中等技术密集度商品	3.54	2.75	2.65	3.07	3.58
	高技术密集度商品	1.27	1.11	1.10	1.14	1.09
斯里兰卡	低技术密集度商品	89.74	88.70	81.98	80.28	79.67
	中等技术密集度商品	3.85	3.38	4.77	5.93	7.63
	高技术密集度商品	6.41	7.92	13.25	13.79	12.70
阿富汗	低技术密集度商品	97.40	70.70	35.37	96.01	99.41
	中等技术密集度商品	0.53	7.99	4.14	0.10	0.36
	高技术密集度商品	2.07	21.31	60.49	3.89	0.23
尼泊尔	低技术密集度商品	99.13	98.48	98.19	98.75	97.67
	中等技术密集度商品	0.64	1.14	1.21	0.54	1.71
	高技术密集度商品	0.23	0.38	0.60	0.71	0.62
马尔代夫	低技术密集度商品	21.16	98.53	91.21	96.54	99.59
	中等技术密集度商品	2.54	0.00	1.46	0.29	0.00
	高技术密集度商品	76.30	1.47	7.33	3.17	0.41
不丹	低技术密集度商品	70.27	2.39	5.63	5.99	95.61
	中等技术密集度商品	29.73	97.61	94.37	94.01	4.39
	高技术密集度商品	0.00	0.00	0.00	0.00	0.00
俄罗斯	低技术密集度商品	96.20	95.10	94.90	96.70	97.90
	中等技术密集度商品	2.94	3.88	3.49	1.99	1.26
	高技术密集度商品	0.86	1.02	1.61	1.31	0.84
乌克兰	低技术密集度商品	96.83	96.92	97.07	96.30	93.65
	中等技术密集度商品	2.23	2.41	2.19	2.20	3.88
	高技术密集度商品	0.94	0.67	0.74	1.50	2.47

续表

国家	技术结构	2014年	2015年	2016年	2017年	2018年
格鲁吉亚	低技术密集度商品	98.53	96.74	97.51	93.46	98.60
	中等技术密集度商品	0.60	0.73	0.42	6.06	0.70
	高技术密集度商品	0.87	2.53	2.07	0.48	0.70
阿塞拜疆	低技术密集度商品	97.23	97.20	99.13	98.94	99.50
	中等技术密集度商品	1.80	1.93	0.25	0.98	0.30
	高技术密集度商品	0.97	0.87	0.62	0.08	0.20
亚美尼亚	低技术密集度商品	99.98	99.91	99.89	99.80	99.82
	中等技术密集度商品	0.02	0.07	0.05	0.13	0.12
	高技术密集度商品	0.00	0.02	0.06	0.07	0.06
摩尔多瓦	低技术密集度商品	96.79	99.26	91.62	82.01	88.73
	中等技术密集度商品	3.04	0.73	2.53	17.31	10.93
	高技术密集度商品	0.17	0.01	5.85	0.68	0.34
哈萨克斯坦	低技术密集度商品	95.87	92.19	85.25	86.99	89.31
	中等技术密集度商品	4.08	7.77	14.71	12.95	10.61
	高技术密集度商品	0.05	0.04	0.04	0.06	0.08
乌兹别克斯坦	低技术密集度商品	99.82	98.31	98.53	97.78	98.49
	中等技术密集度商品	0.00	0.22	0.00	0.39	0.22
	高技术密集度商品	0.18	1.47	1.47	1.83	1.29
土库曼斯坦	低技术密集度商品	100.00	100.00	100.00	100.00	99.98
	中等技术密集度商品	0.00	0.00	0.00	0.00	0.02
	高技术密集度商品	0.00	0.00	0.00	0.00	0.00
吉尔吉斯斯坦	低技术密集度商品	99.60	99.98	98.61	99.53	99.61
	中等技术密集度商品	0.03	0.00	0.02	0.00	0.03
	高技术密集度商品	0.37	0.02	1.37	0.47	0.36
塔吉克斯坦	低技术密集度商品	98.83	98.40	99.89	98.72	99.30
	中等技术密集度商品	0.00	0.07	0.00	0.10	0.01
	高技术密集度商品	1.17	1.53	0.11	1.18	0.69
沙特阿拉伯	低技术密集度商品	91.55	88.24	89.13	88.16	89.73
	中等技术密集度商品	8.44	11.76	10.87	11.84	10.27
	高技术密集度商品	0.01	0.00	0.00	0.00	0.00
阿联酋	低技术密集度商品	98.17	98.61	98.51	96.36	94.92
	中等技术密集度商品	1.78	1.37	1.41	3.61	5.04
	高技术密集度商品	0.05	0.02	0.08	0.03	0.04

续表

国家	技术结构	2014年	2015年	2016年	2017年	2018年
阿曼	低技术密集度商品	98.92	98.14	97.58	97.82	98.28
	中等技术密集度商品	1.08	1.86	2.42	2.18	1.72
	高技术密集度商品	0.00	0.00	0.00	0.00	0.00
伊朗	低技术密集度商品	97.31	94.91	94.17	94.45	94.07
	中等技术密集度商品	2.69	5.09	5.83	5.55	5.93
	高技术密集度商品	0.00	0.00	0.00	0.00	0.00
土耳其	低技术密集度商品	88.83	86.76	86.18	85.78	85.22
	中等技术密集度商品	8.72	11.43	12.68	13.23	13.46
	高技术密集度商品	2.45	1.81	1.14	0.99	1.32
以色列	低技术密集度商品	34.93	32.98	28.93	24.61	25.30
	中等技术密集度商品	24.66	23.26	20.78	17.46	16.53
	高技术密集度商品	40.41	43.76	50.29	57.93	58.17
埃及	低技术密集度商品	98.94	99.46	99.42	99.59	99.57
	中等技术密集度商品	0.58	0.25	0.15	0.26	0.39
	高技术密集度商品	0.48	0.29	0.43	0.15	0.04
科威特	低技术密集度商品	95.09	93.23	96.73	97.31	96.41
	中等技术密集度商品	4.91	6.77	3.27	2.69	3.59
	高技术密集度商品	0.00	0.00	0.00	0.00	0.00
伊拉克	低技术密集度商品	100.00	100.00	100.00	100.00	100.00
	中等技术密集度商品	0.00	0.00	0.00	0.00	0.00
	高技术密集度商品	0.00	0.00	0.00	0.00	0.00
卡塔尔	低技术密集度商品	98.79	98.00	98.38	97.85	99.18
	中等技术密集度商品	1.21	2.00	1.62	2.15	0.82
	高技术密集度商品	0.00	0.00	0.00	0.00	0.00
约旦	低技术密集度商品	13.31	11.41	27.66	30.43	44.58
	中等技术密集度商品	86.67	88.58	72.33	69.54	55.41
	高技术密集度商品	0.02	0.01	0.01	0.03	0.01
黎巴嫩	低技术密集度商品	99.30	98.40	96.99	92.61	92.75
	中等技术密集度商品	0.31	1.50	2.08	6.77	4.62
	高技术密集度商品	0.39	0.10	0.93	0.62	2.63
巴林	低技术密集度商品	77.17	90.79	68.05	74.68	57.47
	中等技术密集度商品	22.83	9.19	31.94	25.30	42.53
	高技术密集度商品	0.00	0.02	0.01	0.02	0.00

续表

国家	技术结构	2014年	2015年	2016年	2017年	2018年
也门	低技术密集度商品	100.00	99.99	99.99	99.99	99.99
	中等技术密集度商品	0.00	0.00	0.00	0.00	0.01
	高技术密集度商品	0.00	0.01	0.01	0.01	0.00
叙利亚	低技术密集度商品	98.68	97.90	89.60	76.09	99.35
	中等技术密集度商品	1.05	1.72	8.39	22.94	0.04
	高技术密集度商品	0.27	0.38	2.01	0.97	0.61
巴勒斯坦	低技术密集度商品	71.05	86.63	99.33	95.21	98.18
	中等技术密集度商品	0.52	0.39	0.06	4.61	0.05
	高技术密集度商品	28.43	12.98	0.61	0.18	1.77
波兰	低技术密集度商品	63.08	61.15	54.29	55.07	52.19
	中等技术密集度商品	23.79	27.45	30.33	31.42	34.76
	高技术密集度商品	13.13	11.40	15.38	13.51	13.05
罗马尼亚	低技术密集度商品	55.08	52.38	45.98	42.47	41.18
	中等技术密集度商品	31.60	32.53	34.57	37.23	38.02
	高技术密集度商品	13.32	15.09	19.45	20.30	20.80
捷克	低技术密集度商品	27.71	26.91	25.03	26.50	26.58
	中等技术密集度商品	51.22	48.97	48.24	46.15	44.60
	高技术密集度商品	21.07	24.12	26.73	27.35	28.82
斯洛伐克	低技术密集度商品	7.52	10.23	9.55	9.89	5.54
	中等技术密集度商品	87.47	82.68	82.40	80.66	88.17
	高技术密集度商品	5.01	7.09	8.05	9.45	6.29
保加利亚	低技术密集度商品	88.98	88.05	82.17	85.64	84.83
	中等技术密集度商品	6.40	7.75	11.51	9.64	9.82
	高技术密集度商品	4.62	4.20	6.32	4.72	5.35
匈牙利	低技术密集度商品	13.56	17.01	15.15	14.68	15.70
	中等技术密集度商品	56.18	55.29	47.99	58.94	54.61
	高技术密集度商品	30.26	27.70	36.86	26.38	29.69
拉脱维亚	低技术密集度商品	89.70	88.93	89.67	88.90	86.29
	中等技术密集度商品	5.07	4.23	3.63	4.46	7.15
	高技术密集度商品	5.23	6.84	6.70	6.64	6.56
立陶宛	低技术密集度商品	74.71	76.73	74.54	78.31	74.12
	中等技术密集度商品	13.77	12.59	11.91	9.57	13.71
	高技术密集度商品	11.52	10.68	13.55	12.12	12.17

续表

国家	技术结构	2014年	2015年	2016年	2017年	2018年
斯洛文尼亚	低技术密集度商品	44.95	43.10	31.11	33.32	31.09
	中等技术密集度商品	23.05	24.04	40.99	36.00	36.86
	高技术密集度商品	32.00	32.86	27.90	30.68	32.05
爱沙尼亚	低技术密集度商品	45.43	36.36	38.20	46.67	51.15
	中等技术密集度商品	18.68	34.28	24.22	16.63	12.81
	高技术密集度商品	35.89	29.36	37.58	36.70	36.04
克罗地亚	低技术密集度商品	55.19	44.26	33.16	50.40	40.43
	中等技术密集度商品	39.27	49.10	63.46	44.46	55.92
	高技术密集度商品	5.54	6.64	3.38	5.14	3.65
阿尔巴尼亚	低技术密集度商品	99.76	98.45	99.10	98.05	99.49
	中等技术密集度商品	0.19	1.54	0.90	1.95	0.34
	高技术密集度商品	0.05	0.01	0.00	0.00	0.17
塞尔维亚	低技术密集度商品	88.24	76.49	78.55	62.41	61.21
	中等技术密集度商品	7.77	17.04	12.13	23.75	17.91
	高技术密集度商品	3.99	6.47	9.32	13.84	20.88
北马其顿	低技术密集度商品	11.58	7.43	20.08	17.27	49.16
	中等技术密集度商品	85.71	90.07	74.47	73.02	34.51
	高技术密集度商品	2.71	2.50	5.45	9.71	16.33
波黑	低技术密集度商品	83.97	90.47	93.09	89.10	84.85
	中等技术密集度商品	14.75	7.18	5.73	10.19	12.39
	高技术密集度商品	1.28	2.35	1.18	0.71	2.76
黑山	低技术密集度商品	99.88	99.92	99.86	99.97	99.53
	中等技术密集度商品	0.12	0.04	0.11	0.01	0.02
	高技术密集度商品	0.00	0.04	0.03	0.02	0.45

资料来源：作者根据联合国商品贸易统计数据库数据计算。

第五章　中国与"一带一路"沿线国家经贸联系的竞争性指数

第一节　中国与"一带一路"沿线国家贸易的显示性比较优势指数

显示性比较优势指数（简称 RCA 指数）反映了一国某行业的竞争力水平，RCA 指数越大，表明一国贸易的比较优势越大；RCA 指数越小，表明一国贸易的比较优势越小。

$$RCA_j^i = (X_j^i / X_j) / (X_G^i / X_G) \qquad (5-1)$$

其中，X_j^i 表示国家 j 出口产品 i 的出口值，X_j 表示国家 j 的总出口值；X_G^i 表示世界出口产品 i 的出口值，X_G 表示世界总出口值。一般而言，如果 RCA 指数大于 2.5，表明一国的该产品比较优势很大，具有极强的竞争能力；如果 RCA 指数在 1.25 到 2.5 之间，表明一国的该产品比较优势较大，具有较强的竞争能力；如果 RCA 指数在 0.8 到 1.25 之间，表明一国的该产品比较优势一般，具有中度的竞争能力；如果 RCA 指数小于 0.8，表明一国该产品比较优势较小，具有较弱的竞争能力。

一、"一带一路"沿线国家对中国贸易的显示性比较优势指数

在显示性比较优势指数方面，按 SITC.REV3 二位数分类，2019 年，"一带一路"沿线国家整体对中国[①]在"4 动植物油、脂和蜡"产业上具有极强的竞争能力；在"2 非食用原材料（不包括燃料）""3 矿物燃料、润滑油及有关原料""6 主要按原料分类的制成品"产业上具有较强的竞争能力；在"5 未另列明的化学品和有关产品""8 杂项制品"产业上具有中度的竞争能力；在其他产业上具有较弱的竞争能力。

从 10 大类产业细分角度来看，2019 年，"一带一路"沿线国家对中国出口"0 食物及活动物"产业显示性比较优势指数排名前十的国家为缅甸、埃及、立陶宛、

---

① 此处使用"一带一路"沿线国家对中国的出口值。

巴基斯坦、老挝、泰国、越南、爱沙尼亚、波黑和菲律宾;"1 饮料及烟草"产业显示性比较优势指数排名前十的国家为吉尔吉斯斯坦、波黑、格鲁吉亚、拉脱维亚、北马其顿、新加坡、亚美尼亚、塞尔维亚、立陶宛和老挝;"2 非食用原材料(不包括燃料)"产业显示性比较优势指数排名前十的国家为亚美尼亚、格鲁吉亚、老挝、拉脱维亚、蒙古国、土耳其、克罗地亚、吉尔吉斯斯坦、立陶宛和北马其顿;"3 矿物燃料、润滑油及有关原料"产业显示性比较优势指数排名前十的国家为阿塞拜疆、卡塔尔、文莱、俄罗斯、蒙古国、乌兹别克斯坦、埃及、缅甸、印度尼西亚和哈萨克斯坦;"4 动植物油、脂和蜡"产业显示性比较优势指数排名前十的国家为印度尼西亚、马来西亚、也门、哈萨克斯坦、俄罗斯、菲律宾、土耳其、印度、塞尔维亚和泰国;"5 未另列明的化学品和有关产品"产业显示性比较优势指数排名前十的国家为约旦、波黑、文莱、新加坡、泰国、印度、马来西亚、以色列、匈牙利和埃及;"6 主要按原料分类的制成品"产业显示性比较优势指数排名前十的国家为塞尔维亚、北马其顿、保加利亚、巴基斯坦、哈萨克斯坦、波兰、乌兹别克斯坦、印度、缅甸和也门;"7 机械及运输设备"产业显示性比较优势指数排名前十的国家为斯洛伐克、以色列、菲律宾、匈牙利、捷克、波黑、越南、罗马尼亚、斯洛文尼亚和新加坡;"8 杂项制品"产业显示性比较优势指数排名前十的国家为也门、巴基斯坦、立陶宛、以色列、捷克、印度、爱沙尼亚、匈牙利、越南和波兰;"9 STIC 未分类的其他商品"产业显示性比较优势指数排名前十的国家为新加坡、土耳其、俄罗斯、泰国、匈牙利、马来西亚、老挝、印度、菲律宾和斯洛文尼亚,具体计算结果见表 5-1。

表 5-1　　2019 年"一带一路"沿线国家对中国 10 大类产业的显示性比较优势指数排名

国家	0	国家	1	国家	2	国家	3	国家	4
缅甸	4.31	吉尔吉斯斯坦	26.87	亚美尼亚	21.51	阿塞拜疆	9.66	印度尼西亚	28.85
埃及	3.19	波黑	15.05	格鲁吉亚	18.35	卡塔尔	8.99	马来西亚	10.42
立陶宛	2.92	格鲁吉亚	9.25	老挝	17.40	文莱	8.78	也门	7.23
巴基斯坦	2.78	拉脱维亚	1.78	拉脱维亚	14.68	俄罗斯	7.11	哈萨克斯坦	2.31
老挝	2.77	北马其顿	1.07	蒙古国	13.12	蒙古国	6.80	俄罗斯	1.89
泰国	2.27	新加坡	0.94	土耳其	11.86	乌兹别克斯坦	5.28	菲律宾	1.21
越南	1.75	亚美尼亚	0.77	克罗地亚	9.43	埃及	4.48	土耳其	0.92
爱沙尼亚	1.47	塞尔维亚	0.72	吉尔吉斯斯坦	8.54	缅甸	4.46	印度	0.90
波黑	1.43	立陶宛	0.65	立陶宛	6.98	印度尼西亚	4.01	塞尔维亚	0.84
菲律宾	1.32	老挝	0.51	北马其顿	5.98	哈萨克斯坦	3.67	泰国	0.41

续表

国家	5	国家	6	国家	7	国家	8	国家	9
约旦	7.15	塞尔维亚	7.12	斯洛伐克	2.38	也门	6.05	新加坡	1.98
波黑	2.16	北马其顿	6.65	以色列	1.73	巴基斯坦	2.77	土耳其	1.75
文莱	1.88	保加利亚	5.80	菲律宾	1.57	立陶宛	2.11	俄罗斯	0.42
新加坡	1.74	巴基斯坦	3.31	匈牙利	1.47	以色列	1.45	泰国	0.05
泰国	1.65	哈萨克斯坦	3.18	捷克	1.45	捷克	1.42	匈牙利	0.05
印度	1.20	波兰	3.00	波黑	1.34	印度	1.21	马来西亚	0.04
马来西亚	1.04	乌兹别克斯坦	2.55	越南	1.26	爱沙尼亚	1.20	老挝	0.02
以色列	1.04	印度	2.07	罗马尼亚	1.26	匈牙利	1.18	印度	0.02
匈牙利	0.96	缅甸	2.02	斯洛文尼亚	1.21	越南	1.16	菲律宾	0.01
埃及	0.90	也门	1.93	新加坡	1.16	波兰	1.06	斯洛文尼亚	0.01

注：表中按STIC.REV3分类的10大类产业用数字"0~9"表示，全书其他表同此。

资料来源：作者根据联合国商品贸易统计数据库数据计算。

2014~2019年"一带一路"沿线国家对中国10大类产业的显示性比较优势指数详见表5-2。

表5-2　2014~2019年"一带一路"沿线国家对中国10大类产业的显示性比较优势指数

区域	国家	2014年									
		0	1	2	3	4	5	6	7	8	9
东南亚国家	印度尼西亚	0.81	0.08	4.69	2.15	31.92	1.15	0.75	0.09	0.27	—
	泰国	2.01	0.10	4.58	0.34	0.31	2.48	0.89	0.70	0.35	0.00
	马来西亚	0.28	0.11	1.59	0.73	17.64	0.95	0.70	1.48	0.27	0.04
	越南	3.16	1.51	3.32	0.74	0.41	0.66	0.96	0.79	0.86	0.00
	新加坡	0.14	0.72	0.25	0.61	0.03	1.78	0.14	1.57	0.62	1.43
	菲律宾	0.91	0.04	5.99	0.20	0.94	0.47	0.49	1.59	0.32	0.05
	缅甸	5.39	0.02	2.65	1.66	0.01	0.02	1.90	0.00	0.18	1.03
	柬埔寨	2.59	0.04	11.71	0.00	0.04	0.08	0.13	0.03	3.16	—
	老挝	1.38	0.21	17.72	0.01	—	0.16	0.24	0.01	0.06	3.78
	文莱	0.09	0.00	0.16	3.54	—	3.85	0.03	0.03	0.13	0.00
	东帝汶	—	—	—	—	—	—	—	—	—	—

续表

区域	国家	2014年									
		0	1	2	3	4	5	6	7	8	9
东欧中亚国家	蒙古国	0.03	0.00	18.48	1.89	0.00	0.00	0.11	0.00	0.00	0.00
	俄罗斯	0.44	0.09	3.20	4.80	0.08	0.44	0.11	0.14	0.03	—
	乌克兰	2.43	0.09	17.13	0.00	26.54	0.03	0.01	0.19	0.03	0.04
	格鲁吉亚	0.00	7.03	25.25	—	—	0.00	0.02	0.00	0.00	—
	阿塞拜疆	0.07	1.54	0.20	7.35	0.96	0.00	0.00	—	0.03	0.10
	亚美尼亚	0.01	0.63	26.66	—	—	0.00	0.00	0.00	0.00	0.00
	摩尔多瓦	0.57	84.44	0.14	0.78	—	0.16	0.31	0.24	0.37	—
	哈萨克斯坦	0.11	0.01	3.38	3.41	0.14	1.15	1.62	0.04	0.00	0.00
	乌兹别克斯坦	—	—	—	—	—	—	—	—	—	—
	土库曼斯坦	—	—	—	—	—	—	—	—	—	—
	吉尔吉斯斯坦	1.81	1.42	7.56	1.56	0.03	0.04	1.17	0.57	0.12	—
	塔吉克斯坦	—	—	—	—	—	—	—	—	—	—
南亚国家	印度	1.64	0.48	1.08	1.27	0.62	1.09	1.95	0.46	1.15	0.21
	巴基斯坦	2.93	0.14	1.04	0.17	0.92	0.40	3.52	0.05	2.17	0.00
	孟加拉国	—	—	—	—	—	—	—	—	—	—
	斯里兰卡	3.92	1.27	0.80	0.17	1.13	0.14	1.12	0.17	4.09	0.05
	阿富汗	2.02	—	0.57	—	—	1.19	—	—	13.74	
	尼泊尔	3.63	3.34	1.31	0.00	0.30	0.50	3.94	0.02	1.30	0.04
	马尔代夫	15.88	—	0.54	0.00		0.01	0.00	0.00	0.00	—
	不丹	—	—	—	—	—	—	—	—	—	—
西亚北非国家	沙特阿拉伯	0.01	0.00	0.59	0.00	0.00	8.75	0.13	0.05	0.04	0.00
	阿联酋	0.23	0.06	1.13	0.02	7.81	2.75	0.66	1.51	0.13	0.04
	阿曼	0.30	0.00	2.08	0.00	0.08	7.32	0.88	0.03	0.00	0.00
	伊朗	0.04	0.00	4.08	1.99	0.00	4.97	0.03	0.00	0.00	0.00
	土耳其	0.31	0.07	17.40	0.01	1.04	0.26	0.81	0.12	0.48	1.96
	以色列	0.22	0.03	0.41	0.00	0.05	1.86	0.89	1.72	0.74	0.00
	埃及	0.40	0.00	3.87	2.62	0.00	0.34	2.92	0.01	0.18	0.05

续表

区域	国家	2014年									
		0	1	2	3	4	5	6	7	8	9
西亚北非国家	科威特	0.00	0.00	0.29	0.00	0.00	7.13	0.03	0.65	0.00	0.00
	伊拉克	—	—	—	—	—	—	—	—	—	—
	卡塔尔	0.00	0.00	0.23	5.40	0.00	0.01	0.00	0.00	0.00	3.04
	约旦	0.02	0.02	0.49	0.00	0.00	9.00	0.08	0.00	0.03	0.00
	黎巴嫩	0.10	1.51	17.00	0.00	0.23	1.39	1.48	0.01	0.08	0.00
	巴林	0.00	0.00	0.04	5.51	0.00	0.48	0.02	0.28	0.00	0.00
	也门	0.01	0.00	0.01	6.38	0.00	0.03	0.00	0.02	0.01	0.00
	叙利亚	—	—	—	—	—	—	—	—	—	—
	巴勒斯坦	5.07	0.00	0.67	0.00	118.06	0.55	0.00	0.00	0.00	0.00
中东欧国家	波兰	1.48	0.07	2.08	0.00	0.01	0.46	3.20	0.83	0.92	0.00
	罗马尼亚	0.14	0.72	8.69	—	0.01	0.74	1.13	1.14	0.52	0.00
	捷克	0.09	0.26	2.08	0.00	—	0.42	0.79	1.89	1.19	—
	斯洛伐克	0.01	0.04	0.04	0.00		0.04	0.17	2.78	0.34	0.00
	保加利亚	1.23	0.72	5.63	0.00	0.27	0.16	4.69	0.25	0.22	0.00
	匈牙利	0.12	0.29	0.44	0.00	0.00	0.34	0.58	2.22	1.03	0.03
	拉脱维亚	0.75	1.49	14.98	0.59	—	0.38	0.49	0.39	0.52	0.00
	立陶宛	0.26	1.21	10.17	0.23	—	0.46	0.36	0.50	2.56	0.00
	斯洛文尼亚	0.10	0.80	1.07	—	0.00	1.88	1.12	1.60	0.62	0.00
	爱沙尼亚	1.03	0.16	4.79	0.73	—	0.58	0.73	0.90	1.63	0.00
	克罗地亚	0.03	0.80	10.81	—	—	0.49	1.76	0.78	0.48	0.02
	阿尔巴尼亚	—	—	17.95	—	—	—	—	—	—	6.43
	塞尔维亚	0.55	1.13	10.55	0.00	0.02	0.78	0.39	1.06	0.66	0.02
	北马其顿	0.01	1.85	0.88	—	—	0.00	7.05	0.23	0.01	0.00
	波黑	2.82	15.62	0.01	—	0.13	0.19	0.25	2.34	—	0.00
	黑山	—	35.71	19.31	—	—	—	—	0.00	0.00	—
"一带一路"沿线国家整体		1.33	0.40	1.71	1.32	2.24	1.21	1.40	0.62	0.96	0.31

续表

区域	国家	2015年									
		0	1	2	3	4	5	6	7	8	9
东南亚国家	印度尼西亚	0.91	0.04	4.92	2.93	38.90	0.63	0.96	0.09	0.34	0.00
	泰国	2.26	0.12	5.06	0.38	0.22	1.99	0.67	0.72	0.57	0.00
	马来西亚	0.33	0.12	2.56	1.41	12.33	0.93	0.63	1.25	0.29	0.03
	越南	3.07	1.01	3.01	0.60	0.53	0.63	1.06	0.74	1.20	0.00
	新加坡	0.12	0.44	0.34	0.71	0.03	1.54	0.24	1.50	0.55	1.52
	菲律宾	0.54	0.02	4.09	0.23	0.81	0.39	0.20	1.86	0.32	0.08
	缅甸	5.53	0.03	2.06	3.96	0.00	0.01	1.04	0.00	0.14	0.41
	柬埔寨	2.13	0.04	0.87	—	0.82	0.33	2.61	0.40	2.48	0.04
	老挝	1.86	0.18	18.63	0.04	0.00	0.70	0.07	0.02	0.06	2.38
	文莱	0.07	0.00	0.10	5.52	—	3.27	0.12	0.13	0.02	0.01
	东帝汶	—	—	—	—	—	—	—	—	—	—
东欧中亚国家	蒙古国	0.14	0.00	21.39	2.31	0.00	0.00	0.09	0.01	0.00	0.00
	俄罗斯	0.63	0.12	4.08	6.53	0.61	0.50	0.15	0.18	0.06	—
	乌克兰	4.63	0.08	12.20	0.00	42.39	0.01	0.10	0.11	0.02	0.05
	格鲁吉亚	0.00	8.48	26.73	—	—	0.00	0.00	0.01	0.00	—
	阿塞拜疆	1.09	0.15	0.18	8.02	0.43	0.00	0.00	—	0.01	0.09
	亚美尼亚	0.01	0.60	28.71	—	—	0.00	0.00	0.00	0.00	—
	摩尔多瓦	0.10	87.84	0.38	—	—	0.13	0.57	0.05	1.10	—
	哈萨克斯坦	0.14	0.11	2.16	3.84	0.43	2.00	2.34	0.01	0.00	—
	乌兹别克斯坦	—	—	—	—	—	—	—	—	—	—
	土库曼斯坦	—	—	—	—	—	—	—	—	—	—
	吉尔吉斯斯坦	0.92	6.59	4.38	1.61	0.03	0.00	2.84	0.54	0.08	0.03
	塔吉克斯坦	—	—	—	—	—	—	—	—	—	—
南亚国家	印度	1.57	0.52	1.01	1.16	0.77	1.23	2.06	0.45	1.17	0.52
	巴基斯坦	3.03	0.07	0.88	0.12	0.55	0.36	3.40	0.04	2.18	0.00
	孟加拉国	0.37	0.28	0.27	0.05	0.11	0.04	0.53	0.03	6.87	0.00
	斯里兰卡	3.60	1.27	0.81	0.17	2.29	0.15	1.00	0.17	3.90	0.00
	阿富汗	6.89	0.05	5.95	0.34	—	0.00	1.25	—	0.00	2.96
	尼泊尔	3.92	2.24	0.93	0.00	0.24	0.47	3.74	0.02	1.30	0.01
	马尔代夫	15.37	—	0.59	0.00	—	0.00	0.00	0.01	0.00	—
	不丹	—	—	—	—	—	—	—	—	—	—

续表

区域	国家	2015年									
		0	1	2	3	4	5	6	7	8	9
西亚北非国家	沙特阿拉伯	0.01	0.00	0.69	0.00	0.13	8.39	0.11	0.08	0.00	0.01
	阿联酋	0.30	0.05	1.09	0.01	3.54	2.58	0.65	1.47	0.10	0.04
	阿曼	0.03	0.00	1.53	0.00	0.05	2.93	0.33	1.58	0.00	0.00
	伊朗	—	—	—	—	—	—	—	—	—	—
	土耳其	0.61	0.14	17.38	0.01	1.02	0.25	0.69	0.16	0.49	2.13
	以色列	0.17	0.05	0.26	0.00	0.06	1.52	0.57	1.80	0.64	0.00
	埃及	0.55	0.00	2.55	6.15	0.02	0.11	1.65	0.02	0.17	0.00
	科威特	0.00	0.00	0.46	0.00	0.00	7.37	0.02	0.45	0.00	0.00
	伊拉克	—	—	—	—	—	—	—	—	—	—
	卡塔尔	0.00	0.00	0.52	8.19	0.00	0.01	0.01	0.08	0.01	2.06
	约旦	0.02	0.02	0.07	0.00	0.00	8.65	0.03	0.05	0.12	0.00
	黎巴嫩	0.12	1.45	19.10	0.00	0.01	0.97	0.76	0.30	0.05	0.00
	巴林	0.03	0.00	0.37	0.14	0.00	3.21	1.79	1.04	0.05	0.00
	也门	2.86	0.00	0.41	0.00	0.00	1.48	1.09	1.10	0.77	0.00
	叙利亚	—	—	—	—	—	—	—	—	—	—
	巴勒斯坦	0.00	0.00	0.00	0.00	0.00	9.02	0.00	0.00	0.00	0.00
中东欧国家	波兰	1.07	0.13	1.50	0.02	0.00	0.63	3.27	0.78	0.86	0.00
	罗马尼亚	0.10	0.89	8.79	0.05	0.07	0.72	1.31	0.93	0.72	0.00
	捷克	0.09	0.37	1.93	0.01	0.00	0.38	0.65	1.69	1.43	—
	斯洛伐克	0.00	0.16	0.15	0.00	—	0.05	0.30	2.45	0.41	0.00
	保加利亚	0.48	0.50	4.78	0.00	0.20	0.19	5.16	0.25	0.27	0.00
	匈牙利	0.38	0.29	0.34	0.02	0.16	0.54	0.51	1.96	0.92	0.01
	拉脱维亚	0.82	1.66	14.22	1.14	—	0.41	0.48	0.47	0.38	0.00
	立陶宛	0.28	1.74	9.43	0.64	—	0.65	0.58	0.26	2.65	0.00
	斯洛文尼亚	0.09	4.77	1.17	0.01	0.00	1.65	1.20	1.36	0.65	0.00
	爱沙尼亚	1.17	0.05	4.74	1.05	—	0.47	0.61	0.90	1.53	0.00
	克罗地亚	0.24	0.47	7.22	0.00	0.02	1.11	0.73	1.29	0.34	0.00
	阿尔巴尼亚	—	—	27.81	—	0.02	0.07	—	—	—	0.53
	塞尔维亚	0.69	1.46	11.42	0.00	0.81	0.52	0.40	0.83	1.03	0.00
	北马其顿	0.04	1.37	0.56	—	—	0.00	7.35	0.09	0.05	0.00
	波黑	1.58	10.16	—	28.43	0.09	0.40	0.57	1.71	—	0.00
	黑山	—	16.05	24.93	—	—	—	—	0.01	0.00	—
"一带一路"沿线国家整体		1.31	0.39	1.62	1.28	2.30	1.10	1.40	0.61	1.33	0.42

续表

区域	国家	2016年									
		0	1	2	3	4	5	6	7	8	9
东南亚国家	印度尼西亚	0.88	0.03	4.69	3.54	31.34	0.62	1.12	0.08	0.36	0.00
	泰国	1.83	0.11	5.77	0.42	0.13	1.76	0.56	0.75	0.74	0.00
	马来西亚	0.36	0.21	2.77	1.23	11.91	1.05	0.49	1.27	0.39	0.03
	越南	3.06	0.72	2.72	0.75	0.16	0.40	0.91	0.81	1.36	0.00
	新加坡	0.12	0.53	0.47	0.81	0.04	1.67	0.25	1.46	0.69	0.80
	菲律宾	0.68	0.02	2.96	0.58	1.10	0.39	0.16	1.84	0.34	0.06
	缅甸	7.18	0.05	2.15	3.32	0.01	0.02	0.88	0.01	0.25	0.02
	柬埔寨	2.07	0.00	0.75	—	0.29	0.97	2.18	0.43	2.36	0.00
	老挝	3.39	0.23	19.44	0.06	—	0.63	0.14	0.00	0.03	—
	文莱	0.05	0.00	0.06	8.39	—	1.89	0.12	0.02	0.00	0.00
	东帝汶	—	—	—	—	—	—	—	—	—	—
东欧中亚国家	蒙古国	0.21	0.04	17.58	3.65	0.03	0.01	0.17	0.05	0.03	—
	俄罗斯	0.63	0.14	4.29	6.98	1.03	0.51	0.11	0.18	0.10	0.34
	乌克兰	4.03	0.18	10.77	0.00	52.26	0.01	0.15	0.11	0.04	0.03
	格鲁吉亚	0.01	10.35	25.80	0.00	—	0.00	0.00	0.04	0.00	—
	阿塞拜疆	0.13	10.09	0.63	0.00	0.02	0.00	0.00	0.00	0.18	0.05
	亚美尼亚	0.00	0.36	28.64	—	—	0.00	0.02	0.00	0.00	—
	摩尔多瓦	0.27	78.87	0.15	—	1.32	0.02	0.10	0.05	1.99	—
	哈萨克斯坦	0.24	0.10	3.58	2.65	0.98	1.75	3.27	0.03	0.01	—
	乌兹别克斯坦	—	—	—	—	—	—	—	—	—	—
	土库曼斯坦	—	—	—	—	—	—	—	—	—	—
	吉尔吉斯斯坦	0.34	15.40	16.45	0.90	—	0.01	0.89	0.14	0.19	0.02
	塔吉克斯坦	—	—	—	—	—	—	—	—	—	—
南亚国家	印度	1.47	0.54	1.00	1.17	0.66	1.25	2.11	0.45	1.30	0.33
	巴基斯坦	2.70	0.08	0.75	0.08	0.48	0.34	3.48	0.04	2.39	0.00
	孟加拉国	—	—	—	—	—	—	—	—	—	—
	斯里兰卡	3.35	1.43	0.85	0.17	1.66	0.15	1.02	0.15	4.07	0.00
	阿富汗	7.58	0.02	6.91	—	—	—	0.53	—	0.00	3.17
	尼泊尔	3.55	0.44	1.00	—	0.52	0.58	3.51	0.02	1.71	0.00
	马尔代夫	14.82	—	0.31	0.00	0.00	0.01	0.00	0.01	0.00	—
	不丹	—	—	—	—	—	—	—	—	—	—

续表

区域	国家	2016年									
		0	1	2	3	4	5	6	7	8	9
西亚北非国家	沙特阿拉伯	0.01	0.00	0.55	0.00	0.06	8.06	0.10	0.09	0.20	0.00
	阿联酋	0.06	0.02	0.55	0.02	0.14	3.48	0.39	1.35	0.15	0.21
	阿曼	0.25	0.00	1.43	0.50	1.91	5.87	0.58	0.39	0.00	0.01
	伊朗	0.09	0.00	4.44	3.04	0.00	4.70	0.25	0.00	0.02	0.00
	土耳其	0.58	0.10	17.06	0.01	1.75	0.29	0.87	0.16	0.65	1.29
	以色列	0.16	0.04	0.45	0.00	0.03	1.29	0.55	1.74	0.90	0.00
	埃及	0.65	0.01	1.58	7.62	0.02	0.40	1.18	0.01	0.12	0.00
	科威特	0.00	0.00	0.55	0.00	0.00	8.09	0.02	0.18	0.00	0.00
	伊拉克	—	—	—	—	—	—	—	—	—	—
	卡塔尔	0.00	0.00	0.47	8.83	0.00	1.23	0.02	0.10	0.02	0.00
	约旦	0.04	0.17	0.11	0.00	0.00	7.85	0.07	0.08	0.54	0.00
	黎巴嫩	0.34	0.83	9.25	0.00	0.01	1.15	3.33	0.28	0.03	0.00
	巴林	0.02	0.08	0.61	0.12	0.00	6.51	0.85	0.29	0.15	0.00
	也门	—	—	—	—	—	—	—	—	—	—
	叙利亚	—	—	—	—	—	—	—	—	—	—
	巴勒斯坦	0.00	0.00	0.00	0.00	0.00	0.00	8.08	0.00	0.00	0.00
中东欧国家	波兰	0.82	0.27	2.15	0.05	0.02	0.65	2.42	0.94	1.13	0.00
	罗马尼亚	0.37	0.59	6.23	0.03	0.27	0.46	1.37	1.14	0.82	0.01
	捷克	0.12	0.24	1.41	0.03	0.00	0.38	0.73	1.72	1.33	—
	斯洛伐克	0.01	0.07	0.16	0.00	—	0.06	0.34	2.42	0.35	0.00
	保加利亚	0.21	0.90	8.22	0.00	0.18	0.27	4.10	0.30	0.34	0.00
	匈牙利	0.46	0.30	0.25	0.02	0.13	0.50	0.44	1.96	0.90	0.01
	拉脱维亚	0.81	2.11	13.80	1.50	—	0.20	0.53	0.47	0.40	—
	立陶宛	0.64	1.29	7.79	0.55	—	0.31	0.70	0.26	3.24	0.00
	斯洛文尼亚	0.07	0.67	0.64	0.07	0.00	0.91	0.82	1.89	0.45	0.00
	爱沙尼亚	1.01	0.34	5.41	0.15	0.03	0.22	0.45	1.14	1.79	0.00
	克罗地亚	0.43	0.92	9.33	0.01	0.00	0.76	0.70	1.00	0.74	0.01
	阿尔巴尼亚	—	0.08	27.40	—	—	—	0.33	—	—	0.13
	塞尔维亚	0.36	2.88	12.79	0.00	2.96	0.35	0.36	0.86	0.69	0.01
	北马其顿	0.09	3.67	2.19	—	—	0.00	5.19	0.61	0.13	0.00
	波黑	1.61	12.48	0.00	—	0.25	0.73	0.14	3.05	—	0.08
	黑山	0.00	8.12	24.91	—	—	0.00	0.01	0.17	0.00	—
"一带一路"沿线国家整体		1.33	0.41	1.91	1.47	2.21	1.22	1.46	0.60	1.10	0.26

续表

区域	国家	2017年									
		0	1	2	3	4	5	6	7	8	9
东南亚国家	印度尼西亚	0.83	0.05	5.36	3.26	26.51	0.49	1.34	0.07	0.34	0.00
	泰国	1.67	0.24	6.62	0.44	0.35	1.61	0.51	0.74	0.70	0.03
	马来西亚	0.29	0.15	2.84	1.69	10.08	0.93	0.46	1.22	0.36	0.04
	越南	2.58	0.34	2.06	0.38	0.07	0.29	0.73	1.20	1.26	0.00
	新加坡	0.09	0.57	0.49	1.20	0.04	1.70	0.26	1.25	0.73	1.37
	菲律宾	0.91	0.06	2.70	0.46	1.97	0.38	0.39	1.74	0.44	0.00
	缅甸	6.49	0.09	2.07	3.21	0.02	0.05	1.39	0.02	0.12	0.00
	柬埔寨	2.45	0.26	0.88	—	0.26	0.44	2.78	0.22	2.73	0.01
	老挝	3.23	0.26	19.20	0.02	—	0.50	0.09	0.00	0.09	—
	文莱	0.14	0.01	0.06	9.08	0.00	1.20	0.01	0.01	0.01	0.00
	东帝汶	2.46	—	18.71	—	—	—	—	0.41	0.00	
东欧中亚国家	蒙古国	0.32	0.01	12.85	5.23	0.01	0.00	0.12	0.00	0.01	0.00
	俄罗斯	0.50	0.12	3.68	7.07	1.05	0.39	0.18	0.19	0.06	0.56
	乌克兰	3.69	0.17	9.38	0.01	43.59	0.01	0.10	0.21	0.08	1.33
	格鲁吉亚	0.07	13.94	22.92	—	0.06	0.00	0.01	0.10	0.08	—
	阿塞拜疆	10.21	0.49	0.00	0.00	0.00	—	0.01	0.46	0.11	6.52
	亚美尼亚	0.00	0.59	26.93	—	—	0.02	0.01	0.02	0.07	—
	摩尔多瓦	0.37	105.17	0.04	—	0.70	0.02	0.19	0.03	0.69	—
	哈萨克斯坦	0.20	0.02	5.47	1.87	1.43	1.63	3.52	0.01	0.00	0.00
	乌兹别克斯坦	0.24	0.02	3.15	4.79	—	0.79	2.72	0.03	0.01	—
	土库曼斯坦										
	吉尔吉斯斯坦	0.63	28.23	10.36	0.93	0.04	0.01	0.94	0.40	0.07	—
	塔吉克斯坦	—	—	—	—	—	—	—	—	—	—
南亚国家	印度	1.58	0.47	0.97	1.30	0.83	1.24	2.17	0.45	1.22	0.14
	巴基斯坦	2.71	0.18	0.84	0.13	0.33	0.42	3.30	0.04	2.54	0.00
	孟加拉国										
	斯里兰卡	3.57	1.44	0.80	0.27	1.41	0.15	1.01	0.21	3.95	0.01
	阿富汗	—	—	—	—	—	—	—	—	—	
	尼泊尔	3.93	0.39	1.06	0.00	0.17	0.54	3.76	0.03	1.36	0.00
	马尔代夫	15.05	0.00	0.36	0.00	—	0.00	0.00	0.00	0.00	—
	不丹	—	—	—	—	—	—	—	—	—	—

续表

区域	国家	2017年									
		0	1	2	3	4	5	6	7	8	9
西亚北非国家	沙特阿拉伯	0.00	0.00	0.92	0.00	0.03	8.09	0.10	0.12	0.00	0.01
	阿联酋	0.12	0.73	0.57	0.11	0.09	2.39	0.34	1.45	0.80	0.18
	阿曼	0.25	0.00	2.41	0.22	0.29	7.23	0.32	0.05	0.01	0.00
	伊朗	0.07	0.00	6.07	2.36	0.00	4.66	0.22	0.00	0.00	0.00
	土耳其	0.57	0.09	16.39	0.01	1.82	0.24	0.66	0.17	0.69	1.47
	以色列	0.28	0.03	0.42	0.00	0.05	1.41	0.57	1.64	1.10	0.00
	埃及	1.46	0.00	1.43	6.85	0.02	0.98	0.63	0.00	0.18	0.00
	科威特	0.00	0.00	0.31	0.00	0.00	8.54	0.01	0.07	0.00	0.00
	伊拉克	—	—	—	—	—	—	—	—	—	—
	卡塔尔	0.00	0.00	0.43	9.07	0.00	0.93	0.00	0.08	0.03	0.00
	约旦	0.03	0.04	1.04	0.00	0.01	6.53	0.05	0.41	0.58	0.00
	黎巴嫩	0.35	1.66	19.88	0.00	0.04	0.52	0.41	0.31	0.07	0.00
	巴林	0.00	0.00	0.13	0.03	0.00	1.80	0.21	2.05	0.05	0.00
	也门	—	—	—	—	—	—	—	—	—	—
	叙利亚	—	—	—	—	—	—	—	—	—	—
	巴勒斯坦	0.00	0.00	0.00	0.00	0.00	4.17	4.30	0.00	0.00	0.00
中东欧国家	波兰	0.66	0.20	1.80	0.02	0.02	0.56	2.88	0.85	1.27	0.00
	罗马尼亚	0.28	0.50	6.02	0.09	0.12	0.36	1.27	1.19	0.89	0.00
	捷克	0.19	0.13	1.85	0.04	0.00	0.37	0.69	1.72	1.27	0.00
	斯洛伐克	0.01	0.09	0.18	0.00	0.00	0.08	0.23	2.41	0.51	0.00
	保加利亚	0.12	0.98	3.48	0.01	0.10	0.22	5.77	0.24	0.21	0.00
	匈牙利	0.36	0.32	0.27	0.02	0.01	0.45	0.33	2.06	0.90	0.02
	拉脱维亚	0.50	1.61	14.03	1.42	—	0.21	0.49	0.47	0.39	0.00
	立陶宛	0.55	0.82	5.90	0.71	—	0.79	0.50	0.51	2.79	—
	斯洛文尼亚	0.09	0.55	1.17	0.10	0.03	0.56	0.87	1.92	0.47	—
	爱沙尼亚	0.99	0.10	7.30	0.15	—	0.12	0.60	1.19	1.04	0.00
	克罗地亚	0.47	0.58	9.91	0.02	0.00	0.68	0.45	0.91	1.07	—
	阿尔巴尼亚	0.01	—	25.86	—	—	—	0.00	—	0.00	0.74
	塞尔维亚	0.33	2.66	10.77	0.02	2.32	0.25	0.21	1.17	0.45	0.05
	北马其顿	0.09	3.98	6.45	—	—	0.00	5.08	0.25	0.02	—
	波黑	1.85	13.33	—	0.03	0.67	1.56	0.07	1.61	—	0.02
	黑山	—	32.63	19.53	—	—	—	—	0.01	0.03	—
“一带一路”沿线国家整体		1.32	0.39	1.95	1.64	2.15	1.16	1.44	0.61	1.02	0.24

续表

区域	国家	2018年									
		0	1	2	3	4	5	6	7	8	9
东南亚国家	印度尼西亚	0.83	0.05	5.24	3.13	26.24	0.64	1.39	0.06	0.35	0.00
	泰国	1.92	0.34	5.55	0.42	0.38	2.05	0.51	0.72	0.61	0.03
	马来西亚	0.34	0.12	2.17	1.46	8.89	1.23	0.55	1.21	0.41	0.06
	越南	2.23	0.36	1.75	0.22	0.06	0.39	0.76	1.32	1.28	0.00
	新加坡	0.09	0.99	0.65	0.89	0.15	2.22	0.24	1.22	0.65	0.98
	菲律宾	1.33	0.05	1.87	0.49	1.10	0.34	0.64	1.71	0.41	0.02
	缅甸	7.61	0.06	1.78	2.18	0.07	0.07	1.65	0.01	0.19	0.01
	柬埔寨	3.01	0.88	1.50	0.00	0.04	0.43	2.23	0.18	3.11	0.02
	老挝	1.89	0.59	19.47	0.02	0.00	0.71	0.66	0.00	0.12	—
	文莱	0.07	0.00	0.03	4.82	—	4.01	0.03	0.08	0.01	0.00
	东帝汶	—	—	—	—	—	—	—	—	—	—
东欧中亚国家	蒙古国	0.39	0.01	13.21	4.70	0.01	0.00	0.08	0.01	0.01	—
	俄罗斯	0.51	0.09	3.25	7.10	1.33	0.20	0.25	0.09	0.04	0.31
	乌克兰	5.43	0.17	9.24	0.00	39.31	0.10	0.13	0.27	0.05	0.00
	格鲁吉亚	0.13	12.95	22.35	0.00	—	0.05	0.00	0.02	0.56	—
	阿塞拜疆	2.19	0.51	0.00	0.00	—	0.00	0.08	0.04	13.06	0.29
	亚美尼亚	0.01	0.85	24.53	—	—	0.01	0.00	0.25	0.13	—
	摩尔多瓦	0.08	94.33	0.00	—	0.02	0.01	0.11	0.02	1.60	—
	哈萨克斯坦	0.32	0.01	4.52	2.98	1.92	0.94	3.16	0.00	0.00	—
	乌兹别克斯坦	0.38	0.01	1.57	5.85	—	0.36	2.19	0.01	0.00	—
	土库曼斯坦	—	—	—	—	—	—	—	—	—	—
	吉尔吉斯斯坦	1.47	20.52	9.96	2.07	—	0.01	0.89	0.14	0.01	0.02
	塔吉克斯坦	—	—	—	—	—	—	—	—	—	—
南亚国家	印度	1.51	0.46	0.93	1.45	0.84	1.35	2.04	0.48	1.12	0.01
	巴基斯坦	3.23	0.13	0.76	0.20	0.32	0.40	3.15	0.05	2.56	0.00
	孟加拉国	—	—	—	—	—	—	—	—	—	—
	斯里兰卡	—	—	—	—	—	—	—	—	—	—
	阿富汗	10.02	0.23	5.82	0.98	0.00	0.00	0.27	0.01	0.01	0.44
	尼泊尔	—	—	—	—	—	—	—	—	—	—
	马尔代夫	15.84	—	0.40	0.00	0.00	0.00	0.00	0.01	0.00	—
	不丹	—	—	—	—	—	—	—	—	—	—

续表

区域	国家	2018年									
		0	1	2	3	4	5	6	7	8	9
西亚北非国家	沙特阿拉伯	0.23	0.00	1.19	0.00	0.01	7.78	0.13	0.09	0.02	0.01
	阿联酋	0.10	0.82	0.87	0.02	0.19	1.81	0.23	1.87	0.18	0.12
	阿曼	0.36	0.00	1.48	0.00	0.00	6.99	0.24	0.25	0.01	0.00
	伊朗	—	—	—	—	—	—	—	—	—	—
	土耳其	0.56	0.09	15.15	0.00	2.01	0.25	0.62	0.19	0.75	2.32
	以色列	0.22	0.03	0.30	0.00	0.03	1.07	0.40	1.82	1.17	0.00
	埃及	1.08	0.00	1.11	6.77	0.06	0.94	0.54	0.00	0.13	0.00
	科威特	0.00	0.00	0.26	0.00	0.00	7.61	0.00	0.30	0.05	0.02
	伊拉克	—	—	—	—	—	—	—	—	—	—
	卡塔尔	0.00	0.00	0.00	8.62	0.00	0.78	0.00	0.04	0.00	0.01
	约旦	0.05	0.06	1.31	0.00	0.00	7.29	0.11	0.04	0.71	0.01
	黎巴嫩	0.15	0.17	18.61	0.00	0.01	0.68	0.98	0.27	0.19	0.00
	巴林	0.00	0.00	2.32	0.07	0.00	2.10	0.38	1.69	0.02	0.00
	也门	—	—	—	—	—	—	—	—	—	—
	叙利亚	—	—	—	—	—	—	—	—	—	—
	巴勒斯坦	0.09	0.00	3.46	0.00	1.49	0.01	6.43	0.19	0.00	0.00
中东欧国家	波兰	0.81	0.20	2.06	0.01	0.02	0.48	2.63	0.93	1.31	0.00
	罗马尼亚	0.11	0.45	5.01	0.15	0.01	0.52	1.04	1.33	1.00	0.00
	捷克	0.27	0.14	2.45	0.06	—	0.34	0.62	1.67	1.38	0.00
	斯洛伐克	0.01	0.06	0.26	0.00	—	0.05	0.22	2.44	0.53	0.00
	保加利亚	0.16	0.41	3.00	0.00	0.06	0.26	5.92	0.24	0.26	0.00
	匈牙利	0.15	0.40	0.46	0.03	0.01	0.76	0.60	1.84	1.10	0.04
	拉脱维亚	0.88	1.72	14.16	1.22	—	0.35	0.42	0.44	0.36	—
	立陶宛	0.39	0.62	6.81	0.58	—	1.02	0.52	0.38	2.97	—
	斯洛文尼亚	0.30	0.57	0.69	0.12	0.05	0.61	0.95	1.94	0.34	0.00
	爱沙尼亚	1.16	0.63	6.46	0.15	0.00	0.20	0.91	1.01	1.45	—
	克罗地亚	0.38	0.22	8.37	0.00	0.00	0.23	0.24	1.30	1.20	0.00
	阿尔巴尼亚	0.01	—	26.48	—	—	0.01	0.01	—	0.01	0.70
	塞尔维亚	0.24	1.76	9.17	0.06	0.30	0.27	2.27	0.70	0.55	0.00
	北马其顿	0.03	3.94	12.99	—	—	0.00	3.66	0.11	0.05	—
	波黑	1.53	12.68	—	0.09	0.31	1.88	0.03	2.15	—	0.01
	黑山	—	15.79	23.31	—	—	0.00	0.06	0.03	0.11	—
“一带一路”沿线国家整体		1.28	0.38	1.76	1.78	2.21	1.23	1.39	0.63	0.92	0.14

续表

区域	国家	2019年									
		0	1	2	3	4	5	6	7	8	9
东南亚国家	印度尼西亚	0.85	0.05	5.51	4.01	28.85	0.52	1.58	0.05	0.33	0.00
	泰国	2.27	0.46	5.08	0.46	0.41	1.65	0.57	0.65	0.66	0.05
	马来西亚	0.39	0.11	2.25	1.96	10.42	1.04	0.77	1.07	0.48	0.04
	越南	1.75	0.33	1.99	0.31	0.13	0.36	0.97	1.26	1.16	0.00
	新加坡	0.08	0.94	0.47	1.04	0.13	1.74	0.14	1.16	0.70	1.98
	菲律宾	1.32	0.01	2.74	0.69	1.21	0.25	0.69	1.57	0.33	0.01
	缅甸	4.31	0.09	2.65	4.46	0.06	0.05	2.02	0.01	0.21	0.00
	柬埔寨	—	—	—	—	—	—	—	—	—	—
	老挝	2.77	0.51	17.40	0.05	0.00	0.72	0.29	0.00	0.35	0.02
	文莱	0.06	0.00	0.02	8.78	0.00	1.88	0.06	0.21	0.01	0.00
	东帝汶	—	—	—	—	—	—	—	—	—	—
东欧中亚国家	蒙古国	0.24	0.01	13.12	6.80	0.02	0.00	0.10	0.00	0.01	0.00
	俄罗斯	0.52	0.08	2.69	7.11	1.89	0.20	0.30	0.13	0.06	0.42
	乌克兰	—	—	—	—	—	—	—	—	—	—
	格鲁吉亚	0.45	9.25	18.35	0.00	0.00	0.12	0.04	0.01	0.69	0.00
	阿塞拜疆	0.00	0.08	0.03	9.66	0.00	0.30	0.02	0.01	0.01	0.00
	亚美尼亚	0.01	0.77	21.51	0.00	0.00	0.00	0.01	0.17	0.14	0.00
	摩尔多瓦	—	—	—	—	—	—	—	—	—	—
	哈萨克斯坦	0.29	0.07	3.89	3.67	2.31	0.57	3.18	0.00	0.00	0.00
	乌兹别克斯坦	0.41	0.01	2.73	5.28	0.00	0.32	2.55	0.00	0.00	0.00
	土库曼斯坦	—	—	—	—	—	—	—	—	—	—
	吉尔吉斯斯坦	0.64	26.87	8.54	1.90	0.01	0.00	0.97	0.07	0.01	0.00
	塔吉克斯坦	—	—	—	—	—	—	—	—	—	—
南亚国家	印度	1.29	0.36	0.92	1.86	0.90	1.20	2.07	0.50	1.21	0.02
	巴基斯坦	2.78	0.10	0.69	0.21	0.33	0.32	3.31	0.06	2.77	0.00
	孟加拉国	—	—	—	—	—	—	—	—	—	—
	斯里兰卡	—	—	—	—	—	—	—	—	—	—
	阿富汗	—	—	—	—	—	—	—	—	—	—
	尼泊尔	—	—	—	—	—	—	—	—	—	—
	马尔代夫	—	—	—	—	—	—	—	—	—	—
	不丹	—	—	—	—	—	—	—	—	—	—

续表

区域	国家	2019 年									
		0	1	2	3	4	5	6	7	8	9
西亚北非国家	沙特阿拉伯	—	—	—	—	—	—	—	—	—	—
	阿联酋	—	—	—	—	—	—	—	—	—	—
	阿曼	—	—	—	—	—	—	—	—	—	—
	伊朗	—	—	—	—	—	—	—	—	—	—
	土耳其	1.05	0.15	11.86	0.04	0.92	0.26	0.91	0.22	0.82	1.75
	以色列	0.18	0.01	0.18	0.00	0.03	1.04	0.57	1.73	1.45	—
	埃及	3.19	0.00	1.65	4.48	0.23	0.90	0.99	0.01	0.24	—
	科威特	—	—	—	—	—	—	—	—	—	—
	伊拉克	—	—	—	—	—	—	—	—	—	—
	卡塔尔	—	—	0.06	8.99	—	0.64	0.12	0.05	0.00	0.00
	约旦	0.02	0.06	0.44	—	—	7.15	0.07	0.02	0.38	—
	黎巴嫩	—	—	—	—	—	—	—	—	—	—
	巴林	—	—	—	—	—	—	—	—	—	—
	也门	0.13	—	—	—	7.23	0.48	1.93	0.06	6.05	—
	叙利亚	—	—	—	—	—	—	—	—	—	—
	巴勒斯坦	—	—	—	—	—	—	—	—	—	—
中东欧国家	波兰	1.09	0.20	1.50	0.01	0.02	0.36	3.00	0.92	1.06	0.01
	罗马尼亚	0.07	0.32	4.18	0.59	0.06	0.38	1.30	1.26	1.01	0.00
	捷克	0.28	0.13	3.86	0.10	0.00	0.31	0.65	1.45	1.42	0.00
	斯洛伐克	0.00	0.04	0.47	0.00	—	0.03	0.20	2.38	0.40	0.00
	保加利亚	0.47	0.43	4.07	0.00	0.20	0.22	5.80	0.30	0.21	0.00
	匈牙利	0.10	0.37	0.76	0.08	0.01	0.96	1.07	1.47	1.18	0.05
	拉脱维亚	1.08	1.78	14.68	1.75	—	0.22	0.47	0.30	0.47	—
	立陶宛	2.92	0.65	6.98	0.47	0.01	0.77	0.50	0.26	2.11	—
	斯洛文尼亚	0.29	0.48	1.70	0.25	0.02	0.45	0.88	1.21	0.84	0.01
	爱沙尼亚	1.47	0.25	5.48	0.37	0.04	0.24	1.03	1.00	1.20	0.00
	克罗地亚	0.47	0.32	9.43	0.01	0.01	0.40	0.37	1.16	0.75	0.00
	阿尔巴尼亚	—	—	—	—	—	—	—	—	—	—
	塞尔维亚	0.29	0.72	2.07	0.00	0.84	0.14	7.12	0.13	0.11	0.00
	北马其顿	0.01	1.07	5.98	0.00	—	0.00	6.65	0.03	0.06	0.00
	波黑	1.43	15.05	0.00	0.56	0.22	2.16	0.05	1.34	—	—
	黑山	—	—	—	—	—	—	—	—	—	—
“一带一路”沿线国家整体		1.21	0.35	1.81	1.87	2.56	1.05	1.61	0.62	1.03	0.20

资料来源：作者根据联合国商品贸易统计数据库数据计算。

二、中国对"一带一路"沿线国家贸易的显示性比较优势指数

由于2019年中国对"一带一路"沿线国家的贸易数据未更新，因此按2018年的数据进行分析。2018年，中国对"一带一路"沿线国家整体在"4动植物油、脂和蜡""8杂项制品"产业上具有较强的竞争能力；在"2非食用原材料（不包括燃料）""5未另列明的化学品和有关产品""6主要按原料分类的制成品""7机械及运输设备"产业上具有中度的竞争能力；在其他产业上具有较弱的竞争能力。

从10大类产业细分角度来看，2018年，中国对"一带一路"沿线国家[①]出口"0食物及活动物"产业显示性比较优势指数排名前十的国家为尼泊尔、蒙古国、泰国、东帝汶、菲律宾、越南、巴勒斯坦、马来西亚、也门和印度尼西亚；"1饮料及烟草"产业显示性比较优势指数排名前十的国家为黑山、老挝、格鲁吉亚、缅甸、阿联酋、约旦、拉脱维亚、印度尼西亚、立陶宛和巴林；"2非食用原材料（不包括燃料）"产业显示性比较优势指数排名前十的国家为马尔代夫、保加利亚、土耳其、罗马尼亚、巴基斯坦、北马其顿、伊朗、黎巴嫩、印度尼西亚和埃及；"3矿物燃料、润滑油及有关原料"产业显示性比较优势指数排名前十的国家为新加坡、巴林、阿曼、菲律宾、蒙古国、孟加拉国、阿塞拜疆、卡塔尔、不丹和缅甸；"4动植物油、脂和蜡"产业显示性比较优势指数排名前十的国家为蒙古国、马来西亚、塞尔维亚、乌兹别克斯坦、阿尔巴尼亚、保加利亚、土耳其、泰国、印度尼西亚和罗马尼亚；"5未另列明的化学品和有关产品"产业显示性比较优势指数排名前十的国家为黑山、印度、巴基斯坦、泰国、土耳其、印度尼西亚、阿曼、以色列、克罗地亚和立陶宛；"6主要按原料分类的制成品"产业显示性比较优势指数排名前十的国家为柬埔寨、孟加拉国、文莱、也门、科威特、缅甸、黑山、马尔代夫、土库曼斯坦和阿尔巴尼亚；"7机械及运输设备"产业显示性比较优势指数排名前十的国家为捷克、匈牙利、亚美尼亚、爱沙尼亚、塞尔维亚、北马其顿、阿塞拜疆、斯洛伐克、巴勒斯坦和罗马尼亚；"8杂项制品"产业显示性比较优势指数排名前十的国家为吉尔吉斯斯坦、不丹、斯洛文尼亚、哈萨克斯坦、尼泊尔、斯洛伐克、也门、波兰、塔吉克斯坦和克罗地亚；"9 STIC未分类的商品"产业显示性比较优势指数排名前十的国家为缅甸、老挝、拉脱维亚、摩尔多瓦、越南、尼泊尔、蒙古国、爱沙尼亚、不丹和以色列，本部分显示性比较优势指数具体计算结果见表5-3。

---

① 此处使用中国对"一带一路"沿线国家的出口值。

表 5-3 2018年中国对"一带一路"沿线国家10大产业的显示性比较优势指数排名

国家	0	国家	1	国家	2	国家	3	国家	4
尼泊尔	1.20	黑山	2.12	马尔代夫	0.77	新加坡	1.82	蒙古国	0.98
蒙古国	1.19	老挝	1.42	保加利亚	0.76	巴林	1.07	马来西亚	0.42
泰国	1.10	格鲁吉亚	1.22	土耳其	0.72	阿曼	0.92	塞尔维亚	0.24
东帝汶	1.06	缅甸	0.72	罗马尼亚	0.66	菲律宾	0.79	乌兹别克斯坦	0.15
菲律宾	0.90	阿联酋	0.52	巴基斯坦	0.52	蒙古国	0.78	阿尔巴尼亚	0.15
越南	0.87	约旦	0.49	北马其顿	0.48	孟加拉国	0.60	保加利亚	0.13
巴勒斯坦	0.84	拉脱维亚	0.47	伊朗	0.47	阿塞拜疆	0.41	土耳其	0.09
马来西亚	0.77	印度尼西亚	0.47	黎巴嫩	0.47	卡塔尔	0.39	泰国	0.08
也门	0.66	立陶宛	0.43	印度尼西亚	0.45	不丹	0.37	印度尼西亚	0.08
印度尼西亚	0.65	巴林	0.36	埃及	0.37	缅甸	0.33	罗马尼亚	0.08
国家	5	国家	6	国家	7	国家	8	国家	9
黑山	1.70	柬埔寨	5.34	捷克	2.27	吉尔吉斯斯坦	5.71	缅甸	0.81
印度	1.66	孟加拉国	4.08	匈牙利	1.83	不丹	4.43	老挝	0.62
巴基斯坦	1.34	文莱	3.32	亚美尼亚	1.81	斯洛文尼亚	3.71	拉脱维亚	0.09
泰国	1.15	也门	3.27	爱沙尼亚	1.60	哈萨克斯坦	3.52	摩尔多瓦	0.08
土耳其	1.11	科威特	3.11	塞尔维亚	1.57	尼泊尔	3.09	越南	0.07
印度尼西亚	1.08	缅甸	3.07	北马其顿	1.56	斯洛伐克	2.91	尼泊尔	0.04
阿曼	1.01	黑山	3.01	阿塞拜疆	1.54	也门	2.84	蒙古国	0.04
以色列	0.94	马尔代夫	2.91	斯洛伐克	1.53	波兰	2.84	爱沙尼亚	0.04
克罗地亚	0.90	土库曼斯坦	2.89	巴勒斯坦	1.42	塔吉克斯坦	2.81	不丹	0.04
立陶宛	0.88	阿尔巴尼亚	2.83	罗马尼亚	1.41	克罗地亚	2.74	以色列	0.04

资料来源：作者根据联合国商品贸易统计数据库数据计算。

总体而言，中国货物贸易的显示性比较优势指数低于"一带一路"沿线国家，说明中国对"一带一路"沿线国家的货物贸易的竞争能力较低。

2014~2019年中国对"一带一路"沿线国家10大类产业的显示性比较优势指数详见表5-4。

表5-4　2014~2018年中国对"一带一路"沿线国家10大类产业的显示性比较优势指数

区域	国家	2014年									
		0	1	2	3	4	5	6	7	8	9
东南亚国家	印度尼西亚	0.60	0.87	0.29	0.36	0.09	1.03	2.10	1.08	1.33	0.00
	泰国	1.20	0.02	0.36	0.03	0.07	1.10	1.95	1.20	1.25	0.00
	马来西亚	0.87	0.14	0.19	0.09	0.11	0.68	1.91	1.04	2.28	0.00
	越南	0.64	0.07	0.25	0.26	0.02	0.56	2.63	1.04	1.51	0.00
	新加坡	0.24	0.39	0.09	0.53	0.08	0.41	1.20	1.54	1.60	0.06
	菲律宾	0.92	0.31	0.10	0.34	0.02	0.80	2.52	0.91	1.55	0.00
	缅甸	0.35	0.77	0.48	0.20	0.00	0.45	3.03	1.15	0.97	—
	柬埔寨	0.18	0.74	0.07	0.05	0.00	0.24	5.29	0.58	0.84	—
	老挝	0.02	1.22	0.02	0.07	0.00	0.31	1.02	2.37	0.22	
	文莱	0.11	—	0.02	0.00	0.03	0.12	1.59	0.52	5.23	
	东帝汶	0.79	0.02	0.23	0.00	—	0.19	3.51	0.92	1.55	
东欧中亚国家	蒙古国	0.61	0.40	0.10	0.48	0.16	0.42	2.49	0.75	2.37	0.01
	俄罗斯	0.64	0.04	0.10	0.02	0.02	0.49	1.49	1.01	3.25	0.00
	乌克兰	0.43	0.02	0.14	0.05	0.00	0.97	1.99	1.04	2.25	0.00
	格鲁吉亚	0.58	0.16	0.15	0.00	0.00	0.62	3.02	0.98	1.61	—
	阿塞拜疆	0.25	0.01	0.04	0.03	0.01	0.24	1.43	1.37	2.68	0.04
	亚美尼亚	0.64	—	0.17	0.00	0.04	0.48	2.06	1.37	1.62	
	摩尔多瓦	0.42	0.00	0.07	0.00	—	0.86	1.99	1.31	1.66	
	哈萨克斯坦	0.29	0.02	0.02	0.10	0.00	0.32	1.43	0.81	4.17	0.01
	乌兹别克斯坦	0.30	—	0.10	0.01	0.06	0.92	2.92	1.23	0.88	
	土库曼斯坦	0.16	0.01	0.08	0.02	0.00	0.47	2.15	1.76	0.66	0.01
	吉尔吉斯斯坦	0.57	—	0.01	0.00	0.03	0.20	2.36	0.32	4.70	0.00
	塔吉克斯坦	0.12	0.00	0.02	0.00	—	4.58	3.08	1.65	1.29	
南亚国家	印度	0.08	0.01	0.28	0.09	0.01	2.06	1.73	1.22	1.07	0.00
	巴基斯坦	0.28	0.00	0.47	0.01	0.04	1.40	3.10	0.97	0.88	0.00
	孟加拉国	0.29	—	0.32	0.14	0.05	0.84	3.93	0.77	0.99	0.00
	斯里兰卡	0.70	0.02	0.14	0.51	0.01	0.83	3.21	0.82	0.96	0.00
	阿富汗	0.01	—	—	—	0.02	0.00	0.18	0.80	4.03	4.68
	尼泊尔	0.27	0.00	0.09	0.00	0.01	0.05	0.75	0.31	6.68	0.00
	马尔代夫	0.52	0.10	0.11	0.09	—	0.44	2.31	1.29	1.58	—
	不丹	—	—	0.34	1.28	—	0.17	1.81	0.59	2.99	—

续表

区域	国家	2014年									
		0	1	2	3	4	5	6	7	8	9
西亚北非国家	沙特阿拉伯	0.22	0.00	0.09	0.01	0.00	0.43	2.47	0.94	2.72	0.00
	阿联酋	0.17	0.25	0.08	0.09	0.01	0.29	1.92	1.15	2.73	0.00
	阿曼	0.17	0.00	0.95	0.13	0.00	0.96	2.97	0.96	1.22	0.00
	伊朗	0.08	0.10	0.17	0.12	0.02	0.61	2.40	1.09	2.10	0.00
	土耳其	0.09	0.04	0.52	0.02	0.06	0.99	2.02	1.29	1.57	0.00
	以色列	0.41	0.01	0.28	0.01	0.03	1.04	2.19	0.80	2.68	0.00
	埃及	0.18	0.43	0.28	0.00	0.02	0.80	2.66	0.91	2.18	0.00
	科威特	0.20	0.00	0.25	0.00	0.00	0.31	2.55	1.04	2.40	0.00
	伊拉克	0.10	0.00	0.07	0.00	0.00	0.23	2.07	1.42	2.01	0.00
	卡塔尔	0.11	0.00	0.17	0.18	0.00	0.38	2.43	1.04	2.29	0.00
	约旦	0.27	0.03	0.12	0.07	0.03	0.75	2.84	0.59	2.92	0.00
	黎巴嫩	0.34	0.00	0.18	0.00	0.02	0.44	3.36	0.71	2.34	0.00
	巴林	0.42	0.32	0.03	0.30	0.00	0.67	2.60	0.69	2.58	0.00
	也门	0.89	0.00	0.02	0.00	0.01	0.59	2.48	0.70	2.92	0.00
	叙利亚	—	—	—	—	—	—	—	—	—	—
	巴勒斯坦	0.62	0.09	0.08	0.00	0.00	0.45	2.18	1.09	2.37	0.00
中东欧国家	波兰	0.24	0.20	0.20	0.01	0.03	0.38	1.28	1.32	2.87	0.00
	罗马尼亚	0.14	0.24	0.61	0.01	0.03	0.37	1.93	1.38	1.95	—
	捷克	0.08	0.01	0.07	0.00	0.03	0.12	0.39	2.34	1.29	0.00
	斯洛伐克	0.03	0.01	0.04	—	—	0.13	0.47	1.59	3.37	—
	保加利亚	0.34	0.01	0.44	0.00	0.01	0.90	1.87	1.30	1.71	—
	匈牙利	0.04	0.00	0.02	0.00	0.01	0.21	0.32	2.23	1.61	0.00
	拉脱维亚	0.28	0.23	0.10	0.01	0.02	0.53	1.49	1.09	3.17	0.01
	立陶宛	0.40	0.08	0.18	0.00	0.02	0.77	2.00	1.22	1.96	0.00
	斯洛文尼亚	0.19	0.00	0.25	0.00	0.01	1.08	1.69	0.98	2.80	—
	爱沙尼亚	0.28	—	0.07	0.00	0.00	0.35	1.59	1.65	1.65	—
	克罗地亚	0.33	0.00	0.17	0.02	0.17	0.89	1.94	0.82	3.10	—
	阿尔巴尼亚	0.47	—	0.22	0.01	0.18	0.68	3.18	0.72	2.16	—
	塞尔维亚	0.28	—	0.14	—	0.49	0.57	1.37	1.61	1.77	—
	北马其顿	0.95	—	0.86	—	0.03	0.50	1.18	1.87	0.72	—
	波黑	0.15	—	0.04	—		0.05	1.40	2.30	0.35	—
	黑山	0.31	—	0.10	0.08		1.51	1.86	1.33	1.07	—
"一带一路"沿线国家整体		0.43	0.08	1.18	0.32	2.14	0.89	1.62	1.16	1.58	0.01

续表

区域	国家	2015年									
		0	1	2	3	4	5	6	7	8	9
东南亚国家	印度尼西亚	0.62	0.72	0.31	0.24	0.06	1.09	2.17	1.05	1.09	0.00
	泰国	1.41	0.05	0.33	0.03	0.06	0.99	1.76	1.17	1.05	0.01
	马来西亚	0.80	0.26	0.20	0.12	0.10	0.67	1.79	0.99	2.08	0.00
	越南	0.72	0.08	0.23	0.25	0.02	0.58	2.91	0.91	1.21	0.02
	新加坡	0.23	0.23	0.10	0.73	0.05	0.31	1.08	1.49	1.46	0.01
	菲律宾	0.91	0.18	0.11	0.24	0.02	0.65	2.42	0.83	1.81	0.00
	缅甸	0.39	0.66	0.12	0.20	0.00	0.41	2.50	1.30	0.62	0.51
	柬埔寨	0.14	0.46	0.11	0.08	0.00	0.30	5.00	0.57	0.80	—
	老挝	0.07	2.36	0.03	0.17	—	0.54	1.54	1.73	0.21	0.77
	文莱	0.12	—	0.03	0.00	0.02	0.12	2.22	0.78	3.22	—
	东帝汶	0.72	0.67	0.26	0.00	—	0.19	2.93	0.94	1.60	
东欧中亚国家	蒙古国	0.78	0.46	0.09	0.92	0.08	0.49	2.10	0.82	1.80	0.01
	俄罗斯	0.74	0.04	0.13	0.05	0.02	0.55	1.36	0.92	2.94	0.00
	乌克兰	0.30	0.17	0.18	0.11	0.01	0.98	2.02	0.90	2.11	0.00
	格鲁吉亚	0.44	0.73	0.12	0.00	0.01	0.61	2.54	0.97	1.73	—
	阿塞拜疆	0.25	0.04	0.03	0.03	—	0.28	1.45	1.03	3.05	
	亚美尼亚	0.42	0.16	0.09	—	—	0.37	1.43	1.64	1.14	0.00
	摩尔多瓦	0.41	—	0.05	0.00	—	0.83	1.81	1.07	2.03	—
	哈萨克斯坦	0.43	0.01	0.03	0.12	0.01	0.41	1.75	0.83	3.04	0.01
	乌兹别克斯坦	0.44	—	0.16	0.01	0.07	0.97	2.46	1.21	0.83	—
	土库曼斯坦	0.17	0.01	0.19	0.01	0.00	0.29	2.27	1.61	0.55	0.07
	吉尔吉斯斯坦	0.57	—	0.01	0.00	0.01	0.20	2.25	0.26	4.40	0.00
	塔吉克斯坦	0.18	—	0.12	0.02	0.00	5.86	2.43	2.31	1.08	—
南亚国家	印度	0.07	0.01	0.24	0.13	0.01	1.96	1.57	1.16	1.04	0.00
	巴基斯坦	0.28	0.00	0.36	0.01	0.02	1.08	2.97	0.91	1.13	0.00
	孟加拉国	0.28	0.00	0.24	0.22	0.03	0.74	3.95	0.69	0.92	0.00
	斯里兰卡	0.98	0.02	0.06	0.39	0.00	0.84	3.26	0.72	1.01	—
	阿富汗	—	—	—	—	—	—	—	—	—	
	尼泊尔	0.83	0.00	0.23	0.02	0.00	0.48	0.98	0.55	4.36	0.10
	马尔代夫	0.38	0.02	0.30	0.07	0.00	0.40	2.95	0.85	1.80	—
	不丹	0.05	—	2.07	0.05	—	0.20	3.26	0.91	1.19	—

续表

区域	国家	2015年									
		0	1	2	3	4	5	6	7	8	9
西亚北非国家	沙特阿拉伯	0.22	0.00	0.16	0.01	0.01	0.38	2.45	0.85	2.48	0.00
	阿联酋	0.18	0.24	0.07	0.16	0.00	0.27	1.76	1.03	2.66	0.00
	阿曼	0.21	0.00	1.48	0.19	0.00	0.68	2.70	0.94	1.21	0.00
	伊朗	0.12	0.10	0.45	0.11	0.01	0.61	2.33	1.20	1.29	0.00
	土耳其	0.08	0.13	0.47	0.03	0.05	0.86	2.08	1.25	1.25	0.00
	以色列	0.32	0.00	0.23	0.01	0.03	0.72	2.19	0.73	2.72	0.00
	埃及	0.14	0.38	0.33	0.02	0.01	0.67	2.52	0.86	2.09	0.00
	科威特	0.16	0.00	0.06	0.00	0.00	0.25	2.61	0.97	2.17	0.00
	伊拉克	0.13	0.00	0.19	0.00	0.00	0.27	2.39	1.02	2.20	0.01
	卡塔尔	0.09	0.00	0.16	0.21	0.00	0.41	2.15	1.19	1.68	0.00
	约旦	0.20	0.10	0.11	0.00	0.02	0.58	2.50	0.60	3.00	0.00
	黎巴嫩	0.37	0.00	0.28	0.00	0.02	0.44	3.03	0.67	2.28	0.00
	巴林	0.51	0.32	0.03	0.31	0.00	0.59	2.89	0.79	1.66	0.00
	也门	1.00	0.00	0.03	0.00	0.00	0.56	2.06	0.59	3.12	0.00
	叙利亚	—	—	—	—	—	—	—	—	—	—
	巴勒斯坦	0.87	0.20	0.39	0.00	0.00	0.49	1.77	1.18	1.73	0.00
中东欧国家	波兰	0.22	0.25	0.17	0.02	0.03	0.35	1.20	1.20	2.72	0.00
	罗马尼亚	0.16	0.14	0.60	0.03	0.03	0.35	1.71	1.35	1.69	0.00
	捷克	0.07	0.01	0.05	0.00	0.03	0.11	0.31	2.25	0.94	0.00
	斯洛伐克	0.03	0.01	0.04	—	—	0.11	0.40	1.36	3.42	0.00
	保加利亚	0.30	0.07	0.42	0.00	0.04	0.92	1.84	1.15	1.64	0.00
	匈牙利	0.04	0.00	0.02	0.00	0.01	0.27	0.34	1.93	1.70	0.00
	拉脱维亚	0.18	0.18	0.07	0.00	0.00	0.59	1.67	1.05	2.55	0.01
	立陶宛	0.43	0.60	0.16	0.00	0.03	0.87	1.89	1.11	1.72	0.00
	斯洛文尼亚	0.24	0.02	0.20	0.00	0.01	1.04	1.82	0.96	2.22	0.00
	爱沙尼亚	0.25	0.01	0.06	0.00	0.00	0.34	1.45	1.37	2.02	—
	克罗地亚	0.29	0.01	0.22	0.11	0.09	0.77	2.02	0.76	2.69	0.00
	阿尔巴尼亚	0.30	—	0.12	0.00	0.17	0.61	2.96	0.64	2.37	0.00
	塞尔维亚	0.19	0.00	0.11	—	0.73	0.49	1.35	1.59	1.38	—
	北马其顿	0.40	—	0.76	—	0.00	0.44	1.24	1.82	0.62	
	波黑	0.74	0.00	0.12	—	0.05	0.26	1.15	1.69	1.23	—
	黑山	0.20	0.02	0.14	0.30	—	0.98	2.31	1.04	1.35	—
"一带一路"沿线国家整体		0.46	0.08	1.08	0.43	1.90	0.82	1.45	1.13	1.38	0.29

续表

区域	国家	2016 年									
		0	1	2	3	4	5	6	7	8	9
东南亚国家	印度尼西亚	0.78	0.69	0.36	0.16	0.09	1.09	2.25	1.05	0.99	0.00
	泰国	1.26	0.05	0.39	0.07	0.06	1.02	1.83	1.16	0.98	0.00
	马来西亚	0.95	0.29	0.17	0.30	0.08	0.78	1.74	0.99	1.81	0.03
	越南	0.84	0.11	0.27	0.18	0.04	0.63	2.98	0.91	0.96	0.31
	新加坡	0.25	0.23	0.07	1.12	0.06	0.34	1.09	1.41	1.43	0.02
	菲律宾	0.91	0.24	0.07	0.53	0.01	0.56	2.54	0.75	1.82	0.01
	缅甸	0.51	0.72	0.21	0.18	0.01	0.58	2.82	1.13	0.51	0.63
	柬埔寨	0.10	0.32	0.12	0.02	0.00	0.35	5.30	0.52	0.77	0.01
	老挝	0.04	2.62	0.03	0.14	—	0.31	2.00	1.56	0.33	0.94
	文莱	0.41	—	0.05	0.01	0.04	0.21	3.10	0.71	2.37	0.00
	东帝汶	0.38	0.19	0.19	0.00	0.02	0.22	2.85	1.19	1.18	0.00
东欧中亚国家	蒙古国	1.28	0.68	0.08	1.37	0.99	0.63	1.85	0.86	1.26	0.02
	俄罗斯	0.72	0.04	0.12	0.05	0.02	0.52	1.25	1.09	2.59	0.03
	乌克兰	0.33	0.14	0.14	0.04	0.01	0.99	2.16	0.97	1.81	0.03
	格鲁吉亚	0.47	0.98	0.03	0.00	0.00	0.51	2.81	0.87	1.82	0.01
	阿塞拜疆	0.21	0.01	0.17	0.23	—	0.29	1.26	1.11	2.86	0.02
	亚美尼亚	0.28	—	0.11	0.00	—	0.57	1.53	1.58	1.07	0.05
	摩尔多瓦	0.28	—	0.05	0.02	—	0.95	2.40	0.97	1.63	0.11
	哈萨克斯坦	0.38	0.10	0.01	0.01	0.00	0.34	1.82	0.70	3.57	0.01
	乌兹别克斯坦	0.29	—	0.17	0.01	0.07	1.05	2.61	1.19	0.71	0.00
	土库曼斯坦	0.53	—	0.52	0.01	0.03	0.50	2.29	1.41	0.65	0.00
	吉尔吉斯斯坦	0.27	—	0.01	0.00	0.00	0.14	1.75	0.17	5.45	0.00
	塔吉克斯坦	0.13	—	0.15	0.02	0.00	6.97	2.15	2.05	1.23	0.00
南亚国家	印度	0.09	0.02	0.23	0.10	0.01	1.59	1.41	1.33	1.03	0.00
	巴基斯坦	0.26	0.00	0.35	0.01	0.01	0.94	2.76	1.09	0.94	0.00
	孟加拉国	0.30	0.00	0.23	0.56	0.02	0.67	3.93	0.71	0.76	0.00
	斯里兰卡	0.94	0.07	0.08	0.58	0.00	0.58	3.31	0.77	0.96	0.00
	阿富汗	0.69	—	0.04	0.00	0.02	0.28	2.31	1.34	1.07	0.03
	尼泊尔	1.15	0.01	0.31	0.00	0.01	0.22	0.91	0.71	4.04	0.05
	马尔代夫	0.31	—	0.12	0.12	—	0.32	2.58	1.17	1.39	0.01
	不丹	0.08	—	2.44	0.12	—	0.09	1.84	1.49	0.82	0.09

续表

区域	国家	2016年									
		0	1	2	3	4	5	6	7	8	9
西亚北非国家	沙特阿拉伯	0.23	0.00	0.15	0.02	0.01	0.35	2.39	0.77	2.83	0.00
	阿联酋	0.21	0.33	0.06	0.17	0.01	0.31	1.75	1.09	2.46	0.01
	阿曼	0.18	0.00	0.16	0.61	0.01	0.92	2.72	0.88	1.26	0.00
	伊朗	0.20	0.19	0.48	0.04	0.01	0.68	2.22	1.27	1.14	0.01
	土耳其	0.09	0.04	0.58	0.04	0.04	0.80	1.91	1.35	1.13	0.01
	以色列	0.37	0.00	0.22	0.01	0.03	0.68	2.15	0.79	2.62	0.03
	埃及	0.18	0.11	0.29	0.01	0.02	0.69	2.58	1.01	1.64	0.01
	科威特	0.17	0.00	0.10	0.00	0.02	0.25	3.05	0.85	2.11	0.01
	伊拉克	0.13	0.00	0.25	0.00	0.00	0.33	2.30	0.92	2.54	0.00
	卡塔尔	0.18	0.00	0.26	0.39	0.00	0.47	2.65	0.88	1.87	0.01
	约旦	0.26	0.17	0.14	0.00	0.02	0.55	2.65	0.62	2.82	0.00
	黎巴嫩	0.41	0.00	0.19	0.00	0.03	0.39	2.94	0.82	2.02	0.01
	巴林	0.49	0.96	0.13	0.40	0.00	0.68	2.34	0.95	1.58	0.01
	也门	0.85	0.00	0.03	0.00	0.00	0.77	2.81	0.52	2.51	0.00
	叙利亚	—	—	—	—	—	—	—	—	—	—
	巴勒斯坦	0.80	0.00	0.13	0.00	0.05	0.41	1.76	1.25	1.68	0.00
中东欧国家	波兰	0.19	0.17	0.16	0.02	0.02	0.35	1.23	1.15	2.86	0.01
	罗马尼亚	0.13	0.12	0.69	0.03	0.02	0.31	1.65	1.36	1.72	0.01
	捷克	0.07	0.00	0.06	0.00	0.02	0.12	0.36	2.17	1.03	0.01
	斯洛伐克	0.03	0.01	0.02	—	0.00	0.07	0.44	1.17	3.99	0.01
	保加利亚	0.25	0.09	0.35	0.00	0.01	0.86	1.91	1.15	1.66	0.02
	匈牙利	0.04	0.00	0.02	0.00	0.01	0.24	0.37	2.01	1.39	0.01
	拉脱维亚	0.20	0.13	0.13	0.01	0.01	0.63	2.07	0.92	2.47	0.04
	立陶宛	0.37	0.55	0.15	0.02	0.03	0.79	2.07	1.08	1.72	0.03
	斯洛文尼亚	0.15	0.02	0.25	0.00	0.01	0.89	1.92	0.95	2.29	0.01
	爱沙尼亚	0.25	0.02	0.05	0.01	0.00	0.32	1.59	1.44	1.67	0.02
	克罗地亚	0.28	0.02	0.17	0.06	0.06	0.75	1.99	0.78	2.78	0.01
	阿尔巴尼亚	0.26	—	0.09	0.00	0.11	0.54	2.80	0.78	2.25	0.01
	塞尔维亚	0.18	0.06	0.05	—	0.56	0.44	1.31	1.59	1.43	0.02
	北马其顿	0.17	—	0.50	—	—	0.42	1.21	1.90	0.54	0.04
	波黑	0.60	0.00	0.09	—	0.06	0.18	1.38	1.68	1.11	0.02
	黑山	0.37	2.02	0.33	—	—	1.40	2.62	0.80	1.31	0.00
"一带一路"沿线国家整体		0.44	0.09	1.15	0.48	1.64	0.74	1.37	1.16	1.34	0.44

续表

区域	国家	2017年									
		0	1	2	3	4	5	6	7	8	9
东南亚国家	印度尼西亚	0.82	0.79	0.42	0.24	0.10	1.12	2.14	1.05	1.00	0.01
	泰国	1.10	0.06	0.35	0.08	0.06	1.19	1.67	1.16	1.15	0.01
	马来西亚	0.82	0.19	0.15	0.47	0.12	0.77	1.56	1.09	1.75	0.06
	越南	0.85	0.08	0.33	0.18	0.03	0.70	2.47	1.06	1.07	0.16
	新加坡	0.23	0.19	0.05	1.52	0.06	0.39	0.88	1.42	1.33	0.03
	菲律宾	0.90	0.24	0.09	0.79	0.01	0.54	2.51	0.78	1.69	0.01
	缅甸	0.60	0.59	0.31	0.19	0.01	0.61	2.84	1.10	0.54	0.57
	柬埔寨	0.08	0.29	0.11	0.05	0.00	0.30	5.36	0.51	0.81	0.01
	老挝	0.09	1.19	0.08	0.04	—	0.39	2.32	1.53	0.26	0.77
	文莱	0.36	—	0.09	0.01	0.10	0.19	4.22	0.70	1.39	0.01
	东帝汶	0.82	0.07	0.24	0.01	0.09	0.26	3.24	0.97	1.23	0.01
东欧中亚国家	蒙古国	1.16	0.52	0.08	1.21	1.04	0.58	1.94	1.09	0.71	0.03
	俄罗斯	0.67	0.04	0.13	0.06	0.02	0.56	1.22	1.15	2.70	0.03
	乌克兰	0.36	0.09	0.15	0.03	0.01	1.00	2.15	1.09	1.69	0.03
	格鲁吉亚	0.42	0.80	0.05	0.00	0.00	0.51	2.96	0.93	1.81	0.01
	阿塞拜疆	0.30	0.02	0.06	0.49	—	0.31	1.43	1.42	1.77	0.02
	亚美尼亚	0.35	0.08	0.11	0.00	0.00	0.52	2.08	1.35	1.46	0.04
	摩尔多瓦	0.32	0.18	0.01	0.00	—	0.84	1.93	1.28	1.55	0.07
	哈萨克斯坦	0.42	0.04	0.02	0.03	0.00	0.36	1.71	0.67	4.07	0.00
	乌兹别克斯坦	0.30	—	0.16	0.02	0.07	1.04	2.98	1.15	0.68	0.00
	土库曼斯坦	0.25	—	0.38	0.03	0.01	0.53	1.85	1.68	0.62	0.00
	吉尔吉斯斯坦	0.14	0.00	0.01	0.00	0.00	0.15	1.43	0.21	6.16	0.00
	塔吉克斯坦	0.27	—	0.28	0.01	—	0.38	2.12	0.63	3.85	0.00
南亚国家	印度	0.08	0.02	0.22	0.11	0.02	1.48	1.31	1.41	1.05	0.01
	巴基斯坦	0.25	0.02	0.39	0.01	0.02	1.09	2.61	1.10	0.95	0.00
	孟加拉国	0.26	1.03	1.60	0.00	12.75	4.29	2.16	0.25	0.00	—
	斯里兰卡	0.82	0.11	0.08	0.34	0.00	0.59	3.37	0.82	1.04	0.01
	阿富汗	0.84	—	0.27	0.01	0.04	0.37	1.99	1.22	1.63	0.03
	尼泊尔	1.14	0.00	0.15	0.01	0.00	0.30	0.90	0.93	3.56	0.04
	马尔代夫	0.30	0.11	0.58	0.08	0.00	0.36	2.69	0.99	1.74	0.03
	不丹	0.18	—	0.59	0.04	—	0.68	0.79	1.81	0.94	0.11

续表

区域	国家	2017年									
		0	1	2	3	4	5	6	7	8	9
西亚北非国家	沙特阿拉伯	0.22	0.00	0.10	0.03	0.04	0.35	2.15	0.82	3.08	0.01
	阿联酋	0.20	0.41	0.08	0.14	0.01	0.34	1.75	1.16	2.35	0.01
	阿曼	0.19	0.00	0.06	0.16	0.26	0.95	2.77	0.94	1.42	0.01
	伊朗	0.17	0.11	0.33	0.05	0.01	0.68	2.08	1.34	1.16	0.00
	土耳其	0.13	0.05	0.54	0.08	0.08	1.03	1.78	1.29	1.25	0.01
	以色列	0.34	0.01	0.22	0.01	0.03	0.78	2.01	0.82	2.70	0.04
	埃及	0.13	0.68	0.38	0.01	0.03	0.82	2.75	0.92	1.64	0.01
	科威特	0.14	0.00	0.18	0.00	0.02	0.28	2.85	0.99	1.93	0.01
	伊拉克	0.17	0.00	0.21	0.00	0.00	0.34	2.19	0.93	2.72	0.00
	卡塔尔	0.21	0.00	0.20	0.51	0.00	0.60	2.70	0.92	1.58	0.02
	约旦	0.26	0.46	0.14	0.00	0.03	0.56	2.47	0.75	2.72	0.01
	黎巴嫩	0.47	0.00	0.32	0.00	0.02	0.44	2.30	0.95	2.25	0.01
	巴林	0.64	0.29	0.20	0.67	0.00	0.64	2.20	0.95	1.59	0.02
	也门	0.78	0.00	0.03	0.00	0.00	0.73	2.71	0.53	2.78	0.00
	叙利亚	—	—	—	—	—	—	—	—	—	—
	巴勒斯坦	0.77	0.00	0.07	0.00	0.00	0.24	1.97	1.32	1.58	0.00
中东欧国家	波兰	0.17	0.12	0.22	0.01	0.02	0.38	1.21	1.14	3.02	0.02
	罗马尼亚	0.10	0.14	0.46	0.00	0.06	0.34	1.63	1.37	1.91	0.01
	捷克	0.07	0.00	0.05	0.00	0.03	0.11	0.35	2.21	0.98	0.02
	斯洛伐克	0.03	0.01	0.02	—	—	0.07	0.54	1.20	3.99	0.02
	保加利亚	0.27	0.26	0.54	0.01	0.02	0.81	1.94	1.18	1.59	0.04
	匈牙利	0.04	0.00	0.04	0.00	0.01	0.30	0.44	1.86	1.83	0.02
	拉脱维亚	0.21	0.23	0.12	0.01	0.01	0.70	1.98	0.98	2.42	0.04
	立陶宛	0.37	0.65	0.09	0.00	0.01	0.90	2.21	1.05	1.67	0.02
	斯洛文尼亚	0.15	0.01	0.21	0.00	0.03	0.83	2.04	0.88	2.58	0.01
	爱沙尼亚	0.27	0.22	0.05	0.00	—	0.35	1.53	1.51	1.57	0.03
	克罗地亚	0.21	0.01	0.10	0.01	0.04	0.83	1.97	0.80	2.90	0.02
	阿尔巴尼亚	0.22	—	0.08	0.00	0.25	0.65	2.83	0.74	2.37	0.02
	塞尔维亚	0.17	0.34	0.09	—	0.25	0.41	1.50	1.57	1.41	0.03
	北马其顿	0.33	—	0.66	0.08	0.01	0.47	1.48	1.66	0.78	0.05
	波黑	0.64	0.01	0.10	—	—	0.16	2.18	1.35	1.38	0.05
	黑山	0.39	1.16	0.19	0.00	—	1.12	2.38	1.11	1.05	0.01
"一带一路"沿线国家整体		0.41	0.15	1.35	0.55	2.14	0.85	1.20	1.16	1.31	0.45

续表

区域	国家	2018年									
		0	1	2	3	4	5	6	7	8	9
东南亚国家	印度尼西亚	0.65	0.47	0.45	0.16	0.08	1.08	2.22	1.14	0.93	0.01
	泰国	1.10	0.06	0.35	0.05	0.08	1.15	1.81	1.15	1.15	0.02
	马来西亚	0.77	0.16	0.25	0.29	0.42	0.75	1.63	1.20	1.56	0.03
	越南	0.87	0.09	0.35	0.22	0.04	0.67	2.39	1.06	1.23	0.07
	新加坡	0.23	0.24	0.05	1.82	0.07	0.38	0.91	1.34	1.24	0.02
	菲律宾	0.90	0.24	0.09	0.79	0.01	0.54	2.51	0.78	1.69	0.01
	缅甸	0.59	0.72	0.33	0.33	0.01	0.62	3.07	0.93	0.59	0.81
	柬埔寨	0.10	0.30	0.11	0.03	0.00	0.39	5.34	0.51	0.82	0.01
	老挝	0.37	1.42	0.15	0.03	0.00	0.71	2.42	1.32	0.46	0.62
	文莱	0.19	0.00	0.04	0.01	0.03	0.20	3.32	1.32	0.58	0.00
	东帝汶	1.06	0.06	0.24	0.01	0.07	0.22	2.76	1.22	0.95	0.00
东欧中亚国家	蒙古国	1.19	0.26	0.08	0.78	0.98	0.56	2.02	1.23	0.59	0.04
	俄罗斯	0.62	0.05	0.16	0.08	0.03	0.56	1.21	1.18	2.56	0.03
	乌克兰	0.35	0.07	0.15	0.00	0.01	0.87	1.91	1.24	1.55	0.02
	格鲁吉亚	0.24	1.22	0.04	0.00	0.00	0.59	2.80	0.94	1.85	0.01
	阿塞拜疆	0.19	0.00	0.05	0.41	0.01	0.32	1.42	1.54	1.40	0.03
	亚美尼亚	0.10	0.00	0.07	0.00	0.01	0.28	1.42	1.81	1.01	0.02
	摩尔多瓦	0.37	—	0.04	0.04	—	0.65	1.87	1.31	1.54	0.08
	哈萨克斯坦	0.43	0.07	0.02	0.03	0.00	0.41	1.73	0.81	3.52	0.00
	乌兹别克斯坦	0.22	0.00	0.13	0.01	0.15	0.86	2.49	1.37	0.60	0.00
	土库曼斯坦	0.28	—	0.30	0.05	0.02	0.67	2.89	1.28	0.54	0.00
	吉尔吉斯斯坦	0.24	0.00	0.01	0.00	0.00	0.16	1.68	0.26	5.71	0.00
	塔吉克斯坦	0.14	—	0.07	0.00	0.00	0.42	2.69	0.77	2.81	0.00
南亚国家	印度	0.05	0.02	0.24	0.12	0.07	1.66	1.29	1.37	1.03	0.02
	巴基斯坦	0.24	0.03	0.52	0.07	0.02	1.34	2.62	1.06	0.80	0.00
	孟加拉国	0.28	0.00	0.27	0.60	0.05	0.72	4.08	0.68	0.64	0.00
	斯里兰卡	—	—	—	—	—	—	—	—	—	—
	阿富汗	—	—	—	—	—	—	—	—	—	—
	尼泊尔	1.20	0.00	0.21	0.01	0.00	0.29	1.26	1.00	3.09	0.04
	马尔代夫	0.17	—	0.77	0.02	0.00	0.43	2.91	0.98	1.61	0.03
	不丹	0.22	—	0.03	0.37	—	0.02	0.52	0.99	4.43	0.04

续表

区域	国家	2018年									
		0	1	2	3	4	5	6	7	8	9
西亚北非国家	沙特阿拉伯	0.23	0.00	0.09	0.05	0.01	0.39	2.33	0.89	2.73	0.03
	阿联酋	0.16	0.52	0.16	0.25	0.01	0.35	1.69	1.27	2.04	0.01
	阿曼	0.22	0.00	0.05	0.92	0.00	1.01	2.35	0.87	1.42	0.01
	伊朗	0.16	0.09	0.47	0.10	0.01	0.85	1.98	1.38	0.98	0.00
	土耳其	0.17	0.03	0.72	0.11	0.09	1.11	1.88	1.22	1.24	0.01
	以色列	0.35	0.01	0.27	0.01	0.03	0.94	2.01	0.83	2.62	0.04
	埃及	0.18	0.20	0.37	0.02	0.03	0.84	2.58	1.03	1.54	0.00
	科威特	0.13	0.00	0.12	0.00	0.01	0.30	3.11	0.90	2.06	0.01
	伊拉克	0.13	0.00	0.24	0.00	0.00	0.38	2.24	1.02	2.49	0.00
	卡塔尔	0.19	0.00	0.15	0.39	0.00	0.44	2.65	0.95	1.85	0.02
	约旦	0.28	0.49	0.22	0.00	0.02	0.65	2.58	0.74	2.63	0.01
	黎巴嫩	0.43	0.00	0.47	0.00	0.03	0.60	2.36	0.93	2.18	0.01
	巴林	0.41	0.36	0.18	1.07	0.00	0.73	1.91	1.00	1.43	0.02
	也门	0.66	0.00	0.02	0.00	0.00	0.64	3.27	0.41	2.84	0.00
	叙利亚	—	—	—	—	—	—	—	—	—	—
	巴勒斯坦	0.84	0.00	0.07	0.00	0.00	0.19	1.99	1.42	1.35	0.00
中东欧国家	波兰	0.14	0.20	0.23	0.01	0.02	0.42	1.25	1.21	2.84	0.01
	罗马尼亚	0.10	0.10	0.66	—	0.08	0.32	1.53	1.41	1.93	0.01
	捷克	0.06	0.00	0.03	0.00	0.04	0.10	0.35	2.27	0.90	0.01
	斯洛伐克	0.03	0.01	0.03	—	0.00	0.09	0.68	1.53	2.91	0.02
	保加利亚	0.29	0.36	0.76	0.03	0.13	0.78	1.69	1.24	1.65	0.03
	匈牙利	0.04	0.01	0.05	0.00	0.00	0.35	0.43	1.83	1.96	0.02
	拉脱维亚	0.21	0.47	0.10	0.01	0.01	0.70	1.87	1.11	2.20	0.09
	立陶宛	0.37	0.43	0.10	0.01	0.02	0.88	2.27	1.06	1.71	0.02
	斯洛文尼亚	0.08	0.02	0.28	0.00	0.03	0.76	1.76	0.68	3.71	0.01
	爱沙尼亚	0.50	0.29	0.09	0.01	—	0.35	1.52	1.60	1.26	0.04
	克罗地亚	0.20	0.01	0.11	0.03	0.06	0.90	1.81	0.91	2.74	0.02
	阿尔巴尼亚	0.22	0.17	0.11	—	0.15	0.73	2.83	0.83	2.08	0.01
	塞尔维亚	0.16	0.09	0.05	0.00	0.24	0.52	1.73	1.57	1.16	0.02
	北马其顿	0.48	—	0.48	—	—	0.51	1.81	1.56	0.83	0.03
	波黑	0.53	—	0.14	—	—	0.25	2.39	1.36	1.18	0.04
	黑山	0.20	2.12	0.17	0.00	—	1.70	3.01	0.78	0.96	0.01
"一带一路"沿线国家整体		0.44	0.12	1.21	0.55	1.86	0.84	1.23	1.21	1.26	0.38

资料来源：作者根据联合国商品贸易统计数据库数据计算。

第二节　中国与"一带一路"沿线国家的贸易条件指数

贸易条件是指在一段时间内一国的出口相对于进口的获利能力和贸易利益的程度，反映了一国的对外贸易状况，一般用贸易条件指数来衡量。一般来说，出口导向型贸易增长会恶化一国的贸易条件，从而降低一国的福利水平；而进口导向型增长则会改善一国的贸易条件，从而提高一国的福利水平。贸易条件指数（简称 N 指数）有三种形式：价格贸易条件、收入贸易条件和要素贸易条件，在本书中我们采用学者最常使用的价格贸易条件指数进行分析。价格贸易条件指数越高，相对来说一国的出口贸易价格指数高于一国的进口贸易价格指数，即出口同样多的货物能获得更多的进口货物，该国的贸易处于有利的地位，反之则不利。计算公式为：

$$N = P_x / P_m \times 100 \tag{5-2}$$

其中，N 为贸易条件指数，P_x 为出口价格指数，P_m 为进口价格指数。

2019 年中国的价格贸易条件指数为 103.3，"一带一路"沿线国家价格贸易条件指数的均值为 104.1，整体而言，"一带一路"沿线国家价格贸易条件优于中国。其中，价格贸易条件指数排名前十的国家为东帝汶、印度、尼泊尔、马尔代夫、吉尔吉斯斯坦、老挝、格鲁吉亚、不丹、缅甸和乌兹别克斯坦，具体计算结果见表 5-5。按经济体所属区域划分，东南亚国家价格贸易条件指数排名前五的国家为东帝汶、老挝、缅甸、菲律宾和印度尼西亚；东欧中亚国家价格贸易条件指数排名前三的国家为吉尔吉斯斯坦、格鲁吉亚和乌兹别克斯坦；南亚国家价格贸易条件指数排名前三的国家为印度、尼泊尔和马尔代夫；西亚北非国家价格贸易条件指数排名前三的国家为黎巴嫩、约旦和土耳其；中东欧国家价格贸易条件指数排名前五的国家为波兰、拉脱维亚、黑山、捷克和保加利亚，具体计算结果见表 5-6。

表 5-5　　2019 年"一带一路"沿线国家的贸易条件指数排名

国家	指数
东帝汶	299.03
印度	120.26
尼泊尔	119.90
马尔代夫	118.69
吉尔吉斯斯坦	115.43
老挝	114.30

续表

国家	指数
格鲁吉亚	113.10
不丹	112.77
缅甸	112.47
乌兹别克斯坦	107.30

资料来源：作者根据世界贸易组织数据库数据计算。

表5-6　2019年"一带一路"沿线国家分区域的贸易条件指数排名

区域	国家	指数
东南亚国家	东帝汶	299.03
	老挝	114.30
	缅甸	112.47
	菲律宾	107.29
	印度尼西亚	102.65
东欧中亚国家	吉尔吉斯斯坦	115.43
	格鲁吉亚	113.10
	乌兹别克斯坦	107.30
南亚国家	印度	120.26
	尼泊尔	119.90
	马尔代夫	118.69
西亚北非国家	黎巴嫩	130.94
	约旦	112.71
	土耳其	112.20
中东欧国家	波兰	102.83
	拉脱维亚	101.84
	黑山	101.82
	捷克	101.69
	保加利亚	100.87

资料来源：作者根据世界贸易组织数据库数据计算。

2014~2019年"一带一路"沿线国家的贸易条件指数详见表5-7。

表 5-7　2014~2019年"一带一路"沿线国家的贸易条件指数

区域	国家	2014年	2015年	2016年	2017年	2018年	2019年
东南亚国家	印度尼西亚	101.15	106.49	101.05	100.95	88.78	102.65
	泰国	109.34	105.84	104.91	96.32	95.45	102.10
	马来西亚	101.08	101.42	98.96	99.31	101.80	102.23
	越南	101.61	96.34	103.22	100.00	101.89	101.12
	新加坡	100.00	107.63	98.53	97.67	97.79	97.63
	菲律宾	104.68	87.04	81.61	105.09	86.17	107.29
	缅甸	74.62	97.27	111.29	95.68	119.50	112.47
	柬埔寨	91.78	100.65	112.72	99.00	96.00	92.26
	老挝	84.85	103.24	122.70	108.82	99.91	114.30
	文莱	92.17	67.45	92.41	99.22	87.41	94.09
	东帝汶	85.97	173.25	117.44	115.48	205.44	299.03
东欧中亚国家	蒙古国	164.20	111.59	119.12	97.60	83.47	104.22
	俄罗斯	105.54	109.57	83.17	100.64	120.33	92.47
	乌克兰	118.19	102.61	91.20	94.15	95.13	99.53
	格鲁吉亚	91.70	90.69	96.00	118.92	106.70	113.10
	阿塞拜疆	100.11	58.52	85.78	114.11	100.46	94.17
	亚美尼亚	104.48	132.88	119.29	97.89	90.63	98.56
	摩尔多瓦	99.48	112.13	103.17	98.67	93.62	101.28
	哈萨克斯坦	110.87	78.11	97.56	112.47	113.49	80.96
	乌兹别克斯坦	90.38	99.76	96.15	109.04	75.10	107.30
	土库曼斯坦	104.20	81.57	97.62	117.05	249.81	81.90
	吉尔吉斯斯坦	97.56	107.04	110.99	99.73	88.45	115.43
	塔吉克斯坦	81.26	114.02	114.40	145.52	78.87	96.26
南亚国家	印度	122.57	100.30	123.40	112.76	116.07	120.26
	巴基斯坦	94.14	104.11	101.22	87.03	95.63	97.28
	孟加拉国	104.68	82.78	101.06	106.43	103.83	106.33
	斯里兰卡	103.02	97.53	107.52	90.92	94.93	106.06
	阿富汗	79.04	83.72	95.36	111.88	85.01	105.31
	尼泊尔	87.62	92.58	71.93	92.14	86.17	119.90
	马尔代夫	92.31	96.23	86.90	85.89	104.42	118.69
	不丹	102.59	95.79	96.54	100.73	98.77	112.77

续表

区域	国家	2014年	2015年	2016年	2017年	2018年	2019年
西亚北非国家	沙特阿拉伯	88.10	59.10	112.47	125.83	130.23	88.12
	阿联酋	89.90	91.82	97.04	105.04	104.23	88.31
	阿曼	107.03	63.54	117.79	95.97	130.15	108.03
	伊朗	88.59	90.55	108.13	110.70	113.54	61.91
	土耳其	107.06	106.58	104.55	93.31	111.26	112.20
	以色列	102.39	107.72	89.15	96.19	91.43	94.39
	埃及	91.67	83.51	135.88	90.95	92.38	106.60
	科威特	83.76	53.11	85.84	109.18	122.47	93.37
	伊拉克	102.82	66.97	116.15	107.96	145.17	87.68
	卡塔尔	85.44	55.37	74.77	126.26	117.83	87.16
	约旦	99.53	104.59	102.12	93.78	104.14	112.71
	黎巴嫩	87.74	101.86	96.67	99.61	92.87	130.94
	巴林	98.71	103.53	89.36	101.69	98.74	102.16
	也门	103.53	44.87	30.72	195.16	94.99	85.28
	叙利亚	66.41	84.77	129.95	97.25	111.10	105.00
	巴勒斯坦	—	—	—	—	—	—
中东欧国家	波兰	99.69	102.96	100.80	98.12	97.77	102.83
	罗马尼亚	100.10	96.77	98.19	97.14	98.45	97.72
	捷克	100.88	98.42	101.84	98.03	98.22	101.69
	斯洛伐克	101.07	97.57	100.02	99.05	98.40	99.04
	保加利亚	97.88	102.93	105.72	100.14	96.56	100.87
	匈牙利	98.21	101.58	101.35	97.50	97.67	99.80
	拉脱维亚	100.43	95.89	101.29	101.46	98.53	101.84
	立陶宛	101.15	101.91	102.03	97.38	99.04	100.74
	斯洛文尼亚	103.95	101.07	100.65	98.85	98.14	97.59
	爱沙尼亚	99.20	100.81	99.61	99.17	101.77	100.72
	克罗地亚	105.52	103.59	100.36	102.63	95.34	100.51
	阿尔巴尼亚	97.84	95.76	95.31	102.43	111.36	95.09
	塞尔维亚	101.29	103.84	103.29	100.18	95.94	98.86
	北马其顿	104.79	103.70	100.46	103.53	104.04	99.40
	波黑	97.06	105.79	102.70	104.62	101.33	95.45
	黑山	87.91	92.68	91.46	102.13	97.41	101.82

资料来源：作者根据世界贸易组织数据库数据计算。

第三节　中国与“一带一路”沿线国家贸易的出口相似度指数

出口相似度指数（简称 ESI 指数）最早应用于商品贸易领域，主要衡量两个国家或国家联盟在第三方国家或国家联盟的出口产品相似程度，从而研究两个国家或国家联盟的产业结构和产品竞争关系。计算公式为：

$$ESI_{ij}^{k}=[(X_{ij}^{k}/X_i+X_{ji}^{k}/X_j)/2]\times[1-|(X_{ij}^{k}/X_i-X_{ji}^{k}/X_j)|/(X_{ij}^{k}/X_i+X_{ji}^{k}/X_j)] \quad (5\text{-}3)$$

其中，ESI_{ij}^{k} 表示出口相似度指数，X_{ij}^{k} 表示国家 i 向 j 国出口产品 k 的出口值，X_i 表示国家 i 出口在第三方国家或国家联盟的出口值，X_{ji}^{k} 表示国家 j 向 i 国出口产品 k 的出口值，X_j 表示国家 j 出口在第三方国家或国家联盟的出口值。

由于 2019 年中国对“一带一路”沿线国家的贸易数据未更新，因此按 2018 年的数据进行分析。2014~2018 年，中国与“一带一路”沿线国家整体的出口相似度指数①呈现逐年增长的态势，从 2014 年的 0.0057 提升至 2018 年的 0.0059，表明中国与“一带一路”沿线国家的产品竞争日趋激烈。

2018 年，中国与“一带一路”沿线国家出口相似度指数排名前十的国家为越南、印度、新加坡、俄罗斯、马来西亚、印度尼西亚、泰国、菲律宾、阿联酋和波兰，具体计算结果见表 5–8。按经济体所属区域划分，中国与东南亚国家出口相似度指数排名前五的国家为越南、新加坡、马来西亚、印度尼西亚和泰国；中国与东欧中亚国家出口相似度指数排名前三的国家为俄罗斯、哈萨克斯坦和乌克兰；中国与南亚国家出口相似度指数排名前三的国家为印度、巴基斯坦和阿富汗；中国与西亚北非国家出口相似度指数排名前三的国家为阿联酋、土耳其和沙特阿拉伯；中国与中东欧国家出口相似度指数排名前五的国家为波兰、捷克、匈牙利、罗马尼亚和斯洛文尼亚，具体计算结果见表 5–9。

表 5–8　　2018 年中国与“一带一路”沿线国家贸易的出口相似度指数排名

国家	指数
越南	0.0337
印度	0.0308
新加坡	0.0200
俄罗斯	0.0192
马来西亚	0.0184
印度尼西亚	0.0173

① 此处使用“一带一路”沿线国家对中国的出口值及中国对“一带一路”沿线国家的出口值。

续表

国家	指数
泰国	0.0172
菲律宾	0.0141
阿联酋	0.0120
波兰	0.0084

资料来源：作者根据联合国商品贸易统计数据库数据计算。

表5-9　2018年中国与"一带一路"沿线国家分区域贸易的出口相似度指数排名

区域	国家	指数
东南亚国家	越南	0.0337
	新加坡	0.0200
	马来西亚	0.0184
	印度尼西亚	0.0173
	泰国	0.0172
东欧中亚国家	俄罗斯	0.0192
	哈萨克斯坦	0.0045
	乌克兰	0.0028
南亚国家	印度	0.0308
	巴基斯坦	0.0068
	阿富汗	0.0003
西亚北非国家	阿联酋	0.0120
	土耳其	0.0072
	沙特阿拉伯	0.0070
中东欧国家	波兰	0.0084
	捷克	0.0048
	匈牙利	0.0026
	罗马尼亚	0.0018
	斯洛文尼亚	0.0018

资料来源：作者根据联合国商品贸易统计数据库数据计算。

2014~2018年中国与"一带一路"沿线国家贸易的出口相似度指数详见表5-10。

表 5–10 2014~2018年中国与"一带一路"沿线国家贸易的出口相似度指数

区域	国家	2014年	2015年	2016年	2017年	2018年
东南亚国家	印度尼西亚	0.0167	0.0151	0.0153	0.0154	0.0173
	泰国	0.0146	0.0168	0.0177	0.0170	0.0172
	马来西亚	0.0198	0.0193	0.0180	0.0184	0.0184
	越南	0.0272	0.0290	0.0291	0.0316	0.0337
	新加坡	0.0209	0.0228	0.0212	0.0199	0.0200
	菲律宾	0.0100	0.0117	0.0142	0.0142	0.0141
	缅甸	0.0040	0.0042	0.0039	0.0040	0.0042
	柬埔寨	0.0014	0.0017	0.0019	0.0021	0.0024
	老挝	0.0008	0.0005	0.0005	0.0006	0.0006
	文莱	0.0007	0.0006	0.0002	0.0003	0.0006
	东帝汶	—	—	—	0.0001	—
东欧中亚国家	蒙古国	0.0009	0.0007	0.0005	0.0005	0.0007
	俄罗斯	0.0229	0.0153	0.0178	0.0189	0.0192
	乌克兰	0.0022	0.0015	0.0020	0.0022	0.0028
	格鲁吉亚	0.0004	0.0003	0.0004	0.0004	0.0004
	阿塞拜疆	0.0003	0.0002	0.0002	0.0002	0.0002
	亚美尼亚	0.0001	0.0000	0.0001	0.0001	0.0001
	摩尔多瓦	0.0000	0.0000	0.0000	0.0000	0.0000
	哈萨克斯坦	0.0054	0.0037	0.0040	0.0051	0.0045
	乌兹别克斯坦	—	—	—	0.0012	0.0016
	土库曼斯坦					
	吉尔吉斯斯坦	0.0022	0.0019	0.0027	0.0024	0.0022
	塔吉克斯坦	—	—	—	—	—
南亚国家	印度	0.0231	0.0256	0.0278	0.0301	0.0308
	巴基斯坦	0.0057	0.0072	0.0082	0.0081	0.0068
	孟加拉国	—	0.0061	—	—	—
	斯里兰卡	0.0016	0.0019	0.0020	0.0018	—
	阿富汗	0.0002	0.0002	0.0002	—	0.0003
	尼泊尔	0.0010	0.0004	0.0004	0.0004	—
	马尔代夫	0.0000	0.0001	0.0002	0.0001	—
	不丹	0.0366	0.0380	0.0367	0.0440	0.0467

续表

区域	国家	2014年	2015年	2016年	2017年	2018年
西亚北非国家	沙特阿拉伯	0.0088	0.0095	0.0089	0.0081	0.0070
	阿联酋	0.0072	0.0084	0.0124	0.0127	0.0120
	阿曼	0.0009	0.0009	0.0010	0.0010	0.0012
	伊朗	0.0104	0.0078	0.0078	0.0082	0.0056
	土耳其	0.0082	0.0082	0.0080	0.0080	0.0072
	以色列	0.0033	0.0038	0.0039	0.0039	0.0037
	埃及	0.0045	0.0053	0.0050	0.0042	0.0048
	科威特	0.0015	0.0017	0.0014	0.0014	0.0013
	伊拉克	0.0033	0.0035	0.0036	0.0037	0.0032
	卡塔尔	0.0010	0.0010	0.0007	0.0007	0.0010
	约旦	0.0014	0.0015	0.0014	0.0012	0.0012
	黎巴嫩	0.0011	0.0010	0.0010	0.0009	0.0008
	巴林	0.0005	0.0004	0.0004	0.0004	0.0005
	也门	0.0009	0.0006	0.0008	0.0007	0.0008
	叙利亚	0.0004	0.0004	0.0004	0.0005	0.0004
	巴勒斯坦	0.0000	0.0000	0.0000	0.0000	0.0000
中东欧国家	波兰	0.0061	0.0063	0.0072	0.0079	0.0084
	罗马尼亚	0.0014	0.0014	0.0016	0.0017	0.0018
	捷克	0.0034	0.0036	0.0038	0.0039	0.0048
	斯洛伐克	0.0012	0.0012	0.0014	0.0012	0.0010
	保加利亚	0.0005	0.0005	0.0005	0.0005	0.0006
	匈牙利	0.0025	0.0023	0.0026	0.0027	0.0026
	拉脱维亚	0.0006	0.0004	0.0005	0.0005	0.0005
	立陶宛	0.0007	0.0005	0.0006	0.0007	0.0007
	斯洛文尼亚	0.0009	0.0009	0.0011	0.0013	0.0018
	爱沙尼亚	0.0005	0.0004	0.0005	0.0004	0.0004
	克罗地亚	0.0004	0.0004	0.0005	0.0005	0.0005
	阿尔巴尼亚	0.0002	0.0002	0.0002	0.0002	0.0002
	塞尔维亚	0.0002	0.0002	0.0002	0.0002	0.0003
	北马其顿	0.0000	0.0000	0.0000	0.0000	0.0000
	波黑	0.0001	0.0000	0.0000	0.0000	0.0000
	黑山	0.0001	0.0001	0.0001	0.0001	0.0001
"一带一路"沿线国家整体		0.0057	0.0057	0.0058	0.0059	0.0059

资料来源：作者根据联合国商品贸易统计数据库数据计算。

第四节　中国与“一带一路”沿线国家贸易的产品竞争性指数

产品竞争性指数（简称TC指数）是指一国贸易进出口的差额占贸易进出口总额的比重，它是衡量一国贸易结构的有效指标，计算公式为：

$$TC_i^k = (X_i^k - M_i^k) / (X_i^k + M_i^k) \quad (5-4)$$

其中，TC_i^k表示产品竞争性指数，X_i^k表示i国k行业的出口额，M_i^k表示i国k行业的进口额。产品竞争性指数的取值在-1~+1之间，取值为正表明一国的贸易竞争力高于世界平均水平；取值为负表明一国的贸易竞争力低于世界平均水平。一般而言，产品竞争性指数分为6个水平：极大的竞争劣势（-1~-0.6）；较大的竞争劣势（-0.6~-0.3）；较小的竞争劣势（-0.3~0）；较小的竞争优势（0~0.3）；较大的竞争优势（0.3~0.6）；极大的竞争优势（0.6~1）。

一、“一带一路”沿线国家对中国贸易的产品竞争性指数

在产品竞争性指数方面，2014~2019年，“一带一路”沿线国家整体对中国的产品竞争性指数[①]呈现出先下降后上升的趋势。2014~2017年，“一带一路”沿线国家整体对中国的产品竞争性指数从-0.16下降至-0.19；2017~2019年，“一带一路”沿线国家整体对中国的产品竞争性指数从-0.19上升至-0.10。整体来看，“一带一路”沿线国家整体仍保持对中国货物贸易竞争劣势，但竞争劣势在近几年有所下降。

2019年，“一带一路”沿线国家对中国产品竞争性指数排名前十的国家为蒙古国、老挝、新加坡、阿塞拜疆、缅甸、俄罗斯、亚美尼亚、马来西亚、格鲁吉亚和越南，具体计算结果见表5-11。按经济体所属区域划分，东南亚国家对中国产品竞争性指数排名前五的国家为老挝、新加坡、缅甸、马来西亚和越南；东欧中亚国家对中国产品竞争性指数排名前三的国家为阿塞拜疆、俄罗斯和亚美尼亚；南亚国家对中国产品竞争性指数排名前二的国家为印度和巴基斯坦；西亚北非国家对中国产品竞争性指数排名前三的国家为卡塔尔、以色列和土耳其；中东欧国家对中国产品竞争性指数排名前五的国家为保加利亚、斯洛伐克、拉脱维亚、北马其顿和立陶宛，具体计算结果见表5-12。

① 此处使用“一带一路”沿线国家对中国的进口值和出口值。

表 5-11　2019年"一带一路"沿线国家对中国贸易的产品竞争性指数排名

国家	指数
蒙古国	1.54
老挝	1.09
新加坡	1.01
阿塞拜疆	0.96
缅甸	0.94
俄罗斯	0.92
亚美尼亚	0.91
马来西亚	0.89
格鲁吉亚	0.79
越南	0.77

资料来源：作者根据联合国商品贸易统计数据库数据计算。

表 5-12　2019年"一带一路"沿线国家分区域对中国贸易的产品竞争性指数排名

区域	国家	指数
东南亚国家	老挝	1.09
	新加坡	1.01
	缅甸	0.94
	马来西亚	0.89
	越南	0.77
东欧中亚国家	阿塞拜疆	0.96
	俄罗斯	0.92
	亚美尼亚	0.91
南亚国家	印度	−0.60
	巴基斯坦	−0.72
西亚北非国家	卡塔尔	0.44
	以色列	−0.40
	土耳其	−0.75
中东欧国家	保加利亚	−0.29
	斯洛伐克	−0.50
	拉脱维亚	−0.52
	北马其顿	−0.53
	立陶宛	−0.54

资料来源：作者根据联合国商品贸易统计数据库数据计算。

2014~2019年"一带一路"沿线国家对中国贸易的产品竞争性指数详见表 5-13。

表 5-13 2014~2019 年"一带一路"沿线国家对中国贸易的产品竞争性指数

区域	国家	2014年	2015年	2016年	2017年	2018年	2019年
东南亚国家	印度尼西亚	-0.27	-0.32	-0.29	-0.22	-0.25	0.75
	泰国	-0.21	-0.27	-0.28	-0.20	-0.25	0.75
	马来西亚	-0.11	-0.12	-0.18	-0.13	-0.11	0.89
	越南	-0.49	-0.50	-0.39	-0.25	-0.23	0.77
	新加坡	0.10	0.10	0.05	0.09	0.01	1.01
	菲律宾	-0.12	-0.28	-0.44	-0.39	-0.44	0.56
	缅甸	-0.11	-0.18	-0.06	-0.06	-0.06	0.94
	柬埔寨	-0.82	-0.81	-0.76	-0.75	-0.75	0.25
	老挝	0.10	0.19	0.20	-0.10	0.09	1.09
	文莱	-0.58	-0.55	-0.21	-0.41	-0.75	0.25
	东帝汶	—	—	—	-0.95	—	—
东欧中亚国家	蒙古国	0.50	0.48	0.58	0.58	0.54	1.54
	俄罗斯	-0.15	-0.11	-0.21	-0.15	0.04	0.92
	乌克兰	-0.34	-0.22	-0.44	-0.45	-0.55	—
	格鲁吉亚	-0.78	-0.65	-0.53	-0.57	-0.62	0.79
	阿塞拜疆	-0.83	-0.81	-0.30	-0.32	-0.83	0.96
	亚美尼亚	-0.42	-0.31	-0.57	-0.59	-0.72	0.91
	摩尔多瓦	-0.97	-0.95	-0.93	-0.93	-0.94	—
	哈萨克斯坦	0.14	0.04	0.07	0.11	0.08	0.09
	乌兹别克斯坦	—	—	—	-0.35	-0.25	-0.48
	土库曼斯坦	—	—	—	—	—	—
	吉尔吉斯斯坦	-0.95	-0.93	-0.90	-0.88	-0.94	-0.91
	塔吉克斯坦	—	—	—	—	—	—
南亚国家	印度	-0.63	-0.73	-0.74	-0.70	-0.64	-0.60
	巴基斯坦	-0.62	-0.70	-0.79	-0.82	-0.78	-0.72
	孟加拉国	—	-0.87	—	—	—	—
	斯里兰卡	-0.90	-0.85	-0.90	-0.81	—	—
	阿富汗	-0.97	-0.98	-0.99	—	-0.95	—
	尼泊尔	-0.94	-0.98	-0.97	-0.97	—	—
	马尔代夫	-1.00	-1.00	-1.00	-1.00	-1.00	—
	不丹	—	—	—	—	—	—

续表

区域	国家	2014年	2015年	2016年	2017年	2018年	2019年
西亚北非国家	沙特阿拉伯	−0.52	−0.62	−0.60	−0.54	−0.39	—
	阿联酋	−0.80	−0.80	−0.72	−0.81	−0.76	—
	阿曼	−0.32	−0.48	−0.66	−0.39	−0.33	—
	伊朗	−0.15	−0.05	−0.12	−0.18	0.20	—
	土耳其	−0.79	−0.82	−0.83	−0.78	−0.75	−0.75
	以色列	−0.36	−0.28	−0.28	−0.33	−0.37	−0.40
	埃及	−0.88	−0.80	−0.85	−0.85	−0.83	−0.91
	科威特	−0.62	−0.73	−0.81	0.36	0.42	—
	伊拉克	0.46	0.23	0.17	0.25	0.48	—
	卡塔尔	0.46	0.22	0.29	0.36	0.42	0.44
	约旦	−0.86	−0.85	−0.91	−0.89	−0.92	−0.87
	黎巴嫩	−0.99	−0.99	−0.99	−0.98	−0.98	—
	巴林	−0.95	−0.92	−0.59	−0.67	−0.70	—
	也门	−0.23	−0.98	−0.82	−0.43	−0.45	−1.00
	叙利亚	−1.00	−0.99	−0.99	−1.00	−1.00	—
	巴勒斯坦	−1.00	−1.00	−1.00	−1.00	−1.00	—
中东欧国家	波兰	−0.82	−0.83	−0.85	−0.84	−0.85	−0.84
	罗马尼亚	−0.61	−0.69	−0.70	−0.67	−0.71	−0.71
	捷克	−0.79	−0.82	−0.80	−0.79	−0.82	−0.84
	斯洛伐克	−0.57	−0.70	−0.67	−0.63	−0.55	−0.50
	保加利亚	−0.24	−0.27	−0.38	−0.24	−0.27	−0.29
	匈牙利	−0.41	−0.45	−0.37	−0.33	−0.46	−0.62
	拉脱维亚	−0.54	−0.59	−0.54	−0.51	−0.51	−0.52
	立陶宛	−0.73	−0.75	−0.70	−0.64	−0.64	−0.54
	斯洛文尼亚	−0.80	−0.82	−0.71	−0.69	−0.73	−0.77
	爱沙尼亚	−0.76	−0.76	−0.75	−0.71	−0.77	−0.78
	克罗地亚	−0.79	−0.76	−0.77	−0.72	−0.71	−0.74
	阿尔巴尼亚	−0.64	−0.75	−0.74	−0.71	−0.81	—
	塞尔维亚	−0.98	−0.97	−0.97	−0.93	−0.92	−0.77
	北马其顿	−0.65	−0.46	−0.80	−0.75	−0.78	−0.53
	波黑	−0.98	−0.95	−0.95	−0.94	−0.95	−0.96
	黑山	−0.96	−0.92	−0.81	−0.94	−0.90	—
"一带一路"沿线国家整体		−0.16	−0.18	−0.18	−0.19	−0.11	−0.10

资料来源：作者根据联合国商品贸易统计数据库数据计算。

二、中国对"一带一路"沿线国家贸易的产品竞争性指数

由于2019年中国对"一带一路"沿线国家的贸易数据未更新，因此本报告按2018年的数据进行分析。2014~2019年，中国对"一带一路"沿线国家整体的产品竞争性指数[①]呈现出先上升后下降的趋势。2014~2016年，中国对"一带一路"沿线国家整体的产品竞争性指数从0.14增长至0.23；2016~2019年，中国对"一带一路"沿线国家整体的产品竞争性指数从0.23下降至0.11。整体来看，中国虽仍保持对"一带一路"沿线国家整体货物贸易的竞争优势，但竞争优势在近几年有所下降。

2018年，中国对"一带一路"沿线国家产品竞争性指数排名前十的国家为叙利亚、巴勒斯坦、吉尔吉斯斯坦、黎巴嫩、阿富汗、格鲁吉亚、塔吉克斯坦、约旦、巴基斯坦和巴林，具体计算结果见表5-14。按经济体所属区域划分，中国对东南亚国家产品竞争性指数排名前五的国家为老挝、马来西亚、泰国、印度尼西亚和越南；中国对东欧中亚国家产品竞争性指数排名前三的国家为吉尔吉斯斯坦、格鲁吉亚和塔吉克斯坦；中国对南亚国家产品竞争性指数排名前三的国家为阿富汗、巴基斯坦和印度；中国对西亚北非国家产品竞争性指数排名前三的国家为叙利亚、巴勒斯坦和黎巴嫩；中国对中东欧国家产品竞争性指数排名前五的国家为斯洛文尼亚、克罗地亚、波兰、拉脱维亚和立陶宛，具体计算结果见表5-15。

表5-14　2018年中国对"一带一路"沿线国家贸易的产品竞争性指数排名

国家	指数
叙利亚	0.99
巴勒斯坦	0.99
吉尔吉斯斯坦	0.98
黎巴嫩	0.95
阿富汗	0.93
格鲁吉亚	0.91
塔吉克斯坦	0.90
约旦	0.87
巴基斯坦	0.77
巴林	0.77

资料来源：作者根据联合国商品贸易统计数据库数据计算。

[①] 此处使用中国对"一带一路"沿线国家的进口值和出口值。

表 5-15　2018年中国对"一带一路"沿线国家分区域贸易的产品竞争性指数排名

区域	国家	指数
东南亚国家	老挝	0.16
	马来西亚	0.16
	泰国	0.02
	印度尼西亚	−0.12
	越南	−0.13
东欧中亚国家	吉尔吉斯斯坦	0.98
	格鲁吉亚	0.91
	塔吉克斯坦	0.90
南亚国家	阿富汗	0.93
	巴基斯坦	0.77
	印度	0.61
西亚北非国家	叙利亚	0.99
	巴勒斯坦	0.99
	黎巴嫩	0.95
中东欧国家	斯洛文尼亚	0.76
	克罗地亚	0.72
	波兰	0.70
	拉脱维亚	0.69
	立陶宛	0.68

资料来源：作者根据联合国商品贸易统计数据库数据计算。

2014~2018年中国对"一带一路"沿线国家贸易的产品竞争性指数详见表5-16。

表 5-16　2014~2018年中国对"一带一路"沿线国家贸易的产品竞争性指数

区域	国家	2014年	2015年	2016年	2017年	2018年
东南亚国家	印度尼西亚	−0.23	−0.27	−0.20	−0.10	−0.12
	泰国	0.06	−0.01	0.02	0.04	0.02
	马来西亚	0.09	0.10	0.13	0.13	0.16
	越南	−0.52	−0.38	−0.24	−0.17	−0.13
	新加坡	−0.23	−0.31	−0.26	−0.14	−0.19
	菲律宾	−0.06	−0.17	−0.26	−0.25	−0.26
	缅甸	0.25	−0.28	−0.33	−0.33	−0.38
	柬埔寨	−0.74	−0.70	−0.65	−0.65	−0.63

续表

区域	国家	2014年	2015年	2016年	2017年	2018年
东南亚国家	老挝	−0.02	0.12	0.16	0.06	0.16
	文莱	−0.80	−0.87	−0.40	−0.29	−0.73
	东帝汶	−1.00	−0.99	−1.00	−0.98	−0.96
东欧中亚国家	蒙古国	0.39	0.41	0.57	0.61	0.59
	俄罗斯	0.13	0.02	0.07	0.02	−0.10
	乌克兰	0.19	−0.01	0.26	0.37	0.45
	格鲁吉亚	0.89	0.89	0.87	0.86	0.91
	阿塞拜疆	0.37	0.33	−0.09	−0.20	0.15
	亚美尼亚	−0.15	−0.30	−0.43	−0.36	−0.19
	摩尔多瓦	0.65	0.65	0.52	0.48	0.48
	哈萨克斯坦	0.13	0.18	0.27	0.29	0.14
	乌兹别克斯坦	0.25	0.28	0.11	0.30	0.26
	土库曼斯坦	−0.82	−0.81	−0.89	−0.89	−0.92
	吉尔吉斯斯坦	0.98	0.97	0.97	0.97	0.98
	塔吉克斯坦	0.96	0.94	0.96	0.93	0.90
南亚国家	印度	0.54	0.63	0.66	0.61	0.61
	巴基斯坦	0.66	0.74	0.80	0.82	0.77
	孟加拉国	—	0.89	—	—	—
	斯里兰卡	0.88	0.89	0.88	0.86	—
	阿富汗	0.92	0.94	0.98	—	0.93
	尼泊尔	0.96	0.93	0.95	0.96	—
	马尔代夫	0.99	1.00	1.00	1.00	—
	不丹	—	—	—	—	—
西亚北非国家	沙特阿拉伯	−0.40	−0.16	−0.12	−0.27	−0.45
	阿联酋	0.42	0.53	0.50	0.40	0.29
	阿曼	−0.84	−0.75	−0.70	−0.70	−0.73
	伊朗	−0.06	0.05	0.05	0.00	−0.20
	土耳其	0.68	0.73	0.71	0.65	0.65
	以色列	0.42	0.51	0.44	0.36	0.34
	埃及	0.80	0.86	0.90	0.75	0.74
	科威特	−0.49	−0.33	−0.36	−0.48	−0.64
	伊拉克	−0.46	−0.23	−0.17	−0.25	−0.48
	卡塔尔	−0.57	−0.34	−0.45	−0.58	−0.57

续表

区域	国家	2014年	2015年	2016年	2017年	2018年
西亚北非国家	约旦	0.85	0.85	0.87	0.82	0.87
	黎巴嫩	0.98	0.98	0.98	0.98	0.95
	巴林	0.74	0.80	0.85	0.76	0.77
	也门	−0.14	0.23	0.82	0.43	0.45
	叙利亚	1.00	0.99	0.99	1.00	0.99
	巴勒斯坦	1.00	0.99	0.99	1.00	0.99
中东欧国家	波兰	0.66	0.68	0.71	0.68	0.70
	罗马尼亚	0.36	0.42	0.41	0.35	0.35
	捷克	0.46	0.49	0.46	0.41	0.46
	斯洛伐克	−0.09	0.11	0.09	0.03	−0.34
	保加利亚	0.09	0.16	0.28	0.09	0.11
	匈牙利	0.28	0.29	0.22	0.19	0.20
	拉脱维亚	0.80	0.75	0.78	0.73	0.69
	立陶宛	0.83	0.79	0.77	0.72	0.68
	斯洛文尼亚	0.71	0.76	0.68	0.71	0.76
	爱沙尼亚	0.67	0.60	0.64	0.59	0.62
	克罗地亚	0.82	0.80	0.73	0.73	0.72
	阿尔巴尼亚	0.33	0.54	0.60	0.40	0.67
	塞尔维亚	0.58	0.51	0.45	0.44	0.53
	北马其顿	−0.08	−0.21	0.32	−0.05	0.38
	波黑	0.77	0.05	0.19	0.16	0.17
	黑山	0.49	0.69	0.54	0.33	0.62
"一带一路"沿线国家整体		0.14	0.23	0.23	0.17	0.11

资料来源：作者根据联合国商品贸易统计数据库数据计算。

第六章　中国与“一带一路”沿线国家经贸联系的互补性指数

第一节　中国与“一带一路”沿线国家的产业内贸易指数

产业内贸易是指贸易双方针对同一产业的同类产品进行交换的贸易行为，同类产品可以分为同质和异质，同质是指可以完全相互替代的性质完全一致的产品；异质是指由于存在性能、品牌或服务方面的差异不能完全相互替代的产品。产业内贸易指数（简称IIT指数）衡量一个行业的产业内贸易程度，也测度了贸易的互补性。计算公式如下：

$$IIT=1-|X_{ij}^{k}-M_{ij}^{k}|/(X_{ij}^{k}+M_{ij}^{k}) \quad (6\text{-}1)$$

其中，X_{ij}^{k}代表i国向j国在行业k的出口数额，M_{ij}^{k}表示i国从j国在行业k的进口数额。$0 \leqslant IIT \leqslant 1$，$IIT$数值越大表明产业内贸易程度越高，当$IIT$取0时代表不存在产业内贸易，当$IIT$取1时表示两国各自的进口额等于出口额，存在完全的产业内贸易。

一、“一带一路”沿线国家对中国的产业内贸易指数

在产业内贸易指数方面，按SITC.REV3二位数分类，2019年“一带一路”沿线国家整体对中国在“6主要按原料分类的制成品”“7机械及运输设备”“8杂项制品”产业上具有较强程度的产业内贸易[①]。

从10大类产业细分角度来看，2019年，“一带一路”沿线国家对中国“0食物及活动物”产业内贸易指数排名前十的国家为爱沙尼亚、蒙古国、阿塞拜疆、哈萨克斯坦、土耳其、亚美尼亚、印度尼西亚、菲律宾、保加利亚和匈牙利；“1饮料及烟草”产业内贸易指数排名前十的国家为印度尼西亚、罗马尼亚、马来西亚、以色列、斯洛伐克、捷克、缅甸、老挝、新加坡和立陶宛；“2非食用原材料（不包括燃料）”产业内贸易指数排名前十的国家为亚美尼亚、格鲁吉亚、俄罗斯、巴基斯坦、罗马尼亚、波兰、乌兹别克斯坦、斯洛伐克、卡塔尔和斯洛文尼亚；“3矿物燃料、润滑油及有关原料”产业内贸易指数排名前十的国家为阿塞拜

① 此处使用“一带一路”沿线国家对中国的进口值和出口值。

疆、乌兹别克斯坦、俄罗斯、老挝、泰国、吉尔吉斯斯坦、塞尔维亚、马来西亚、越南和新加坡;"4 动植物油、脂和蜡"产业内贸易指数排名前十的国家为俄罗斯、罗马尼亚、格鲁吉亚、吉尔吉斯斯坦、匈牙利、塞尔维亚、新加坡、越南、立陶宛和保加利亚;"5 未另列明的化学品和有关产品"产业内贸易指数排名前十的国家为吉尔吉斯斯坦、亚美尼亚、哈萨克斯坦、老挝、马来西亚、格鲁吉亚、约旦、泰国、以色列和匈牙利;"6 主要按原料分类的制成品"产业内贸易指数排名前十的国家为亚美尼亚、格鲁吉亚、阿塞拜疆、吉尔吉斯斯坦、北马其顿、塞尔维亚、保加利亚、哈萨克斯坦、印度尼西亚和马来西亚;"7 机械及运输设备"产业内贸易指数排名前十的国家为乌兹别克斯坦、格鲁吉亚、吉尔吉斯斯坦、阿塞拜疆、亚美尼亚、新加坡、俄罗斯、以色列、马来西亚和菲律宾;"8 杂项制品"产业内贸易指数排名前十的国家为吉尔吉斯斯坦、阿塞拜疆、越南、新加坡、亚美尼亚、俄罗斯、老挝、格鲁吉亚、马来西亚和泰国;"9 STIC 未分类的其他商品"产业内贸易指数排名前十的国家为格鲁吉亚、俄罗斯、阿塞拜疆、吉尔吉斯斯坦、斯洛文尼亚、波兰、克罗地亚、爱沙尼亚、菲律宾和泰国,具体计算结果见表 6-1。

表 6-1　2019 年"一带一路"沿线国家对中国 10 大类产业的产业内贸易指数排名

国家	0	国家	1	国家	2	国家	3	国家	4
爱沙尼亚	0.963	印度尼西亚	0.999	亚美尼亚	0.962	阿塞拜疆	0.999	俄罗斯	0.980
蒙古国	0.962	罗马尼亚	0.981	格鲁吉亚	0.959	乌兹别克斯坦	0.996	罗马尼亚	0.965
阿塞拜疆	0.962	马来西亚	0.966	俄罗斯	0.910	俄罗斯	0.991	格鲁吉亚	0.885
哈萨克斯坦	0.951	以色列	0.950	巴基斯坦	0.823	老挝	0.988	吉尔吉斯斯坦	0.868
土耳其	0.950	斯洛伐克	0.949	罗马尼亚	0.810	泰国	0.979	匈牙利	0.834
亚美尼亚	0.914	捷克	0.903	波兰	0.775	吉尔吉斯斯坦	0.907	塞尔维亚	0.809
印度尼西亚	0.898	缅甸	0.864	乌兹别克斯坦	0.710	塞尔维亚	0.758	新加坡	0.646
菲律宾	0.890	老挝	0.863	斯洛伐克	0.710	马来西亚	0.752	越南	0.601
保加利亚	0.848	新加坡	0.812	卡塔尔	0.654	越南	0.704	立陶宛	0.579
匈牙利	0.839	立陶宛	0.796	斯洛文尼亚	0.639	新加坡	0.703	保加利亚	0.568
国家	5	国家	6	国家	7	国家	8	国家	9
吉尔吉斯斯坦	0.999	亚美尼亚	0.997	乌兹别克斯坦	0.998	吉尔吉斯斯坦	0.999	格鲁吉亚	0.999
亚美尼亚	0.999	格鲁吉亚	0.990	格鲁吉亚	0.997	阿塞拜疆	0.993	俄罗斯	0.997
哈萨克斯坦	0.951	阿塞拜疆	0.990	吉尔吉斯斯坦	0.993	越南	0.989	阿塞拜疆	0.997
老挝	0.934	吉尔吉斯斯坦	0.966	阿塞拜疆	0.990	新加坡	0.988	吉尔吉斯斯坦	0.987
马来西亚	0.908	北马其顿	0.932	亚美尼亚	0.935	亚美尼亚	0.972	斯洛文尼亚	0.877
格鲁吉亚	0.899	塞尔维亚	0.808	新加坡	0.854	俄罗斯	0.929	波兰	0.836
约旦	0.899	保加利亚	0.711	俄罗斯	0.838	老挝	0.929	克罗地亚	0.782
泰国	0.889	哈萨克斯坦	0.659	以色列	0.772	格鲁吉亚	0.839	爱沙尼亚	0.771
以色列	0.795	印度尼西亚	0.651	马来西亚	0.768	马来西亚	0.618	菲律宾	0.648
匈牙利	0.772	马来西亚	0.609	菲律宾	0.712	泰国	0.548	泰国	0.571

资料来源:作者根据联合国商品贸易统计数据库数据计算。

2014~2019年"一带一路"沿线国家对中国10大类产业的产业内贸易指数详见表6-2。

表6-2　2014~2019年"一带一路"沿线国家对中国10大类产业的产业内贸易指数

区域	国家	2014年									
		0	1	2	3	4	5	6	7	8	9
东南亚国家	印度尼西亚	0.806	0.077	0.268	0.083	0.013	0.694	0.361	0.068	0.437	—
	泰国	0.602	0.795	0.151	0.197	0.464	0.769	0.494	0.447	0.444	0.000
	马来西亚	0.513	0.582	0.342	0.372	0.022	0.995	0.524	0.834	0.435	0.509
	越南	0.357	0.404	0.398	0.888	0.245	0.422	0.233	0.318	0.819	0.000
	新加坡	0.818	0.894	0.658	0.953	0.539	0.335	0.324	0.960	0.964	0.252
	菲律宾	0.904	0.325	0.065	0.393	0.157	0.496	0.311	0.938	0.461	0.098
	缅甸	0.097	0.809	0.110	0.109	0.145	0.031	0.689	0.003	0.459	0.742
	柬埔寨	0.860	0.017	0.180	0.000	0.271	0.055	0.004	0.013	0.576	—
	老挝	0.510	0.122	0.016	0.287	—	0.637	0.187	0.018	0.302	—
	文莱	0.050	0.005	0.485	0.009	—	0.547	0.004	0.014	0.048	0.610
	东帝汶	—	—	—	—	—	—	—	—	—	—
东欧中亚国家	蒙古国	0.274	0.011	0.008	0.173	0.010	0.030	0.185	0.021	0.027	0.002
	俄罗斯	0.722	0.656	0.101	0.001	0.462	0.728	0.129	0.124	0.024	0.000
	乌克兰	0.466	0.403	0.051	0.147	0.002	0.022	0.007	0.151	0.017	0.554
	格鲁吉亚	0.000	0.202	0.034	0.000	0.000	0.001	0.002	0.000	0.000	0.000
	阿塞拜疆	0.123	0.672	0.877	0.098	0.000	0.866	0.156	0.000	0.000	0.000
	亚美尼亚	0.018	0.000	0.045	0.000	0.000	0.000	0.001	0.000	0.002	0.000
	摩尔多瓦	0.121	0.552	0.047	0.007	0.000	0.005	0.005	0.006	0.007	0.000
	哈萨克斯坦	0.487	0.616	0.018	0.016	0.133	0.556	0.841	0.074	0.002	0.272
	乌兹别克斯坦	—	—	—	—	—	—	—	—	—	—
	土库曼斯坦	—	—	—	—	—	—	—	—	—	—
	吉尔吉斯斯坦	0.094	0.913	0.686	0.119	0.015	0.003	0.023	0.036	0.004	—
	塔吉克斯坦	—	—	—	—	—	—	—	—	—	—
南亚国家	印度	0.915	0.903	0.293	0.681	0.022	0.244	0.607	0.091	0.175	0.009
	巴基斯坦	0.721	0.000	0.927	0.005	0.003	0.036	0.745	0.007	0.115	0.003
	孟加拉国	—	—	—	—	—	—	—	—	—	—
	斯里兰卡	0.449	0.874	0.518	0.016	0.778	0.030	0.036	0.010	0.418	0.000
	阿富汗	0.528	—	—	0.000	—	0.000	—	0.000	0.000	0.029
	尼泊尔	0.176	0.064	0.954	0.014	0.803	0.004	0.107	0.000	0.028	0.104
	马尔代夫	0.042	0.000	0.000	0.000	0.000	0.000	0.000	0.000	0.000	0.000
	不丹	—	—	—	—	—	—	—	—	—	—

续表

区域	国家	2014年									
		0	1	2	3	4	5	6	7	8	9
西亚北非国家	沙特阿拉伯	0.022	0.000	0.563	0.000	0.000	0.256	0.046	0.023	0.011	0.000
	阿联酋	0.200	0.055	0.952	0.061	0.014	0.875	0.077	0.216	0.015	0.562
	阿曼	0.844	0.131	0.059	0.000	0.481	0.468	0.232	0.028	0.006	0.475
	伊朗	0.145	0.000	0.259	0.071	0.015	0.434	0.024	0.001	0.002	0.000
	土耳其	0.721	0.213	0.376	0.622	0.585	0.068	0.111	0.018	0.065	0.171
	以色列	0.391	0.850	0.675	0.048	0.412	0.806	0.359	0.960	0.240	0.004
	埃及	0.159	0.000	0.571	0.005	0.006	0.028	0.086	0.001	0.011	0.028
	科威特	0.003	0.000	0.829	0.000	0.000	0.267	0.010	0.193	0.001	0.000
	伊拉克	—	—	—	—	—	—	—	—	—	—
	卡塔尔	0.000	0.000	0.310	0.006	0.000	0.102	0.003	0.001	0.000	0.000
	约旦	0.015	0.828	0.269	0.000	0.000	0.930	0.004	0.001	0.003	0.000
	黎巴嫩	0.004	0.004	0.381	0.000	0.081	0.034	0.005	0.000	0.000	0.000
	巴林	0.000	0.008	0.541	0.159	0.000	0.677	0.013	0.230	0.001	0.107
	也门	0.008	0.000	0.086	0.000	0.000	0.047	0.002	0.032	0.006	0.000
	叙利亚	—	—	—	—	—	—	—	—	—	—
	巴勒斯坦	0.003	0.000	0.001	0.000	0.553	0.000	0.000	0.000	0.000	0.000
中东欧国家	波兰	0.831	0.057	0.982	0.035	0.046	0.242	0.463	0.094	0.078	0.007
	罗马尼亚	0.372	0.622	0.483	0.000	0.220	0.607	0.283	0.287	0.166	0.027
	捷克	0.225	0.723	0.582	0.887	0.000	0.420	0.283	0.181	0.187	0.000
	斯洛伐克	0.068	0.476	0.235	0.493	0.000	0.107	0.154	0.543	0.094	0.045
	保加利亚	0.709	0.206	0.274	0.228	0.060	0.164	0.746	0.217	0.155	0.066
	匈牙利	0.972	0.135	0.344	0.123	0.954	0.808	0.667	0.545	0.828	0.153
	拉脱维亚	0.824	0.005	0.027	0.116	0.000	0.404	0.185	0.134	0.162	0.000
	立陶宛	0.193	0.718	0.358	0.062	0.000	0.178	0.051	0.131	0.300	0.744
	斯洛文尼亚	0.200	0.165	0.987	0.000	0.000	0.288	0.222	0.223	0.054	0.608
	爱沙尼亚	0.822	0.047	0.212	0.009	0.000	0.528	0.173	0.132	0.183	0.292
	克罗地亚	0.017	0.069	0.525	0.000	0.000	0.201	0.259	0.147	0.036	0.671
	阿尔巴尼亚	0.021	0.000	0.000	0.000	0.000	0.000	0.000	0.587	0.000	0.000
	塞尔维亚	0.084	0.717	0.532	0.000	0.002	0.016	0.006	0.016	0.007	0.000
	北马其顿	0.048	0.379	0.456	0.000	0.000	0.001	0.876	0.064	0.004	0.091
	波黑	0.000	0.427	0.772	0.013	0.000	0.008	0.002	0.004	0.023	—
	黑山	0.000	0.001	0.384	0.000	0.000	0.000	0.000	0.000	0.000	—
"一带一路"沿线国家整体		0.431	0.814	0.254	0.186	0.072	0.781	0.986	0.667	0.988	0.654

续表

区域	国家	2015年									
		0	1	2	3	4	5	6	7	8	9
东南亚国家	印度尼西亚	0.867	0.045	0.286	0.104	0.009	0.414	0.399	0.070	0.515	0.699
	泰国	0.607	0.765	0.143	0.181	0.578	0.884	0.360	0.449	0.596	0.000
	马来西亚	0.571	0.435	0.243	0.292	0.030	0.989	0.478	0.819	0.385	0.511
	越南	0.318	0.504	0.369	0.817	0.208	0.433	0.245	0.316	0.961	0.041
	新加坡	0.738	0.791	0.628	0.968	0.672	0.323	0.524	0.967	0.921	0.276
	菲律宾	0.506	0.150	0.168	0.474	0.329	0.367	0.096	0.965	0.378	0.421
	缅甸	0.117	0.806	0.136	0.058	0.003	0.029	0.476	0.002	0.468	0.953
	柬埔寨	0.539	0.032	0.469	—	0.299	0.191	0.094	0.168	0.541	0.726
	老挝	0.175	0.141	0.024	0.891	0.176	0.549	0.081	0.035	0.494	0.003
	文莱	0.053	0.009	0.259	0.008	—	0.480	0.020	0.076	0.013	0.704
	东帝汶	—	—	—	—	—	—	—	—	—	—
东欧中亚国家	蒙古国	0.588	0.034	0.005	0.246	0.021	0.043	0.174	0.036	0.023	0.351
	俄罗斯	0.881	0.662	0.090	0.008	0.077	0.779	0.207	0.184	0.051	0.000
	乌克兰	0.152	0.238	0.063	0.016	0.001	0.009	0.073	0.120	0.021	0.781
	格鲁吉亚	0.004	0.343	0.020	0.000	0.000	0.001	0.001	0.003	0.001	0.000
	阿塞拜疆	0.058	0.392	0.850	0.017	0.000	0.843	0.068	0.000	0.000	0.000
	亚美尼亚	0.033	0.006	0.036	0.000	0.000	0.001	0.002	0.000	0.001	0.000
	摩尔多瓦	0.032	0.770	0.148	0.000	0.000	0.005	0.013	0.002	0.032	0.000
	哈萨克斯坦	0.408	0.520	0.034	0.034	0.056	0.471	0.805	0.016	0.007	0.000
	乌兹别克斯坦	—	—	—	—	—	—	—	—	—	—
	土库曼斯坦	—	—	—	—	—	—	—	—	—	—
	吉尔吉斯斯坦	0.078	0.308	0.945	0.136	0.048	0.000	0.073	0.046	0.003	0.147
	塔吉克斯坦	—	—	—	—	—	—	—	—	—	—
南亚国家	印度	0.954	0.480	0.430	0.916	0.021	0.207	0.555	0.055	0.157	0.020
	巴基斯坦	0.859	0.000	0.932	0.673	0.000	0.112	0.565	0.002	0.132	0.012
	孟加拉国	0.159	0.272	0.474	0.000	0.186	0.042	0.067	0.006	0.815	0.674
	斯里兰卡	0.376	0.007	0.835	0.048	0.930	0.023	0.015	0.205	0.461	0.000
	阿富汗	0.202	0.344	0.000	0.000	0.000	0.000	—	0.000	0.000	0.013
	尼泊尔	0.046	0.136	0.303	0.000	0.225	0.003	0.067	0.000	0.017	0.000
	马尔代夫	0.015	0.000	0.000	0.000	0.000	0.000	0.000	0.000	0.000	0.000
	不丹	—	—	—	—	—	—	—	—	—	—

续表

区域	国家	\multicolumn{10}{c}{2015 年}
		0	1	2	3	4	5	6	7	8	9
西亚北非国家	沙特阿拉伯	0.016	0.211	0.984	0.000	0.437	0.303	0.029	0.028	0.001	0.042
	阿联酋	0.271	0.033	0.985	0.027	0.034	0.886	0.086	0.208	0.013	0.383
	阿曼	0.114	0.000	0.206	0.000	0.672	0.784	0.107	0.686	0.000	0.031
	伊朗	—	—	—	—	—	—	—	—	—	—
	土耳其	0.947	0.372	0.399	0.160	0.497	0.061	0.077	0.021	0.070	0.237
	以色列	0.396	0.799	0.608	0.052	0.422	0.898	0.287	0.897	0.264	0.003
	埃及	0.317	0.000	0.406	0.120	0.045	0.012	0.059	0.001	0.011	0.000
	科威特	0.008	0.000	0.973	0.000	0.000	0.329	0.003	0.098	0.000	0.001
	伊拉克	—	—	—	—	—	—	—	—	—	—
	卡塔尔	0.000	0.000	0.266	0.012	0.000	0.073	0.013	0.141	0.009	0.001
	约旦	0.013	0.080	0.051	0.000	0.000	0.979	0.002	0.008	0.013	0.001
	黎巴嫩	0.004	0.037	0.297	0.000	0.023	0.022	0.003	0.004	0.000	0.000
	巴林	0.003	0.000	0.198	0.020	0.000	0.285	0.045	0.040	0.002	0.006
	也门	0.026	0.000	0.071	0.000	0.000	0.034	0.011	0.024	0.010	—
	叙利亚	—	—	—	—	—	—	—	—	—	—
	巴勒斯坦	0.000	0.000	0.000	0.000	0.000	0.000	0.000	0.000	0.000	0.000
中东欧国家	波兰	0.696	0.230	0.805	0.240	0.033	0.315	0.473	0.087	0.074	0.995
	罗马尼亚	0.199	0.821	0.558	0.322	0.841	0.501	0.261	0.197	0.194	0.001
	捷克	0.220	0.526	0.539	0.314	0.004	0.435	0.245	0.143	0.221	0.000
	斯洛伐克	0.029	0.111	0.512	0.317	0.000	0.153	0.193	0.370	0.076	0.046
	保加利亚	0.725	0.421	0.272	0.472	0.272	0.172	0.708	0.221	0.182	0.069
	匈牙利	0.475	0.146	0.481	0.051	0.068	0.791	0.529	0.501	0.721	0.040
	拉脱维亚	0.934	0.027	0.032	0.000	0.000	0.444	0.168	0.147	0.117	0.000
	立陶宛	0.223	0.643	0.524	0.058	0.000	0.210	0.073	0.073	0.314	0.670
	斯洛文尼亚	0.163	0.027	0.862	0.028	0.026	0.237	0.213	0.189	0.063	0.552
	爱沙尼亚	0.927	0.394	0.215	0.024	0.000	0.441	0.145	0.140	0.203	0.890
	克罗地亚	0.185	0.005	0.582	0.045	0.063	0.472	0.123	0.271	0.035	0.488
	阿尔巴尼亚	—	0.036	0.000	0.035	0.048	0.000	0.000	0.000	0.138	0.000
	塞尔维亚	0.180	0.931	0.892	0.000	0.115	0.017	0.009	0.017	0.019	0.000
	北马其顿	0.232	0.000	0.520	0.000	0.000	0.000	0.834	0.048	0.027	0.121
	波黑	0.000	0.273	0.807	0.000	0.069	0.013	0.012	0.026	0.036	—
	黑山	0.000	0.011	0.177	0.000	0.000	0.000	0.000	0.000	0.000	—
"一带一路"沿线国家整体		0.426	0.880	0.283	0.235	0.077	0.844	0.934	0.660	0.832	0.391

续表

区域	国家	2016年									
		0	1	2	3	4	5	6	7	8	9
东南亚国家	印度尼西亚	0.817	0.034	0.272	0.077	0.013	0.439	0.471	0.069	0.486	0.485
	泰国	0.730	0.914	0.153	0.239	0.810	0.963	0.289	0.474	0.677	0.000
	马来西亚	0.572	0.650	0.246	0.641	0.037	0.956	0.358	0.791	0.431	0.465
	越南	0.280	0.743	0.323	0.791	0.803	0.354	0.256	0.439	0.920	0.003
	新加坡	0.726	0.791	0.454	0.933	0.780	0.334	0.514	0.985	0.935	0.538
	菲律宾	0.482	0.048	0.200	0.423	0.162	0.337	0.048	0.831	0.298	0.283
	缅甸	0.087	0.888	0.144	0.042	0.164	0.032	0.410	0.013	0.579	0.660
	柬埔寨	0.352	0.006	0.569	—	0.403	0.549	0.098	0.227	0.653	0.729
	老挝	0.075	0.245	0.022	0.579	—	0.499	0.178	0.003	0.309	—
	文莱	0.079	0.083	0.312	0.002	—	0.404	0.043	0.021	0.002	0.541
	东帝汶	—	—	—	—	—	—	—	—	—	—
东欧中亚国家	蒙古国	0.810	0.298	0.004	0.167	0.168	0.064	0.426	0.347	0.226	—
	俄罗斯	0.908	0.812	0.083	0.005	0.050	0.776	0.159	0.129	0.081	0.009
	乌克兰	0.252	0.369	0.083	0.032	0.002	0.009	0.067	0.070	0.022	0.488
	格鲁吉亚	0.017	0.444	0.010	0.005	0.000	0.000	0.000	0.022	0.000	0.000
	阿塞拜疆	0.097	0.202	0.557	0.001	0.000	0.750	0.002	0.017	0.000	0.000
	亚美尼亚	0.014	0.005	0.048	0.000	0.000	0.000	0.006	0.000	0.000	0.000
	摩尔多瓦	0.150	0.490	0.104	0.000	0.176	0.002	0.003	0.003	0.081	0.000
	哈萨克斯坦	0.739	0.676	0.045	0.015	0.016	0.550	0.677	0.048	0.011	0.000
	乌兹别克斯坦	—	—	—	—	—	—	—	—	—	—
	土库曼斯坦	—	—	—	—	—	—	—	—	—	—
	吉尔吉斯斯坦	0.089	0.200	0.129	0.282	0.000	0.003	0.043	0.021	0.007	0.105
	塔吉克斯坦	—	—	—	—	—	—	—	—	—	—
南亚国家	印度	0.826	0.946	0.355	0.940	0.031	0.234	0.437	0.057	0.213	0.033
	巴基斯坦	0.895	0.000	0.872	0.000	0.071	0.035	0.425	0.003	0.147	0.001
	孟加拉国	—	—	—	—	—	—	—	—	—	—
	斯里兰卡	0.349	0.066	0.851	0.043	0.566	0.044	0.020	0.034	0.465	0.000
	阿富汗	0.056	0.516	0.000	0.000	0.000	0.000	—	0.000	0.000	0.014
	尼泊尔	0.056	0.587	0.167	0.000	0.289	0.021	0.071	0.005	0.024	0.074
	马尔代夫	0.036	0.000	0.000	0.000	0.000	0.000	0.000	0.000	0.000	—
	不丹	—	—	—	—	—	—	—	—	—	—

续表

区域	国家	2016年									
		0	1	2	3	4	5	6	7	8	9
西亚北非国家	沙特阿拉伯	0.012	0.003	0.917	0.000	0.468	0.308	0.028	0.035	0.049	0.000
	阿联酋	0.088	0.016	0.904	0.079	0.769	0.695	0.086	0.254	0.030	0.323
	阿曼	0.430	0.000	0.288	0.205	0.057	0.698	0.105	0.139	0.001	0.023
	伊朗	0.528	0.005	0.320	0.025	0.105	0.407	0.192	0.002	0.069	0.000
	土耳其	0.946	0.450	0.430	0.093	0.244	0.077	0.106	0.018	0.101	0.128
	以色列	0.368	0.718	0.929	0.506	0.884	0.890	0.275	0.934	0.353	0.025
	埃及	0.377	0.041	0.345	0.065	0.048	0.052	0.049	0.001	0.014	—
	科威特	0.004	0.010	0.407	0.000	0.004	0.395	0.002	0.030	0.000	0.001
	伊拉克	—	—	—	—	—	—	—	—	—	—
	卡塔尔	0.000	0.000	0.247	0.010	—	0.351	0.031	0.196	0.026	0.672
	约旦	0.017	0.483	0.041	0.000	0.000	0.749	0.003	0.008	0.030	0.002
	黎巴嫩	0.008	0.199	0.141	0.000	0.002	0.019	0.008	0.002	0.000	0.000
	巴林	0.005	0.964	0.390	0.074	0.000	0.822	0.050	0.020	0.007	0.014
	也门	—	—	—	—	—	—	—	—	—	—
	叙利亚	—	—	—	—	—	—	—	—	—	—
	巴勒斯坦	0.000	0.000	0.000	0.000	0.000	0.000	0.001	0.000	0.000	—
中东欧国家	波兰	0.590	0.295	1.000	0.322	0.146	0.304	0.329	0.098	0.083	0.459
	罗马尼亚	0.765	0.992	0.763	0.282	0.378	0.406	0.286	0.233	0.199	0.080
	捷克	0.295	0.811	0.637	0.512	0.291	0.411	0.262	0.170	0.198	0.000
	斯洛伐克	0.038	0.461	0.763	0.072	0.000	0.230	0.214	0.435	0.063	0.004
	保加利亚	0.392	0.506	0.172	0.915	0.655	0.226	0.948	0.205	0.169	0.070
	匈牙利	0.330	0.123	0.493	0.234	0.078	0.898	0.524	0.596	0.727	0.094
	拉脱维亚	0.965	0.580	0.053	0.114	0.000	0.290	0.176	0.177	0.144	—
	立陶宛	0.567	0.995	0.269	0.604	0.000	0.138	0.102	0.095	0.418	0.712
	斯洛文尼亚	0.235	0.078	0.861	0.502	0.026	0.260	0.252	0.396	0.073	0.065
	爱沙尼亚	0.852	0.028	0.141	0.434	0.655	0.263	0.114	0.193	0.230	0.050
	克罗地亚	0.330	0.000	0.387	0.625	0.010	0.374	0.129	0.207	0.069	0.570
	阿尔巴尼亚	0.000	0.034	0.000	0.000	0.000	0.047	0.000	0.000	0.028	0.011
	塞尔维亚	0.156	0.562	0.803	0.003	0.536	0.016	0.012	0.025	0.015	0.000
	北马其顿	0.225	0.000	0.714	0.000	0.000	0.001	0.472	0.093	0.022	0.017
	波黑	0.000	0.076	0.525	0.000	0.000	0.031	0.021	0.006	0.056	0.000
	黑山	0.000	0.043	0.063	0.000	0.000	0.004	0.001	0.027	0.000	—
"一带一路"沿线国家整体		0.443	0.915	0.294	0.261	0.088	0.796	0.929	0.619	0.962	0.601

续表

区域	国家	2017年									
		0	1	2	3	4	5	6	7	8	9
东南亚国家	印度尼西亚	0.818	0.068	0.282	0.111	0.012	0.423	0.640	0.070	0.461	0.114
	泰国	0.671	0.554	0.115	0.179	0.362	0.999	0.322	0.538	0.677	0.341
	马来西亚	0.550	0.883	0.201	0.616	0.033	0.932	0.408	0.803	0.445	0.581
	越南	0.224	0.971	0.387	0.984	0.864	0.321	0.311	0.707	0.837	0.050
	新加坡	0.675	0.914	0.325	0.893	0.788	0.330	0.689	0.927	0.981	0.099
	菲律宾	0.670	0.219	0.194	0.290	0.058	0.360	0.141	0.862	0.368	0.743
	缅甸	0.090	0.432	0.241	0.034	0.310	0.112	0.544	0.027	0.271	0.056
	柬埔寨	0.397	0.316	0.881	—	0.654	0.286	0.133	0.129	0.690	0.993
	老挝	0.135	0.385	0.025	0.434	—	0.885	0.041	0.003	0.426	—
	文莱	0.219	0.083	0.264	0.004	0.000	0.707	0.002	0.010	0.008	0.045
	东帝汶	0.092	—	0.926	—	—	—	—	0.018	0.000	—
	蒙古国	0.926	0.142	0.004	0.093	0.381	0.055	0.324	0.029	0.108	0.229
	俄罗斯	0.877	0.986	0.077	0.006	0.043	0.722	0.252	0.153	0.052	0.004
东欧中亚国家	乌克兰	0.290	0.417	0.100	0.120	0.003	0.008	0.044	0.113	0.045	0.129
	格鲁吉亚	0.104	0.322	0.018	0.000	0.085	0.004	0.003	0.051	0.023	0.000
	阿塞拜疆	0.018	0.228	0.292	0.000	0.000	0.630	0.001	0.000	0.000	0.000
	亚美尼亚	0.001	0.031	0.067	0.000	0.000	0.014	0.003	0.008	0.013	0.000
	摩尔多瓦	0.220	0.639	0.039	0.000	0.079	0.002	0.007	0.002	0.025	0.000
	哈萨克斯坦	0.649	0.755	0.037	0.054	0.012	0.601	0.613	0.017	0.001	0.042
	乌兹别克斯坦	0.618	0.202	0.217	0.004	0.000	0.457	0.808	0.020	0.010	—
	土库曼斯坦	—	—	—	—	—	—	—	—	—	—
	吉尔吉斯斯坦	0.345	0.096	0.214	0.124	0.534	0.003	0.040	0.086	0.003	—
	塔吉克斯坦	—	—	—	—	—	—	—	—	—	—
南亚国家	印度	0.899	0.487	0.369	0.885	0.044	0.360	0.549	0.060	0.154	0.012
	巴基斯坦	0.934	0.000	0.871	0.320	0.069	0.029	0.383	0.006	0.184	0.004
	孟加拉国	—	—	—	—	—	—	—	—	—	—
	斯里兰卡	0.470	0.313	0.813	0.401	0.465	0.075	0.024	0.234	0.439	0.008
	阿富汗	—	—	—	—	—	—	—	—	—	—
	尼泊尔	0.161	0.594	0.185	0.000	0.279	0.068	0.075	0.000	0.027	0.791
	马尔代夫	0.157	0.000	0.000	0.000	0.000	0.000	0.000	0.000	0.000	0.000
	不丹	—	—	—	—	—	—	—	—	—	—

续表

区域	国家	2017年									
		0	1	2	3	4	5	6	7	8	9
西亚北非国家	沙特阿拉伯	0.012	0.998	0.648	0.000	0.403	0.253	0.038	0.051	0.001	0.017
	阿联酋	0.216	0.354	0.931	0.387	0.800	0.893	0.083	0.150	0.124	0.539
	阿曼	0.753	0.000	0.095	0.566	0.634	0.245	0.098	0.037	0.007	0.416
	伊朗	0.449	0.025	0.236	0.066	0.235	0.437	0.180	0.000	0.001	0.000
	土耳其	0.895	0.304	0.347	0.031	0.311	0.064	0.109	0.028	0.138	0.118
	以色列	0.553	0.567	0.804	0.453	0.287	0.837	0.258	0.991	0.369	0.000
	埃及	0.998	0.031	0.351	0.032	0.069	0.156	0.040	0.000	0.035	0.000
	科威特	0.000	0.044	0.378	0.000	0.001	0.437	0.001	0.009	0.000	0.001
	伊拉克	—	—	—	—	—	—	—	—	—	—
	卡塔尔	0.001	0.000	0.193	0.008	0.000	0.341	0.005	0.226	0.058	0.218
	约旦	0.019	0.277	0.431	0.263	0.024	0.805	0.003	0.041	0.040	0.003
	黎巴嫩	0.018	0.030	0.523	0.000	0.014	0.021	0.004	0.006	0.001	0.000
	巴林	0.003	0.000	0.219	0.027	0.000	0.911	0.050	0.501	0.010	0.003
	也门	—	—	—	—	—	—	—	—	—	—
	叙利亚	—	—	—	—	—	—	—	—	—	—
	巴勒斯坦	0.000	0.000	0.000	0.000	0.000	0.001	0.000	0.000	0.000	0.000
中东欧国家	波兰	0.538	0.212	0.864	0.224	0.249	0.261	0.399	0.097	0.090	0.783
	罗马尼亚	0.707	0.891	0.560	0.463	0.702	0.354	0.288	0.264	0.203	0.017
	捷克	0.486	0.837	0.470	0.459	0.002	0.456	0.274	0.179	0.214	0.112
	斯洛伐克	0.086	0.641	0.878	0.392	0.592	0.286	0.155	0.463	0.112	0.005
	保加利亚	0.338	0.404	0.398	0.869	0.445	0.295	0.646	0.227	0.131	0.074
	匈牙利	0.394	0.197	0.517	0.066	0.133	0.724	0.407	0.672	0.671	0.221
	拉脱维亚	0.799	0.672	0.027	0.022	0.000	0.219	0.189	0.194	0.139	0.000
	立陶宛	0.542	0.873	0.236	0.120	0.000	0.401	0.097	0.193	0.461	0.000
	斯洛文尼亚	0.310	0.100	0.699	0.151	0.500	0.180	0.270	0.412	0.080	0.000
	爱沙尼亚	0.984	0.512	0.094	0.307	0.000	0.158	0.176	0.219	0.166	0.405
	克罗地亚	0.591	0.689	0.222	0.104	0.021	0.474	0.103	0.254	0.099	0.000
	阿尔巴尼亚	—	0.016	0.000	0.000	0.000	0.001	0.000	0.000	0.076	0.011
	塞尔维亚	0.325	0.432	0.544	0.551	0.997	0.028	0.012	0.069	0.021	0.001
	北马其顿	0.261	0.126	0.729	0.000	0.000	0.000	0.575	0.047	0.004	0.000
	波黑	0.039	0.045	0.427	0.000	0.116	0.102	0.055	0.004	0.039	—
	黑山	0.000	0.006	0.254	0.000	0.000	0.000	0.000	0.000	0.001	—
“一带一路”沿线国家整体		0.443	0.869	0.291	0.268	0.110	0.824	0.980	0.610	0.996	0.586

续表

区域	国家	2018年									
		0	1	2	3	4	5	6	7	8	9
东南亚国家	印度尼西亚	0.823	0.103	0.260	0.112	0.014	0.504	0.605	0.055	0.426	0.082
	泰国	0.665	0.574	0.121	0.303	0.463	0.924	0.295	0.489	0.541	0.675
	马来西亚	0.645	0.946	0.310	0.600	0.162	0.914	0.473	0.805	0.549	0.754
	越南	0.309	0.992	0.473	0.680	0.868	0.435	0.321	0.802	0.863	0.071
	新加坡	0.584	0.858	0.255	0.849	0.758	0.296	0.591	0.825	0.970	0.142
	菲律宾	0.849	0.173	0.313	0.327	0.173	0.311	0.192	0.775	0.303	0.260
	缅甸	0.085	0.689	0.390	0.037	0.177	0.155	0.562	0.018	0.387	0.821
	柬埔寨	0.379	0.894	0.904	0.016	0.395	0.244	0.108	0.111	0.657	0.366
	老挝	0.208	0.648	0.032	0.511	0.051	0.890	0.471	0.003	0.256	—
	文莱	0.101	0.006	0.123	0.005	—	0.587	0.002	0.021	0.006	0.561
	东帝汶	—	—	—	—	—	—	—	—	—	—
东欧中亚国家	蒙古国	0.873	0.126	0.004	0.078	0.175	0.014	0.198	0.049	0.066	—
	俄罗斯	0.991	0.859	0.090	0.006	0.038	0.496	0.382	0.117	0.046	0.004
	乌克兰	0.269	0.451	0.120	0.610	0.002	0.056	0.046	0.107	0.025	0.012
	格鲁吉亚	0.223	0.371	0.015	0.488	0.000	0.040	0.000	0.008	0.131	0.000
	阿塞拜疆	0.014	0.597	0.214	0.004	0.000	0.642	0.053	0.000	0.000	0.000
	亚美尼亚	0.024	0.320	0.058	0.000	0.000	0.008	0.000	0.060	0.019	0.000
	摩尔多瓦	0.034	0.654	0.004	0.000	0.773	0.001	0.004	0.001	0.050	0.000
	哈萨克斯坦	0.896	0.856	0.032	0.038	0.005	0.868	0.652	0.005	0.003	0.000
	乌兹别克斯坦	0.947	0.880	0.447	0.003	0.000	0.324	0.854	0.004	0.002	0.000
	土库曼斯坦	—	—	—	—	—	—	—	—	—	—
	吉尔吉斯斯坦	0.389	0.024	0.468	0.115	0.000	0.001	0.024	0.013	0.000	0.005
	塔吉克斯坦	—	—	—	—	—	—	—	—	—	—
南亚国家	印度	0.417	0.793	0.483	0.534	0.085	0.462	0.437	0.076	0.155	0.006
	巴基斯坦	0.814	0.000	0.735	0.000	0.000	0.103	0.447	0.016	0.167	0.002
	孟加拉国	—	—	—	—	—	—	—	—	—	—
	斯里兰卡	—	—	—	—	—	—	—	—	—	—
	阿富汗	0.994	0.000	0.946	0.000	0.000	0.000	—	0.000	0.000	0.218
	尼泊尔	—	—	—	—	—	—	—	—	—	—
	马尔代夫	0.087	0.000	0.000	0.000	0.000	0.000	0.000	0.000	0.000	—
	不丹	—	—	—	—	—	—	—	—	—	—

续表

区域	国家	2018年									
		0	1	2	3	4	5	6	7	8	9
西亚北非国家	沙特阿拉伯	0.693	0.828	0.322	0.001	0.609	0.181	0.073	0.054	0.009	0.008
	阿联酋	0.221	0.243	0.709	0.056	0.907	0.905	0.054	0.249	0.038	0.583
	阿曼	0.768	0.186	0.111	0.001	0.073	0.254	0.084	0.200	0.007	0.338
	伊朗	—	—	—	—	—	—	—	—	—	—
	土耳其	0.975	0.212	0.459	0.021	0.414	0.062	0.108	0.037	0.176	0.035
	以色列	0.536	0.470	0.674	0.000	0.379	0.731	0.218	0.839	0.382	0.000
	埃及	0.711	0.000	0.356	0.056	0.181	0.168	0.039	0.000	0.030	0.000
	科威特	0.004	0.000	0.706	0.000	0.000	0.322	0.001	0.062	0.009	0.181
	伊拉克	—	—	—	—	—	—	—	—	—	—
	卡塔尔	0.001	—	0.095	0.006	—	0.329	0.010	0.158	0.001	0.879
	约旦	0.019	0.156	0.297	0.000	0.000	0.580	0.004	0.003	0.039	0.003
	黎巴嫩	0.009	0.098	0.525	0.000	0.001	0.030	0.012	0.005	0.002	0.000
	巴林	0.002	0.000	0.973	0.033	0.000	0.882	0.090	0.384	0.003	0.007
	也门	—	—	—	—	—	—	—	—	—	—
	叙利亚	—	—	—	—	—	—	—	—	—	—
	巴勒斯坦	0.000	0.000	0.054	0.000	0.010	0.000	0.005	0.000	0.000	—
中东欧国家	波兰	0.606	0.171	0.797	0.153	0.170	0.197	0.339	0.099	0.084	0.831
	罗马尼亚	0.359	0.654	0.848	0.334	0.038	0.423	0.225	0.257	0.197	0.003
	捷克	0.621	0.797	0.475	0.284	0.000	0.423	0.229	0.143	0.216	0.181
	斯洛伐克	0.077	0.724	0.586	0.270	0.000	0.196	0.148	0.573	0.145	0.006
	保加利亚	0.367	0.965	0.585	0.238	0.451	0.309	0.635	0.209	0.153	0.095
	匈牙利	0.898	0.549	0.491	0.149	0.653	0.768	0.517	0.526	0.469	0.396
	拉脱维亚	0.873	0.645	0.039	0.102	0.000	0.352	0.185	0.173	0.129	—
	立陶宛	0.384	0.499	0.155	0.190	0.000	0.455	0.100	0.156	0.464	0.000
	斯洛文尼亚	0.638	0.161	0.916	0.214	0.452	0.149	0.254	0.376	0.054	0.579
	爱沙尼亚	0.665	0.075	0.196	0.289	0.054	0.192	0.210	0.152	0.180	0.000
	克罗地亚	0.529	0.916	0.227	0.012	0.024	0.232	0.070	0.313	0.114	0.080
	阿尔巴尼亚	—	0.024	0.000	—	0.007	0.002	0.000	0.001	0.044	—
	塞尔维亚	0.239	0.354	0.488	0.568	0.276	0.031	0.132	0.050	0.033	0.000
	北马其顿	0.092	0.229	0.421	0.000	0.000	0.001	0.410	0.019	0.009	0.000
	波黑	0.008	0.060	0.435	0.000	0.817	0.037	0.057	0.002	0.047	0.000
	黑山	0.000	0.000	0.090	0.000	0.000	0.000	0.005	0.002	0.005	—
“一带一路”沿线国家整体		0.454	0.891	0.337	0.268	0.159	0.812	0.946	0.649	0.963	0.564

续表

区域	国家	2019年									
		0	1	2	3	4	5	6	7	8	9
东南亚国家	印度尼西亚	0.898	1.000	0.179	0.116	0.009	0.535	0.651	0.054	0.383	0.044
	泰国	0.561	0.424	0.123	0.979	0.442	0.889	0.307	0.480	0.548	0.571
	马来西亚	0.761	0.966	0.228	0.752	0.161	0.908	0.609	0.768	0.618	0.321
	越南	0.348	0.714	0.420	0.704	0.601	0.439	0.345	0.704	0.989	0.464
	新加坡	0.605	0.812	0.238	0.703	0.646	0.301	0.424	0.854	0.988	0.083
	菲律宾	0.890	0.062	0.223	0.246	0.132	0.291	0.218	0.712	0.224	0.648
	缅甸	0.172	0.864	0.234	0.038	0.528	0.132	0.591	0.024	0.455	0.231
	柬埔寨	—	—	—	—	—	—	—	—	—	—
	老挝	0.175	0.863	0.038	0.988	—	0.934	0.163	0.008	0.929	0.000
	文莱	0.167	—	0.226	0.358	—	0.574	0.021	0.257	0.024	0.504
	东帝汶	—	—	—	—	—	—	—	—	—	—
东欧中亚国家	蒙古国	0.962	0.231	0.005	0.088	0.347	0.029	0.228	0.004	0.117	—
	俄罗斯	0.163	0.011	0.910	0.991	0.980	0.476	0.589	0.838	0.929	0.997
	乌克兰										
	格鲁吉亚	0.319	0.586	0.959	0.000	0.885	0.899	0.990	0.997	0.839	0.999
	阿塞拜疆	0.962	0.023	0.636	0.999	0.000	0.470	0.990	0.990	0.993	0.997
	亚美尼亚	0.914	0.505	0.962	0.000	0.000	0.999	0.997	0.935	0.972	0.000
	摩尔多瓦	—	—	—	—	—	—	—	—	—	—
	哈萨克斯坦	0.951	0.313	0.019	0.019	0.007	0.951	0.659	0.004	0.005	0.000
	乌兹别克斯坦	0.040	0.141	0.710	0.996	0.000	0.767	0.311	0.998	0.000	0.000
	土库曼斯坦	—	—	—	—	—	—	—	—	—	—
	吉尔吉斯斯坦	0.837	0.753	0.304	0.907	0.868	1.000	0.966	0.993	1.000	0.987
	塔吉克斯坦	—	—	—	—	—	—	—	—	—	—
南亚国家	印度	0.197	0.478	0.316	0.416	0.090	0.460	0.364	0.098	0.191	0.002
	巴基斯坦	0.597	0.000	0.823	0.280	0.261	0.032	0.560	0.011	0.194	0.002
	孟加拉国	—	—	—	—	—	—	—	—	—	—
	斯里兰卡	—	—	—	—	—	—	—	—	—	—
	阿富汗	—	—	—	—	—	—	—	—	—	—
	尼泊尔	—	—	—	—	—	—	—	—	—	—
	马尔代夫	—	—	—	—	—	—	—	—	—	—
	不丹	—	—	—	—	—	—	—	—	—	—

续表

区域	国家	2019年									
		0	1	2	3	4	5	6	7	8	9
西亚北非国家	沙特阿拉伯	—	—	—	—	—	—	—	—	—	—
	阿联酋	—	—	—	—	—	—	—	—	—	—
	阿曼	—	—	—	—	—	—	—	—	—	—
	伊朗	—	—	—	—	—	—	—	—	—	—
	土耳其	0.950	0.385	0.529	0.258	0.509	0.068	0.142	0.044	0.187	0.005
	以色列	0.467	0.950	0.504	0.012	0.366	0.795	0.268	0.772	0.398	0.000
	埃及	0.565	0.000	0.313	0.128	0.384	0.098	0.035	0.001	0.026	0.000
	科威特	—	—	—	—	—	—	—	—	—	—
	伊拉克	—	—	—	—	—	—	—	—	—	—
	卡塔尔	0.000	—	0.654	0.012	0.000	0.357	0.269	0.174	0.007	0.024
	约旦	0.011	0.580	0.194	0.000	0.000	0.899	0.003	0.003	0.034	0.000
	黎巴嫩	—	—	—	—	—	—	—	—	—	—
	巴林	—	—	—	—	—	—	—	—	—	—
	也门	0.000	0.000	0.000	0.000	0.139	0.000	0.000	0.000	0.001	—
	叙利亚	—	—	—	—	—	—	—	—	—	—
	巴勒斯坦	—	—	—	—	—	—	—	—	—	—
中东欧国家	波兰	0.806	0.285	0.775	0.097	0.206	0.195	0.377	0.114	0.071	0.836
	罗马尼亚	0.271	0.981	0.810	0.022	0.965	0.375	0.247	0.248	0.182	0.008
	捷克	0.617	0.903	0.291	0.295	0.000	0.413	0.213	0.114	0.207	0.216
	斯洛伐克	0.034	0.949	0.710	0.121	0.000	0.165	0.156	0.619	0.128	0.009
	保加利亚	0.848	0.617	0.480	0.474	0.568	0.306	0.711	0.256	0.106	0.063
	匈牙利	0.839	0.394	0.553	0.049	0.834	0.772	0.486	0.310	0.367	0.329
	拉脱维亚	0.790	0.493	0.031	0.157	0.000	0.310	0.183	0.125	0.143	—
	立陶宛	0.591	0.796	0.124	0.065	0.579	0.595	0.120	0.144	0.444	0.000
	斯洛文尼亚	0.729	0.221	0.639	0.205	0.170	0.128	0.211	0.255	0.121	0.877
	爱沙尼亚	0.963	0.583	0.172	0.217	0.360	0.230	0.201	0.158	0.129	0.771
	克罗地亚	0.645	0.476	0.326	0.226	0.023	0.289	0.060	0.258	0.088	0.782
	阿尔巴尼亚	—	—	—	—	—	—	—	—	—	—
	塞尔维亚	0.744	0.607	0.596	0.758	0.809	0.066	0.808	0.030	0.020	0.000
	北马其顿	0.043	0.085	0.312	0.617	0.000	0.000	0.932	0.011	0.027	0.004
	波黑	0.002	0.146	0.442	0.000	0.341	0.025	0.043	0.002	0.021	0.000
	黑山	—	—	—	—	—	—	—	—	—	—
"一带一路"沿线国家整体		0.159	0.413	0.135	0.054	0.045	0.491	0.457	0.731	0.408	0.315

资料来源：作者根据联合国商品贸易统计数据库数据计算。

二、中国对"一带一路"沿线国家的产业内贸易指数

由于2019年中国对"一带一路"沿线国家的贸易数据未更新,因此按2018年的数据进行分析。2018年中国对"一带一路"沿线国家整体在"0 食物和活动物""5 未另列明的化学品和有关产品""9 STIC 未分类的其他商品"产业上具有较强程度的产业内贸易[①]。

从10大类产业细分角度来看,2018年,中国对"一带一路"沿线国家"0 食物和活动物"产业内贸易指数排名前十的国家为波兰、印度尼西亚、巴基斯坦、乌兹别克斯坦、俄罗斯、爱沙尼亚、蒙古国、匈牙利、拉脱维亚和埃及;"1 饮料及烟草"产业内贸易指数排名前十的国家为罗马尼亚、老挝、乌克兰、黑山、沙特阿拉伯、土耳其、以色列、克罗地亚、保加利亚和斯洛文尼亚;"2 非食用原材料(不包括燃料)"产业内贸易指数排名前十的国家为埃及、黎巴嫩、文莱、波兰、阿富汗、巴基斯坦、巴勒斯坦、斯洛文尼亚、以色列和罗马尼亚;"3 矿物燃料、润滑油及有关原料"产业内贸易指数排名前十的国家为印度、老挝、新加坡、越南、缅甸、捷克、乌克兰、吉尔吉斯斯坦、匈牙利和波兰;"4 动植物油、脂和蜡"产业内贸易指数排名前十的国家为新加坡、越南、匈牙利、保加利亚、阿曼、以色列、老挝、阿联酋、柬埔寨和泰国;"5 未另列明的化学品和有关产品"产业内贸易指数排名前十的国家为匈牙利、捷克、马来西亚、约旦、泰国、老挝、巴林、以色列、乌兹别克斯坦和哈萨克斯坦;"6 主要按原料分类的制成品"产业内贸易指数排名前十的国家为哈萨克斯坦、匈牙利、捷克、印度、斯洛伐克、俄罗斯、印度尼西亚、保加利亚、乌兹别克斯坦和老挝;"7 机械及运输设备"产业内贸易指数排名前十的国家为泰国、越南、以色列、匈牙利、菲律宾、新加坡、马来西亚、罗马尼亚、斯洛文尼亚和捷克;"8 杂项制品"产业内贸易指数排名前十的国家为摩尔多瓦、柬埔寨、亚美尼亚、泰国、北马其顿、罗马尼亚、越南、波黑、孟加拉国和新加坡;"9 STIC 未分类的其他商品"产业内贸易指数排名前十的国家为尼泊尔、罗马尼亚、哈萨克斯坦、孟加拉国、柬埔寨、缅甸、巴基斯坦、吉尔吉斯斯坦、俄罗斯和叙利亚,具体计算结果见表6-3。

表6-3 2018年中国对"一带一路"沿线国家10大类产业的产业内贸易指数排名

国家	0	国家	1	国家	2	国家	3	国家	4
波兰	0.966	罗马尼亚	0.992	埃及	0.990	印度	0.939	新加坡	0.888
印度尼西亚	0.944	老挝	0.980	黎巴嫩	0.981	老挝	0.858	越南	0.795
巴基斯坦	0.909	乌克兰	0.936	文莱	0.921	新加坡	0.591	匈牙利	0.773

---

① 此处使用中国对"一带一路"沿线国家的进口值和出口值。

续表

国家	0	国家	1	国家	2	国家	3	国家	4
乌兹别克斯坦	0.899	黑山	0.919	波兰	0.912	越南	0.553	保加利亚	0.759
俄罗斯	0.874	沙特阿拉伯	0.875	阿富汗	0.905	缅甸	0.490	阿曼	0.733
爱沙尼亚	0.873	土耳其	0.848	巴基斯坦	0.880	捷克	0.454	以色列	0.693
蒙古国	0.859	以色列	0.833	巴勒斯坦	0.808	乌克兰	0.374	老挝	0.652
匈牙利	0.825	克罗地亚	0.829	斯洛文尼亚	0.783	吉尔吉斯斯坦	0.352	阿联酋	0.599
拉脱维亚	0.822	保加利亚	0.803	以色列	0.716	匈牙利	0.333	柬埔寨	0.576
埃及	0.820	斯洛文尼亚	0.765	罗马尼亚	0.655	波兰	0.313	泰国	0.508
国家	5	国家	6	国家	7	国家	8	国家	9
匈牙利	0.974	哈萨克斯坦	0.875	泰国	0.971	摩尔多瓦	0.996	尼泊尔	0.867
捷克	0.952	匈牙利	0.833	越南	0.956	柬埔寨	0.986	罗马尼亚	0.865
马来西亚	0.947	捷克	0.790	以色列	0.886	亚美尼亚	0.802	哈萨克斯坦	0.815
约旦	0.916	印度	0.719	匈牙利	0.848	泰国	0.723	孟加拉国	0.751
泰国	0.855	斯洛伐克	0.703	菲律宾	0.842	北马其顿	0.692	柬埔寨	0.743
老挝	0.849	俄罗斯	0.693	新加坡	0.725	罗马尼亚	0.681	缅甸	0.706
巴林	0.846	印度尼西亚	0.610	马来西亚	0.691	越南	0.677	巴基斯坦	0.638
以色列	0.816	保加利亚	0.598	罗马尼亚	0.653	波黑	0.668	吉尔吉斯斯坦	0.616
乌兹别克斯坦	0.727	乌兹别克斯坦	0.577	斯洛文尼亚	0.520	孟加拉国	0.662	俄罗斯	0.543
哈萨克斯坦	0.664	老挝	0.491	捷克	0.477	新加坡	0.634	叙利亚	0.519

资料来源：作者根据联合国商品贸易统计数据库数据计算。

2014~2018年中国对"一带一路"沿线国家10大类产业的产业内贸易指数详见表6-4。

表6-4　　2014~2018年中国对"一带一路"沿线国家10大类产业的产业内贸易指数

区域	国家	2014年									
		0	1	2	3	4	5	6	7	8	9
东南亚国家	印度尼西亚	0.774	0.071	0.155	0.415	0.011	0.717	0.330	0.220	0.232	0.748
	泰国	0.771	0.333	0.172	0.228	0.698	0.697	0.645	0.972	0.557	0.048
	马来西亚	0.379	0.740	0.186	0.204	0.019	0.996	0.317	0.616	0.220	0.526
	越南	0.900	0.053	0.467	0.796	0.439	0.263	0.193	0.598	0.291	—
	新加坡	0.631	0.693	0.854	0.915	0.439	0.400	0.228	0.657	0.527	0.666

续表

区域	国家	2014年									
		0	1	2	3	4	5	6	7	8	9
东南亚国家	菲律宾	0.705	0.061	0.046	0.579	0.150	0.342	0.181	0.665	0.239	0.946
	缅甸	0.896	0.003	0.220	0.349	0.574	0.041	0.450	0.014	0.673	0.000
	柬埔寨	0.708	0.086	0.090	0.000	0.892	0.201	0.008	0.101	0.733	—
	老挝	0.056	0.092	0.002	0.061	—	0.653	0.549	0.002	0.257	—
	文莱	0.040	—	0.616	0.012	—	0.683	0.011	0.000	0.000	—
	东帝汶	0.003	—	0.216	—	—	—	0.000	0.004	0.000	—
东欧中亚国家	蒙古国	0.198	0.002	0.005	0.181	—	0.109	0.131	0.000	0.002	0.016
	俄罗斯	0.823	0.946	0.070	0.012	0.691	0.798	0.390	0.039	0.012	0.008
	乌克兰	0.607	0.638	0.021	0.153	0.000	0.112	0.062	0.098	0.028	0.794
	格鲁吉亚	0.000	0.400	0.255	0.000	0.000	0.041	0.037	0.005	0.056	—
	阿塞拜疆	0.027	0.890	0.105	0.035	0.000	0.401	0.253	0.000	0.000	0.000
	亚美尼亚	0.034	0.000	0.010	0.000	0.000	0.002	0.009	0.000	0.401	0.000
	摩尔多瓦	0.931	0.001	0.352	0.000	—	0.109	0.031	0.029	0.795	—
	哈萨克斯坦	0.613	0.031	0.012	0.082	0.072	0.413	0.932	0.000	0.000	0.000
	乌兹别克斯坦	0.385	0.000	0.057	0.012	0.000	0.915	0.357	0.000	0.000	0.000
	土库曼斯坦	0.051	0.000	0.109	0.001	0.000	0.312	0.115	0.000	0.008	0.000
	吉尔吉斯斯坦	0.066	0.000	0.100	0.842	0.056	0.000	0.023	0.001	0.000	0.016
	塔吉克斯坦	0.118	0.000	0.075	0.000	—	0.019	0.025	0.000	0.000	—
南亚国家	印度	0.987	0.495	0.231	0.445	0.024	0.283	0.787	0.105	0.144	0.106
	巴基斯坦	0.790	0.004	0.898	0.755	0.000	0.039	0.563	0.000	0.079	0.003
	孟加拉国	0.493	0.000	0.836	0.000	0.304	0.084	0.054	0.006	0.437	0.000
	斯里兰卡	0.348	0.845	0.503	0.035	0.811	0.049	0.061	0.031	0.310	0.000
	阿富汗	0.002	—	0.021	0.000	0.000	0.076	0.028	0.001	0.001	—
	尼泊尔	0.006	0.000	0.640	0.000	0.000	0.078	0.214	0.000	0.005	0.052
	马尔代夫	0.040	0.000	0.000	0.000	—	0.000	0.000	0.013	0.001	—
	不丹	—	—	0.000	0.000	—	0.015	0.007	0.079	0.001	—
西亚北非国家	沙特阿拉伯	0.012	0.027	0.252	0.002	0.000	0.172	0.028	0.001	0.004	0.000
	阿联酋	0.150	0.042	0.615	0.081	0.039	0.772	0.048	0.007	0.001	0.001
	阿曼	0.024	0.000	0.722	0.004	0.000	0.425	0.212	0.007	0.000	—

续表

区域	国家	2014年									
		0	1	2	3	4	5	6	7	8	9
西亚北非国家	伊朗	0.325	0.004	0.120	0.041	0.000	0.590	0.017	0.000	0.000	0.000
	土耳其	0.629	0.468	0.290	0.072	0.552	0.339	0.130	0.062	0.198	0.066
	以色列	0.318	0.776	0.742	0.540	0.729	0.946	0.476	0.746	0.262	0.000
	埃及	0.130	0.009	0.595	0.008	0.087	0.050	0.024	0.002	0.016	0.000
	科威特	0.000	0.000	0.850	0.000	0.000	0.131	0.000	0.000	0.000	0.000
	伊拉克	0.052	0.000	0.000	0.000	0.000	0.002	0.000	0.000	0.000	0.000
	卡塔尔	0.000	0.000	0.200	0.018	0.000	0.168	0.032	0.000	0.002	0.000
	约旦	0.001	0.021	0.578	0.000	0.000	0.972	0.000	0.000	0.005	0.000
	黎巴嫩	0.007	0.000	0.948	0.000	0.095	0.030	0.006	0.001	0.000	0.000
	巴林	0.000	0.000	0.060	0.822	0.000	0.657	0.065	0.002	0.001	—
	也门	0.001	—	0.930	0.000	0.000	0.395	0.002	0.000	0.000	—
	叙利亚	0.000	—	0.186	0.000	0.894	0.030	0.000	0.000	0.000	—
	巴勒斯坦	0.000	0.000	0.000	—	—	0.000	0.006	0.000	0.002	—
中东欧国家	波兰	0.937	0.233	0.678	0.066	0.000	0.416	0.613	0.284	0.116	0.000
	罗马尼亚	0.467	0.834	0.365	0.143	0.000	0.741	0.304	0.596	0.629	—
	捷克	0.601	0.387	0.216	0.131	0.000	0.933	0.836	0.498	0.459	0.000
	斯洛伐克	0.527	0.563	0.286	0.000	—	0.474	0.422	0.645	0.207	—
	保加利亚	0.776	0.088	0.169	0.000	0.010	0.223	0.667	0.319	0.433	—
	匈牙利	0.738	0.016	0.286	0.242	0.024	0.912	0.781	0.724	0.648	0.000
	拉脱维亚	0.407	0.627	0.107	0.143	0.000	0.196	0.108	0.035	0.031	0.000
	立陶宛	0.124	0.875	0.352	0.160	0.000	0.298	0.031	0.032	0.254	0.000
	斯洛文尼亚	0.157	0.116	0.762	0.000	0.000	0.487	0.181	0.424	0.075	—
	爱沙尼亚	0.471	0.000	0.134	0.404	0.000	0.349	0.230	0.262	0.315	—
	克罗地亚	0.032	0.065	0.331	0.000	0.000	0.075	0.064	0.275	0.053	—
	阿尔巴尼亚	0.023	0.000	0.034	0.000	0.001	0.080	0.005	0.002	0.147	—
	塞尔维亚	0.266	0.000	0.110	0.000	0.000	0.083	0.057	0.114	0.131	—
	北马其顿	0.033	0.000	0.470	—	0.000	0.243	0.257	0.200	0.965	—
	波黑	0.007	0.000	0.062	0.000	—	0.004	0.072	0.053	0.857	—
	黑山	0.000	0.000	0.021	0.000	—	0.001	0.000	0.003	0.004	—
“一带一路”沿线国家整体		0.905	0.791	0.724	0.236	0.936	0.985	0.584	0.697	0.383	0.809

续表

区域	国家	2015年									
		0	1	2	3	4	5	6	7	8	9
东南亚国家	印度尼西亚	0.853	0.045	0.210	0.229	0.007	0.449	0.358	0.236	0.335	0.146
	泰国	0.903	0.714	0.178	0.216	0.880	0.813	0.571	0.971	0.645	0.108
	马来西亚	0.439	0.569	0.173	0.167	0.024	0.931	0.237	0.614	0.234	0.456
	越南	0.901	0.040	0.477	0.745	0.643	0.251	0.199	0.732	0.409	0.024
	新加坡	0.649	0.883	0.792	0.856	0.524	0.411	0.171	0.592	0.453	0.039
	菲律宾	0.605	0.097	0.086	0.797	0.219	0.319	0.096	0.748	0.197	0.011
	缅甸	0.799	0.002	0.098	0.211	0.000	0.045	0.770	0.011	0.682	0.673
	柬埔寨	0.498	0.113	0.590	0.000	0.043	0.254	0.105	0.171	0.884	—
	老挝	0.106	0.129	0.003	0.081	—	0.869	0.752	0.002	0.347	0.339
	文莱	0.040	—	0.794	0.000	—	0.629	0.002	0.000	0.004	—
	东帝汶	0.001	—	0.201	—	—	0.000	—	0.033	0.000	
东欧中亚国家	蒙古国	0.748	0.017	0.004	0.279	—	0.130	0.184	0.002	0.010	
	俄罗斯	0.937	0.755	0.059	0.017	0.079	0.905	0.764	0.090	0.022	0.001
	乌克兰	0.116	0.420	0.026	0.035	0.000	0.064	0.130	0.125	0.036	0.000
	格鲁吉亚	0.002	0.866	0.196	0.000	0.000	0.047	0.013	0.008	0.058	—
	阿塞拜疆	0.030	0.558	0.819	0.018	0.000	0.347	0.136	0.002	0.000	
	亚美尼亚	0.055	0.380	0.003	—	—	0.010	0.004	0.005	0.557	0.000
	摩尔多瓦	0.008	0.000	0.511	0.000	0.000	0.000	0.127	0.001	0.710	—
	哈萨克斯坦	0.368	0.496	0.036	0.100	0.039	0.405	0.964	0.000	0.000	0.359
	乌兹别克斯坦	0.524	0.000	0.079	0.015	0.000	0.907	0.584	0.008	0.000	0.000
	土库曼斯坦	0.035	0.000	0.106	0.000	0.000	0.687	0.004	0.000	0.036	0.000
	吉尔吉斯斯坦	0.053	0.000	0.162	0.581	0.000	0.000	0.056	0.000	0.000	0.000
	塔吉克斯坦	0.074	—	0.081	0.003	0.000	0.027	0.022	0.000	0.000	0.000
南亚国家	印度	0.956	0.852	0.332	0.638	0.017	0.258	0.719	0.084	0.122	0.371
	巴基斯坦	0.986	0.097	0.996	0.006	0.000	0.131	0.445	0.000	0.062	0.522
	孟加拉国	0.446	0.353	0.741	0.000	0.391	0.046	0.046	0.005	0.455	0.000
	斯里兰卡	0.265	0.011	0.335	0.000	0.958	0.036	0.051	0.031	0.303	—
	阿富汗	0.049	—	0.260	—	—	0.317	0.042	0.011	0.000	0.000
	尼泊尔	0.003	0.000	0.412	0.000	0.000	0.021	0.259	0.001	0.023	0.669
	马尔代夫	0.078	0.000	0.000	0.000	0.000	0.000	0.000	0.000	0.000	—
	不丹	0.000	—	0.000	0.000	—	0.022	0.000	0.216	0.029	—

续表

区域	国家	2015年									
		0	1	2	3	4	5	6	7	8	9
西亚北非国家	沙特阿拉伯	0.015	0.000	0.368	0.002	0.009	0.203	0.019	0.001	0.000	0.085
	阿联酋	0.183	0.017	0.366	0.133	0.047	0.702	0.043	0.007	0.002	0.004
	阿曼	0.098	—	0.643	0.006	0.005	0.378	0.227	0.001	0.000	—
	伊朗	0.440	0.001	0.333	0.035	0.000	0.519	0.047	0.001	0.000	0.000
	土耳其	0.809	0.184	0.321	0.354	0.422	0.299	0.122	0.061	0.218	0.038
	以色列	0.376	0.446	0.681	0.518	0.582	0.886	0.381	0.670	0.262	0.056
	埃及	0.351	0.022	0.877	0.066	0.000	0.076	0.020	0.002	0.013	0.000
	科威特	0.000	—	0.278	0.000	0.000	0.148	0.000	0.001	0.000	0.000
	伊拉克	0.021	0.000	0.005	0.000	0.000	0.000	0.001	0.000	0.000	0.000
	卡塔尔	0.000	0.000	0.182	0.027	0.000	0.213	0.001	0.000	0.000	0.000
	约旦	0.002	0.019	0.203	0.000	0.000	0.884	0.001	0.002	0.013	0.000
	黎巴嫩	0.002	0.000	0.572	0.000	0.000	0.023	0.015	0.001	0.000	—
	巴林	0.000	0.000	0.244	0.607	0.000	0.274	0.090	0.004	0.001	—
	也门	0.024	—	0.853	0.000	—	0.252	0.012	0.001	0.000	—
	叙利亚	0.000	—	0.422	0.000	0.000	0.012	0.000	0.000	0.000	—
	巴勒斯坦	0.000	0.000	0.000	—	—	0.001	0.048	0.000	0.007	—
中东欧国家	波兰	0.905	0.198	0.779	0.345	0.001	0.475	0.589	0.289	0.110	0.003
	罗马尼亚	0.305	0.848	0.515	0.681	0.701	0.747	0.297	0.524	0.669	0.000
	捷克	0.513	0.328	0.175	0.303	0.003	0.926	0.864	0.449	0.508	0.195
	斯洛伐克	0.305	0.483	0.311	0.000	0.000	0.405	0.462	0.812	0.188	0.000
	保加利亚	0.610	0.398	0.183	0.747	0.481	0.251	0.766	0.298	0.462	0.000
	匈牙利	0.451	0.012	0.291	0.337	0.257	0.960	0.759	0.725	0.547	0.000
	拉脱维亚	0.415	0.858	0.054	0.002	0.000	0.203	0.095	0.048	0.047	0.000
	立陶宛	0.067	0.219	0.356	0.150	0.000	0.186	0.065	0.073	0.363	0.000
	斯洛文尼亚	0.087	0.387	0.790	0.011	0.029	0.369	0.151	0.357	0.079	0.000
	爱沙尼亚	0.702	0.726	0.133	0.062	0.000	0.279	0.254	0.396	0.309	—
	克罗地亚	0.063	0.550	0.439	0.000	0.009	0.166	0.047	0.355	0.063	0.000
	阿尔巴尼亚	0.025	0.000	0.030	0.062	0.002	0.111	0.008	0.000	0.130	0.000
	塞尔维亚	0.372	0.000	0.118	0.000	0.025	0.100	0.361	0.132	0.216	0.000
	北马其顿	0.182	0.000	0.774	—	0.000	0.006	0.210	0.237	0.904	—
	波黑	0.000	0.016	0.038	—	0.012	0.073	0.417	0.247	0.473	—
	黑山	0.000	0.034	0.055	0.000	—	0.000	0.000	0.001	0.000	—
"一带一路"沿线国家整体		0.951	0.799	0.747	0.297	0.905	0.959	0.526	0.708	0.434	0.978

续表

区域	国家	\multicolumn{10}{c}{2016年}
		0	1	2	3	4	5	6	7	8	9
东南亚国家	印度尼西亚	0.770	0.068	0.224	0.116	0.011	0.478	0.435	0.238	0.423	0.402
	泰国	0.943	0.609	0.180	0.386	0.958	0.904	0.639	0.987	0.837	0.732
	马来西亚	0.436	0.563	0.175	0.407	0.023	0.930	0.195	0.567	0.348	0.230
	越南	0.857	0.254	0.415	0.788	0.929	0.215	0.217	0.823	0.610	0.206
	新加坡	0.626	0.904	0.576	0.728	0.718	0.429	0.129	0.646	0.519	0.043
	菲律宾	0.488	0.055	0.096	0.600	0.073	0.354	0.070	0.774	0.198	0.216
	缅甸	0.725	0.015	0.088	0.176	0.000	0.026	0.209	0.018	0.454	0.592
	柬埔寨	0.404	0.151	0.550	0.000	0.106	0.605	0.111	0.213	1.000	0.501
	老挝	0.045	0.277	0.003	0.140	—	0.920	0.654	0.015	0.210	0.316
	文莱	0.106	—	0.595	0.006	—	0.345	0.000	0.001	0.002	0.243
	东帝汶	0.093	—	0.086	—	0.096	0.003	0.000	0.001	0.001	0.450
东欧中亚国家	蒙古国	0.920	0.044	0.003	0.176	0.192	0.153	0.394	0.001	0.131	0.745
	俄罗斯	0.940	0.626	0.052	0.016	0.037	0.722	0.729	0.088	0.033	0.427
	乌克兰	0.271	0.675	0.037	0.036	0.001	0.057	0.086	0.077	0.041	0.036
	格鲁吉亚	0.004	0.674	0.051	0.000	0.000	0.023	0.016	0.010	0.065	0.067
	阿塞拜疆	0.067	0.161	0.328	0.037	0.480	0.020	0.001	0.000	0.024	—
	亚美尼亚	0.003	0.000	0.003	0.000	—	0.002	0.021	0.009	0.724	0.060
	摩尔多瓦	0.038	0.000	0.545	0.000	0.000	0.004	0.099	0.045	0.928	0.061
	哈萨克斯坦	0.450	0.104	0.012	0.023	0.014	0.435	0.973	0.000	0.000	0.729
	乌兹别克斯坦	0.827	0.000	0.115	0.007	0.000	0.752	0.626	0.021	0.004	0.216
	土库曼斯坦	0.013	—	0.154	0.000	0.000	0.489	0.050	0.000	0.004	0.041
	吉尔吉斯斯坦	0.055	0.000	0.053	0.508	0.731	0.023	0.030	0.000	0.000	0.096
	塔吉克斯坦	0.043	0.000	0.161	0.000	0.000	0.000	0.023	0.000	0.000	0.188
南亚国家	印度	0.665	0.128	0.313	0.479	0.030	0.265	0.686	0.076	0.133	0.866
	巴基斯坦	0.885	0.156	0.879	0.874	0.049	0.033	0.350	0.002	0.076	0.000
	孟加拉国	0.453	0.120	0.743	0.000	0.721	0.061	0.042	0.003	0.559	0.602
	斯里兰卡	0.281	0.030	0.470	0.000	0.330	0.071	0.035	0.051	0.374	0.655
	阿富汗	0.000	—	0.696	0.000	0.000	0.234	0.004	0.011	0.000	0.097
	尼泊尔	0.001	0.000	0.011	0.000	0.058	0.046	0.239	0.000	0.026	0.935
	马尔代夫	0.059	—	0.003	0.000	—	0.000	0.000	0.000	0.000	0.064
	不丹	0.052	—	0.000	0.000	—	0.045	0.202	0.000	0.011	0.234

续表

区域	国家	2016年									
		0	1	2	3	4	5	6	7	8	9
西亚北非国家	沙特阿拉伯	0.012	0.919	0.415	0.005	0.962	0.195	0.028	0.010	0.000	0.108
	阿联酋	0.017	0.046	0.318	0.120	0.616	0.668	0.058	0.006	0.006	0.103
	阿曼	0.151	—	0.222	0.021	0.000	0.505	0.189	0.000	0.000	0.149
	伊朗	0.228	0.002	0.267	0.011	0.000	0.562	0.080	0.002	0.001	0.053
	土耳其	0.970	0.521	0.372	0.180	0.379	0.259	0.144	0.061	0.286	0.961
	以色列	0.299	0.698	0.883	0.395	0.739	0.921	0.393	0.754	0.347	0.177
	埃及	0.402	0.089	0.868	0.073	0.033	0.083	0.017	0.001	0.019	0.212
	科威特	0.003	—	0.539	0.000	0.000	0.155	0.000	0.000	0.000	0.246
	伊拉克	0.033	—	0.030	0.000	0.000	0.002	0.000	0.000	0.000	0.487
	卡塔尔	0.000	0.000	0.284	0.034	0.000	0.189	0.021	0.000	0.001	0.111
	约旦	0.005	0.002	0.243	0.000	0.000	0.976	0.000	0.002	0.027	0.227
	黎巴嫩	0.004	0.000	0.765	0.000	0.000	0.020	0.018	0.001	0.001	0.144
	巴林	0.000	0.000	0.768	0.702	—	0.641	0.115	0.000	0.000	0.112
	也门	0.009	0.000	0.528	0.000	—	0.161	0.019	0.000	0.000	0.667
	叙利亚	0.000	0.000	0.743	0.000	0.334	0.013	0.001	0.001	0.000	0.984
	巴勒斯坦	0.000	—	0.072	0.000	0.000	0.000	0.044	0.000	0.001	0.018
中东欧国家	波兰	0.783	0.351	0.798	0.686	0.046	0.385	0.454	0.288	0.128	0.350
	罗马尼亚	0.740	0.981	0.679	0.477	0.306	0.544	0.351	0.565	0.679	0.307
	捷克	0.614	0.192	0.307	0.757	0.006	0.918	0.866	0.493	0.507	0.227
	斯洛伐克	0.297	0.321	0.385	—	0.024	0.734	0.555	0.715	0.124	0.202
	保加利亚	0.518	0.375	0.154	0.528	0.204	0.268	0.993	0.325	0.493	0.251
	匈牙利	0.324	0.029	0.349	0.320	0.143	0.933	0.701	0.789	0.650	0.279
	拉脱维亚	0.864	0.845	0.131	0.086	0.000	0.074	0.068	0.054	0.044	0.054
	立陶宛	0.197	0.278	0.356	0.583	0.000	0.274	0.128	0.045	0.398	0.189
	斯洛文尼亚	0.324	0.502	0.647	0.000	0.227	0.378	0.181	0.520	0.096	0.347
	爱沙尼亚	0.698	0.357	0.088	0.353	0.000	0.271	0.179	0.322	0.338	0.154
	克罗地亚	0.191	0.189	0.342	0.082	0.038	0.085	0.066	0.534	0.051	0.130
	阿尔巴尼亚	0.025	0.000	0.028	0.006	0.013	0.006	0.012	0.000	0.139	0.242
	塞尔维亚	0.297	0.006	0.039	—	0.507	0.084	0.185	0.217	0.210	0.434
	北马其顿	0.609	0.000	0.977	—	—	0.007	0.647	0.259	0.966	0.079
	波黑	0.001	0.031	0.023	—	0.000	0.417	0.665	0.197	0.700	0.196
	黑山	0.000	0.752	0.076	—	—	0.000	0.002	0.010	0.003	0.102
“一带一路”沿线国家整体		0.926	0.832	0.763	0.330	0.884	0.957	0.538	0.712	0.498	0.988

续表

区域	国家	2017年									
		0	1	2	3	4	5	6	7	8	9
东南亚国家	印度尼西亚	0.830	0.207	0.189	0.152	0.011	0.501	0.610	0.247	0.476	0.554
	泰国	0.841	0.375	0.119	0.360	0.403	0.929	0.383	0.978	0.775	0.784
	马来西亚	0.443	0.725	0.141	0.361	0.030	0.934	0.215	0.652	0.324	0.219
	越南	0.788	0.673	0.445	0.939	0.953	0.234	0.263	0.931	0.711	0.133
	新加坡	0.525	0.940	0.344	0.883	0.747	0.414	0.148	0.708	0.568	0.041
	菲律宾	0.529	0.149	0.090	0.266	0.037	0.416	0.073	0.781	0.194	0.377
	缅甸	0.657	0.086	0.131	0.228	0.000	0.050	0.366	0.016	0.299	0.556
	柬埔寨	0.374	0.332	0.519	0.000	0.104	0.332	0.148	0.197	0.979	0.994
	老挝	0.131	0.631	0.009	0.677	—	0.683	0.349	0.061	0.599	0.315
	文莱	0.302	—	0.945	0.006	—	0.451	0.000	0.000	0.000	0.097
	东帝汶	0.297	—	0.330	—	—	0.008	0.000	0.003	—	0.381
东欧中亚国家	蒙古国	0.765	0.123	0.003	0.103	0.040	0.124	0.371	0.001	0.021	0.268
	俄罗斯	0.955	0.678	0.053	0.018	0.036	0.638	0.578	0.064	0.028	0.458
	乌克兰	0.333	0.720	0.050	0.165	0.001	0.032	0.080	0.059	0.068	0.098
	格鲁吉亚	0.012	0.480	0.094	0.000	0.029	0.135	0.019	0.004	0.092	0.158
	阿塞拜疆	0.075	0.151	0.093	0.063	0.568	0.013	0.026	0.000	0.044	—
	亚美尼亚	0.001	0.336	0.004	0.000	0.000	0.050	0.024	0.010	0.664	0.056
	摩尔多瓦	0.145	0.026	0.546	0.000	0.000	0.000	0.085	0.231	0.927	0.196
	哈萨克斯坦	0.393	0.077	0.010	0.062	0.006	0.524	0.978	0.003	0.000	0.774
	乌兹别克斯坦	0.607	0.000	0.160	0.012	0.000	0.856	0.549	0.016	0.002	0.155
	土库曼斯坦	0.328	—	0.273	0.000	0.000	0.245	0.057	0.000	0.005	0.023
	吉尔吉斯斯坦	0.177	0.419	0.058	0.220	0.000	0.008	0.067	0.000	0.000	0.396
	塔吉克斯坦	0.034	—	0.140	0.000	—	0.020	0.038	0.000	0.000	0.289
南亚国家	印度	0.839	0.317	0.264	0.604	0.039	0.382	0.782	0.074	0.118	0.427
	巴基斯坦	0.895	0.091	0.995	0.764	0.054	0.026	0.333	0.001	0.088	0.000
	孟加拉国	0.439	0.000	0.680	0.000	0.526	0.061	0.044	0.003	0.549	0.843
	斯里兰卡	0.416	0.000	0.410	0.000	0.269	0.096	0.040	0.061	0.377	0.431
	阿富汗	0.008	—	0.539	0.000	0.000	0.000	0.015	0.001	0.000	0.253
	尼泊尔	0.001	0.000	0.021	0.000	0.206	0.009	0.187	0.000	0.020	0.928
	马尔代夫	0.171	0.000	0.000	0.000	0.000	0.000	0.000	0.000	0.000	0.160
	不丹	0.000	—	0.000	0.000	—	0.000	0.429	0.003	0.002	0.158

续表

区域	国家	2017年									
		0	1	2	3	4	5	6	7	8	9
西亚北非国家	沙特阿拉伯	0.010	0.764	0.208	0.005	0.952	0.139	0.025	0.016	0.000	0.073
	阿联酋	0.086	0.085	0.264	0.086	0.559	0.563	0.033	0.007	0.003	0.301
	阿曼	0.094	0.000	0.071	0.006	0.000	0.538	0.182	0.001	0.000	0.104
	伊朗	0.230	0.007	0.170	0.014	0.014	0.570	0.094	0.001	0.000	0.433
	土耳其	0.836	0.425	0.299	0.031	0.335	0.298	0.169	0.070	0.304	0.625
	以色列	0.474	0.649	0.778	0.416	0.579	0.895	0.378	0.918	0.359	0.234
	埃及	0.944	0.022	0.920	0.016	0.001	0.181	0.025	0.002	0.029	0.216
	科威特	0.000	—	0.682	0.000	0.000	0.163	0.000	0.003	0.000	0.176
	伊拉克	0.022	0.000	0.000	0.000	0.000	0.000	0.000	0.000	0.000	0.107
	卡塔尔	0.000	0.000	0.161	0.030	0.000	0.214	0.019	0.000	0.001	0.062
	约旦	0.003	0.000	0.670	0.000	0.000	0.817	0.000	0.008	0.031	0.320
	黎巴嫩	0.010	0.000	0.783	0.000	0.037	0.026	0.014	0.005	0.002	0.165
	巴林	0.000	0.000	0.681	0.991	0.390	0.701	0.152	0.001	0.001	0.141
	也门	0.016	0.000	0.484	0.000	0.000	0.218	0.016	0.000	0.000	0.311
	叙利亚	0.009	0.000	0.165	0.000	0.000	0.010	0.001	0.000	0.000	0.272
	巴勒斯坦	0.000	—	0.000	—	—	0.000	0.013	0.000	0.000	0.083
中东欧国家	波兰	0.707	0.418	0.869	0.424	0.128	0.360	0.554	0.313	0.129	0.328
	罗马尼亚	0.821	0.876	0.520	0.001	0.880	0.393	0.402	0.656	0.683	0.981
	捷克	0.707	0.051	0.178	0.415	0.035	0.999	0.891	0.533	0.626	0.300
	斯洛伐克	0.501	0.463	0.275	0.000	0.000	0.905	0.367	0.672	0.167	0.276
	保加利亚	0.527	0.526	0.314	0.686	0.540	0.370	0.644	0.382	0.584	0.430
	匈牙利	0.355	0.063	0.434	0.447	0.489	0.995	0.650	0.862	0.514	0.477
	拉脱维亚	0.559	0.637	0.107	0.047	0.000	0.085	0.126	0.065	0.054	0.105
	立陶宛	0.286	0.206	0.159	0.091	0.000	0.214	0.201	0.058	0.419	0.272
	斯洛文尼亚	0.275	0.227	0.989	0.000	0.000	0.321	0.156	0.496	0.093	0.398
	爱沙尼亚	0.928	0.196	0.055	0.236	—	0.222	0.245	0.354	0.227	0.233
	克罗地亚	0.255	0.341	0.153	0.302	0.003	0.214	0.096	0.389	0.073	0.953
	阿尔巴尼亚	0.032	0.000	0.015	0.000	0.004	0.004	0.046	0.001	0.153	0.706
	塞尔维亚	0.500	0.048	0.075	0.000	0.875	0.167	0.324	0.341	0.259	0.351
	北马其顿	0.491	0.000	0.365	0.000	0.000	0.059	0.451	0.634	0.739	0.196
	波黑	0.000	0.019	0.022	—	#DIV/0!	0.889	0.418	0.261	0.846	0.307
	黑山	0.013	0.718	0.029	0.000	#DIV/0!	0.001	0.000	0.014	0.001	0.142
"一带一路"沿线国家整体		0.932	0.678	0.769	0.331	0.992	0.931	0.579	0.720	0.526	0.993

续表

区域	国家	2018年									
		0	1	2	3	4	5	6	7	8	9
东南亚国家	印度尼西亚	0.944	0.541	0.200	0.118	0.009	0.595	0.610	0.210	0.493	0.455
	泰国	0.775	0.421	0.150	0.312	0.508	0.855	0.361	0.971	0.723	0.433
	马来西亚	0.540	0.511	0.275	0.202	0.107	0.947	0.219	0.691	0.404	0.319
	越南	0.796	0.666	0.535	0.553	0.795	0.350	0.291	0.956	0.677	0.069
	新加坡	0.486	0.746	0.331	0.591	0.888	0.394	0.126	0.725	0.634	0.054
	菲律宾	0.641	0.049	0.124	0.291	0.080	0.337	0.126	0.842	0.215	0.304
	缅甸	0.724	0.066	0.176	0.490	0.041	0.188	0.350	0.018	0.319	0.706
	柬埔寨	0.373	0.323	0.448	0.001	0.576	0.271	0.169	0.193	0.986	0.743
	老挝	0.343	0.980	0.014	0.858	0.652	0.849	0.491	0.133	0.569	0.254
	文莱	0.143	0.101	0.921	0.030	0.001	0.464	0.000	0.000	0.001	0.066
	东帝汶	0.489	0.067	0.003	—	0.444	0.000	0.001	0.005	0.000	0.405
东欧中亚国家	蒙古国	0.859	0.197	0.003	0.079	0.063	0.020	0.262	0.000	0.030	0.243
	俄罗斯	0.874	0.637	0.065	0.018	0.032	0.586	0.693	0.040	0.028	0.543
	乌克兰	0.285	0.936	0.075	0.374	0.001	0.098	0.086	0.085	0.037	0.094
	格鲁吉亚	0.089	0.711	0.245	0.137	0.463	0.055	0.038	0.003	0.090	0.213
	阿塞拜疆	0.015	0.000	0.293	0.122	0.000	0.662	0.026	0.000	0.005	0.008
	亚美尼亚	0.033	0.026	0.004	0.000	0.002	0.055	0.001	0.004	0.802	0.092
	摩尔多瓦	0.057	0.000	0.433	0.000	0.000	0.006	0.181	0.150	0.996	0.155
	哈萨克斯坦	0.604	0.097	0.011	0.030	0.005	0.664	0.875	0.001	0.000	0.815
	乌兹别克斯坦	0.899	0.077	0.233	0.005	0.000	0.727	0.577	0.000	0.000	0.078
	土库曼斯坦	0.313	—	0.070	0.000	0.000	0.139	0.007	0.000	0.006	0.070
	吉尔吉斯斯坦	0.146	0.423	0.172	0.352	0.000	0.002	0.032	0.000	0.000	0.616
	塔吉克斯坦	0.043	0.000	0.102	0.000	0.000	0.015	0.041	0.000	0.000	0.240
南亚国家	印度	0.567	0.304	0.348	0.939	0.122	0.477	0.719	0.075	0.123	0.381
	巴基斯坦	0.909	0.004	0.880	0.277	0.000	0.115	0.393	0.000	0.130	0.638
	孟加拉国	0.476	0.435	0.332	0.000	0.336	0.015	0.040	0.004	0.662	0.751
	斯里兰卡	0.592	0.028	0.648	0.000	0.125	0.111	0.058	0.071	0.373	0.420
	阿富汗	0.708	—	0.905	0.000	0.000	0.001	0.044	0.001	0.001	0.153
	尼泊尔	0.011	0.000	0.005	0.000	0.000	0.020	0.140	0.000	0.032	0.867
	马尔代夫	0.365	—	0.000	0.265	0.000	0.000	0.000	0.000	0.000	0.098
	不丹	0.001	0.000	0.000	0.000	—	0.002	0.003	0.000	0.001	0.080

续表

区域	国家	2018年									
		0	1	2	3	4	5	6	7	8	9
西亚北非国家	沙特阿拉伯	0.022	0.875	0.115	0.005	0.495	0.109	0.038	0.018	0.000	0.035
	阿联酋	0.087	0.108	0.417	0.119	0.599	0.545	0.054	0.009	0.004	0.489
	阿曼	0.295	—	0.063	0.030	0.733	0.522	0.119	0.002	0.001	0.087
	伊朗	0.502	0.023	0.209	0.020	0.166	0.539	0.106	0.000	0.001	0.476
	土耳其	0.755	0.848	0.416	0.007	0.478	0.329	0.185	0.090	0.353	0.259
	以色列	0.538	0.833	0.716	0.142	0.693	0.816	0.398	0.886	0.512	0.229
	埃及	0.820	0.071	0.990	0.029	0.156	0.249	0.024	0.001	0.027	0.244
	科威特	0.000	0.000	0.355	0.000	0.000	0.109	0.000	0.000	0.000	0.128
	伊拉克	0.046	—	0.003	0.000	0.000	0.001	0.000	0.000	0.000	0.101
	卡塔尔	0.000	0.000	0.150	0.026	0.000	0.213	0.011	0.000	0.000	0.045
	约旦	0.002	0.061	0.399	0.000	0.000	0.916	0.001	0.000	0.040	0.343
	黎巴嫩	0.004	0.072	0.981	0.000	0.005	0.023	0.037	0.008	0.006	0.217
	巴林	0.001	0.000	0.222	0.087	0.113	0.846	0.112	0.000	0.002	0.075
	也门	0.022	—	0.339	0.000	0.000	0.001	0.010	0.000	0.000	0.429
	叙利亚	0.000	0.000	0.081	0.000	0.026	0.003	0.001	0.000	0.000	0.519
	巴勒斯坦	0.000	—	0.808	—	—	0.000	0.029	0.000	0.009	0.003
中东欧国家	波兰	0.966	0.309	0.912	0.313	0.168	0.366	0.452	0.293	0.128	0.312
	罗马尼亚	0.253	0.992	0.655	0.000	0.061	0.554	0.395	0.653	0.681	0.865
	捷克	0.778	0.031	0.107	0.454	0.034	0.952	0.790	0.477	0.622	0.320
	斯洛伐克	0.782	0.264	0.451	0.000	0.000	0.000	0.703	0.082	0.184	0.001
	保加利亚	0.387	0.803	0.419	0.000	0.759	0.321	0.598	0.363	0.590	0.413
	匈牙利	0.825	0.093	0.425	0.333	0.773	0.974	0.833	0.848	0.521	0.424
	拉脱维亚	0.822	0.439	0.073	0.049	0.000	0.167	0.126	0.073	0.070	0.053
	立陶宛	0.241	0.325	0.124	0.152	0.000	0.354	0.185	0.080	0.444	0.275
	斯洛文尼亚	0.523	0.765	0.783	0.000	0.301	0.182	0.147	0.520	0.052	0.334
	爱沙尼亚	0.873	0.373	0.096	0.260	0.000	0.189	0.193	0.267	0.324	0.159
	克罗地亚	0.239	0.829	0.175	0.009	0.001	0.088	0.078	0.428	0.000	0.000
	阿尔巴尼亚	0.062	0.127	0.046	0.000	0.146	0.004	0.006	0.005	0.192	0.361
	塞尔维亚	0.405	0.035	0.042	0.000	0.201	0.248	0.301	0.321	0.239	0.246
	北马其顿	0.056	0.000	0.210	—	—	0.281	0.415	0.445	0.692	0.325
	波黑	0.006	0.000	0.040	—	—	0.545	0.339	0.346	0.668	0.316
	黑山	0.001	0.919	0.057	0.000	—	0.002	0.000	0.036	0.018	0.203
"一带一路"沿线国家整体		0.985	0.753	0.762	0.293	0.898	0.991	0.513	0.638	0.379	0.973

资料来源：作者根据联合国商品贸易统计数据库数据计算。

第二节 中国与"一带一路"沿线国家的贸易依存度指数

贸易依存度指数（简称 TDI）是指一国进出口总额占国内生产总值的比值，用以衡量一国对于国际贸易的依赖程度，也可以衡量进出口贸易在该国经济增长中具有的拉动作用，比值的变动意味着对外贸易在该国经济中地位的变化。贸易依存度可以分为进口依存度和出口依存度，进口依存度反映了一国的对外开放程度，出口依存度反映了一国对外贸易的依赖程度。一般来说，一国的对外贸易依存度越高，说明该国经济增长对外贸易的依赖程度越高，说明该国经济发展对对方国家的联系程度越高。计算公式为：

$$TDI = T_i/GDP \qquad (6-2)$$

其中，TDI 表示贸易依存度指数，T_i 表示一国进出口总额，GDP 表示一国的国民生产总值。

一、"一带一路"沿线国家对中国的贸易依存度指数

在贸易依存度指数方面，2014~2019 年，"一带一路"沿线国家整体对中国的贸易依存度指数[①]呈现出波动的趋势，从 2014 年的 0.038 上升至 2015 年的 0.042，后下降至 2016 年的 0.040，又上升至 2018 年的 0.044，后又下降至 2019 年的 0.034。

2019 年，"一带一路"沿线国家对中国贸易依存度指数排名前十的国家为蒙古国、越南、新加坡、吉尔吉斯斯坦、马来西亚、老挝、缅甸、泰国、乌兹别克斯坦和菲律宾，具体计算结果见表 6-5。按经济体所属区域划分，东南亚国家对中国产品竞争性指数排名前五的国家为越南、新加坡、马来西亚、老挝和缅甸；东欧中亚国家对中国产品竞争性指数排名前三的国家为吉尔吉斯斯坦、乌兹别克斯坦和哈萨克斯坦；南亚国家对中国产品竞争性指数排名前二的国家为巴基斯坦和印度；西亚北非国家对中国产品竞争性指数排名前三的国家为约旦、卡塔尔和埃及；中东欧国家对中国产品竞争性指数排名前五的国家为捷克、斯洛伐克、北马其顿、波兰和塞尔维亚，具体计算结果见表 6-6。

表 6-5　2019 年"一带一路"沿线国家对中国的贸易依存度指数排名

国家	指数
蒙古国	0.6359
越南	0.4468

---

① 此处使用"一带一路"沿线国家对中国的进口值和出口值。

续表

国家	指数
新加坡	0.2705
吉尔吉斯斯坦	0.2148
马来西亚	0.2085
老挝	0.1845
缅甸	0.1598
泰国	0.1359
乌兹别克斯坦	0.1177
菲律宾	0.0971

资料来源：作者根据联合国商品贸易统计数据库数据计算。

表6-6　2019年"一带一路"沿线国家分区域对中国的贸易依存度指数排名

区域	国家	指数
东南亚国家	越南	0.4468
	新加坡	0.2705
	马来西亚	0.2085
	老挝	0.1845
	缅甸	0.1598
东欧中亚国家	吉尔吉斯斯坦	0.2148
	乌兹别克斯坦	0.1177
	哈萨克斯坦	0.0799
南亚国家	巴基斯坦	0.0519
	印度	0.0298
西亚北非国家	约旦	0.0753
	卡塔尔	0.0682
	埃及	0.0416
中东欧国家	捷克	0.1246
	斯洛伐克	0.0726
	北马其顿	0.0560
	波兰	0.0559
	塞尔维亚	0.0552

资料来源：作者根据联合国商品贸易统计数据库数据计算。

2014~2019年"一带一路"沿线国家对中国的贸易依存度指数详见表6-7。

表6-7　2014~2019年"一带一路"沿线国家对中国的贸易依存度指数

区域	国家	2014年	2015年	2016年	2017年	2018年	2019年
东南亚国家	印度尼西亚	0.0541	0.0516	0.0511	0.0579	0.0697	0.0650
	泰国	0.1561	0.1615	0.1596	0.1620	0.1587	0.1359
	马来西亚	0.1880	0.1968	0.1927	0.2120	0.2168	0.2085
	越南	0.3146	0.3416	0.3507	0.4197	0.4359	0.4468
	新加坡	0.3149	0.3038	0.2668	0.2937	0.2747	0.2705
	菲律宾	0.0644	0.0610	0.0725	0.0845	0.0945	0.0971
	缅甸	0.1382	0.1834	0.1608	0.1726	0.1655	0.1598
	柬埔寨	0.2435	0.2400	0.2560	0.2723	0.2852	0.0000
	老挝	0.0965	0.1218	0.1188	0.1631	0.1576	0.1845
	文莱	0.0265	0.0335	0.0506	0.0751	0.1385	0.0818
	东帝汶	0.0000	0.0000	0.0000	0.0366	0.0000	0.0000
东欧中亚国家	蒙古国	0.5537	0.4475	0.4401	0.5848	0.6485	0.6359
	俄罗斯	0.0428	0.0466	0.0595	0.0625	0.0653	0.0656
	乌克兰	0.0605	0.0678	0.0698	0.0693	0.0750	—
	格鲁吉亚	0.0467	0.0477	0.0474	0.0575	0.0586	0.0610
	阿塞拜疆	0.0101	0.0106	0.0287	0.0318	0.0279	0.0455
	亚美尼亚	0.0504	0.0455	0.0439	0.0507	0.0618	0.0689
	摩尔多瓦	0.0515	0.0484	0.0506	0.0542	0.0541	0.0518
	哈萨克斯坦	0.0775	0.0573	0.0574	0.0629	0.0652	0.0799
	乌兹别克斯坦	—	—	—	0.0679	0.1121	0.1177
	土库曼斯坦	—	—	—	—	—	—
	吉尔吉斯斯坦	0.1651	0.1595	0.2267	0.2066	0.2476	0.2148
	塔吉克斯坦	—	—	—	—	—	—
南亚国家	印度	0.0351	0.0338	0.0303	0.0318	0.0331	0.0298
	巴基斯坦	0.0485	0.0479	0.0548	0.0555	0.0520	0.0519
	孟加拉国	—	0.0567	—	—	—	—
	斯里兰卡	0.0453	0.0500	0.0544	0.0525	—	—
	阿富汗	0.0514	0.0530	0.0567	—	0.0617	—
	尼泊尔	0.0484	0.0435	0.0597	0.0512	—	—
	马尔代夫	0.0284	0.0359	0.0653	0.0594	0.0917	—
	不丹	—	—	—	—	—	—

续表

区域	国家	2014年	2015年	2016年	2017年	2018年	2019年
西亚北非国家	沙特阿拉伯	0.4019	0.4644	0.3834	0.3884	0.4064	—
	阿联酋	0.0611	0.0708	0.0731	0.1375	0.1041	—
	阿曼	0.0251	0.0735	0.0567	0.0319	0.0289	—
	伊朗	0.0509	0.0877	0.0455	0.0489	0.0786	—
	土耳其	0.0297	0.0317	0.0322	0.0309	0.0306	0.0290
	以色列	0.0284	0.0301	0.0289	0.0278	0.0412	0.0371
	埃及	0.0263	0.0221	0.0227	0.0373	0.0501	0.0416
	科威特	0.0338	0.0513	0.0472	0.0882	0.0962	—
	伊拉克	0.1215	0.1160	0.1041	0.1133	0.1356	—
	卡塔尔	0.0673	0.0529	0.0458	0.0637	0.0707	0.0682
	约旦	0.0710	0.0751	0.0719	0.0719	0.0682	0.0753
	黎巴嫩	0.0517	0.0417	0.0410	0.0355	0.0366	—
	巴林	0.0508	0.0505	0.0553	0.0608	0.0679	—
	也门	0.0515	0.0168	0.0600	0.0859	0.0964	—
	叙利亚	0.0177	0.0204	0.0189	0.0224	0.0256	—
	巴勒斯坦	0.0222	0.0290	0.0285	0.0296	0.0291	—
中东欧国家	波兰	0.0463	0.0511	0.0537	0.0547	0.0572	0.0559
	罗马尼亚	0.0196	0.0213	0.0239	0.0240	0.0254	0.0238
	捷克	0.0937	0.1116	0.1003	0.1061	0.1168	0.1246
	斯洛伐克	0.0840	0.0859	0.0849	0.0786	0.0675	0.0726
	保加利亚	0.0327	0.0335	0.0313	0.0348	0.0377	0.0379
	匈牙利	0.0519	0.0528	0.0558	0.0562	0.0554	0.0548
	拉脱维亚	0.0194	0.0214	0.0208	0.0218	0.0222	0.0220
	立陶宛	0.0210	0.0222	0.0214	0.0238	0.0231	0.0249
	斯洛文尼亚	0.0383	0.0426	0.0457	0.0480	0.0485	0.0490
	爱沙尼亚	0.0639	0.0622	0.0621	0.0644	0.0615	0.0543
	克罗地亚	0.0114	0.0132	0.0141	0.0163	0.0182	0.0153
	阿尔巴尼亚	0.0352	0.0370	0.0396	0.0376	0.0365	—
	塞尔维亚	0.0335	0.0394	0.0401	0.0426	0.0447	0.0552
	北马其顿	0.0463	0.0537	0.0439	0.0449	0.0464	0.0560
	波黑	0.0502	0.0392	0.0374	0.0390	0.0412	0.0422
	黑山	0.0391	0.0543	0.0517	0.0533	0.0579	—
"一带一路"沿线国家整体		0.0378	0.0415	0.0398	0.0444	0.0437	0.0344

资料来源：作者根据联合国商品贸易统计数据库数据计算。

二、中国对"一带一路"沿线国家的贸易依存度指数

由于 2019 年中国对"一带一路"沿线国家的贸易数据未更新，因此本书按 2018 年的数据进行分析。2014~2018 年，中国对"一带一路"沿线国家整体的贸易依存度指数[①]呈现出先下降后上升的趋势，在 2014~2016 年贸易依存度指数从 0.088 下降至 0.081，在 2016~2018 年贸易依存度指数从 0.081 上升至 0.094。整体来看中国对"一带一路"沿线国家的贸易依赖程度高于"一带一路"沿线国家对中国的贸易依赖程度。

2018 年，中国对"一带一路"沿线国家贸易依存度指数排名前十的国家为蒙古国、越南、马来西亚、柬埔寨、新加坡、缅甸、老挝、泰国、菲律宾和文莱，具体计算结果见表 6-8。按经济体所属区域划分，中国对东南亚国家产品竞争性指数排名前五的国家为越南、马来西亚、柬埔寨、新加坡和缅甸；中国对东欧中亚国家产品竞争性指数排名前三的国家为俄罗斯、哈萨克斯坦和乌克兰；中国对南亚国家产品竞争性指数排名前三的国家为印度、巴基斯坦和孟加拉国；中国对西亚北非国家产品竞争性指数排名前三的国家为沙特阿拉伯、阿联酋和伊朗；中国对中东欧国家产品竞争性指数排名前五的国家为波兰、捷克、匈牙利、斯洛伐克和罗马尼亚，具体计算结果见表 6-9。

表 6-8　2018 年中国对"一带一路"沿线国家的贸易依存度指数排名

国家	指数
蒙古国	0.6113
越南	0.6040
马来西亚	0.3045
柬埔寨	0.3015
新加坡	0.2292
缅甸	0.2147
老挝	0.1941
泰国	0.1740
菲律宾	0.1683
文莱	0.1360

资料来源：作者根据联合国商品贸易统计数据库数据计算。

---

① 此处使用中国对"一带一路"沿线国家的进口值和出口值。

表 6-9 2018年中国对"一带一路"沿线国家的分区域贸易依存度指数排名

区域	国家	指数
东南亚国家	越南	0.6040
	马来西亚	0.3045
	柬埔寨	0.3015
	新加坡	0.2292
	缅甸	0.2147
东欧中亚国家	俄罗斯	0.0079
	哈萨克斯坦	0.0015
	乌克兰	0.0007
南亚国家	印度	0.0352
	巴基斯坦	0.0014
	孟加拉国	0.0014
西亚北非国家	沙特阿拉伯	0.0047
	阿联酋	0.0034
	伊朗	0.0026
中东欧国家	波兰	0.0018
	捷克	0.0012
	匈牙利	0.0008
	斯洛伐克	0.0006
	罗马尼亚	0.0005

资料来源：作者根据联合国商品贸易统计数据库数据计算。

2014~2018年中国对"一带一路"沿线国家的贸易依存度指数详见表6-10。

表 6-10 2014~2018年中国对"一带一路"沿线国家的贸易依存度指数

区域	国家	2014年	2015年	2016年	2017年	2018年
东南亚国家	印度尼西亚	0.0713	0.0630	0.0574	0.0624	0.0743
	泰国	0.1783	0.1880	0.1836	0.1760	0.1740
	马来西亚	0.3017	0.3227	0.2886	0.3014	0.3045
	越南	0.4492	0.4960	0.4787	0.5451	0.6040
	新加坡	0.2533	0.2582	0.2217	0.2342	0.2292
	菲律宾	0.1562	0.1559	0.1549	0.1636	0.1683
	缅甸	0.3815	0.2530	0.1942	0.2020	0.2147
	柬埔寨	0.2250	0.2454	0.2361	0.2611	0.3015
	老挝	0.2726	0.1927	0.1485	0.1795	0.1941
	文莱	0.1133	0.1167	0.0642	0.0816	0.1360
	东帝汶	0.0150	0.0340	0.0657	0.0539	0.0526

续表

区域	国家	2014年	2015年	2016年	2017年	2018年
东欧中亚国家	蒙古国	0.5986	0.4567	0.4122	0.5604	0.6113
	俄罗斯	0.0091	0.0062	0.0062	0.0069	0.0079
	乌克兰	0.0008	0.0006	0.0006	0.0006	0.0007
	格鲁吉亚	0.0001	0.0001	0.0001	0.0001	0.0001
	阿塞拜疆	0.0001	0.0001	0.0001	0.0001	0.0001
	亚美尼亚	0.0000	0.0000	0.0000	0.0000	0.0000
	摩尔多瓦	0.0000	0.0000	0.0000	0.0000	0.0000
	哈萨克斯坦	0.0022	0.0013	0.0012	0.0015	0.0015
	乌兹别克斯坦	0.0004	0.0003	0.0003	0.0003	0.0005
	土库曼斯坦	0.0010	0.0008	0.0005	0.0006	0.0006
	吉尔吉斯斯坦	0.0005	0.0004	0.0005	0.0004	0.0004
	塔吉克斯坦	0.0002	0.0002	0.0002	0.0001	0.0001
南亚国家	印度	0.0346	0.0340	0.0306	0.0318	0.0352
	巴基斯坦	0.0015	0.0017	0.0017	0.0017	0.0014
	孟加拉国	0.0012	0.0013	0.0014	0.0013	0.0014
	斯里兰卡	0.0004	0.0004	0.0004	0.0004	0.0003
	阿富汗	0.0000	0.0000	0.0000	0.0000	0.0001
	尼泊尔	0.0002	0.0001	0.0001	0.0001	0.0000
	马尔代夫	0.0000	0.0000	0.0000	0.0000	0.0000
	不丹	0.0000	0.0000	0.0000	0.0000	0.0000
西亚北非国家	沙特阿拉伯	0.0066	0.0047	0.0038	0.0041	0.0047
	阿联酋	0.0052	0.0044	0.0036	0.0034	0.0034
	阿曼	0.0025	0.0016	0.0013	0.0013	0.0016
	伊朗	0.0050	0.0031	0.0028	0.0031	0.0026
	土耳其	0.0022	0.0020	0.0017	0.0018	0.0016
	以色列	0.0010	0.0010	0.0010	0.0011	0.0010
	埃及	0.0011	0.0012	0.0010	0.0009	0.0010
	科威特	0.0013	0.0010	0.0008	0.0010	0.0014
	伊拉克	0.0003	0.0002	0.0002	0.0002	0.0002
	卡塔尔	0.0010	0.0006	0.0005	0.0007	0.0009
	约旦	0.0003	0.0003	0.0003	0.0003	0.0002
	黎巴嫩	0.0003	0.0002	0.0002	0.0002	0.0001
	巴林	0.0001	0.0001	0.0001	0.0001	0.0001
	也门	0.0005	0.0002	0.0002	0.0002	0.0002
	叙利亚	0.0001	0.0001	0.0001	0.0001	0.0001
	巴勒斯坦	0.0000	0.0000	0.0000	0.0000	0.0000

续表

区域	国家	2014 年	2015 年	2016 年	2017 年	2018 年
中东欧国家	波兰	0.0016	0.0016	0.0016	0.0017	0.0018
	罗马尼亚	0.0005	0.0004	0.0004	0.0005	0.0005
	捷克	0.0011	0.0010	0.0010	0.0010	0.0012
	斯洛伐克	0.0006	0.0005	0.0005	0.0004	0.0006
	保加利亚	0.0002	0.0002	0.0001	0.0002	0.0002
	匈牙利	0.0009	0.0007	0.0008	0.0008	0.0008
	拉脱维亚	0.0001	0.0001	0.0001	0.0001	0.0001
	立陶宛	0.0002	0.0001	0.0001	0.0002	0.0002
	斯洛文尼亚	0.0002	0.0002	0.0002	0.0003	0.0004
	爱沙尼亚	0.0001	0.0001	0.0001	0.0001	0.0001
	克罗地亚	0.0001	0.0001	0.0001	0.0001	0.0001
	阿尔巴尼亚	0.0001	0.0001	0.0001	0.0001	0.0000
	塞尔维亚	0.0001	0.0000	0.0001	0.0001	0.0001
	北马其顿	0.0000	0.0000	0.0000	0.0000	0.0000
	波黑	0.0000	0.0000	0.0000	0.0000	0.0000
	黑山	0.0000	0.0000	0.0000	0.0000	0.0000
“一带一路”沿线国家整体		0.0878	0.0874	0.0809	0.0847	0.0935

资料来源：作者根据联合国商品贸易统计数据库数据计算。

第三节 中国与“一带一路”沿线国家贸易的产品互补性指数

产品互补性指数（简称 TCI 指数）用来衡量一国贸易出口与另一国贸易进口的契合程度，通过 TCI 指数可以测度中欧商品和货物贸易的互补程度，预示未来中欧贸易的发展潜力。计算公式为：

$$TCI_{ij}^{k} = RCA_{xi}^{k} \times RCA_{mj}^{k} \qquad (6-3)$$

其中，TCI_{ij}^{k} 为出口国 i 与进口国 j 在 k 行业上的产品互补性指数；RCA_{xi}^{k} 表示以出口衡量的 i 国在 k 行业的优势，数值越大表明越具有比较优势；RCA_{mj}^{k} 表示以进口衡量的 j 国在 k 行业的比较优势，数值越大表明越具有比较劣势。一般情况下，TCI 指数越高，表明两国的产品互补性越强；反之，说明两国的产品互补性越弱。若TCI指数大于1，说明两国的产品互补性较强；若TCI指数小于0.5，说明两国的产品互补性较弱。

一、"一带一路"沿线国家出口与中国进口的产品互补性指数

由于2019年中国对"一带一路"沿线国家的贸易数据未更新，因此本书按2018年的数据进行分析。在产品互补性指数方面，按SITC.REV3二位数分类，2018年"一带一路"沿线国家整体对中国在"6主要按原料分类的制成品"上具有较强程度的产品互补性[①]。

从10大类产业细分角度来看，2018年"一带一路"沿线国家对中国"0食物和活动物"产品互补性指数排名前十的国家为乌克兰、马尔代夫、吉尔吉斯斯坦、缅甸、爱沙尼亚、阿富汗、泰国、埃及、菲律宾和巴基斯坦；"1饮料及烟草"产品互补性指数排名前十的国家为摩尔多瓦、格鲁吉亚、黑山、塞尔维亚、北马其顿、吉尔吉斯斯坦、拉脱维亚、波黑、老挝和新加坡；"2非食用原材料（不包括燃料）"产品互补性指数排名前十的国家为亚美尼亚、阿尔巴尼亚、黑山、拉脱维亚、土耳其、格鲁吉亚、吉尔吉斯斯坦、波黑、北马其顿和乌克兰；"3矿物燃料、润滑油及有关原料"产品互补性指数排名前十的国家为阿塞拜疆、卡塔尔、俄罗斯、埃及、乌兹别克斯坦、哈萨克斯坦、蒙古国、拉脱维亚、新加坡和吉尔吉斯斯坦；"4动植物油、脂和蜡"产品互补性指数排名前十的国家为乌克兰、马来西亚、印度尼西亚、哈萨克斯坦、土耳其、俄罗斯、菲律宾、印度、塞尔维亚和泰国；"5未另列明的化学品和有关产品"产品互补性指数排名前十的国家为约旦、沙特阿拉伯、科威特、巴林、阿联酋、阿曼、印度、泰国、阿塞拜疆和以色列；"6主要按原料分类的制成品"产品互补性指数排名前十的国家为巴勒斯坦、保加利亚、柬埔寨、哈萨克斯坦、巴基斯坦、缅甸、波兰、北马其顿、乌兹别克斯坦和印度尼西亚；"7机械及运输设备"产品互补性指数排名前十的国家为斯洛伐克、匈牙利、斯洛文尼亚、捷克、以色列、新加坡、克罗地亚、罗马尼亚、菲律宾和马来西亚；"8杂项制品"产品互补性指数排名前十的国家为立陶宛、波黑、摩尔多瓦、柬埔寨、以色列、罗马尼亚、捷克、爱沙尼亚、巴基斯坦和波兰；"9 STIC未分类的其他商品"产品互补性指数排名前十的国家为土耳其、阿富汗、新加坡、俄罗斯、阿尔巴尼亚、阿联酋、马来西亚、吉尔吉斯斯坦、泰国和印度，具体计算结果见表6-11。

[①] 此处使用"一带一路"沿线国家对中国的出口值和中国对"一带一路"沿线国家的进口值。

表6-11　2018年"一带一路"沿线国家出口与中国进口的10大类产业产品互补性指数排名

国家	0	国家	1	国家	2	国家	3	国家	4
乌克兰	31.42	摩尔多瓦	3673.76	亚美尼亚	560.55	阿塞拜疆	44.67	乌克兰	1352.23
马尔代夫	3.24	格鲁吉亚	601.82	阿尔巴尼亚	550.21	卡塔尔	43.05	马来西亚	5.55
吉尔吉斯斯坦	2.96	黑山	122.39	黑山	513.81	俄罗斯	38.87	印度尼西亚	2.90
缅甸	2.38	塞尔维亚	29.05	拉脱维亚	185.21	埃及	28.53	哈萨克斯坦	2.58
爱沙尼亚	1.96	北马其顿	16.84	土耳其	161.08	乌兹别克斯坦	27.61	土耳其	2.49
阿富汗	1.71	吉尔吉斯斯坦	1.63	格鲁吉亚	116.60	哈萨克斯坦	6.59	俄罗斯	1.79
泰国	1.14	拉脱维亚	1.27	吉尔吉斯斯坦	114.86	蒙古国	2.35	菲律宾	0.04
埃及	0.96	波黑	1.18	波黑	109.96	拉脱维亚	1.34	印度	0.04
菲律宾	0.95	老挝	0.89	北马其顿	104.41	新加坡	0.87	塞尔维亚	0.03
巴基斯坦	0.76	新加坡	0.76	乌克兰	84.59	吉尔吉斯斯坦	0.85	泰国	0.03
国家	5	国家	6	国家	7	国家	8	国家	9
约旦	57.90	巴勒斯坦	32.78	斯洛伐克	6.28	立陶宛	8.07	土耳其	0.78
沙特阿拉伯	20.67	保加利亚	30.56	匈牙利	3.71	波黑	7.50	阿富汗	0.44
科威特	8.87	柬埔寨	12.76	斯洛文尼亚	3.43	摩尔多瓦	7.27	新加坡	0.13
巴林	8.76	哈萨克斯坦	9.67	捷克	3.18	柬埔寨	2.90	俄罗斯	0.03
阿联酋	3.25	巴基斯坦	6.91	以色列	2.68	以色列	2.41	阿尔巴尼亚	0.01
阿曼	3.17	缅甸	6.49	新加坡	2.11	罗马尼亚	2.18	阿联酋	0.01
印度	2.40	波兰	5.75	克罗地亚	2.00	捷克	1.59	马来西亚	0.01
泰国	2.10	北马其顿	4.02	罗马尼亚	1.88	爱沙尼亚	1.55	吉尔吉斯斯坦	0.00
阿塞拜疆	1.86	乌兹别克斯坦	3.89	菲律宾	1.77	巴基斯坦	1.53	泰国	0.00
以色列	1.45	印度尼西亚	2.74	马来西亚	1.71	波兰	1.53	印度	0.00

资料来源：作者根据联合国商品贸易统计数据库数据计算。

2014~2018年"一带一路"沿线国家出口与中国进口的10大类产业产品互补性指数详见表6-12。

表 6-12　2014~2018 年“一带一路”沿线国家出口与中国进口的 10 大类产业产品互补性指数

区域	国家	2014 年									
		0	1	2	3	4	5	6	7	8	9
东南亚国家	印度尼西亚	0.57	0.09	1.71	0.11	3.74	1.37	1.51	0.13	0.16	—
	泰国	1.15	0.00	0.98	0.01	0.02	2.39	1.60	1.08	0.31	0.00
	马来西亚	0.19	0.02	0.37	0.09	2.77	0.69	1.13	2.42	0.23	0.00
	越南	0.76	0.20	0.82	0.23	0.01	0.53	2.43	1.11	0.39	0.00
	新加坡	0.04	0.52	0.03	0.41	0.00	0.75	0.13	2.77	0.55	0.42
	菲律宾	0.80	0.01	0.83	0.12	0.06	0.51	1.05	1.73	0.28	0.00
	缅甸	1.20	0.00	0.29	0.12	0.00	0.01	5.63	0.00	0.09	1.69
	柬埔寨	0.49	0.02	1.14	0.00	0.00	0.02	0.74	0.02	2.60	—
	老挝	0.81	0.83	2.80	0.00	—	0.06	0.69	0.02	0.02	—
	文莱	0.09	0.00	0.02	0.01	—	1.42	0.09	0.03	0.19	0.00
	东帝汶	—	—	—	—	—	—	—	—	—	—
东欧中亚国家	蒙古国	0.02	0.00	3.57	0.97	0.00	0.00	0.39	0.00	0.00	0.00
	俄罗斯	0.26	0.01	10.05	21.21	0.00	0.18	0.05	0.00	0.00	—
	乌克兰	3.55	0.01	293.40	0.00	676.22	0.00	0.00	0.01	0.00	0.00
	格鲁吉亚	0.00	79.32	394.06	—	—	0.00	0.02	0.00	0.00	—
	阿塞拜疆	0.00	0.00	2.20	0.80	—	14.74	0.44	0.00	0.00	—
	亚美尼亚	0.00	0.40	600.96	—	—	0.00	0.00	0.00	0.00	0.00
	摩尔多瓦	0.97	1929.74	0.17	0.00	—	0.04	0.05	0.02	2.03	—
	哈萨克斯坦	0.02	0.00	11.58	9.92	0.02	1.77	2.70	0.00	0.00	0.00
	乌兹别克斯坦	—	—	—	—	—	—	—	—	—	—
	土库曼斯坦	—	—	—	—	—	—	—	—	—	—
	吉尔吉斯斯坦	3.43	0.87	69.47	0.07	0.00	0.00	3.15	0.01	0.00	—
	塔吉克斯坦	—	—	—	—	—	—	—	—	—	—
南亚国家	印度	0.12	0.00	0.25	0.11	0.01	2.07	2.88	0.65	0.75	0.14
	巴基斯坦	0.81	0.00	0.54	0.00	0.06	0.69	8.39	0.06	1.34	0.00
	孟加拉国	—	—	—	—	—	—	—	—	—	—
	斯里兰卡	2.03	0.03	0.09	0.08	0.01	0.13	3.52	0.16	2.58	0.00
	阿富汗	0.42	—	—	—	—	—	2.74	—	—	211.82
	尼泊尔	1.62	0.08	0.29	0.00	0.00	0.47	6.99	0.02	2.25	0.00
	马尔代夫	9.10	—	0.57	0.00	—	0.00	0.00	0.00	0.00	—
	不丹	—	—	—	—	—	—	—	—	—	—

续表

区域	国家	2014年									
		0	1	2	3	4	5	6	7	8	9
西亚北非国家	沙特阿拉伯	0.00	—	0.13	—	—	16.32	0.00	0.00	0.00	—
	阿联酋	0.01	0.00	0.45	0.10	10.48	3.02	0.08	0.01	0.00	0.01
	阿曼	0.00	—	0.26	—	0.00	2.19	0.03	0.00	0.00	—
	伊朗	0.00	—	8.22	8.83	—	6.20	0.00	0.00	0.00	—
	土耳其	0.07	0.01	237.52	0.00	0.87	0.26	0.63	0.03	0.49	0.05
	以色列	0.04	0.00	0.14	0.00	0.00	4.13	1.58	2.06	0.83	0.00
	埃及	0.05	0.00	19.69	10.45	0.00	0.06	0.89	0.00	0.03	—
	科威特	—	—	0.03	—	—	10.42	0.00	0.00	0.00	—
	伊拉克	—	—	—	—	—	—	—	—	—	—
	卡塔尔	—	—	0.08	26.78	—	0.01	0.00	0.00	0.00	—
	约旦	0.00	0.00	0.26	—	—	78.46	0.00	0.00	0.00	—
	黎巴嫩	0.01	—	2.10	—	0.00	0.42	0.05	0.00	0.00	—
	巴林	—	—	0.20	14.36	—	1.02	0.01	0.00	0.00	—
	也门	0.00	—	0.00	36.29	—	0.00	0.00	0.00	0.00	—
	叙利亚	—	—	—	—	—	—	—	—	—	—
	巴勒斯坦	—	—	—	—	—	0.02	0.00	—	0.00	—
中东欧国家	波兰	1.96	0.01	3.46	0.00	—	0.22	9.00	0.87	0.86	—
	罗马尼亚	0.01	0.27	44.30	—	—	0.32	0.85	1.39	1.08	—
	捷克	0.01	0.03	2.80	0.00	—	0.11	0.61	3.87	1.33	—
	斯洛伐克	0.00	0.00	0.01	0.00	—	0.00	0.02	7.69	0.12	—
	保加利亚	0.79	0.22	28.18	0.00	0.61	0.02	21.54	0.07	0.14	—
	匈牙利	0.00	0.05	0.10	0.00	0.00	0.10	0.22	4.90	1.54	—
	拉脱维亚	0.48	1.45	208.15	0.37	—	0.19	0.38	0.07	0.25	—
	立陶宛	0.07	1.29	81.21	0.03	—	0.63	0.12	0.10	8.38	—
	斯洛文尼亚	0.01	0.31	0.87	—	—	3.74	1.16	2.50	0.45	—
	爱沙尼亚	0.45	0.02	20.76	0.05	—	0.21	0.79	1.12	2.80	—
	克罗地亚	0.00	0.46	83.75	—	—	0.16	1.19	1.02	0.45	—
	阿尔巴尼亚	—	—	401.46	—	—	—	—	—	—	—
	塞尔维亚	0.09	64.85	84.98	0.00	—	0.07	0.06	0.38	0.34	—
	北马其顿	0.00	3.65	0.17	—	—	0.00	48.72	0.04	0.01	—
	波黑	0.00	3.40	136.69	0.00	—	0.00	0.08	0.12	8.97	—
	黑山	—	75.31	445.47	—	—	—	—	0.00	0.00	—
"一带一路"沿线国家整体		0.58	0.13	0.44	0.20	0.22	1.05	2.43	0.88	1.20	0.07

续表

区域	国家	2015年									
		0	1	2	3	4	5	6	7	8	9
东南亚国家	印度尼西亚	0.56	0.03	1.81	0.22	3.42	0.73	1.96	0.12	0.19	0.00
	泰国	1.30	0.01	1.00	0.01	0.01	1.72	1.24	1.01	0.48	0.00
	马来西亚	0.22	0.04	0.63	0.24	1.80	0.65	1.02	1.76	0.31	0.00
	越南	0.60	0.12	0.60	0.16	0.01	0.45	2.81	0.98	0.57	0.00
	新加坡	0.03	0.36	0.06	0.53	0.00	0.53	0.20	2.54	0.46	0.54
	菲律宾	0.48	0.00	0.75	0.09	0.07	0.36	0.45	2.05	0.27	0.00
	缅甸	1.35	0.00	0.19	0.30	0.00	0.01	2.52	0.00	0.05	0.15
	柬埔寨	0.17	0.01	0.22	—	0.01	0.10	14.94	0.18	1.87	0.00
	老挝	0.49	0.65	5.34	0.00	0.00	0.26	0.16	0.03	0.02	0.01
	文莱	0.05	0.00	0.02	0.03	—	0.92	0.44	0.12	0.03	0.00
	东帝汶	—	—	—	—	—	—	—	—	—	—
东欧中亚国家	蒙古国	0.14	0.00	2.80	1.96	0.00	0.00	0.26	0.01	0.00	0.00
	俄罗斯	0.43	0.01	16.38	35.37	0.26	0.22	0.14	0.01	0.00	—
	乌克兰	22.34	0.00	145.27	0.00	1457.03	0.00	0.01	0.01	0.00	0.00
	格鲁吉亚	0.00	143.12	443.10	—	—	0.00	0.00	0.00	0.00	—
	阿塞拜疆	0.00	0.00	0.04	0.92	0.01	19.68	0.09	0.00	0.00	—
	亚美尼亚	0.00	0.23	702.75	—	—	0.00	0.00	0.00	0.00	—
	摩尔多瓦	0.00	2713.08	0.03	—	—	0.00	0.34	0.00	6.25	—
	哈萨克斯坦	0.02	0.00	4.72	11.92	0.18	4.38	5.70	0.00	0.00	—
	乌兹别克斯坦	—	—	—	—	—	—	—	—	—	—
	土库曼斯坦	—	—	—	—	—	—	—	—	—	—
	吉尔吉斯斯坦	1.05	5.08	34.94	0.08	0.00	0.00	14.10	0.00	0.00	0.00
	塔吉克斯坦	—	—	—	—	—	—	—	—	—	—
南亚国家	印度	0.09	0.00	0.22	0.12	0.01	2.19	2.70	0.62	0.75	0.19
	巴基斯坦	0.82	0.00	0.37	0.00	0.01	0.53	8.70	0.05	1.21	0.00
	孟加拉国	0.11	0.00	0.08	0.01	0.02	0.03	2.28	0.02	3.64	0.00
	斯里兰卡	2.49	0.05	0.14	0.04	0.01	0.15	3.46	0.15	2.38	0.00
	阿富汗	1.62	0.00	0.13	0.01	—	0.00	2.54	—	0.00	38.67
	尼泊尔	1.69	0.01	0.21	0.00	0.00	0.52	7.68	0.03	1.75	0.00
	马尔代夫	7.81	—	0.77	0.00	—	0.00	0.00	0.01	0.00	—
	不丹	—	—	—	—	—	—	—	—	—	—

续表

区域	国家	2015 年									
		0	1	2	3	4	5	6	7	8	9
西亚北非国家	沙特阿拉伯	0.00	0.00	0.28	—	0.00	20.57	0.00	0.00	0.00	0.00
	阿联酋	0.02	0.00	0.83	0.05	2.22	4.12	0.09	0.02	0.00	0.02
	阿曼	0.00	—	0.53	—	0.00	1.21	0.02	0.00	0.00	—
	伊朗	—	—	—	—	—	—	—	—	—	—
	土耳其	0.24	0.01	213.11	0.00	1.06	0.24	0.63	0.04	0.59	0.08
	以色列	0.04	0.00	0.08	0.00	0.00	2.67	0.97	2.26	1.00	0.00
	埃及	0.23	0.00	11.09	24.01	—	0.04	0.60	0.00	0.04	—
	科威特	—	—	0.06	—	—	11.76	0.00	0.00	0.00	—
	伊拉克	—	—	—	—	—	—	—	—	—	—
	卡塔尔	0.00	—	0.32	37.14	—	0.02	0.00	0.00	0.00	—
	约旦	0.00	0.00	0.01	—	—	75.01	0.00	0.00	0.04	—
	黎巴嫩	0.01	—	6.61	—	0.00	0.40	0.04	0.00	0.00	—
	巴林	—	—	0.66	0.55	—	2.72	2.40	0.02	0.00	—
	也门	0.06	—	0.01	—	—	0.19	0.02	0.00	0.00	—
	叙利亚	—	—	—	—	—	—	—	—	—	—
	巴勒斯坦	—	—	—	—	—	0.23	—	—	—	—
中东欧国家	波兰	1.01	0.02	1.87	0.00	0.00	0.34	8.93	0.82	0.78	0.00
	罗马尼亚	0.01	0.43	32.77	0.00	0.01	0.34	0.99	1.08	1.63	—
	捷克	0.01	0.04	2.44	0.00	0.00	0.10	0.47	3.21	1.48	—
	斯洛伐克	0.00	0.01	0.04	0.00	—	0.00	0.05	6.03	0.20	—
	保加利亚	0.47	0.21	24.42	0.00	0.03	0.03	22.18	0.07	0.20	—
	匈牙利	0.11	0.06	0.07	0.00	0.02	0.24	0.20	3.84	1.16	—
	拉脱维亚	0.28	1.61	216.34	1.26	—	0.18	0.30	0.08	0.18	—
	立陶宛	0.04	1.13	53.65	0.27	—	0.48	0.33	0.09	9.59	—
	斯洛文尼亚	0.01	2.50	0.96	0.00	0.00	2.64	1.34	2.02	0.46	—
	爱沙尼亚	0.65	0.00	15.16	0.09	—	0.10	0.54	1.23	2.51	—
	克罗地亚	0.02	0.16	44.04	—	0.00	0.65	0.33	1.85	0.28	—
	阿尔巴尼亚	—	—	642.24	—	0.00	0.01	—	—	—	—
	塞尔维亚	0.10	86.32	53.37	0.00	0.02	0.04	0.38	0.29	0.58	0.00
	北马其顿	0.00	2.45	0.15	—	—	0.00	52.76	0.01	0.02	—
	波黑	—	0.79	62.08	—	274.77	0.00	0.14	0.15	8.23	—
	黑山	—	98.72	599.86	—	—	—	—	0.00	0.00	—
“一带一路”沿线国家整体		0.51	0.13	0.41	0.21	0.23	0.91	2.54	0.80	1.50	0.06

续表

区域	国家	2016年									
		0	1	2	3	4	5	6	7	8	9
东南亚国家	印度尼西亚	0.62	0.03	1.72	0.26	3.48	0.72	2.29	0.10	0.23	0.00
	泰国	1.11	0.01	1.42	0.01	0.01	1.55	1.11	0.99	0.64	0.00
	马来西亚	0.23	0.06	0.68	0.48	1.89	0.79	0.80	1.65	0.41	0.00
	越南	0.68	0.13	0.57	0.15	0.01	0.30	2.53	0.99	0.72	0.00
	新加坡	0.03	0.48	0.07	0.78	0.00	0.59	0.20	2.35	0.62	0.31
	菲律宾	0.57	0.01	0.35	0.47	0.04	0.27	0.40	1.80	0.27	0.00
	缅甸	2.11	0.00	0.29	0.20	0.00	0.02	2.73	0.01	0.14	0.00
	柬埔寨	0.12	0.00	0.17	—	0.00	0.32	12.76	0.18	1.62	0.00
	老挝	0.69	0.55	5.77	0.00	—	0.19	0.30	0.00	0.01	—
	文莱	0.04	0.00	0.01	0.05	—	0.56	0.43	0.01	0.00	0.00
	东帝汶	—	—	—	—	—	—	—	—	—	—
东欧中亚国家	蒙古国	0.24	0.03	2.23	4.34	0.00	0.00	0.41	0.05	0.02	—
	俄罗斯	0.47	0.02	20.14	43.36	1.15	0.16	0.10	0.01	0.01	0.05
	乌克兰	14.40	0.02	122.67	0.00	2642.79	0.00	0.03	0.01	0.00	0.00
	格鲁吉亚	0.00	278.24	397.36	0.00	—	0.00	0.00	0.00	0.00	—
	阿塞拜疆	0.00	0.01	0.00	96.87	—	0.46	0.00	0.00	0.00	0.00
	亚美尼亚	0.00	0.08	726.56	—	—	0.00	0.00	0.00	0.00	—
	摩尔多瓦	0.00	3105.93	0.06	—	1.79	0.00	0.04	0.00	9.33	—
	哈萨克斯坦	0.05	0.00	12.43	5.66	0.74	3.51	11.24	0.00	0.00	—
	乌兹别克斯坦	—	—	—	—	—	—	—	—	—	—
	土库曼斯坦	—	—	—	—	—	—	—	—	—	—
	吉尔吉斯斯坦	0.21	4.17	283.72	0.22	—	0.00	1.96	0.00	0.00	0.00
	塔吉克斯坦	—	—	—	—	—	—	—	—	—	—
南亚国家	印度	0.10	0.00	0.22	0.13	0.01	1.83	2.53	0.67	0.84	0.10
	巴基斯坦	0.75	0.00	0.25	0.00	0.01	0.38	8.26	0.05	1.14	0.00
	孟加拉国	—	—	—	—	—	—	—	—	—	—
	斯里兰卡	2.11	0.05	0.13	0.07	0.01	0.10	3.50	0.14	2.35	0.00
	阿富汗	1.68	0.00	0.39	—	—	—	1.67	—	0.00	30.35
	尼泊尔	2.08	0.00	0.30	—	0.00	0.60	6.42	0.02	2.31	0.00
	马尔代夫	4.56	—	0.08	0.00	0.00	0.00	0.00	0.01	0.00	—
	不丹	—	—	—	—	—	—	—	—	—	—

续表

区域	国家	2016年									
		0	1	2	3	4	5	6	7	8	9
西亚北非国家	沙特阿拉伯	0.00	0.00	0.20	—	0.00	20.86	0.00	0.00	0.00	—
	阿联酋	0.00	0.00	0.44	0.10	0.01	6.54	0.07	0.02	0.00	0.08
	阿曼	0.00	—	0.25	2.67	—	2.92	0.03	0.00	0.00	0.00
	伊朗	0.00	0.00	12.04	11.34	—	9.27	0.03	0.00	0.00	0.00
	土耳其	0.32	0.01	206.00	0.00	1.86	0.21	0.82	0.05	0.90	0.06
	以色列	0.03	0.00	0.16	0.00	0.00	1.97	0.78	2.42	1.56	0.00
	埃及	0.62	0.00	8.82	23.78	0.00	0.23	0.52	0.00	0.05	—
	科威特	0.00	—	0.05	—	—	11.32	0.00	0.00	0.00	0.00
	伊拉克	—	—	—	—	—	—	—	—	—	—
	卡塔尔	—	—	0.22	40.01	—	2.13	0.00	0.00	0.00	0.00
	约旦	0.00	0.00	0.02	—	—	65.11	0.00	0.00	0.36	0.00
	黎巴嫩	0.04	—	1.64	—	—	0.57	0.18	0.00	0.00	—
	巴林	0.00	—	1.20	0.17	—	26.45	1.60	0.00	0.00	0.00
	也门	—	—	—	—	—	—	—	—	—	—
	叙利亚	—	—	—	—	—	—	—	—	—	—
	巴勒斯坦	—	—	—	—	—	—	65.82	—	—	—
中东欧国家	波兰	0.60	0.06	2.80	0.00	0.00	0.30	5.41	1.05	1.38	0.00
	罗马尼亚	0.07	0.16	18.16	0.00	0.06	0.12	1.18	1.42	1.82	0.00
	捷克	0.01	0.03	1.14	0.00	0.00	0.10	0.57	3.23	1.34	—
	斯洛伐克	0.00	0.00	0.02	—	—	0.00	0.07	5.87	0.12	0.00
	保加利亚	0.03	0.66	55.48	0.00	0.03	0.06	14.70	0.12	0.35	0.00
	匈牙利	0.15	0.05	0.03	0.00	0.03	0.16	0.15	3.92	1.00	0.00
	拉脱维亚	0.99	1.58	186.85	2.71	—	0.04	0.32	0.09	0.19	—
	立陶宛	0.21	0.91	38.21	0.23	—	0.29	0.81	0.05	11.53	0.00
	斯洛文尼亚	0.01	0.16	0.35	—	0.00	0.94	0.84	3.20	0.28	0.00
	爱沙尼亚	0.63	0.11	23.32	0.02	—	0.05	0.33	1.40	2.91	0.00
	克罗地亚	0.08	1.11	44.24	0.00	0.00	0.15	0.31	1.74	0.36	0.00
	阿尔巴尼亚	—	0.01	605.88	—	—	—	0.02	—	—	0.00
	塞尔维亚	0.03	146.73	84.74	—	1.51	0.02	0.13	0.43	0.32	0.00
	北马其顿	0.01	11.94	1.99	—	—	0.00	26.23	0.32	0.14	0.00
	波黑	0.00	0.67	125.14	—	—	0.02	0.77	0.04	9.73	—
	黑山	—	32.92	626.98	—	—	—	0.00	0.00	0.00	—
“一带一路”沿线国家整体		0.52	0.14	0.58	0.31	0.23	0.94	2.56	0.79	1.18	0.04

续表

区域	国家	2017年									
		0	1	2	3	4	5	6	7	8	9
东南亚国家	印度尼西亚	0.67	0.05	2.71	0.34	2.71	0.56	2.53	0.09	0.27	0.00
	泰国	0.96	0.01	1.58	0.01	0.02	1.66	0.93	0.96	0.67	0.00
	马来西亚	0.18	0.02	0.61	0.81	1.34	0.73	0.65	1.67	0.36	0.00
	越南	0.53	0.07	0.55	0.07	0.00	0.25	1.78	1.56	0.74	0.00
	新加坡	0.02	0.47	0.05	1.16	0.00	0.65	0.15	2.09	0.70	0.18
	菲律宾	0.73	0.01	0.30	0.45	0.05	0.28	0.91	1.69	0.39	0.00
	缅甸	1.81	0.00	0.46	0.13	0.00	0.03	4.74	0.02	0.08	0.00
	柬埔寨	0.22	0.05	0.13	—	0.00	0.16	15.85	0.10	2.14	0.00
	老挝	0.64	0.24	3.42	0.00	—	0.16	0.32	0.00	0.02	—
	文莱	0.07	0.00	0.01	0.05	0.00	0.32	0.05	0.00	0.00	0.00
	东帝汶	2.96	—	8.32	—	—	—	—	0.42	0.00	—
东欧中亚国家	蒙古国	0.35	0.01	1.23	4.16	0.00	0.00	0.27	0.00	0.01	0.00
	俄罗斯	0.31	0.01	15.48	41.81	0.99	0.10	0.09	0.01	0.00	0.10
	乌克兰	14.11	0.02	102.75	0.00	1778.51	0.00	0.02	0.01	0.01	0.01
	格鲁吉亚	0.00	468.83	260.07	—	0.01	0.00	0.00	0.00	0.10	—
	阿塞拜疆	0.00	0.03	0.00	85.24	—	0.24	0.00	0.00	0.00	—
	亚美尼亚	0.00	0.11	621.29	—	—	0.00	0.00	0.00	0.02	—
	摩尔多瓦	0.03	4187.46	0.00	—	0.27	0.00	0.05	0.01	2.78	—
	哈萨克斯坦	0.04	0.00	27.03	3.06	1.75	2.79	11.47	0.00	0.00	0.00
	乌兹别克斯坦	0.06	0.00	9.28	18.88	—	1.07	5.77	0.00	0.00	—
	土库曼斯坦	—	—	—	—	—	—	—	—	—	—
	吉尔吉斯斯坦	0.52	2.22	137.07	0.21	0.00	0.00	2.88	0.00	0.00	—
	塔吉克斯坦	—	—	—	—	—	—	—	—	—	—
南亚国家	印度	0.11	0.00	0.21	0.13	0.02	1.74	2.41	0.71	0.80	0.04
	巴基斯坦	0.62	0.00	0.30	0.00	0.01	0.52	7.42	0.06	1.37	0.00
	孟加拉国	—	—	—	—	—	—	—	—	—	—
	斯里兰卡	2.31	0.03	0.11	0.03	0.01	0.09	3.45	0.21	2.52	0.00
	阿富汗	—	—	—	—	—	—	—	—	—	—
	尼泊尔	2.83	0.00	0.22	0.00	0.00	0.44	5.37	0.04	2.09	0.00
	马尔代夫	5.29	0.00	0.52	0.00	—	0.00	0.00	0.00	0.01	—
	不丹	—	—	—	—	—	—	—	—	—	—

续表

区域	国家	2017年									
		0	1	2	3	4	5	6	7	8	9
西亚北非国家	沙特阿拉伯	0.00	0.00	0.40	—	0.00	22.01	0.00	0.00	0.00	0.00
	阿联酋	0.00	0.03	0.59	0.46	0.00	4.93	0.03	0.02	0.01	0.03
	阿曼	0.00	—	0.61	1.20	—	3.28	0.02	0.00	0.00	0.00
	伊朗	0.00	0.00	18.19	8.98	0.00	8.11	0.02	0.00	0.00	0.00
	土耳其	0.29	0.01	204.30	0.00	3.57	0.21	0.55	0.04	0.87	0.16
	以色列	0.07	0.00	0.11	0.00	0.00	1.92	0.60	2.72	1.61	0.00
	埃及	1.74	0.00	3.82	27.42	0.00	0.57	0.17	0.00	0.04	—
	科威特	—	—	0.03	—	—	9.59	0.00	0.00	0.00	0.00
	伊拉克	—	—	—	—	—	—	—	—	—	—
	卡塔尔	—	—	0.22	43.38	—	1.23	0.00	0.00	0.00	0.00
	约旦	0.00	0.00	0.60	—	—	53.66	0.00	0.01	0.29	0.00
	黎巴嫩	0.08	—	5.00	—	—	0.23	0.02	0.00	0.00	—
	巴林	—	—	0.30	0.08	—	4.60	0.30	0.00	0.00	0.00
	也门	—	—	—	—	—	—	—	—	—	—
	叙利亚	—	—	—	—	—	—	—	—	—	—
	巴勒斯坦	—	—	—	—	—	0.04	34.67	—	—	—
中东欧国家	波兰	0.33	0.04	2.45	0.00	0.00	0.24	7.35	0.94	1.49	0.00
	罗马尼亚	0.04	0.12	14.53	0.00	0.01	0.06	1.11	1.61	1.94	0.00
	捷克	0.02	0.02	1.99	0.00	0.00	0.09	0.48	3.21	1.43	0.00
	斯洛伐克	0.00	0.00	0.02	0.00	0.00	0.00	0.03	5.90	0.21	0.00
	保加利亚	0.01	0.88	10.88	0.00	0.00	0.05	29.28	0.08	0.18	0.00
	匈牙利	0.09	0.07	0.05	0.00	0.00	0.19	0.11	4.21	0.89	0.00
	拉脱维亚	0.28	1.12	177.88	2.20	—	0.04	0.43	0.10	0.18	0.00
	立陶宛	0.22	0.39	35.41	0.30	—	0.51	0.80	0.10	8.22	—
	斯洛文尼亚	0.01	0.18	1.26	—	0.00	0.50	0.90	3.17	0.37	—
	爱沙尼亚	0.92	0.01	43.63	0.02	—	0.02	0.51	1.46	0.86	0.00
	克罗地亚	0.10	0.24	70.14	0.00	0.00	0.41	0.29	1.09	0.79	—
	阿尔巴尼亚	0.00	—	576.91	—	—	—	0.00	—	0.00	0.02
	塞尔维亚	0.05	96.40	54.44	0.00	1.95	0.02	0.16	0.95	0.26	0.00
	北马其顿	0.01	10.32	15.27	—	—	0.00	23.95	0.17	0.01	—
	波黑	—	1.43	148.72	—	—	0.11	1.27	0.02	4.42	—
	黑山	—	137.22	452.26	—	—	—	—	0.00	0.00	—
“一带一路”沿线国家整体		0.52	0.12	0.58	0.35	0.28	0.91	2.25	0.85	1.12	0.04

续表

区域	国家	2018年									
		0	1	2	3	4	5	6	7	8	9
东南亚国家	印度尼西亚	0.61	0.03	2.13	0.27	2.90	0.69	2.74	0.08	0.28	0.00
	泰国	1.14	0.03	1.05	0.02	0.03	2.10	0.95	0.95	0.63	0.00
	马来西亚	0.20	0.01	0.60	0.57	5.55	0.99	0.82	1.71	0.36	0.01
	越南	0.59	0.08	0.52	0.05	0.00	0.33	2.01	1.64	0.82	0.00
	新加坡	0.02	0.76	0.05	0.87	0.01	0.84	0.15	2.11	0.48	0.13
	菲律宾	0.95	0.01	0.22	0.37	0.04	0.23	1.52	1.77	0.38	0.00
	缅甸	2.38	0.00	0.60	0.06	0.00	0.05	6.49	0.01	0.14	0.00
	柬埔寨	0.31	0.14	0.23	0.00	0.00	0.18	12.76	0.07	2.90	0.00
	老挝	0.52	0.89	6.48	0.00	0.00	0.47	1.75	0.00	0.12	—
	文莱	0.02	0.00	0.00	0.01	—	0.93	0.11	0.09	0.00	0.00
	东帝汶	—	—	—	—	—	—	—	—	—	—
东欧中亚国家	蒙古国	0.40	0.00	0.97	2.35	0.00	0.00	0.19	0.01	0.00	—
	俄罗斯	0.34	0.01	10.78	38.87	1.79	0.04	0.13	0.00	0.00	0.03
	乌克兰	31.42	0.03	84.59	0.00	1352.23	0.01	0.03	0.04	0.00	0.00
	格鲁吉亚	0.03	601.82	116.60	0.00	—	0.02	0.00	0.00	1.05	—
	阿塞拜疆	0.00	0.05	0.00	44.67	—	1.86	0.01	0.00	0.00	—
	亚美尼亚	0.00	0.22	560.55	—	—	0.00	0.00	0.00	0.06	—
	摩尔多瓦	0.00	3673.76	0.00	—	0.00	0.00	0.06	0.00	7.27	—
	哈萨克斯坦	0.08	0.00	21.85	6.59	2.58	1.00	9.67	0.00	0.00	—
	乌兹别克斯坦	0.12	0.00	2.22	27.61	—	0.29	3.89	0.00	0.00	—
	土库曼斯坦	—	—	—	—	—	—	—	—	—	—
	吉尔吉斯斯坦	2.96	1.63	114.86	0.85	—	0.00	2.55	0.00	0.00	0.00
	塔吉克斯坦	—	—	—	—	—	—	—	—	—	—
南亚国家	印度	0.07	0.00	0.25	0.17	0.04	2.40	2.45	0.69	0.76	0.00
	巴基斯坦	0.76	0.00	0.32	0.00	0.01	0.61	6.91	0.06	1.53	0.00
	孟加拉国	—	—	—	—	—	—	—	—	—	—
	斯里兰卡	—	—	—	—	—	—	—	—	—	—
	阿富汗	1.71	0.01	1.48	0.01	0.00	0.00	1.34	0.01	0.01	0.44
	尼泊尔	—	—	—	—	—	—	—	—	—	—

续表

区域	国家	2018年									
		0	1	2	3	4	5	6	7	8	9
南亚国家	马尔代夫	3.24	—	0.83	0.00	0.00	0.00	0.00	0.01	0.00	—
	不丹	—	—	—	—	—	—	—	—	—	—
西亚北非国家	沙特阿拉伯	0.00	0.00	0.53	0.00	0.00	20.67	0.00	0.00	0.00	0.00
	阿联酋	0.00	0.05	0.79	0.09	0.01	3.25	0.02	0.02	0.00	0.01
	阿曼	0.00	—	0.31	0.00	0.00	3.17	0.01	0.00	0.00	0.00
	伊朗	—	—	—	—	—	—	—	—	—	—
	土耳其	0.29	0.01	161.08	0.00	2.49	0.27	0.59	0.06	1.08	0.78
	以色列	0.06	0.00	0.07	0.00	0.00	1.45	0.43	2.68	2.41	—
	埃及	0.96	—	2.13	28.53	0.00	0.76	0.12	0.00	0.02	—
	科威特	—	—	0.03	—	—	8.87	0.00	0.00	0.00	0.00
	伊拉克	—	—	—	—	—	—	—	—	—	—
	卡塔尔	—	—	0.00	43.05	—	0.82	0.00	0.00	0.00	0.00
	约旦	0.00	0.01	0.82	—	—	57.90	0.00	0.00	0.60	0.00
	黎巴嫩	0.01	—	3.88	—	0.00	0.31	0.02	0.00	0.00	—
	巴林	0.00	—	20.69	0.02	—	8.76	0.35	0.00	0.00	0.00
	也门	—	—	—	—	—	—	—	—	—	—
	叙利亚	—	—	—	—	—	—	—	—	—	—
	巴勒斯坦	—	—	21.60	—	—	0.00	32.78	0.01	—	—
中东欧国家	波兰	0.65	0.04	2.88	0.00	0.00	0.25	5.75	1.10	1.53	0.00
	罗马尼亚	0.00	0.10	12.27	0.01	0.00	0.13	0.85	1.88	2.18	0.00
	捷克	0.03	0.03	3.18	0.00	—	0.08	0.40	3.18	1.59	0.00
	斯洛伐克	0.00	0.00	0.02	0.00	—	0.00	0.02	6.28	0.13	0.00
	保加利亚	0.01	0.13	9.42	—	0.01	0.05	30.56	0.08	0.24	0.00
	匈牙利	0.01	0.10	0.10	0.00	0.00	0.36	0.29	3.71	1.20	0.00
	拉脱维亚	0.72	1.27	185.21	1.34	—	0.12	0.30	0.10	0.16	—
	立陶宛	0.11	0.28	47.48	0.16	—	0.99	0.66	0.09	8.07	—
	斯洛文尼亚	0.06	0.15	0.81	—	0.00	0.34	1.03	3.43	0.27	0.00
	爱沙尼亚	1.96	0.18	43.84	0.02	0.00	0.03	0.64	1.04	1.55	—
	克罗地亚	0.07	0.02	53.55	0.00	0.00	0.06	0.12	2.00	0.73	0.00

续表

区域	国家	2018年									
		0	1	2	3	4	5	6	7	8	9
中东欧国家	阿尔巴尼亚	0.00	—	550.21	—	—	0.00	0.00	—	0.01	0.01
	塞尔维亚	0.03	29.05	64.19	—	0.03	0.06	2.35	0.68	0.30	0.00
	北马其顿	0.00	16.84	104.41	—	—	0.00	4.02	0.11	0.05	—
	波黑	0.00	1.18	109.96	—	—	0.04	1.35	0.01	7.50	—
	黑山	—	122.39	513.81	—	—	0.00	0.00	0.00	0.00	—
“一带一路”沿线国家整体		0.52	0.12	0.57	0.41	0.44	1.05	2.33	0.86	0.99	0.01

资料来源：作者根据联合国商品贸易统计数据库数据计算。

二、中国出口与“一带一路”沿线国家进口的产品互利性指数

由于2019年中国对“一带一路”沿线国家的贸易数据未更新，因此本书按2018年的数据进行分析。2018年，中国对“一带一路”沿线国家整体在“4动植物油、脂和蜡”“5未另列明的化学品和有关产品”上具有较强程度的产品互补性①。

从10大类产业细分角度来看，2018年，中国对“一带一路”沿线国家“0食物和活动物”产品互补性指数排名前十的国家为东帝汶、哈萨克斯坦、泰国、乌兹别克斯坦、菲律宾、越南、巴基斯坦、蒙古国、印度尼西亚和老挝；“1饮料及烟草”产品互补性指数排名前十的国家为老挝、格鲁吉亚、哈萨克斯坦、阿联酋、立陶宛、拉脱维亚、印度尼西亚、保加利亚、柬埔寨和埃及；“2非食用原材料（不包括燃料）”产品互补性指数排名前十的国家为缅甸、老挝、印度尼西亚、巴基斯坦、泰国、印度、蒙古国、乌兹别克斯坦、保加利亚和越南；“3矿物燃料、润滑油及有关原料”产品互补性指数排名前十的国家为蒙古国、新加坡、缅甸、巴林、马来西亚、菲律宾、印度尼西亚、阿曼、巴勒斯坦和马尔代夫；“4动植物油、脂和蜡”产品互补性指数排名前十的国家为马来西亚、印度尼西亚、乌兹别克斯坦、印度、东帝汶、泰国、塞尔维亚、哈萨克斯坦、保加利亚和蒙古国；“5未另列明的化学品和有关产品”产品互补性指数排名前十的国家为乌兹别克斯坦、印度、哈萨克斯坦、泰国、土耳其、斯洛文尼亚、新加坡、乌克兰、以色列和巴基斯坦；“6主要按原料分类的制成品”产品互补性指数排名前十的国家为乌兹别克斯坦、哈萨克斯坦、巴基斯坦、柬埔寨、阿曼、巴勒斯坦、埃及、约旦、孟加拉国和格鲁吉亚；“7机械及运输设备”产品互补性指数排名前十的国家为乌兹别克斯坦、哈萨克斯坦、捷克、匈牙利、斯洛伐克、爱沙尼亚、阿联酋、亚美尼亚、

① 此处使用中国对“一带一路”沿线国家的出口值和“一带一路”沿线国家对中国的的进口值。

北马其顿和罗马尼亚;"8 杂项制品"产品互补性指数排名前十的国家为吉尔吉斯斯坦、哈萨克斯坦、不丹、克罗地亚、尼泊尔、斯洛文尼亚、波兰、以色列、斯洛伐克和沙特阿拉伯;"9 STIC 未分类的其他商品"产品互补性指数排名前十的国家为缅甸、老挝、越南、不丹、尼泊尔、塞尔维亚、阿尔巴尼亚、新加坡、沙特阿拉伯和蒙古国,具体计算结果见表 6-13。

表 6-13　2018 年中国出口与"一带一路"沿线国家进口的 10 大类产业产品互补性指数排名

国家	0	国家	1	国家	2	国家	3	国家	4
东帝汶	16.46	老挝	1.54	缅甸	2.18	蒙古国	3.01	马来西亚	2.25
哈萨克斯坦	3.85	格鲁吉亚	0.88	老挝	2.06	新加坡	1.63	印度尼西亚	1.92
泰国	1.89	哈萨克斯坦	0.67	印度尼西亚	2.00	缅甸	0.59	乌兹别克斯坦	1.91
乌兹别克斯坦	1.40	阿联酋	0.44	巴基斯坦	1.43	巴林	0.47	印度	0.35
菲律宾	0.79	立陶宛	0.18	泰国	1.26	马来西亚	0.44	东帝汶	0.07
越南	0.67	拉脱维亚	0.13	印度	0.95	菲律宾	0.41	泰国	0.02
巴基斯坦	0.56	印度尼西亚	0.10	蒙古国	0.92	印度尼西亚	0.40	塞尔维亚	0.02
蒙古国	0.50	保加利亚	0.08	乌兹别克斯坦	0.69	阿曼	0.28	哈萨克斯坦	0.02
印度尼西亚	0.50	柬埔寨	0.08	保加利亚	0.48	巴勒斯坦	0.28	保加利亚	0.01
老挝	0.48	埃及	0.05	越南	0.37	马尔代夫	0.14	蒙古国	0.01
国家	5	国家	6	国家	7	国家	8	国家	9
乌兹别克斯坦	4.34	乌兹别克斯坦	20.55	乌兹别克斯坦	8.06	吉尔吉斯斯坦	20.38	缅甸	4.75
印度	3.40	哈萨克斯坦	18.12	哈萨克斯坦	5.01	哈萨克斯坦	18.68	老挝	3.35
哈萨克斯坦	2.70	巴基斯坦	13.54	捷克	4.84	不丹	17.20	越南	0.28
泰国	1.63	柬埔寨	11.96	匈牙利	3.49	克罗地亚	9.50	不丹	0.15
土耳其	1.26	阿曼	6.78	斯洛伐克	2.67	尼泊尔	7.95	尼泊尔	0.13
斯洛文尼亚	0.89	巴勒斯坦	6.78	爱沙尼亚	2.57	斯洛文尼亚	7.69	塞尔维亚	0.10
新加坡	0.85	埃及	6.68	阿联酋	2.51	波兰	7.21	阿尔巴尼亚	0.06
乌克兰	0.83	约旦	6.39	亚美尼亚	2.36	以色列	6.75	新加坡	0.04
以色列	0.83	孟加拉国	6.32	北马其顿	2.25	斯洛伐克	6.01	沙特阿拉伯	0.02
巴基斯坦	0.83	格鲁吉亚	6.18	罗马尼亚	2.14	沙特阿拉伯	5.61	蒙古国	0.01

资料来源:作者根据联合国商品贸易统计数据库数据计算。

2014~2018 年中国出口与"一带一路"沿线国家进口的 10 大类产业产品互补性指数详见表 6-14。

表6-14　2014~2018年中国出口与“一带一路”沿线国家进口的10大类产业产品互补性指数

区域	国家	2014年									
		0	1	2	3	4	5	6	7	8	9
东南亚国家	印度尼西亚	0.37	0.05	1.39	0.76	2.26	0.91	1.43	0.23	0.41	0.00
	泰国	2.10	0.00	1.06	0.01	0.01	1.92	1.67	1.35	0.59	0.00
	马来西亚	0.15	0.01	0.25	0.06	1.10	0.37	0.59	1.99	0.59	0.00
	越南	1.11	0.00	0.56	0.13	0.00	0.14	2.43	1.46	1.37	—
	新加坡	0.04	0.13	0.02	0.51	0.00	1.02	0.30	1.81	1.59	0.01
	菲律宾	0.86	0.10	0.01	0.11	0.00	0.61	6.52	0.82	2.63	0.00
	缅甸	0.06	0.00	0.97	0.11	0.00	0.00	19.55	0.01	0.32	—
	柬埔寨	0.39	0.17	0.61	—	0.00	0.04	0.75	0.12	3.05	—
	老挝	0.01	0.08	0.48	0.00	—	0.05	0.42	0.00	0.01	—
	文莱	0.00	—	0.00	0.01	—	0.25	0.14	0.00	0.00	—
	东帝汶	0.50	—	3.36	—	—	—	0.03	0.90	0.05	—
东欧中亚国家	蒙古国	0.02	0.00	1.49	0.98	—	0.00	0.19	0.00	0.00	0.00
	俄罗斯	0.37	0.01	0.01	0.00	0.00	0.27	1.82	1.51	7.43	0.00
	乌克兰	0.16	0.00	0.03	0.00	0.00	1.10	3.81	1.20	4.55	0.00
	格鲁吉亚	0.25	0.02	0.01	0.00	0.00	0.26	7.55	1.09	3.74	—
	阿塞拜疆	0.02	0.00	0.01	0.00	0.00	0.12	1.52	2.91	2.01	0.01
	亚美尼亚	0.17	—	0.04	0.00	0.00	0.36	4.92	1.51	3.48	—
	摩尔多瓦	0.06	0.00	0.01	0.00	—	0.86	4.09	1.64	3.08	—
	哈萨克斯坦	2.36	0.18	0.05	0.19	0.01	1.80	12.05	5.48	25.25	0.00
	乌兹别克斯坦	—	—	—	—	—	—	—	—	—	—
	土库曼斯坦	—	—	—	—	—	—	—	—	—	—
	吉尔吉斯斯坦	0.58	—	0.00	0.00	0.00	0.15	6.51	0.27	9.92	0.00
	塔吉克斯坦	—	—	—	—	—	—	—	—	—	—
南亚国家	印度	0.02	0.00	1.73	0.01	0.04	2.22	6.59	0.27	0.32	0.00
	巴基斯坦	0.57	0.00	1.13	0.00	—	0.18	18.56	0.00	0.17	—
	孟加拉国	0.43	—	0.97	—	0.01	0.45	6.74	0.03	4.65	—
	斯里兰卡	1.59	0.01	0.75	0.07	0.00	0.25	5.11	0.16	2.82	—
	阿富汗	0.00	—	—	—	—	0.00	0.12	0.02	0.08	—
	尼泊尔	0.01	—	0.78	—	—	0.01	3.38	0.00	5.39	0.00
	马尔代夫	1.57	—	—	—	—	—	0.07	3.00	0.39	—
	不丹	—	—	—	—	—	0.02	1.30	1.53	0.74	—

续表

区域	国家	2014年									
		0	1	2	3	4	5	6	7	8	9
西亚北非国家	沙特阿拉伯	0.04	0.00	0.01	0.00	0.00	0.17	4.65	1.39	6.10	0.00
	阿联酋	0.04	0.06	0.01	0.01	0.00	0.11	3.77	1.62	6.11	0.00
	阿曼	0.04	0.00	0.03	0.02	—	1.07	10.80	0.93	1.01	—
	伊朗	0.03	0.00	0.07	0.01	0.00	0.60	4.78	1.60	0.82	0.00
	土耳其	0.01	0.00	0.21	0.00	0.00	0.81	3.40	1.95	2.93	0.00
	以色列	0.19	0.00	0.09	0.00	0.00	1.29	4.39	0.71	7.68	—
	埃及	0.04	0.08	0.09	0.00	0.00	0.76	7.55	1.04	3.23	0.00
	科威特	0.03	0.00	0.02	0.00	0.00	0.08	4.39	1.52	6.56	0.00
	伊拉克	—	—	—	—	—	—	—	—	—	—
	卡塔尔	0.01	0.00	0.02	0.01	0.00	0.14	4.82	1.55	4.90	0.00
	约旦	0.06	0.00	0.03	0.00	0.00	0.58	8.60	0.56	5.98	0.00
	黎巴嫩	0.09	—	0.06	0.00	0.00	0.17	11.49	0.62	5.41	0.00
	巴林	0.17	0.00	0.00	0.08	0.00	0.38	4.98	0.92	5.03	—
	也门	1.23	—	0.00	0.00	0.00	0.53	6.75	0.60	6.22	—
	叙利亚	—	—	—	—	—	—	—	—	—	—
	巴勒斯坦	0.04	0.00	0.03	0.02	—	1.07	10.80	0.93	1.01	—
中东欧国家	波兰	0.05	0.04	0.04	0.00	0.00	0.12	1.36	2.15	6.99	0.00
	罗马尼亚	0.02	0.09	0.36	0.00	0.00	0.14	3.25	2.22	2.98	—
	捷克	0.01	0.00	0.01	0.00	0.00	0.02	0.23	5.13	1.89	0.00
	斯洛伐克	0.00	0.00	0.00	—	—	0.02	0.27	3.21	6.92	—
	保加利亚	0.14	0.00	0.21	0.00	0.00	0.94	3.31	1.63	3.09	—
	匈牙利	0.00	0.00	0.00	0.00	0.00	0.04	0.16	5.47	1.08	0.00
	拉脱维亚	0.09	0.00	0.01	0.00	0.00	0.23	2.18	1.77	6.04	—
	立陶宛	0.15	0.01	0.05	0.00	0.00	0.53	4.32	1.32	4.76	0.00
	斯洛文尼亚	0.02	0.00	0.02	0.00	0.00	1.24	1.68	1.33	7.33	—
	爱沙尼亚	0.06	—	0.00	0.00	0.00	0.07	1.70	2.81	3.96	—
	克罗地亚	0.12	0.00	0.07	0.00	0.01	0.43	2.72	0.92	10.34	—
	阿尔巴尼亚	0.01	—	0.00	0.00	0.03	0.15	4.35	0.36	3.52	—
	塞尔维亚	0.03	—	0.03	—	0.08	0.47	1.68	1.92	3.31	—
	北马其顿	0.11	—	0.48	—	0.00	0.24	2.33	2.76	1.16	—
	波黑	0.02	—	0.00	—	—	0.02	2.70	3.26	0.76	—
	黑山	0.05	—	0.01	0.00	—	0.20	2.02	1.96	3.45	—
“一带一路”沿线国家整体		0.17	0.00	2.38	0.79	5.79	0.81	1.22	0.79	0.71	0.00

续表

区域	国家	2015年									
		0	1	2	3	4	5	6	7	8	9
东南亚国家	印度尼西亚	0.50	0.02	1.24	0.71	2.00	0.56	1.84	0.25	0.45	0.00
	泰国	2.52	0.00	1.03	0.01	0.00	1.41	1.33	1.31	0.59	0.00
	马来西亚	0.15	0.02	0.30	0.12	0.65	0.31	0.37	1.81	0.51	0.00
	越南	0.94	0.00	0.34	0.07	0.00	0.10	2.15	1.05	0.91	0.09
	新加坡	0.05	0.08	0.02	0.69	0.00	0.68	0.21	1.75	1.28	0.01
	菲律宾	0.84	0.03	0.01	0.05	0.00	0.40	6.07	0.68	3.57	0.00
	缅甸	0.18	0.00	0.43	0.53	—	0.01	7.22	0.02	0.39	1.07
	柬埔寨	0.33	0.07	0.16	—	0.00	0.07	8.12	0.17	3.14	—
	老挝	0.07	0.31	0.47	0.00		0.29	1.18	0.00	0.01	2.76
	文莱	0.00	—	0.01	0.00		0.41	0.08	0.00	0.29	
	东帝汶	0.04	—	0.99	—	—	0.00	—	2.16	0.01	
东欧中亚国家	蒙古国	0.15	0.00	1.73	1.95	—	0.01	0.19	0.00	0.01	
	俄罗斯	0.48	0.01	0.02	0.00	0.00	0.33	1.52	1.30	5.51	0.00
	乌克兰	0.07	0.07	0.04	0.02	0.00	1.19	3.57	0.99	3.32	0.00
	格鲁吉亚	0.22	0.28	0.01	0.00	0.00	0.26	5.40	1.06	3.65	—
	阿塞拜疆	0.03	0.00	0.00	0.00		0.30	1.88	1.60	3.38	
	亚美尼亚	0.10	0.00	0.02	—	—	0.26	3.12	1.78	2.23	0.00
	摩尔多瓦	0.06	—	0.00	0.00		0.86	3.84	1.14	3.51	
	哈萨克斯坦	3.70	0.09	0.12	0.37	0.03	2.52	17.89	5.11	16.55	0.00
	乌兹别克斯坦	—	—	—	—	—	—	—	—	—	—
	土库曼斯坦	—	—	—	—	—	—	—	—	—	—
	吉尔吉斯斯坦	0.45	—	0.00	0.00	0.00	0.14	6.09	0.21	8.88	0.00
	塔吉克斯坦	—									
南亚国家	印度	0.02	0.00	1.12	0.03	0.04	2.35	6.25	0.25	0.33	0.00
	巴基斯坦	0.52	0.00	0.75	0.00	—	0.51	17.37	0.00	0.30	0.00
	孟加拉国	0.38	0.00	0.49	—	0.00	0.21	6.42	0.02	4.67	—
	斯里兰卡	2.48	0.00	0.29	—	0.00	0.20	4.80	0.13	3.33	
	阿富汗	—	—	—	—		—	—	—	—	
	尼泊尔	0.03	—	0.31	—		0.06	3.89	0.00	6.31	0.58
	马尔代夫	5.86	—	—	—		—	0.15	0.03	0.33	—
	不丹	—	—	—	—		0.01	25.31	—	0.53	—

续表

区域	国家	2015 年									
		0	1	2	3	4	5	6	7	8	9
西亚北非国家	沙特阿拉伯	0.04	—	0.02	0.00	0.00	0.13	4.53	1.28	5.42	0.00
	阿联酋	0.04	0.09	0.01	0.01	0.00	0.10	3.02	1.60	5.67	0.00
	阿曼	0.04	—	0.07	0.01	0.00	0.46	6.07	1.13	2.40	—
	伊朗	—	—	—	—	—	—	—	—	—	—
	土耳其	0.00	0.01	0.16	0.00	0.00	0.65	3.73	1.96	2.05	0.00
	以色列	0.14	0.00	0.06	0.00	0.00	0.76	4.53	0.67	8.01	0.00
	埃及	0.02	0.05	0.12	0.00	0.00	0.56	6.79	1.03	3.51	0.00
	科威特	0.02	—	0.00	0.00	0.00	0.06	4.64	1.50	5.14	0.00
	伊拉克	—	—	—	—	—	—	—	—	—	—
	卡塔尔	0.01	0.00	0.01	0.01	0.00	0.15	3.82	1.91	3.38	0.00
	约旦	0.05	0.00	0.02	0.00	0.00	0.39	7.34	0.65	5.84	0.00
	黎巴嫩	0.11	—	0.11	0.00	0.00	0.18	8.83	0.60	6.31	—
	巴林	0.20	0.00	0.00	0.06	0.00	0.27	5.77	1.07	3.43	—
	也门	2.29	—	0.00	0.00	—	0.47	4.27	0.59	6.07	—
	叙利亚	—	—	—	—	—	—	—	—	—	—
	巴勒斯坦	0.04	—	0.07	0.01	0.00	0.46	6.07	1.13	2.40	—
中东欧国家	波兰	0.04	0.02	0.03	0.00	0.00	0.10	1.19	1.84	6.01	0.00
	罗马尼亚	0.03	0.03	0.33	0.00	0.00	0.13	2.81	2.07	2.24	0.00
	捷克	0.00	0.00	0.00	0.00	0.00	0.01	0.15	4.72	1.15	0.00
	斯洛伐克	0.00	0.00	0.00	—	—	0.01	0.20	2.54	6.69	0.00
	保加利亚	0.15	0.01	0.16	0.00	0.00	1.01	3.09	1.33	2.70	0.00
	匈牙利	0.00	0.00	0.00	0.00	0.00	0.08	0.19	4.20	1.14	0.00
	拉脱维亚	0.05	0.00	0.00	0.00	0.00	0.21	2.39	1.60	4.40	—
	立陶宛	0.14	0.07	0.07	0.00	0.00	0.65	4.25	1.05	3.73	0.00
	斯洛文尼亚	0.02	0.00	0.03	0.00	0.00	1.18	1.87	1.21	4.80	0.00
	爱沙尼亚	0.05	0.00	0.00	0.00	0.00	0.07	1.60	2.20	4.06	—
	克罗地亚	0.09	0.00	0.08	0.00	0.01	0.35	3.12	0.83	7.39	0.00
	阿尔巴尼亚	0.03	—	0.01	0.00	0.02	0.23	6.13	0.65	5.23	0.00
	塞尔维亚	0.02	0.00	0.02	—	0.13	0.37	1.57	1.99	2.11	—
	北马其顿	0.04	—	0.40	—	0.00	0.23	2.52	2.41	0.90	—
	波黑	0.14	0.00	0.02	—	0.00	0.09	2.00	1.83	3.25	—
	黑山	0.02	0.00	0.01	0.02	—	0.12	2.09	1.63	3.20	—
“一带一路”沿线国家整体		0.24	0.01	2.16	1.20	5.50	0.74	0.98	0.87	0.72	0.13

续表

区域	国家	2016年									
		0	1	2	3	4	5	6	7	8	9
东南亚国家	印度尼西亚	0.58	0.03	1.39	0.63	2.32	0.54	2.18	0.22	0.42	0.00
	泰国	1.76	0.01	1.39	0.02	0.00	1.17	1.57	1.30	0.70	0.00
	马来西亚	0.20	0.03	0.22	0.26	0.48	0.39	0.26	1.85	0.55	0.00
	越南	0.89	0.00	0.42	0.08	0.00	0.08	1.84	0.92	0.70	1.69
	新加坡	0.05	0.07	0.02	1.18	0.00	0.69	0.15	1.57	1.29	0.03
	菲律宾	0.84	0.06	0.00	0.27	0.00	0.30	6.71	0.55	3.49	0.00
	缅甸	0.30	0.01	1.77	0.63	—	0.01	1.92	0.02	0.16	2.31
	柬埔寨	0.17	0.04	0.16	—	0.00	0.24	8.11	0.15	2.92	0.00
	老挝	0.05	0.80	0.46	0.00	—	0.08	1.46	0.01	0.01	4.23
	文莱	0.02	—	0.01	0.08	—	0.47	0.00	0.00	0.01	0.00
	东帝汶	3.94	—	0.80	—	0.01	0.04	0.02	0.25	0.41	0.00
东欧中亚国家	蒙古国	0.53	0.00	1.29	5.08	0.03	0.01	0.24	0.00	0.03	0.00
	俄罗斯	0.36	0.01	0.01	0.00	0.00	0.26	1.09	1.74	4.05	0.00
	乌克兰	0.08	0.04	0.02	0.00	0.00	1.14	3.93	1.14	2.58	0.00
	格鲁吉亚	0.22	0.90	0.00	0.00	0.00	0.23	6.37	0.86	3.95	0.00
	阿塞拜疆	0.03	0.00	0.03	0.00	—	0.16	2.33	1.22	6.68	0.00
	亚美尼亚	0.04	—	0.02	0.00	—	0.28	2.91	1.80	2.37	0.00
	摩尔多瓦	0.03	—	0.00	0.00	—	0.91	5.13	1.00	2.99	0.00
	哈萨克斯坦	3.76	1.15	0.09	0.06	0.02	2.55	21.44	4.39	21.13	0.00
	乌兹别克斯坦	—	—	—	—	—	—	—	—	—	—
	土库曼斯坦	—	—	—	—	—	—	—	—	—	—
	吉尔吉斯斯坦	0.11	—	0.00	0.00	0.00	0.06	3.96	0.12	17.33	0.00
	塔吉克斯坦	—	—	—	—	—	—	—	—	—	—
南亚国家	印度	0.02	0.00	1.30	0.02	0.07	1.83	5.32	0.34	0.40	0.00
	巴基斯坦	0.76	0.00	0.78	0.00	0.00	0.13	15.05	0.01	0.33	0.00
	孟加拉国	0.44	0.00	0.45	—	0.00	0.22	5.65	0.01	3.85	0.00
	斯里兰卡	2.31	0.00	0.26	0.00	0.00	0.19	3.14	0.24	3.50	0.00
	阿富汗	0.01	—	0.33	—	—	0.91	1.15	0.91	0.02	0.01
	尼泊尔	0.02	—	0.02	—	0.00	0.04	4.47	0.00	8.73	0.12
	马尔代夫	3.95	—	0.03	—	—	0.00	0.02	0.27	0.43	0.01
	不丹	0.01	—	—	—	—	0.01	14.38	0.02	0.14	0.05

续表

区域	国家	2016年									
		0	1	2	3	4	5	6	7	8	9
西亚北非国家	沙特阿拉伯	0.05	0.00	0.02	0.00	0.00	0.13	4.58	1.08	6.95	0.00
	阿联酋	0.05	0.12	0.01	0.01	0.00	0.09	2.66	1.86	4.70	0.00
	阿曼	0.04	—	0.01	0.28	0.00	0.60	6.10	1.05	1.64	0.00
	伊朗	0.04	0.00	0.25	0.00	0.00	0.65	4.31	1.83	0.61	0.01
	土耳其	0.00	0.00	0.20	0.00	0.00	0.54	2.90	2.40	1.55	0.00
	以色列	0.17	0.00	0.05	0.00	0.00	0.63	4.40	0.77	7.64	0.00
	埃及	0.03	0.00	0.10	0.00	0.00	0.59	7.06	1.33	1.96	—
	科威特	0.02	—	0.02	0.00	0.00	0.05	6.41	1.18	5.16	0.00
	伊拉克	—	—	—	—	—	—	—	—	—	—
	卡塔尔	0.03	0.00	0.02	0.01	—	0.17	4.71	1.27	4.70	0.00
	约旦	0.06	0.00	0.03	0.00	0.00	0.36	7.09	0.70	5.98	0.00
	黎巴嫩	0.13	—	0.06	0.00	0.00	0.16	8.49	0.79	5.25	0.00
	巴林	0.17	0.00	0.01	0.03	—	0.30	3.78	1.41	3.64	0.00
	也门	—	—	—	—	—	—	—	—	—	—
	叙利亚	—	—	—	—	—	—	—	—	—	—
	巴勒斯坦	0.04	—	0.01	0.28	0.00	0.60	6.10	1.05	1.64	0.00
中东欧国家	波兰	0.03	0.02	0.03	0.00	0.00	0.10	1.28	1.67	6.44	0.00
	罗马尼亚	0.01	0.01	0.43	0.00	0.00	0.10	2.51	2.06	2.42	0.00
	捷克	0.01	0.00	0.00	0.00	0.00	0.02	0.20	4.22	1.43	0.00
	斯洛伐克	0.00	0.00	0.00	—	0.00	0.01	0.26	1.97	8.95	0.00
	保加利亚	0.10	0.01	0.11	0.00	0.00	0.77	3.28	1.32	2.91	0.00
	匈牙利	0.00	0.00	0.00	0.00	0.00	0.07	0.22	4.18	1.07	0.00
	拉脱维亚	0.05	0.03	0.01	0.00	0.00	0.22	3.50	1.29	3.99	—
	立陶宛	0.11	0.13	0.03	0.00	0.00	0.55	4.86	0.95	3.87	0.00
	斯洛文尼亚	0.01	0.00	0.03	0.00	0.00	0.90	1.95	1.23	4.94	0.00
	爱沙尼亚	0.05	0.00	0.00	0.00	0.00	0.06	1.78	2.18	3.53	0.00
	克罗地亚	0.08	—	0.05	0.00	0.00	0.31	2.72	0.85	7.93	0.00
	阿尔巴尼亚	0.02	—	0.01	0.00	0.01	0.18	5.84	0.71	5.01	0.02
	塞尔维亚	0.01	0.00	0.01	—	0.07	0.28	1.33	1.65	2.14	0.09
	北马其顿	0.01	0.00	0.20	—	—	0.16	2.39	2.62	0.76	0.00
	波黑	0.09	0.00	0.01	—	0.00	0.06	2.38	1.86	2.93	0.00
	黑山	0.05	0.04	0.02	—	—	0.16	4.30	0.99	3.33	—
"一带一路"沿线国家整体		0.22	0.01	2.48	1.41	4.43	0.62	0.91	0.93	0.80	0.32

续表

区域	国家	2017年									
		0	1	2	3	4	5	6	7	8	9
东南亚国家	印度尼西亚	0.60	0.09	1.87	0.71	2.30	0.49	2.52	0.18	0.41	0.00
	泰国	1.58	0.01	1.61	0.02	0.01	1.44	0.63	1.27	0.82	0.00
	马来西亚	0.15	0.02	0.21	0.63	0.75	0.38	0.23	1.83	0.48	0.00
	越南	0.69	0.00	0.48	0.03	0.00	0.09	1.36	1.35	0.95	0.77
	新加坡	0.03	0.04	0.01	2.01	0.00	0.72	0.08	1.42	0.98	0.12
	菲律宾	0.84	0.06	0.01	0.52	0.00	0.28	6.49	0.59	3.04	0.00
	缅甸	0.36	0.03	2.36	0.45	—	0.02	3.68	0.02	0.11	2.65
	柬埔寨	0.15	0.08	0.15	—	0.00	0.08	11.21	0.13	3.18	0.00
	老挝	0.09	0.58	1.19	0.00	—	0.07	1.03	0.06	0.03	4.39
	文莱	0.04	—	0.01	0.11	—	0.21	0.00	0.00	0.00	0.00
	东帝汶	10.16	—	0.82	—	—	0.02	0.00	0.13	—	0.00
东欧中亚国家	蒙古国	0.54	0.00	0.89	5.38	0.01	0.01	0.21	0.00	0.00	0.00
	俄罗斯	0.31	0.00	0.01	0.00	0.00	0.27	1.09	1.84	4.69	0.00
	乌克兰	0.08	0.02	0.02	0.00	0.00	1.06	3.62	1.42	2.30	0.00
	格鲁吉亚	0.15	0.58	0.00	0.00	0.00	0.23	6.82	0.98	3.79	0.00
	阿塞拜疆	0.05	0.00	0.01	0.00	—	0.16	2.75	1.76	3.54	0.00
	亚美尼亚	0.04	0.00	0.02	0.00	0.00	0.29	3.87	1.44	3.75	0.00
	摩尔多瓦	0.04	0.33	0.00	0.00	—	0.60	3.83	1.39	3.33	0.00
	哈萨克斯坦	3.99	0.36	0.09	0.12	0.01	2.58	17.69	3.89	23.67	0.00
	乌兹别克斯坦	1.86	—	0.86	0.04	0.77	6.04	21.96	5.14	1.37	0.00
	土库曼斯坦	—	—	—	—	—	—	—	—	—	—
	吉尔吉斯斯坦	0.03	0.00	0.00	0.00	0.00	0.07	4.32	0.12	19.39	0.00
	塔吉克斯坦	—	—	—	—	—	—	—	—	—	—
南亚国家	印度	0.02	0.00	1.22	0.02	0.09	2.08	4.73	0.31	0.30	0.00
	巴基斯坦	0.51	0.00	1.31	0.00	0.00	0.15	13.95	0.00	0.43	0.00
	孟加拉国	0.34	0.02	2.97	—	3.40	1.49	3.41	0.00	0.01	—
	斯里兰卡	2.38	0.00	0.28	0.00	0.00	0.22	3.13	0.27	3.51	0.00
	阿富汗	0.43	—	3.88	—	—	0.00	4.74	0.13	0.03	0.04
	尼泊尔	0.03	—	0.01	—	0.00	0.02	4.64	0.01	7.43	0.13
	马尔代夫	4.03	—	—	—	—	—	0.01	0.09	0.22	0.07
	不丹	—	—	—	—	—	—	6.15	0.17	0.03	0.06

续表

区域	国家	2017年									
		0	1	2	3	4	5	6	7	8	9
西亚北非国家	沙特阿拉伯	0.05	0.00	0.01	0.00	0.00	0.12	3.42	1.28	6.88	0.00
	阿联酋	0.02	0.16	0.00	0.00	0.00	0.07	1.55	2.48	3.53	0.00
	阿曼	0.04	0.00	0.00	0.02	0.08	0.43	8.17	1.28	1.62	0.00
	伊朗	0.03	0.00	0.16	0.00	0.00	0.62	3.46	1.87	0.67	0.01
	土耳其	0.01	0.00	0.20	0.00	0.00	0.94	2.73	2.16	1.72	0.00
	以色列	0.14	0.00	0.06	0.00	0.01	0.79	4.13	0.78	7.80	0.00
	埃及	0.02	0.01	0.19	0.00	0.00	0.83	7.76	1.18	1.67	0.00
	科威特	0.02	—	0.02	0.00	0.00	0.06	5.01	1.66	3.88	0.00
	伊拉克	—	—	—	—	—	—	—	—	—	—
	卡塔尔	0.03	0.00	0.02	0.02	0.00	0.25	4.75	1.33	3.87	0.00
	约旦	0.05	0.01	0.03	0.00	0.00	0.32	5.81	0.97	5.41	0.00
	黎巴嫩	0.19	—	0.13	0.00	0.00	0.20	4.90	1.05	6.42	0.00
	巴林	0.26	0.00	0.03	0.17	0.00	0.27	3.76	1.27	3.63	0.00
	也门	—	—	—	—	—	—	—	—	—	—
	叙利亚	—	—	—	—	—	—	—	—	—	—
	巴勒斯坦	0.04	0.00	0.00	0.02	0.08	0.43	8.17	1.28	1.62	0.00
中东欧国家	波兰	0.03	0.02	0.04	0.00	0.00	0.12	1.25	1.63	7.46	0.00
	罗马尼亚	0.01	0.02	0.19	0.00	0.00	0.11	2.46	2.04	3.10	0.00
	捷克	0.01	0.00	0.00	0.00	0.00	0.02	0.19	4.46	1.29	0.00
	斯洛伐克	0.00	0.00	0.00	—	—	0.01	0.35	2.12	8.28	0.00
	保加利亚	0.09	0.04	0.26	0.00	0.00	0.62	3.37	1.34	3.17	0.00
	匈牙利	0.00	0.00	0.00	0.00	0.00	0.11	0.29	3.72	1.74	0.00
	拉脱维亚	0.05	0.06	0.01	0.00	0.00	0.37	3.07	1.37	4.28	—
	立陶宛	0.12	0.15	0.01	0.00	0.00	0.59	4.88	1.07	3.59	0.00
	斯洛文尼亚	0.01	0.00	0.02	0.00	0.00	0.82	2.14	1.16	5.67	0.00
	爱沙尼亚	0.05	0.00	0.00	0.00	—	0.08	1.64	2.40	3.22	0.00
	克罗地亚	0.04	0.00	0.02	0.00	0.00	0.28	2.70	0.79	10.23	0.00
	阿尔巴尼亚	0.04	—	0.00	0.00	0.03	0.20	4.45	0.53	5.98	0.08
	塞尔维亚	0.01	0.11	0.01	—	0.02	0.24	1.76	1.73	2.20	0.14
	北马其顿	0.03	—	0.30	0.00	0.00	0.20	2.69	2.34	1.15	0.00
	波黑	0.09	0.00	0.01	—	—	0.06	4.01	1.45	3.80	—
	黑山	0.05	0.00	0.01	0.00	—	0.14	3.06	1.56	2.66	—
“一带一路”沿线国家整体		0.18	0.01	3.05	1.50	5.60	0.71	0.72	0.87	0.77	0.39

续表

区域	国家	2018年									
		0	1	2	3	4	5	6	7	8	9
东南亚国家	印度尼西亚	0.50	0.10	2.00	0.40	1.92	0.60	2.85	0.19	0.37	0.00
	泰国	1.89	0.01	1.26	0.01	0.02	1.63	0.71	1.34	0.75	0.00
	马来西亚	0.17	0.01	0.24	0.44	2.25	0.44	0.25	1.94	0.47	0.00
	越南	0.67	0.01	0.37	0.02	0.00	0.12	1.32	1.61	1.06	0.28
	新加坡	0.03	0.05	0.01	1.63	0.01	0.85	0.08	1.50	1.11	0.04
	菲律宾	0.79	0.04	0.01	0.41	0.00	0.32	5.91	0.74	2.76	0.00
	缅甸	0.46	0.04	2.18	0.59	0.00	0.08	4.65	0.02	0.15	4.75
	柬埔寨	0.21	0.08	0.17	0.00	0.00	0.10	11.96	0.12	3.19	0.00
	老挝	0.48	1.54	2.06	0.00	0.00	0.26	1.42	0.09	0.06	3.35
	文莱	0.02	0.00	0.01	0.04	0.00	0.81	0.00	0.00	0.00	0.00
	东帝汶	16.46	0.01	0.00	—	0.07	0.00	0.17	0.16	0.01	0.00
东欧中亚国家	蒙古国	0.50	0.00	0.92	3.01	0.01	0.00	0.17	0.00	0.00	0.01
	俄罗斯	0.34	0.01	0.02	0.00	0.00	0.35	1.40	1.76	4.50	0.00
	乌克兰	0.09	0.01	0.02	0.00	0.00	0.83	3.26	1.72	1.97	0.00
	格鲁吉亚	0.06	0.88	0.00	0.00	0.00	0.30	6.18	1.09	3.71	0.00
	阿塞拜疆	0.02	0.00	0.00	0.00	0.00	0.14	2.63	2.07	2.79	0.00
	亚美尼亚	0.01	0.00	0.01	0.00	0.00	0.13	2.25	2.36	2.39	0.00
	摩尔多瓦	0.06	—	0.00	0.00	—	0.39	3.60	1.59	3.17	0.00
	哈萨克斯坦	3.85	0.67	0.12	0.12	0.02	2.70	18.12	5.01	18.68	0.00
	乌兹别克斯坦	1.40	0.00	0.69	0.02	1.91	4.34	20.55	8.06	1.15	0.00
	土库曼斯坦	—	—	—	—	—	—	—	—	—	—
	吉尔吉斯斯坦	0.05	0.00	0.00	0.00	0.00	0.07	4.03	0.18	20.38	0.00
	塔吉克斯坦	—	—	—	—	—	—	—	—	—	—
南亚国家	印度	0.02	0.00	0.95	0.06	0.35	3.40	3.98	0.30	0.30	0.00
	巴基斯坦	0.56	0.00	1.43	0.00	—	0.83	13.54	0.00	0.36	0.00
	孟加拉国	0.45	0.00	0.22	—	0.01	0.07	6.32	0.02	3.79	0.00
	斯里兰卡	—	—	—	—	—	—	—	—	—	—
	阿富汗	—	—	—	—	—	—	—	—	—	—
	尼泊尔	0.40	—	0.01	—	0.04	6.04	0.00	7.95	0.13	
	马尔代夫	0.42	—	—	0.14	—	0.00	0.00	0.01	0.03	0.01
	不丹	0.03	—	—	—	—	0.00	0.66	0.11	17.20	0.15

续表

区域	国家	2018年									
		0	1	2	3	4	5	6	7	8	9
西亚北非国家	沙特阿拉伯	0.04	0.00	0.01	0.00	0.00	0.14	3.72	1.37	5.61	0.02
	阿联酋	0.02	0.44	0.01	0.01	0.00	0.11	2.00	2.51	2.98	0.00
	阿曼	0.07	0.00	0.00	0.28	0.00	0.54	6.78	1.11	1.51	0.00
	伊朗	—	—	—	—	—	—	—	—	—	—
	土耳其	0.01	0.00	0.37	0.00	0.01	1.26	3.04	1.93	1.55	0.00
	以色列	0.10	0.00	0.06	0.00	0.00	0.83	3.19	1.06	6.75	0.00
	埃及	0.03	0.05	0.14	0.00	0.00	0.79	6.68	1.48	1.34	0.00
	科威特	0.02	0.00	0.01	0.00	0.00	0.07	5.85	1.48	3.92	0.00
	伊拉克	—	—	—	—	—	—	—	—	—	—
	卡塔尔	0.03	—	0.01	0.01	0.00	0.18	5.51	1.25	4.71	0.00
	约旦	0.07	0.01	0.06	0.00	0.00	0.49	6.39	0.94	4.35	0.00
	黎巴嫩	0.16	0.00	0.22	0.00	0.00	0.30	4.22	1.24	5.43	0.00
	巴林	0.13	0.00	0.06	0.47	0.00	0.35	2.93	1.40	2.73	0.00
	也门	—	—	—	—	—	—	—	—	—	—
	叙利亚	—	—	—	—	—	—	—	—	—	—
	巴勒斯坦	0.07	0.00	0.00	0.28	0.00	0.54	6.78	1.11	1.51	0.00
中东欧国家	波兰	0.02	0.03	0.05	0.00	0.00	0.15	1.35	1.73	7.21	0.00
	罗马尼亚	0.01	0.02	0.36	—	0.01	0.10	2.21	2.14	3.15	0.00
	捷克	0.00	0.00	0.00	0.00	0.00	0.01	0.17	4.84	1.06	0.00
	斯洛伐克	0.00	0.00	0.01	—	0.00	0.01	0.55	2.67	6.01	0.00
	保加利亚	0.12	0.08	0.48	0.00	0.01	0.64	2.80	1.47	3.16	0.00
	匈牙利	0.00	0.00	0.00	0.00	0.00	0.15	0.29	3.49	2.73	0.00
	拉脱维亚	0.05	0.13	0.01	0.00	0.00	0.36	2.63	1.65	3.90	—
	立陶宛	0.14	0.18	0.01	0.00	0.00	0.65	5.09	1.03	3.89	0.00
	斯洛文尼亚	0.01	0.00	0.03	0.00	0.00	0.89	1.90	0.90	7.69	0.00
	爱沙尼亚	0.16	0.00	0.01	0.00	—	0.08	1.61	2.57	2.56	0.00
	克罗地亚	0.04	0.00	0.02	0.00	0.00	0.25	2.08	1.05	9.50	0.00
	阿尔巴尼亚	0.04	—	0.00	—	—	0.17	4.14	0.72	4.74	0.06
	塞尔维亚	0.01	0.03	0.01	0.00	0.02	0.37	2.46	1.79	1.71	0.10
	北马其顿	0.04	—	0.18	—	—	0.27	3.33	2.25	1.19	0.00
	波黑	0.10	—	0.01	—	—	0.11	4.44	1.56	3.06	0.00
	黑山	0.03	0.00	0.01	0.00	—	0.23	3.89	1.12	2.49	—
“一带一路”沿线国家整体		0.23	0.01	2.43	1.66	4.96	0.78	0.63	0.79	0.45	0.27

资料来源：作者根据联合国商品贸易统计数据库数据计算。

附 表

附表1-1　2014~2019年"一带一路"沿线国家国内生产总值及年均增速　单位：亿美元

区域	国家	2014年	2015年	2016年	2017年	2018年	2019年	年均增速（%）
东南亚国家	印度尼西亚	8908.1	8608.5	9318.8	10154.2	10421.7	11191.9	4.7
	泰国	4073.4	4013.0	4123.5	4552.8	5049.9	5436.5	5.9
	马来西亚	3380.6	3013.5	3012.6	3189.6	3585.8	3647.0	1.5
	越南	1862.0	1932.4	2052.8	2237.8	2452.1	2619.2	7.1
	新加坡	3148.5	3080.0	3180.7	3384.1	3641.6	3720.6	3.4
	菲律宾	2845.8	2927.7	3049.0	3136.2	3309.1	3768.0	5.8
	缅甸	654.5	596.9	632.6	667.2	712.1	760.9	3.1
	柬埔寨	167.0	180.5	201.6	221.8	245.4	270.9	10.2
	老挝	132.7	143.9	158.1	168.5	179.5	181.7	6.5
	文莱	171.0	129.3	114.0	121.3	135.7	134.7	-4.7
	东帝汶	40.4	30.9	25.0	24.9	25.8	16.7	-16.2
东欧中亚国家	蒙古国	122.3	117.5	111.9	114.3	130.7	138.5	2.5
	俄罗斯	20592.4	13634.8	12767.9	15742.0	16695.8	16998.8	-3.8
	乌克兰	1335.0	910.3	933.6	1121.9	1309.0	1537.8	2.9
	格鲁吉亚	176.3	149.5	151.4	162.4	176.0	177.4	0.1
	阿塞拜疆	752.4	530.7	378.7	408.7	471.1	480.5	-8.6
	亚美尼亚	116.1	105.5	105.5	115.3	124.6	136.7	3.3
	摩尔多瓦	95.1	77.5	80.7	96.7	114.6	119.6	4.7
	哈萨克斯坦	2214.2	1843.9	1372.8	1668.1	1793.4	1801.6	-4.0
	乌兹别克斯坦	766.6	818.5	817.8	591.6	503.9	579.2	-5.5
	土库曼斯坦	435.2	358.0	361.8	379.3	407.6	—	—
	吉尔吉斯斯坦	74.7	66.8	68.1	77.0	82.7	84.5	2.5
	塔吉克斯坦	91.1	78.5	69.5	71.6	75.2	81.2	-2.3
南亚国家	印度	20391.3	21035.9	22904.3	26522.4	27187.3	28751.4	7.1
	巴基斯坦	2443.6	2705.6	2786.5	3045.7	3145.9	2782.2	2.6
	孟加拉国	1728.9	1950.8	2214.2	2497.2	2740.2	3025.7	11.8
	斯里兰卡	793.6	806.0	824.0	880.2	889.0	840.1	1.1
	阿富汗	204.8	199.1	193.6	201.9	193.6	191.0	-1.4
	尼泊尔	200.0	214.1	211.9	251.8	290.4	306.4	8.9
	马尔代夫	37.0	41.1	43.8	47.4	53.3	57.3	9.2
	不丹	19.1	20.0	21.6	24.5	24.5	—	—

续表

区域	国家	2014年	2015年	2016年	2017年	2018年	2019年	年均增速（%）
西亚北非国家	沙特阿拉伯	7563.5	6542.7	6449.4	6885.9	7865.2	7929.7	1.0
	阿联酋	4031.4	3581.4	3570.5	3777.0	4141.8	4211.4	0.9
	阿曼	810.8	689.2	659.4	706.0	792.8	769.8	−1.0
	伊朗	4344.7	3858.7	4189.8	4540.1	4461.1	—	—
	土耳其	9341.9	8598.0	8637.2	8526.8	7713.5	7544.1	−4.2
	以色列	3095.6	2998.1	3189.5	3532.5	3705.9	3951.0	5.0
	埃及	3055.3	3327.0	3329.3	2353.7	2508.9	3031.8	−0.2
	科威特	1626.3	1145.7	1094.2	1207.1	1406.5	1347.6	−3.7
	伊拉克	2346.5	1775.0	1748.8	1954.7	2242.3	2340.9	0.0
	卡塔尔	2062.2	1617.4	1517.3	1669.3	1913.6	1834.7	−2.3
	约旦	363.3	380.4	392.0	407.1	422.3	437.4	3.8
	黎巴嫩	483.0	499.7	512.4	533.9	566.4	533.7	2.0
	巴林	333.9	311.3	322.5	354.3	377.5	385.7	2.9
	也门	432.3	426.3	309.7	268.2	269.1	—	—
	叙利亚	558.0	502.8	485.7	492.0	498.3	—	—
	巴勒斯坦	127.2	126.7	134.3	145.0	146.2	—	—
中东欧国家	波兰	5453.9	4775.8	4720.3	5262.2	5856.6	5921.6	1.7
	罗马尼亚	1996.3	1778.9	1884.9	2117.0	2395.5	2500.8	4.6
	捷克	2078.2	1868.3	1950.9	2159.1	2452.3	2464.9	3.5
	斯洛伐克	1011.7	884.6	896.4	952.4	1059.0	1054.2	0.8
	保加利亚	568.1	502.0	532.4	582.2	651.3	679.3	3.6
	匈牙利	1405.6	1245.3	1275.1	1415.1	1578.8	1609.7	2.7
	拉脱维亚	313.8	270.9	277.3	302.0	344.1	341.2	1.7
	立陶宛	484.9	413.9	430.2	476.3	534.3	542.2	2.3
	斯洛文尼亚	499.3	430.9	446.5	484.4	540.1	537.4	1.5
	爱沙尼亚	267.7	230.5	240.0	267.9	307.3	313.9	3.2
	克罗地亚	576.4	495.3	516.0	553.2	609.7	604.2	0.9
	阿尔巴尼亚	132.3	113.9	118.6	130.3	151.0	152.8	2.9
	塞尔维亚	470.6	396.3	406.3	441.2	506.0	514.1	1.8
	北马其顿	113.6	100.6	106.7	112.8	126.7	126.9	2.2
	波黑	185.6	162.1	169.1	180.8	201.6	200.5	1.6
	黑山	45.9	40.5	43.7	48.4	55.0	54.9	3.7

资料来源：作者根据世界银行数据库数据计算。

附表1-2　2014~2019年"一带一路"沿线国家人均国内生产总值及年均增速　　单位：美元

区域	国家	2014年	2015年	2016年	2017年	2018年	2019年	年均增速（%）
东南亚国家	印度尼西亚	3491.6	3331.7	3562.8	3837.7	3893.8	4135.6	3.4
	泰国	5951.9	5840.0	5994.2	6592.9	7295.5	7808.2	5.6
	马来西亚	11319.1	9955.2	9817.7	10254.2	11373.2	11414.8	0.2
	越南	2030.3	2085.1	2192.2	2365.6	2566.6	2715.3	6.0
	新加坡	57562.5	55646.6	56828.3	60913.7	66188.8	65233.3	2.5
	菲律宾	2959.6	3001.0	3073.7	3123.2	3252.1	3485.1	3.3
	缅甸	1251.8	1287.4	1266.5	1291.5	1418.2	1407.8	2.4
	柬埔寨	1093.5	1162.9	1269.6	1385.3	1512.1	1643.1	8.5
	老挝	1998.3	2134.7	2308.8	2423.8	2542.5	2534.9	4.9
	文莱	41726.8	31164.6	27157.8	28572.1	31628.3	31086.8	−5.7
	东帝汶	1232.5	1334.7	1358.2	1294.7	1237.1	1294.2	1.0
东欧中亚国家	蒙古国	4158.5	3918.6	3660.2	3669.4	4135.0	4295.2	0.6
	俄罗斯	14095.6	9313.0	8704.9	10720.3	11370.8	11585.0	−3.8
	乌克兰	3104.6	2124.7	2187.7	2640.7	3096.8	3659.0	3.3
	格鲁吉亚	4739.2	4014.2	4062.2	4357.0	4722.8	4769.2	0.1
	阿塞拜疆	7891.3	5500.3	3880.7	4147.1	4739.8	4793.6	−9.5
	亚美尼亚	3986.2	3607.3	3591.8	3914.5	4220.5	4622.7	3.0
	摩尔多瓦	3328.8	2732.5	2880.4	3509.7	4234.0	4498.5	6.2
	哈萨克斯坦	12807.3	10510.8	7714.8	9247.6	9812.6	9731.1	−5.3
	乌兹别克斯坦	2492.3	2615.0	2567.8	1826.6	1529.1	1724.8	−7.1
	土库曼斯坦	7962.2	6432.7	6389.5	6587.1	6966.6	—	—
	吉尔吉斯斯坦	1279.8	1121.1	1120.7	1242.8	1308.1	1309.4	0.5
	塔吉克斯坦	1104.2	929.1	802.5	806.0	826.6	870.8	−4.6
南亚国家	印度	1573.9	1605.6	1729.3	1981.3	2010.0	2104.0	6.0
	巴基斯坦	1251.2	1356.7	1368.5	1465.0	1482.4	1284.0	0.5
	孟加拉国	1118.9	1248.5	1401.6	1564.0	1698.3	1855.0	10.6
	斯里兰卡	3819.3	3843.8	3886.3	4104.6	4102.5	3853.0	0.2
	阿富汗	613.9	578.5	547.2	556.3	520.9	502.0	−3.9
	尼泊尔	743.4	792.6	777.1	911.4	1033.9	1071.0	7.6
	马尔代夫	8499.4	9033.4	9209.3	9540.6	10330.6	10790.0	4.9
	不丹	2652.2	2752.7	2930.6	3286.6	3243.2	—	—

续表

区域	国家	2014年	2015年	2016年	2017年	2018年	2019年	年均增速（%）
西亚北非国家	沙特阿拉伯	24463.9	20627.9	19879.3	20803.7	23339.0	23139.8	-1.1
	阿联酋	43751.8	38663.4	38141.8	39811.6	43005.0	43103.3	-0.3
	阿曼	20132.0	16150.9	14721.6	15130.5	16415.2	15474.0	-5.1
	伊朗	5608.6	4916.1	5265.9	5627.7	5417.0	—	—
	土耳其	12095.9	10948.7	10820.6	10513.6	9370.2	9042.5	-5.7
	以色列	37678.9	35776.8	37321.6	40541.9	41715.0	43641.4	3.0
	埃及	3378.8	3599.0	3525.0	2440.5	2549.1	3020.0	-2.2
	科威特	44062.4	29869.5	27653.2	29759.5	33994.4	32032.0	-6.2
	伊拉克	6818.8	4989.8	4776.7	5205.3	5834.2	5955.1	-2.7
	卡塔尔	83858.5	63039.0	57163.1	61264.4	68793.8	64781.7	-5.0
	约旦	4072.8	4105.4	4103.7	4162.8	4241.8	4330.3	1.2
	黎巴嫩	7712.1	7649.8	7634.9	7838.3	8269.8	7784.3	0.2
	巴林	24989.4	22689.0	22619.1	23715.5	24050.8	23504.0	-1.2
	也门	432.3	426.3	309.7	268.2	269.1	—	—
	叙利亚	3300.0	2900.0	2782.8	2882.7	—	—	—
	巴勒斯坦	3047.0	2968.0	3074.0	3254.0	3199.0	—	—
中东欧国家	波兰	14347.9	12572.3	12431.6	13857.0	15420.9	15595.2	1.7
	罗马尼亚	10027.0	8977.5	9567.1	10807.7	12301.2	12919.5	5.2
	捷克	19744.6	17715.6	18463.4	20379.9	23078.6	23101.8	3.2
	斯洛伐克	18670.9	16309.1	16506.0	17510.1	19442.7	19329.1	0.7
	保加利亚	7864.8	6993.8	7469.5	8228.0	9272.6	9737.6	4.4
	匈牙利	14246.1	12651.6	12992.4	14457.6	16162.0	16475.7	3.0
	拉脱维亚	15740.3	13698.9	14153.4	15548.1	17860.6	17836.4	2.5
	立陶宛	16534.5	14249.1	14999.5	16840.9	19153.4	19455.5	3.3
	斯洛文尼亚	24214.9	20881.8	21622.6	23442.7	26124.0	25739.2	1.2
	爱沙尼亚	20367.1	17522.2	18237.3	20337.8	23266.3	23659.9	3.0
	克罗地亚	13600.2	11782.9	12360.5	13412.3	14909.7	14853.2	1.8
	阿尔巴尼亚	4578.7	3952.8	4124.1	4532.9	5268.8	5352.9	3.2
	塞尔维亚	6600.1	5585.1	5756.4	6284.2	7246.7	7402.4	2.3
	北马其顿	5468.5	4840.3	5129.2	5417.6	6083.7	6093.1	2.2
	波黑	5329.6	4727.3	4994.7	5394.6	6065.7	6073.3	2.6
	黑山	7378.3	6514.3	7028.9	7784.1	8844.2	8832.0	3.7

资料来源：作者根据世界银行数据库数据计算。

附表1-3　2014~2018年"一带一路"沿线国家农业产值及年均增速　　单位：亿美元

区域	国家	2014年	2015年	2016年	2017年	2018年	年均增速（%）
东南亚国家	印度尼西亚	1188.1	1161.5	1256.1	1335.7	1334.8	3.0
	泰国	411.1	356.2	348.5	379.1	409.9	-0.1
	马来西亚	300.0	249.7	254.9	274.7	270.3	-2.6
	越南	329.6	328.4	335.0	343.4	360.0	2.2
	新加坡	1.1	1.0	1.0	0.9	0.9	-4.5
	菲律宾	322.5	300.4	294.4	303.1	307.2	-1.2
	缅甸	182.1	159.8	161.1	155.7	174.9	-1.0
	柬埔寨	48.2	48.0	49.9	51.8	54.0	2.9
	老挝	23.7	25.3	27.2	27.3	28.2	4.5
	文莱	1.5	1.4	1.4	1.3	1.4	-1.7
	东帝汶	3.0	2.7	2.7	2.6	—	—
东欧中亚国家	蒙古国	16.3	15.7	13.1	11.7	14.1	-3.5
	俄罗斯	692.1	527.5	493.9	560.5	521.6	-6.8
	乌克兰	135.6	109.8	109.5	114.3	132.6	-0.5
	格鲁吉亚	15.0	11.7	11.0	10.1	11.9	-5.7
	阿塞拜疆	40.0	32.8	21.2	22.9	24.6	-11.4
	亚美尼亚	21.0	18.2	17.3	17.3	17.0	-5.1
	摩尔多瓦	11.6	8.9	9.2	11.1	11.5	-0.2
	哈萨克斯坦	95.9	86.9	62.5	75.3	78.8	-4.8
	乌兹别克斯坦	232.0	251.9	252.2	177.9	145.4	-11.0
	土库曼斯坦	36.1	33.3	—	—	—	—
	吉尔吉斯斯坦	11.0	9.4	8.7	9.6	9.4	-3.8
	塔吉克斯坦	21.7	17.2	14.2	15.2	14.4	-9.6
南亚国家	印度	3424.1	3402.4	3721.9	4142.7	3969.9	3.8
	巴基斯坦	580.2	644.4	646.9	698.2	718.9	5.5
	孟加拉国	265.4	288.4	311.0	335.0	358.3	7.8
	斯里兰卡	63.5	66.0	61.2	68.5	70.0	2.4
	阿富汗	45.3	41.1	40.8	41.3	—	—
	尼泊尔	60.5	62.9	61.8	68.2	73.5	4.9
	马尔代夫	2.0	2.3	2.5	2.5	3.0	11.0
	不丹	2.8	2.9	3.1	3.7	3.9	8.9

续表

区域	国家	2014年	2015年	2016年	2017年	2018年	年均增速（%）
西亚北非国家	沙特阿拉伯	168.4	171.4	173.2	174.1	175.0	1.0
	阿联酋	25.8	26.5	27.7	29.7	30.6	4.4
	阿曼	10.3	13.6	14.9	16.3	17.5	14.1
	伊朗	425.0	404.6	403.8	431.3	—	—
	土耳其	615.6	593.6	534.1	518.6	448.7	−7.6
	以色列	36.3	35.8	38.0	41.0	42.3	3.9
	埃及	346.4	379.1	391.8	270.3	281.6	−5.0
	科威特	7.3	6.2	5.7	6.3	6.2	−4.2
	伊拉克	114.9	85.3	66.5	64.5	44.8	−21.0
	卡塔尔	2.4	2.6	2.8	3.1	3.4	8.6
	约旦	16.7	19.4	20.6	22.6	23.8	9.2
	黎巴嫩	19.5	17.1	14.9	15.6	16.5	−4.1
	巴林	1.0	1.0	1.1	1.0	1.1	2.1
	也门	33.8	30.2	21.9	16.1	10.8	−24.7
	叙利亚	—	—	—	—	—	—
	巴勒斯坦	4.9	4.5	4.2	—	—	—
中东欧国家	波兰	142.5	105.1	112.4	146.3	123.4	−3.5
	罗马尼亚	94.3	74.5	76.6	91.3	104.1	2.5
	捷克	51.4	41.6	40.3	44.4	48.2	−1.6
	斯洛伐克	32.7	23.2	24.1	22.8	25.0	−6.4
	保加利亚	25.9	20.8	21.6	23.7	23.8	−2.1
	匈牙利	55.5	47.4	50.0	53.7	56.1	0.3
	拉脱维亚	10.2	9.5	8.6	10.5	12.3	4.8
	立陶宛	16.6	14.2	13.4	16.7	15.5	−1.6
	斯洛文尼亚	10.1	9.0	8.9	9.0	11.4	3.1
	爱沙尼亚	8.4	6.5	4.9	6.4	8.2	−0.7
	克罗地亚	17.2	14.9	16.0	16.2	17.4	0.2
	阿尔巴尼亚	26.4	22.5	23.5	24.8	27.8	1.3
	塞尔维亚	33.3	26.6	27.6	26.6	32.1	−0.9
	北马其顿	11.6	9.8	9.8	8.9	9.2	−5.6
	波黑	11.0	10.1	10.8	10.1	11.9	1.8
	黑山	3.7	3.3	3.3	3.3	3.7	−0.1

资料来源：作者根据世界银行数据库数据计算。

附表1-4　2014~2018年"一带一路"沿线国家工业产值及年均增速　　单位：亿美元

区域	国家	2014年	2015年	2016年	2017年	2018年	年均增速（%）
东南亚国家	印度尼西亚	3735.0	3447.5	3663.1	3999.4	4140.6	2.6
	泰国	1500.5	1455.1	1473.8	1606.0	1766.2	4.2
	马来西亚	1349.7	1158.7	1135.2	1216.2	1373.3	0.4
	越南	618.5	642.5	671.6	747.4	839.4	7.9
	新加坡	761.0	748.1	743.5	798.6	917.7	4.8
	菲律宾	891.7	904.6	937.5	954.5	1017.5	3.4
	缅甸	225.7	205.7	221.6	242.2	230.0	0.5
	柬埔寨	42.8	50.0	59.4	68.4	79.2	16.7
	老挝	38.2	39.9	45.5	52.1	56.6	10.3
	文莱	116.0	79.3	65.3	72.4	85.8	−7.3
	东帝汶	28.2	17.7	11.3	11.4	—	—
东欧中亚国家	蒙古国	38.5	36.5	37.9	43.8	50.6	7.1
	俄罗斯	5781.6	4075.4	3779.1	4810.3	5315.1	−2.1
	乌克兰	304.6	197.8	216.4	262.2	304.8	0.0
	格鲁吉亚	33.0	28.6	29.2	32.8	35.1	1.6
	阿塞拜疆	403.2	238.3	180.1	203.1	245.1	−11.7
	亚美尼亚	29.3	27.1	27.0	29.8	31.1	1.4
	摩尔多瓦	21.3	17.6	18.0	21.2	26.0	5.1
	哈萨克斯坦	735.3	568.9	439.0	539.2	600.7	−4.9
	乌兹别克斯坦	178.4	194.1	197.4	146.3	143.5	−5.3
	土库曼斯坦	264.1	203.9	—	—	—	—
	吉尔吉斯斯坦	17.8	16.7	18.1	21.0	22.2	5.6
	塔吉克斯坦	20.6	19.2	18.9	19.3	20.6	0.0
南亚国家	印度	5639.5	5752.8	6102.2	7028.0	7271.6	6.6
	巴基斯坦	489.3	516.5	508.7	542.3	565.8	3.7
	孟加拉国	454.9	523.4	605.5	693.0	782.0	14.5
	斯里兰卡	224.6	219.0	229.2	240.2	240.0	1.7
	阿富汗	43.5	44.0	42.3	44.7	—	—
	尼泊尔	27.7	29.4	27.7	33.3	39.1	9.0
	马尔代夫	3.1	4.4	4.9	5.2	6.9	22.0
	不丹	7.9	8.5	9.2	10.3	9.4	4.2

续表

区域	国家	2014年	2015年	2016年	2017年	2018年	年均增速（%）
西亚北非国家	沙特阿拉伯	4324.5	2962.0	2783.4	3157.0	3896.5	-2.6
	阿联酋	2127.1	1572.0	1479.9	1622.9	1937.9	-2.3
	阿曼	519.9	371.0	315.1	350.7	370.6	-8.1
	伊朗	1721.5	1272.2	1418.7	1585.0	—	—
	土耳其	2634.0	2399.2	2434.3	2490.2	2273.4	-3.6
	以色列	630.3	604.8	614.5	685.4	719.5	3.4
	埃及	1218.8	1218.7	1080.5	794.4	880.2	-7.8
	科威特	1147.3	640.8	570.5	671.4	838.1	-7.6
	伊拉克	1326.7	744.8	780.0	996.9	1257.9	-1.3
	卡塔尔	1438.6	929.0	807.3	950.6	1168.4	-5.1
	约旦	103.0	107.4	108.6	112.6	116.5	3.1
	黎巴嫩	78.4	77.0	79.3	78.1	79.9	0.5
	巴林	155.3	125.4	127.0	146.4	164.0	1.4
	也门	190.4	154.4	144.3	112.9	77.2	-20.2
	叙利亚	—	—	—	—	—	—
	巴勒斯坦	25.4	23.9	26.3	—	—	—
中东欧国家	波兰	1605.1	1444.9	1395.8	1522.4	1675.9	1.1
	罗马尼亚	631.0	532.7	566.7	611.6	694.1	2.4
	捷克	711.7	635.1	654.8	717.2	789.4	2.6
	斯洛伐克	311.6	269.9	261.8	275.9	319.1	0.6
	保加利亚	134.5	120.9	130.0	143.6	154.7	3.6
	匈牙利	361.4	329.4	327.1	362.3	400.9	2.6
	拉脱维亚	61.6	52.7	51.9	57.9	67.1	2.1
	立陶宛	133.0	110.3	111.5	123.3	136.3	0.6
	斯洛文尼亚	140.5	120.8	125.0	137.7	153.6	2.3
	爱沙尼亚	65.9	54.6	57.6	64.3	74.2	3.0
	克罗地亚	124.5	105.8	109.7	115.3	124.1	-0.1
	阿尔巴尼亚	28.5	24.8	25.1	26.5	32.2	3.1
	塞尔维亚	118.8	101.9	104.5	115.1	128.9	2.1
	北马其顿	25.9	24.1	25.6	27.2	29.9	3.6
	波黑	40.9	36.5	39.2	43.2	49.3	4.7
	黑山	6.6	5.8	6.8	7.2	8.8	7.5

资料来源：作者根据世界银行数据库数据计算。

附表1-5　2014~2017年"一带一路"沿线国家服务业产值及年均增速　　单位：亿美元

区域	国家	2014年	2015年	2016年	2017年	年均增速（%）
东南亚国家	印度尼西亚	3763.0	3728.3	4070.3	4430.6	5.6
	泰国	2161.9	2199.1	2294.2	2563.4	5.8
	马来西亚	1694.5	1516.9	1532.0	1602.8	-1.8
	越南	726.9	767.8	840.1	—	—
	新加坡	2194.3	2126.2	2169.9	2281.5	1.3
	菲律宾	1631.7	1722.8	1817.1	1878.1	4.8
	缅甸	—	—	—	292.4	—
	柬埔寨	66.3	71.9	79.8	87.9	9.8
	老挝	58.6	63.6	67.1	70.0	6.1
	文莱	53.7	48.5	49.0	49.5	-2.7
	东帝汶	9.2	10.2	10.9	—	—
东欧中亚国家	蒙古国	—	—	—	—	—
	俄罗斯	11466.2	7655.4	7274.2	8863.2	-8.2
	乌克兰	723.0	465.2	467.9	563.8	-8.0
	格鲁吉亚	94.9	80.1	82.0	85.8	-3.3
	阿塞拜疆	252.8	211.8	146.9	152.7	-15.5
	亚美尼亚	55.0	50.9	52.6	59.2	2.5
	摩尔多瓦	43.5	37.1	38.1	45.0	1.1
	哈萨克斯坦	1214.2	1093.4	794.3	915.7	-9.0
	乌兹别克斯坦	273.1	288.4	304.2	206.9	-8.8
	土库曼斯坦	—	—	—	—	—
	吉尔吉斯斯坦	37.8	34.8	34.2	38.1	0.3
	塔吉克斯坦	38.5	33.4	29.4	—	—
南亚国家	印度	9751.6	10073.0	10889.0	12709.7	9.2
	巴基斯坦	1263.4	1411.2	1470.5	1619.1	8.6
	孟加拉国	927.3	1047.8	1188.4	1335.4	12.9
	斯里兰卡	451.6	462.2	465.1	486.2	2.5
	阿富汗	109.8	102.7	103.2	—	—
	尼泊尔	97.3	105.9	105.6	126.1	9.0
	马尔代夫	27.9	29.5	29.9	—	—
	不丹	7.2	7.7	8.3	9.9	10.8

续表

区域	国家	2014年	2015年	2016年	2017年	年均增速（%）
西亚北非国家	沙特阿拉伯	3070.6	3409.3	3492.8	3587.4	5.3
	阿联酋	1564.4	1665.4	1742.1	1792.6	4.6
	阿曼	247.8	274.7	292.0	—	—
	伊朗	2168.2	2157.3	2314.4	2872.2	9.8
	土耳其	5012.7	4583.4	4643.6	4537.6	−3.3
	以色列	2111.9	2081.1	2216.7	—	—
	埃及	—	—	—	—	—
	科威特	685.8	669.5	681.0	—	—
	伊拉克	—	—	—	—	—
	卡塔尔	621.2	680.6	730.6	—	—
	约旦	209.2	218.8	227.4	235.4	4.0
	黎巴嫩	348.1	361.2	362.2	394.2	4.2
	巴林	175.2	181.9	191.1	201.2	4.7
	也门	22.6	22.6	17.3	—	—
	叙利亚	—	—	—	—	—
	巴勒斯坦	81.6	81.2	85.1	—	—
中东欧国家	波兰	3086.8	2684.8	2653.6	3058.0	−0.3
	罗马尼亚	1042.2	957.0	1040.8	1189.7	4.5
	捷克	—	—	—	—	—
	斯洛伐克	557.3	486.9	502.8	531.2	−1.6
	保加利亚	333.0	292.2	307.7	331.5	−0.1
	匈牙利	333.0	292.2	307.7	331.5	−0.1
	拉脱维亚	203.6	174.4	180.5	196.4	−1.2
	立陶宛	288.7	249.1	262.7	288.7	0.0
	斯洛文尼亚	279.7	242.4	253.7	275.0	−0.6
	爱沙尼亚	158.5	137.8	144.3	159.5	0.2
	克罗地亚	339.0	289.9	301.8	321.0	−1.8
	阿尔巴尼亚	60.6	52.7	55.5	61.6	0.6
	塞尔维亚	222.9	185.9	191.9	207.1	−2.4
	北马其顿	61.2	54.1	57.1	61.5	0.2
	波黑	105.5	91.2	93.8	101.3	−1.3
	黑山	26.9	24.4	26.0	26.0	−1.0

资料来源：作者根据世界银行数据库数据计算。

附表1-6　2014~2018年"一带一路"沿线国家财政收入及年均增速　　单位：亿美元

区域	国家	2014年	2015年	2016年	2017年	2018年	年均增速（%）
东南亚国家	印度尼西亚	1302.1	1116.2	1162.4	1236.4	1354.2	1.0
	泰国	802.0	824.4	816.7	870.6	982.7	5.2
	马来西亚	674.1	561.0	512.1	512.5	577.1	−3.8
	越南	—	—	—	—	—	—
	新加坡	567.4	554.3	588.1	686.0	668.9	4.2
	菲律宾	410.8	429.7	442.4	468.3	513.5	5.7
	缅甸	144.0	108.1	102.3	102.9	—	—
	柬埔寨	27.7	29.9	35.0	41.2	48.9	15.3
	老挝	—	—	—	—	—	—
	文莱	—	—	—	—	—	—
	东帝汶	64.0	28.7	11.7	14.8	17.6	−27.6
东欧中亚国家	蒙古国	30.8	26.5	23.6	28.5	37.4	5.0
	俄罗斯	2729.6	1451.0	1172.5	1619.6	1900.8	−8.7
	乌克兰	230.9	186.2	183.3	224.8	263.6	3.4
	格鲁吉亚	38.8	33.3	33.7	35.8	38.3	−0.3
	阿塞拜疆	106.9	82.8	55.1	53.8	—	—
	亚美尼亚	25.1	22.1	22.4	24.0	26.0	0.9
	摩尔多瓦	15.8	12.7	13.1	16.9	20.3	6.4
	哈萨克斯坦	314.3	181.4	136.2	171.9	210.2	−9.6
	乌兹别克斯坦	108.9	116.9	115.7	72.3	74.5	−9.0
	土库曼斯坦	—	—	—	—	—	—
	吉尔吉斯斯坦	13.1	11.2	11.5	13.1	14.9	3.2
	塔吉克斯坦	—	—	—	—	—	—
南亚国家	印度	3912.1	4262.1	4607.0	5202.1	5497.0	8.9
	巴基斯坦	379.5	387.7	430.7	470.5	432.2	3.3
	孟加拉国	11603.1	12881.8	15188.6	—	—	—
	斯里兰卡	10503.6	13556.8	14636.9	16701.8	17123.2	13.0
	阿富汗	2801.9	3013.6	3443.3	3478.3	3968.4	9.1
	尼泊尔	3124.4	3559.4	4210.6	5536.8	—	—
	马尔代夫	9.8	11.1	12.1	13.1	14.5	10.3
	不丹	306.6	378.2	362.3	420.4	427.2	8.7

续表

区域	国家	2014年	2015年	2016年	2017年	2018年	年均增速（%）
西亚北非国家	沙特阿拉伯	277.4	163.4	138.5	184.4	241.6	-3.4
	阿联酋	12.1	12.6	14.4	13.5	14.3	4.2
	阿曼	—	—	—	—	—	—
	伊朗	—	—	—	—	—	—
	土耳其	289.5	263.6	269.6	253.3	237.6	-4.8
	以色列	99.7	96.9	102.3	118.2	117.8	4.3
	埃及	60.7	69.8	—	—	—	—
	科威特	86.5	44.2	—	—	—	—
	伊拉克	89.5	51.0	46.0	—	—	—
	卡塔尔	—	—	—	—	—	—
	约旦	8.5	8.3	8.8	9.5	10.2	4.6
	黎巴嫩	9.6	8.6	9.1	10.6	10.6	2.5
	巴林	—	—	—	—	—	—
	也门	—	—	—	—	—	—
	叙利亚	—	—	—	—	—	—
	巴勒斯坦	0.8	0.8	0.9	1.0	—	—
中东欧国家	波兰	1746.3	1553.0	1557.4	1768.8	—	—
	罗马尼亚	620.8	577.2	558.6	606.5	—	—
	捷克	642.8	583.0	617.8	687.3	—	—
	斯洛伐克	375.5	353.2	334.5	358.9	—	—
	保加利亚	189.3	171.6	172.3	190.8	—	—
	匈牙利	555.7	491.9	513.2	557.6	—	—
	拉脱维亚	124.1	107.5	114.3	124.9	—	—
	立陶宛	148.3	129.7	136.6	148.5	—	—
	斯洛文尼亚	193.4	171.3	170.8	184.9	—	—
	爱沙尼亚	92.0	81.4	85.2	93.2	—	—
	克罗地亚	210.1	188.5	204.7	219.8	—	—
	阿尔巴尼亚	32.4	28.2	28.8	33.5	38.6	4.5
	塞尔维亚	—	—	—	—	—	—
	北马其顿	29.6	27.1	28.2	29.9	34.0	3.5
	波黑	73.2	62.6	64.5	70.0	78.5	1.8
	黑山	—	—	—	—	—	—

资料来源：作者根据世界银行数据库数据计算。

附表1-7　2014~2019年"一带一路"沿线国家对外贸易依存度及年均增速　　　　单位:%

区域	国家	2014年	2015年	2016年	2017年	2018年	2019年	年均增速
东南亚国家	印度尼西亚	39.8	34.0	30.1	32.1	35.4	30.2	-5.4
	泰国	111.8	103.9	99.3	100.6	99.2	88.8	-4.5
	马来西亚	131.0	124.7	119.0	129.7	129.7	121.5	-1.5
	越南	160.1	169.6	171.2	191.2	196.0	197.8	4.3
	新加坡	252.0	210.6	193.0	207.3	215.2	201.6	-4.4
	菲律宾	46.0	45.6	48.2	54.4	57.0	48.6	1.1
	缅甸	42.6	47.4	43.5	49.7	50.6	46.6	1.8
	柬埔寨	105.0	120.8	118.7	118.6	126.6	133.6	4.9
	老挝	52.3	64.8	60.8	62.5	63.8	65.3	4.6
	文莱	82.5	74.1	66.3	71.4	79.1	80.6	-0.5
	东帝汶	21.6	19.3	22.6	23.2	21.9	44.5	15.6
东欧中亚国家	蒙古国	90.1	72.1	74.0	92.2	98.6	99.2	2.0
	俄罗斯	39.1	39.2	37.1	37.6	41.4	39.6	0.3
	乌克兰	81.1	83.1	81.0	82.8	79.7	72.0	-2.4
	格鲁吉亚	65.0	63.6	62.1	65.7	71.0	72.3	2.1
	阿塞拜疆	49.8	48.6	57.0	59.4	67.4	66.6	6.0
	亚美尼亚	51.0	44.8	48.0	55.8	59.2	59.6	3.2
	摩尔多瓦	80.5	76.9	75.1	75.0	73.9	72.1	-2.2
	哈萨克斯坦	54.5	41.5	44.9	46.5	52.1	52.8	-0.7
	乌兹别克斯坦	33.2	25.5	24.8	37.9	56.6	67.3	15.2
	土库曼斯坦	63.2	47.5	33.1	31.7	29.3	—	—
	吉尔吉斯斯坦	102.2	82.5	81.8	81.3	86.2	81.3	-4.5
	塔吉克斯坦	57.9	55.1	56.5	55.5	56.1	52.4	-2.0
南亚国家	印度	38.5	31.5	27.3	28.2	30.9	28.1	-6.1
	巴基斯坦	29.6	24.5	24.1	26.0	26.5	26.5	-2.2
	孟加拉国	41.4	38.2	36.0	35.5	36.4	32.4	-4.8
	斯里兰卡	38.7	36.6	35.8	36.7	38.4	37.9	-0.4
	阿富汗	40.5	41.7	36.8	41.4	42.8	43.8	1.6
	尼泊尔	42.4	34.4	45.5	44.0	46.5	42.6	0.1
	马尔代夫	62.0	52.0	54.4	56.5	61.9	56.7	-1.8
	不丹	79.4	80.4	70.7	65.4	67.6	—	—

续表

区域	国家	2014年	2015年	2016年	2017年	2018年	2019年	年均增速
西亚北非国家	沙特阿拉伯	68.3	57.8	50.2	51.8	54.9	51.8	-5.4
	阿联酋	153.6	157.5	157.3	154.4	139.7	128.7	-3.5
	阿曼	98.7	88.4	80.6	84.1	85.2	84.8	-3.0
	伊朗	34.6	29.9	27.7	31.3	34.6	—	—
	土耳其	44.7	42.4	40.7	47.3	52.9	51.9	3.0
	以色列	45.2	42.1	39.6	36.9	37.4	34.2	-5.5
	埃及	30.6	25.5	24.4	37.1	39.7	33.0	1.5
	科威特	81.9	74.3	70.5	73.4	76.6	73.8	-2.0
	伊拉克	63.1	65.4	51.1	58.6	66.2	62.6	-0.2
	卡塔尔	78.6	68.4	58.9	58.3	60.6	56.7	-6.3
	约旦	86.2	74.4	68.6	68.8	66.4	63.2	-6.0
	黎巴嫩	55.1	45.9	45.5	44.8	42.8	45.9	-3.6
	巴林	100.3	87.2	68.1	74.0	82.0	78.8	-4.7
	也门	45.9	19.9	25.7	31.0	35.6	—	—
	叙利亚	—	—	—	—	—	—	—
	巴勒斯坦	—	—	—	—	—	—	—
中东欧国家	波兰	81.3	82.8	85.4	89.0	90.9	88.8	1.8
	罗马尼亚	73.9	73.3	73.3	73.8	74.1	69.3	-1.3
	捷克	158.4	160.2	156.7	160.0	157.8	152.9	-0.7
	斯洛伐克	165.8	167.3	169.3	173.3	175.9	170.5	0.6
	保加利亚	112.5	108.7	104.3	112.7	109.7	103.8	-1.6
	匈牙利	153.3	153.0	153.6	156.4	156.7	151.2	-0.3
	拉脱维亚	104.1	99.7	96.4	103.2	104.2	100.3	-0.8
	立陶宛	137.5	129.4	121.8	130.5	130.7	126.8	-1.6
	斯洛文尼亚	140.0	143.3	142.1	153.8	160.1	165.3	3.4
	爱沙尼亚	128.3	118.7	117.2	116.6	117.7	108.8	-3.2
	克罗地亚	63.6	67.6	69.2	73.9	74.8	75.2	3.4
	阿尔巴尼亚	57.8	54.6	55.4	58.1	58.2	56.4	-0.5
	塞尔维亚	75.3	78.9	84.0	88.3	89.2	90.2	3.7
	北马其顿	108.0	108.9	108.2	118.7	126.0	131.2	4.0
	波黑	91.0	86.9	85.6	93.5	93.3	88.5	-0.6
	黑山	61.2	59.0	60.5	62.6	63.3	61.4	0.1

资料来源：作者根据世界贸易组织数据库、世界银行数据库数据计算。

附表1-8　2014~2019年"一带一路"沿线国家汇率及年均波动率　　　单位：%

区域	国家	2014年	2015年	2016年	2017年	2018年	2019年	年均波动率（绝对值）
东南亚国家	印度尼西亚	11865.2	13389.4	13308.3	13380.8	14236.9	14147.7	3.6
	泰国	32.5	34.2	35.3	33.9	32.3	31.0	0.9
	马来西亚	3.3	3.9	4.1	4.3	4.0	4.1	4.8
	越南	21148.0	21697.6	21935.0	22370.1	22602.1	23050.2	1.7
	新加坡	1.3	1.4	1.4	1.4	1.3	1.4	1.5
	菲律宾	44.4	45.5	47.5	50.4	52.7	51.8	3.1
	缅甸	984.3	1162.6	1234.9	1360.4	1429.8	1518.3	9.1
	柬埔寨	4037.5	4067.8	4058.7	4050.6	4051.2	4061.1	0.1
	老挝	8049.0	8147.9	8179.3	8351.5	8489.2	8679.4	1.5
	文莱	1.3	1.4	1.4	1.4	1.3	1.4	1.5
	东帝汶	1.0	1.0	1.0	1.0	1.0	1.0	0.0
东欧中亚国家	蒙古国	1817.9	1970.3	2140.3	2439.8	2472.5	2663.5	7.9
	俄罗斯	38.4	60.9	67.1	58.3	62.7	64.7	11.0
	乌克兰	11.9	21.8	25.6	26.6	27.2	25.8	16.8
	格鲁吉亚	1.8	2.3	2.4	2.5	2.5	2.8	9.8
	阿塞拜疆	0.8	1.0	1.6	1.7	1.7	1.7	16.7
	亚美尼亚	415.9	477.9	480.5	482.7	483.0	480.4	2.9
	摩尔多瓦	14.0	18.8	19.9	18.5	16.8	17.6	4.6
	哈萨克斯坦	179.2	221.7	342.2	326.0	344.7	382.7	16.4
	乌兹别克斯坦	2310.9	2568.0	2965.3	5113.9	8069.6	8836.8	30.8
	土库曼斯坦	—	—	—	—	—	—	—
	吉尔吉斯斯坦	53.7	64.5	69.9	68.9	68.8	69.8	5.4
	塔吉克斯坦	4.9	6.2	7.8	8.5	9.2	9.5	14.1
南亚国家	印度	61.0	64.2	67.2	65.1	68.4	70.4	2.9
	巴基斯坦	101.1	102.8	104.8	105.5	121.8	150.0	8.2
	孟加拉国	77.6	77.9	78.5	80.4	83.5	84.5	1.7
	斯里兰卡	130.6	135.9	145.6	152.4	162.5	178.7	6.5
	阿富汗	57.2	61.1	67.9	68.0	72.1	77.7	6.3
	尼泊尔	97.6	102.4	107.4	104.5	108.9	112.6	2.9
	马尔代夫	15.4	15.4	15.4	15.4	15.4	15.4	0.0
	不丹	61.0	64.2	67.2	64.7	70.3	70.4	2.9

续表

区域	国家	2014年	2015年	2016年	2017年	2018年	2019年	年均波动率（绝对值）
西亚北非国家	沙特阿拉伯	3.8	3.8	3.8	3.8	3.8	3.8	0.0
	阿联酋	3.7	3.7	3.7	3.7	3.7	3.7	0.0
	阿曼	0.4	0.4	0.4	0.4	0.4	0.4	0.0
	伊朗	25941.7	29011.5	30914.9	33226.3	40864.3	42000.0	10.1
	土耳其	2.2	2.7	3.0	3.6	4.8	5.7	21.0
	以色列	3.6	3.9	3.8	3.6	3.6	3.6	0.1
	埃及	7.1	7.7	10.0	17.8	17.8	16.8	18.8
	科威特	0.3	0.3	0.3	0.3	0.3	0.3	1.3
	伊拉克	1166.0	1167.3	1182.0	1184.0	1182.8	1182.0	0.3
	卡塔尔	3.6	3.6	3.6	3.6	3.6	3.6	0.0
	约旦	0.7	0.7	0.7	0.7	0.7	0.7	0.0
	黎巴嫩	1507.5	1507.5	1507.5	1507.5	1507.5	1507.5	0.0
	巴林	0.4	0.4	0.4	0.4	0.4	0.4	0.0
	也门	214.9	214.9	214.9	214.9	214.9	250.3	3.1
	叙利亚	154.1	237.0	460.3	492.6	—	—	—
	巴勒斯坦	0.7	0.7	0.7	0.7	0.7	—	—
中东欧国家	波兰	—	—	—	—	—	3.8	—
	罗马尼亚	3.3	4.0	4.1	4.1	3.9	4.2	4.8
	捷克	20.8	24.6	24.4	23.4	21.7	22.9	2.0
	斯洛伐克	—	—	—	—	—	—	—
	保加利亚	1.5	1.8	1.8	1.7	1.7	1.7	3.5
	匈牙利	232.6	279.3	281.5	274.4	270.2	290.7	4.6
	拉脱维亚	—	—	—	—	—	—	—
	立陶宛	2.6	—	—	—	—	—	—
	斯洛文尼亚	—	—	—	—	—	—	—
	爱沙尼亚	—	—	—	—	—	—	—
	克罗地亚	5.7	6.9	6.8	6.6	6.3	6.6	2.9
	阿尔巴尼亚	105.5	126.0	124.1	119.1	108.0	109.9	0.8
	塞尔维亚	88.4	108.8	111.3	107.8	100.2	105.2	3.5
	北马其顿	46.4	55.5	55.7	54.7	52.1	54.9	3.4
	波黑	1.5	1.8	1.8	1.7	1.7	1.7	3.5
	黑山	0.8	0.9	0.9	0.9	0.8	0.9	3.5

资料来源：作者根据世界银行数据库数据计算。

附表1-9　　2014~2019年"一带一路"沿线国家失业率及年均负增速　　单位：%

区域	国家	2014年	2015年	2016年	2017年	2018年	2019年	年均负增速
东南亚国家	印度尼西亚	4.0	4.5	4.3	4.2	4.3	4.4	1.6
	泰国	0.6	0.6	0.7	0.6	0.7	0.7	3.8
	马来西亚	2.9	3.1	3.4	3.4	3.4	3.4	3.4
	越南	1.3	1.9	1.9	1.9	1.9	1.9	8.6
	新加坡	3.7	3.8	4.1	3.9	3.8	3.6	−0.6
	菲律宾	3.6	3.0	2.7	2.6	2.5	2.4	−7.7
	缅甸	0.8	0.8	1.2	1.6	1.6	1.6	14.7
	柬埔寨	1.2	1.2	1.1	1.1	1.0	1.0	−3.7
	老挝	0.7	0.7	0.6	0.6	0.6	0.6	−3.8
	文莱	7.0	7.8	8.6	9.3	9.2	9.2	5.8
	东帝汶	3.3	3.3	3.0	3.0	3.0	3.0	−1.8
东欧中亚国家	蒙古国	4.8	4.9	7.2	6.4	6.3	6.3	5.8
	俄罗斯	5.2	5.6	5.6	5.2	4.7	4.5	−2.5
	乌克兰	9.3	9.1	9.4	9.5	9.4	9.3	0.1
	格鲁吉亚	14.6	14.1	14.0	13.9	14.1	14.2	−0.5
	阿塞拜疆	4.9	5.0	5.0	5.0	5.2	5.4	1.9
	亚美尼亚	17.5	18.3	17.6	17.8	17.7	17.7	0.2
	摩尔多瓦	3.9	3.7	4.2	4.1	3.4	3.7	−0.6
	哈萨克斯坦	5.1	4.9	5.0	4.9	4.9	5.4	1.4
	乌兹别克斯坦	5.1	5.2	5.2	5.0	5.2	5.5	1.6
	土库曼斯坦	3.9	3.8	3.8	3.7	3.8	3.9	−0.2
	吉尔吉斯斯坦	8.1	7.6	7.2	6.9	7.2	7.4	−1.8
	塔吉克斯坦	11.6	11.4	11.0	10.7	10.9	11.1	−1.0
南亚国家	印度	2.8	2.8	2.7	2.6	2.6	2.6	−1.6
	巴基斯坦	1.8	3.6	3.4	3.2	3.0	3.0	10.6
	孟加拉国	4.4	4.4	4.3	4.4	4.3	4.3	−0.5
	斯里兰卡	4.4	4.7	4.4	4.2	4.4	4.3	−0.4
	阿富汗	1.7	1.7	1.6	1.6	1.5	1.5	−2.6
	尼泊尔	1.5	1.4	1.4	1.3	1.3	1.2	−3.1
	马尔代夫	5.2	5.7	6.1	5.8	6.1	6.4	4.2
	不丹	2.6	2.5	2.3	2.2	2.2	2.2	−3.6

续表

区域	国家	2014年	2015年	2016年	2017年	2018年	2019年	年均负增速
西亚北非国家	沙特阿拉伯	5.7	5.6	5.7	5.9	5.9	5.9	0.7
	阿联酋	2.1	1.8	1.6	2.5	2.6	2.6	5.1
	阿曼	3.8	3.5	3.3	3.1	3.1	3.1	−4.3
	伊朗	10.6	11.1	12.4	12.1	12.0	12.0	2.6
	土耳其	9.9	10.2	10.8	10.8	10.9	11.9	3.8
	以色列	5.9	5.3	4.8	4.2	4.0	3.9	−7.8
	埃及	13.1	13.1	12.4	11.8	11.4	11.3	−2.9
	科威特	2.9	2.2	2.2	2.0	2.1	2.2	−5.7
	伊拉克	7.9	8.1	8.1	7.9	7.9	7.9	−0.1
	卡塔尔	0.2	0.2	0.1	0.1	0.1	0.1	−5.3
	约旦	11.9	13.1	15.3	14.9	15.0	14.9	4.7
	黎巴嫩	6.3	6.2	6.3	6.1	6.2	6.2	−0.3
	巴林	1.1	1.1	1.0	0.9	1.0	1.0	−3.4
	也门	13.5	14.0	13.5	13.2	12.9	12.8	−1.0
	叙利亚	8.4	8.4	8.3	8.0	8.1	8.2	−0.6
	巴勒斯坦	26.9	25.8	26.9	27.4	30.2	29.9	2.1
中东欧国家	波兰	9.0	7.5	6.2	4.9	3.8	—	—
	罗马尼亚	6.8	6.8	5.9	4.9	4.2	4.0	−10.2
	捷克	6.1	5.0	4.0	2.9	2.2	1.9	−20.6
	斯洛伐克	13.2	11.5	9.7	8.1	6.5	5.6	−15.9
	保加利亚	11.4	9.1	7.6	6.2	5.2	4.3	−17.6
	匈牙利	7.7	6.8	5.1	4.2	3.7	3.4	−15.1
	拉脱维亚	10.8	9.9	9.6	8.7	7.4	6.5	−9.7
	立陶宛	10.7	9.1	7.9	7.1	6.1	6.4	−9.9
	斯洛文尼亚	9.7	9.0	8.0	6.6	5.1	4.2	−15.4
	爱沙尼亚	7.4	6.2	6.8	5.8	5.4	5.1	−7.0
	克罗地亚	17.3	16.2	13.1	11.2	8.4	6.9	−16.7
	阿尔巴尼亚	17.5	17.1	15.2	13.8	12.3	12.3	−6.8
	塞尔维亚	19.2	17.7	15.3	13.5	12.7	12.7	−8.0
	北马其顿	28.0	26.1	23.7	22.4	20.7	17.8	−8.7
	波黑	27.5	27.7	25.4	20.5	18.4	18.4	−7.7
	黑山	18.0	17.5	17.7	16.1	15.2	14.9	−3.7

资料来源：作者根据世界银行数据库数据计算。

附表 2-1　　2014~2019 年"一带一路"沿线国家进口贸易总额及年均增速

单位：百万美元

区域	国家	2014年	2015年	2016年	2017年	2018年	2019年	年均增速（%）
东南亚国家	印度尼西亚	178179	142695	135653	156925	188707	170727	-0.9
	泰国	227749	202653	194198	221519	248201	236640	0.8
	马来西亚	208851	175971	168684	195417	217602	204998	-0.4
	越南	147849	165610	174804	212919	236862	253903	11.4
	新加坡	377914	297087	283339	327923	370881	359266	-1.0
	菲律宾	68705	74751	89435	101901	119330	112829	10.4
	缅甸	16459	16885	15705	19253	19347	18000	1.8
	柬埔寨	10692	13261	13866	15304	18378	22090	15.6
	老挝	4271	5675	5372	5667	6164	5990	7.0
	文莱	3599	3229	2679	3085	4164	4370	4.0
	东帝汶	858	578	547	554	520	591	-7.2
东欧中亚国家	蒙古国	5237	3798	3358	4337	5875	6127	3.2
	俄罗斯	307877	193019	191493	238384	248704	254052	-3.8
	乌克兰	54430	37517	39252	49609	57046	60607	2.2
	格鲁吉亚	8602	7300	7294	7943	9137	9066	1.1
	阿塞拜疆	9188	9217	8489	8783	11465	12000	5.5
	亚美尼亚	4401	3239	3273	4189	4963	5514	4.6
	摩尔多瓦	5317	3987	4020	4831	5760	5842	1.9
	哈萨克斯坦	41296	30568	24995	29266	32534	37757	-1.8
	乌兹别克斯坦	13925	11461	11328	12035	17312	23000	10.6
	土库曼斯坦	10000	7000	4994	4571	2351	3000	-21.4
	吉尔吉斯斯坦	5732	4070	4000	4495	5292	4904	-3.1
	塔吉克斯坦	4297	3436	3031	2775	3151	3200	-5.7
南亚国家	印度	462910	394131	361649	449925	514464	483864	0.9
	巴基斯坦	47590	44168	46847	57746	60078	50463	1.2
	孟加拉国	41119	42047	44772	52836	60495	60144	7.9
	斯里兰卡	19417	18935	19183	20980	22233	19846	0.4
	阿富汗	7729	7723	6534	7580	7407	7310	-1.1
	尼泊尔	7590	6652	8935	10345	12712	12140	9.8
	马尔代夫	1993	1896	2125	2360	2960	2900	7.8
	不丹	932	1061	1002	1029	1048	960	0.6

续表

区域	国家	2014年	2015年	2016年	2017年	2018年	2019年	年均增速（%）
西亚北非国家	沙特阿拉伯	173834	174676	140170	134519	137065	141891	-4.0
	阿联酋	276025	263417	266576	269707	261538	261905	-1.0
	阿曼	29303	29007	23148	26435	25770	23739	-4.1
	伊朗	55106	44937	43080	49499	49353	41828	-5.4
	土耳其	251142	213619	202189	238715	231152	210347	-3.5
	以色列	71480	62065	65812	69127	76598	76491	1.4
	埃及	66786	63574	55789	61627	72000	70919	1.2
	科威特	31021	30963	30825	33573	35864	34634	2.2
	伊拉克	59990	58517	41681	51325	53191	56943	-1.0
	卡塔尔	30448	32610	32060	29896	31696	31349	0.6
	约旦	22930	20475	19324	20498	20310	19337	-3.4
	黎巴嫩	22081	18965	19368	19911	20396	19641	-2.3
	巴林	13350	10600	9170	10850	12895	12506	-1.3
	也门	12042	6573	7294	7089	8212	10491	-2.7
	叙利亚	—	—	—	—	—	—	—
	巴勒斯坦	—	—	—	—	—	—	—
中东欧国家	波兰	223556	196473	199506	233812	268959	261998	3.2
	罗马尼亚	77748	69824	74560	85486	97747	96530	4.4
	捷克	154237	141364	143040	163352	184659	178248	2.9
	斯洛伐克	81549	72837	74680	81617	92902	90049	2.0
	保加利亚	34651	29205	28933	34184	37856	37176	1.4
	匈牙利	104897	91973	93880	107519	121682	119814	2.7
	拉脱维亚	17964	14719	14434	17033	19681	18717	0.8
	立陶宛	34359	28154	27376	32258	36502	35612	0.7
	斯洛文尼亚	33934	29815	30537	36078	42267	43962	5.3
	爱沙尼亚	18296	14521	14959	16674	19153	18015	-0.3
	克罗地亚	22809	20571	21903	24829	28203	28026	4.2
	阿尔巴尼亚	5222	4302	4613	5271	5925	5897	2.5
	塞尔维亚	20601	17876	19245	21947	25882	26730	5.3
	北马其顿	7301	6427	6758	7723	9050	9471	5.3
	波黑	10988	8986	9146	10504	11630	11159	0.3
	黑山	2369	2040	2286	2613	3010	2909	4.2
"一带一路"沿线国家整体		4270727	3708705	3603198	4138157	4556291	4448434	0.8

资料来源：作者根据世界贸易组织数据库数据计算。

附表 2-2　　2014~2019年"一带一路"沿线国家进口贸易前十大产品结构

区域	国家	2014年	占比(%)	2015年	占比(%)	2016年	占比(%)	2017年	占比(%)	2018年	占比(%)	2019年	占比(%)
东南亚国家	印度尼西亚	27	24.7	27	17.6	84	15.5	27	16.2	27	16.7	84	15.7
		84	14.5	84	15.7	27	14.2	84	13.9	84	14.4	27	13.8
		85	9.7	85	10.9	85	11.4	85	11.4	85	11.4	85	11.6
		72	4.7	39	4.8	39	5.2	72	5.1	72	5.4	72	6.1
		39	4.4	72	4.4	72	4.6	39	4.9	39	4.9	39	5.1
		29	4.0	29	4.0	87	3.9	87	4.3	87	4.3	87	4.2
		87	3.5	87	3.7	29	3.5	29	3.8	29	3.7	29	3.4
		73	2.4	73	2.6	10	2.4	10	1.9	73	2.1	73	2.1
		10	2.0	10	2.2	73	2.2	23	1.7	10	2.0	10	1.9
		23	1.8	23	1.9	23	1.8	73	1.7	23	1.6	90	1.7
	泰国	27	21.1	85	18.7	85	19.7	85	18.9	85	18.2	85	17.9
		85	16.7	27	14.9	84	13.4	27	13.6	27	16.9	27	15.9
		84	13.0	84	13.5	27	12.4	84	12.2	84	11.8	84	12.4
		72	5.3	71	4.9	72	4.9	71	6.8	71	6.3	71	5.0
		71	4.2	72	4.8	87	4.5	72	4.7	72	5.0	72	5.0
		87	3.7	87	4.0	71	4.4	87	4.1	87	4.1	87	4.4
		39	3.6	39	3.9	39	4.1	39	3.9	39	3.9	39	3.9
		73	2.9	73	3.5	73	3.5	73	3.2	73	3.0	73	2.9
		90	2.3	90	2.7	90	2.8	90	2.5	90	2.4	90	2.7
		29	2.2	29	2.0	29	1.9	29	1.9	29	2.0	29	1.8
	马来西亚	85	25.6	85	26.8	85	27.6	85	28.1	85	27.9	85	27.3
		27	16.8	27	12.4	84	11.9	27	12.8	27	14.4	27	14.6
		84	10.7	84	11.3	27	10.3	84	11.7	84	10.6	84	10.1
		39	3.5	39	3.8	39	4.1	39	4.0	39	4.0	39	4.4
		87	3.1	87	3.5	87	3.4	90	2.9	72	3.0	72	3.2
		72	2.9	90	3.0	90	3.1	87	2.8	87	2.9	87	3.2
		90	2.9	72	2.7	72	2.7	72	2.7	90	2.5	90	2.8
		71	2.4	71	2.4	71	2.1	71	2.3	71	2.2	71	1.9
		88	2.2	74	1.8	29	1.8	40	2.0	29	2.0	29	1.9
		29	2.0	40	1.8	40	1.7	29	1.9	88	1.8	38	1.8

续表

区域	国家	2014年	占比(%)	2015年	占比(%)	2016年	占比(%)	2017年	占比(%)	2018年	占比(%)	2019年	占比(%)
东南亚国家	越南	85	23.1	85	25.2	85	27.3	85	29.9	85	28.7	85	30.7
		84	11.6	84	12.7	84	11.8	84	10.6	84	9.1	84	9.2
		27	7.1	39	6.0	39	6.3	29	6.2	39	6.5	39	6.3
		39	6.6	72	5.3	72	5.2	27	5.2	27	6.3	27	6.1
		72	6.3	27	4.8	27	4.4	72	5.0	72	5.1	72	4.5
		23	2.2	87	3.3	87	2.8	90	3.9	90	3.9	90	3.5
		52	2.2	73	2.3	90	2.7	87	2.2	60	2.1	87	2.5
		73	2.2	90	2.2	60	2.2	60	2.1	52	2.0	60	2.1
		60	2.2	60	2.1	23	2.0	52	1.9	76	2.0	52	1.7
		87	2.2	52	2.1	52	1.9	8	1.7	87	1.9	73	1.6
	新加坡	27	30.0	85	27.5	85	29.1	85	28.4	85	27.4	85	27.3
		85	24.4	27	21.0	27	17.5	27	22.1	27	23.7	27	21.0
		84	12.5	84	14.0	84	14.5	84	13.8	84	14.3	84	16.2
		71	5.7	71	6.7	71	7.0	71	6.1	71	5.5	71	5.3
		90	2.8	90	3.3	90	3.8	90	3.4	90	3.3	90	3.5
		39	2.0	88	2.5	88	2.3	88	2.4	88	3.2	88	3.3
		29	1.9	39	2.2	39	2.3	39	2.3	39	2.4	39	2.4
		88	1.6	29	1.9	87	1.9	29	1.9	29	1.9	29	2.0
		87	1.5	87	1.7	29	1.9	38	1.5	87	1.5	87	1.5
		99	1.3	99	1.5	99	1.6	87	1.5	38	1.4	33	1.3
	菲律宾	85	21.4	85	28.3	85	24.1	85	22.6	85	24.6	85	24.2
		27	20.2	27	11.9	84	13.6	84	13.2	27	12.1	27	12.1
		84	9.7	84	11.6	27	9.8	27	11.2	84	11.1	84	10.9
		87	5.6	87	6.9	87	8.9	87	8.6	87	7.5	87	7.4
		88	3.8	39	3.3	39	3.6	72	3.9	72	4.5	72	3.5
		39	3.8	72	2.5	72	3.5	39	3.2	39	3.3	39	3.4
		72	2.5	10	2.3	88	2.1	26	2.1	88	2.8	10	2.7
		10	2.3	88	1.8	90	1.8	88	1.9	10	2.3	88	2.7
		23	2.0	30	1.8	10	1.7	90	1.9	73	1.7	90	2.0
		30	1.5	23	1.5	30	1.7	10	1.8	90	1.7	73	1.8

247

续表

区域	国家	2014年	占比(%)	2015年	占比(%)	2016年	占比(%)	2017年	占比(%)	2018年	占比(%)	2019年	占比(%)
东南亚国家	缅甸	27	17.7	87	15.4	87	15.5	27	18.6	27	20.8	27	19.8
		87	14.0	27	12.0	27	11.3	87	11.5	84	9.4	84	9.3
		84	13.1	84	11.2	84	10.1	84	8.8	87	7.6	85	6.7
		99	8.0	89	7.7	17	8.8	85	6.8	85	6.4	87	6.1
		72	6.2	85	7.5	85	7.2	72	4.6	72	5.0	72	5.0
		85	4.9	72	6.2	72	5.5	17	4.5	55	4.8	55	4.6
		73	3.7	73	4.0	39	3.7	39	3.6	39	4.2	39	4.4
		15	3.7	15	3.5	73	3.7	15	3.6	17	3.1	30	3.0
		39	3.1	39	3.1	15	3.5	55	3.5	15	3.0	15	2.9
		55	2.2	17	2.4	55	2.8	73	2.8	30	2.8	73	2.6
	柬埔寨	60	20.4	60	18.6	60	17.8	60	16.7	60	15.6	—	—
		55	10.3	87	10.8	87	9.2	27	10.1	27	11.6	—	—
		84	10.0	55	9.0	27	8.9	87	9.2	87	9.8	—	—
		85	5.2	84	6.3	55	7.9	55	6.7	84	6.0	—	—
		87	4.3	71	5.6	84	7.1	84	5.9	55	5.7	—	—
		27	3.6	85	4.8	85	4.9	85	5.3	85	4.5	—	—
		52	3.2	52	3.6	52	3.6	52	3.6	52	3.3	—	—
		39	2.7	39	3.0	39	3.5	39	3.2	39	3.2	—	—
		48	2.6	48	2.3	48	2.4	48	2.4	71	3.2	—	—
		24	2.5	24	2.2	71	2.1	43	2.0	48	2.2	—	—
	老挝	85	16.7	27	20.1	85	16.2	85	15.9	85	18.4	27	16.1
		84	15.8	85	18.0	87	16.2	27	13.5	27	14.5	85	13.6
		27	15.7	84	13.5	27	15.0	87	12.2	87	10.7	87	9.0
		73	10.7	87	9.9	84	9.1	84	10.5	84	10.4	84	8.9
		87	9.8	73	6.2	22	4.9	72	9.3	72	5.4	73	6.4
		72	5.1	72	5.1	72	4.4	73	5.6	22	4.9	72	4.8
		25	2.5	25	2.5	73	3.9	22	4.7	73	4.4	22	4.2
		39	2.1	39	2.2	25	2.3	39	2.2	39	2.3	1	4.1
		55	1.4	28	1.4	10	2.0	25	1.6	25	2.1	39	3.0
		23	1.2	48	1.2	71	1.8	17	1.5	1	1.7	17	1.6

续表

区域	国家	2014年	占比(%)	2015年	占比(%)	2016年	占比(%)	2017年	占比(%)	2018年	占比(%)	2019年	占比(%)
东南亚国家	文莱	84	12.6	84	13.1	84	14.5	84	18.2	84	24.3	27	33.8
		27	10.3	73	11.3	27	8.6	73	10.2	73	17.3	84	17.6
		87	9.4	85	8.1	87	8.4	27	8.7	85	6.7	73	8.0
		85	7.1	87	7.8	73	8.0	87	7.5	27	6.6	87	5.8
		89	6.8	89	6.8	85	6.9	85	6.3	87	5.7	85	4.2
		73	5.8	27	6.2	88	2.9	72	3.7	72	3.1	90	2.1
		90	3.3	88	3.2	90	2.6	90	3.0	90	3.0	30	2.0
		88	2.7	90	2.7	30	2.5	68	2.4	30	1.9	38	2.0
		38	2.6	30	2.3	38	2.2	25	2.1	68	1.9	88	1.5
		30	2.1	39	1.9	39	2.1	88	2.1	88	1.6	29	1.1
	东帝汶	—	—	—	—	—	—	27	20.5	—	—	—	—
		—	—	—	—	—	—	87	12.0	—	—	—	—
		—	—	—	—	—	—	84	7.2	—	—	—	—
		—	—	—	—	—	—	22	5.9	—	—	—	—
		—	—	—	—	—	—	10	5.6	—	—	—	—
		—	—	—	—	—	—	85	5.4	—	—	—	—
		—	—	—	—	—	—	25	4.3	—	—	—	—
		—	—	—	—	—	—	2	3.9	—	—	—	—
		—	—	—	—	—	—	19	2.6	—	—	—	—
		—	—	—	—	—	—	24	2.3	—	—	—	—
东欧中亚国家	蒙古国	27	26.5	27	23.0	27	20.4	27	22.4	27	22.4	27	22.2
		84	12.6	84	13.6	87	11.9	87	12.8	87	14.1	87	16.2
		87	9.7	87	9.4	84	11.2	84	12.8	84	13.6	84	14.2
		85	6.6	85	7.1	85	9.1	85	8.4	85	8.3	85	6.1
		73	5.5	73	5.1	73	3.8	73	4.8	73	5.5	73	4.8
		72	3.9	72	2.8	30	2.7	39	2.2	72	2.6	72	3.2
		39	2.3	39	2.2	39	2.3	30	2.2	39	2.2	88	2.6
		25	2.0	90	2.2	21	1.8	40	2.0	30	2.0	39	2.3
		90	1.7	30	1.9	40	1.8	72	1.9	90	1.7	40	2.0
		40	1.6	25	1.6	94	1.8	21	1.8	40	1.7	30	1.8

续表

区域	国家	2014年	占比(%)	2015年	占比(%)	2016年	占比(%)	2017年	占比(%)	2018年	占比(%)	2019年	占比(%)
东欧中亚国家	俄罗斯	84	18.2	84	18.7	84	23.9	84	24.3	84	18.2	84	17.5
		85	11.8	85	11.5	85	12.3	85	12.1	85	12.5	85	12.1
		87	11.0	87	8.4	87	8.4	87	9.2	87	9.9	87	9.7
		30	4.5	30	4.8	30	4.3	30	4.2	30	4.4	30	5.7
		39	3.8	39	4.2	39	3.6	39	3.4	39	4.1	39	4.0
		90	2.8	90	2.8	90	3.3	90	3.1	90	2.8	90	3.0
		88	2.5	73	2.2	88	2.5	88	2.5	88	2.6	73	2.6
		73	2.4	8	2.2	73	2.0	73	2.1	73	2.4	88	2.1
		72	2.0	72	1.8	8	1.9	72	1.9	72	2.2	8	2.1
		2	1.9	28	1.8	40	1.5	8	1.8	8	2.1	72	2.0
	乌克兰	27	27.8	27	29.0	27	20.0	27	23.4	27	23.4	—	—
		84	9.0	84	9.5	84	11.9	84	11.5	84	11.3	—	—
		85	7.0	85	7.2	85	8.2	85	8.3	85	9.6	—	—
		39	5.4	39	5.6	87	7.2	87	8.0	87	7.4	—	—
		30	4.5	87	4.3	39	5.6	39	5.0	39	4.7	—	—
		87	4.5	30	3.6	30	4.1	30	3.6	30	3.4	—	—
		72	2.4	38	2.5	38	2.8	38	2.5	72	2.4	—	—
		48	2.0	48	2.0	31	2.1	72	2.3	38	2.4	—	—
		38	1.9	31	1.9	48	2.0	31	2.3	31	1.7	—	—
		87	1.5	72	1.8	72	2.0	48	1.6	87	1.7	—	—
	格鲁吉亚	27	16.7	27	17.1	27	14.3	27	14.8	27	14.7	87	14.4
		87	10.5	84	9.8	84	11.2	84	9.2	84	10.9	27	13.6
		84	9.6	87	8.4	87	9.0	87	8.7	87	9.2	84	9.1
		85	7.9	85	7.6	85	7.9	85	7.6	85	6.9	26	6.6
		30	4.2	30	4.7	30	4.3	30	4.9	26	4.8	85	6.4
		73	3.4	73	4.0	73	3.7	26	4.5	30	4.2	30	4.3
		39	3.3	39	3.3	26	3.6	39	3.4	39	3.3	39	3.2
		26	2.4	26	3.3	39	3.3	73	3.2	73	2.9	73	2.7
		72	2.3	72	2.2	72	2.1	72	2.2	72	2.6	72	2.0
		10	2.0	10	1.9	90	2.0	94	1.9	24	2.2	94	1.8

续表

区域	国家	2014年	占比(%)	2015年	占比(%)	2016年	占比(%)	2017年	占比(%)	2018年	占比(%)	2019年	占比(%)
东欧中亚国家	亚美尼亚	27	19.6	27	20.7	27	17.6	27	16.1	27	14.0	27	15.1
		84	9.1	84	8.1	84	7.9	84	9.5	84	11.7	84	9.7
		71	7.3	87	4.8	85	6.9	85	6.6	85	7.6	85	7.3
		85	4.8	85	4.4	71	4.9	71	5.1	71	5.9	71	5.9
		39	3.1	71	3.6	30	3.4	30	4.7	87	3.9	87	5.8
		10	3.0	30	3.4	87	3.3	87	3.8	30	3.3	30	4.1
		30	2.9	39	3.0	24	2.9	39	2.8	39	2.9	24	2.9
		87	2.8	10	2.7	39	2.8	76	2.4	24	2.7	39	2.9
		72	2.5	24	2.6	10	2.3	73	2.1	94	2.2	90	2.2
		73	2.3	76	2.6	76	2.3	72	2.1	72	2.2	76	2.1
	阿塞拜疆	84	21.4	84	18.3	84	16.9	—	—	84	15.8	71	15.6
		87	7.8	73	13.4	73	9.6	—	—	71	7.3	84	12.0
		73	6.8	85	8.4	85	6.8	—	—	73	7.2	85	7.5
		85	6.7	87	6.4	89	4.6	—	—	85	6.8	87	6.8
		71	4.5	99	5.9	10	4.1	—	—	27	6.3	27	6.1
		24	4.4	72	3.8	27	3.4	—	—	87	5.6	73	4.7
		72	4.3	10	3.7	39	3.3	—	—	72	3.3	72	3.0
		10	3.7	24	3.2	72	3.1	—	—	39	3.2	39	3.0
		27	3.2	30	2.9	87	3.0	—	—	44	2.6	10	2.9
		90	3.0	90	2.6	94	2.4	—	—	30	2.5	30	2.2
	摩尔多瓦	—	—	27	11.5	27	10.3	27	11.1	27	12.0	27	10.9
		—	—	85	8.2	85	8.5	85	8.9	85	9.8	85	9.9
		—	—	84	7.6	84	7.5	84	7.7	84	8.0	84	8.2
		—	—	99	6.7	87	5.7	87	6.0	87	6.3	87	6.5
		—	—	39	4.9	99	5.1	99	4.8	99	5.3	99	5.1
		—	—	30	4.7	39	4.9	39	4.8	39	4.7	39	4.8
		—	—	87	4.7	30	4.6	30	4.6	30	4.2	30	4.7
		—	—	73	2.3	73	2.2	73	2.2	73	2.2	73	2.6
		—	—	44	2.0	44	2.0	44	2.1	44	2.1	44	2.2
		—	—	90	1.9	38	1.9	38	1.8	72	1.9	38	1.8

续表

区域	国家	2014年	占比(%)	2015年	占比(%)	2016年	占比(%)	2017年	占比(%)	2018年	占比(%)	2019年	占比(%)
东欧中亚国家	哈萨克斯坦	84	16.6	84	18.3	84	17.5	84	16.0	84	15.4	84	21.3
		87	10.7	85	10.0	85	9.6	85	10.3	85	11.4	85	11.2
		85	9.6	73	8.5	73	7.8	27	6.2	27	7.8	73	6.7
		73	6.1	87	6.6	27	6.0	87	6.0	73	6.6	87	6.1
		27	5.6	27	5.5	87	4.4	73	5.8	87	6.2	27	4.1
		39	3.6	30	4.0	39	3.9	39	3.8	39	3.7	39	3.5
		30	3.4	39	3.6	30	3.8	30	3.7	30	3.5	72	3.2
		90	2.7	72	2.9	90	3.0	72	3.5	72	3.4	30	3.0
		72	2.5	90	2.6	26	2.8	90	3.1	90	2.6	90	2.3
		86	2.2	94	1.9	72	2.6	26	2.7	26	2.4	26	1.8
	吉尔吉斯斯坦	—	—	27	19.1	27	10.4	27	14.2	27	17.0	27	14.0
		—	—	84	8.8	84	10.3	84	8.4	84	9.0	84	10.0
		—	—	72	7.3	64	6.7	64	6.7	64	7.0	85	7.4
		—	—	87	5.1	85	5.4	85	5.7	85	5.8	64	5.1
		—	—	85	4.2	55	4.0	55	4.3	61	4.5	72	3.8
		—	—	30	3.6	61	3.9	30	4.0	72	3.6	30	3.8
		—	—	39	3.0	72	3.5	61	3.5	55	3.4	87	3.5
		—	—	73	3.0	39	3.5	87	3.4	39	3.3	39	3.2
		—	—	99	2.8	87	3.2	72	3.3	87	3.2	55	3.1
		—	—	64	2.1	99	3.2	39	3.0	30	3.1	61	2.9
	乌兹别克斯坦	—	—	—	—	—	—	84	22.3	84	25.9	84	25.7
		—	—	—	—	—	—	87	9.5	87	11.7	87	9.8
		—	—	—	—	—	—	72	7.3	72	7.4	72	6.5
		—	—	—	—	—	—	30	6.7	85	5.2	85	6.1
		—	—	—	—	—	—	27	6.2	27	5.1	27	4.3
		—	—	—	—	—	—	85	4.8	30	4.9	30	4.2
		—	—	—	—	—	—	44	3.9	44	3.6	39	3.7
		—	—	—	—	—	—	39	3.7	73	3.5	73	3.6
		—	—	—	—	—	—	73	3.6	39	3.3	44	2.8
		—	—	—	—	—	—	17	2.8	17	2.0	90	2.7

续表

区域	国家	2014年	占比(%)	2015年	占比(%)	2016年	占比(%)	2017年	占比(%)	2018年	占比(%)	2019年	占比(%)
东欧中亚国家	土库曼斯坦	—	—	—	—	—	—	—	—	—	—	—	—
		—	—	—	—	—	—	—	—	—	—	—	—
		—	—	—	—	—	—	—	—	—	—	—	—
		—	—	—	—	—	—	—	—	—	—	—	—
		—	—	—	—	—	—	—	—	—	—	—	—
		—	—	—	—	—	—	—	—	—	—	—	—
		—	—	—	—	—	—	—	—	—	—	—	—
		—	—	—	—	—	—	—	—	—	—	—	—
		—	—	—	—	—	—	—	—	—	—	—	—
		—	—	—	—	—	—	—	—	—	—	—	—
	塔吉克斯坦	—	—	—	—	—	—	—	—	—	—	—	—
		—	—	—	—	—	—	—	—	—	—	—	—
		—	—	—	—	—	—	—	—	—	—	—	—
		—	—	—	—	—	—	—	—	—	—	—	—
		—	—	—	—	—	—	—	—	—	—	—	—
		—	—	—	—	—	—	—	—	—	—	—	—
		—	—	—	—	—	—	—	—	—	—	—	—
		—	—	—	—	—	—	—	—	—	—	—	—
南亚国家	印度	27	20.6	27	20.9	27	21.3	27	21.1	27	21.2	27	19.0
		71	10.6	71	10.4	71	10.6	71	10.8	71	10.5	71	7.3
		85	9.0	85	9.4	85	9.6	85	9.5	85	9.6	85	6.3
		84	8.4	84	8.3	84	8.3	84	8.0	84	8.6	84	5.5
		29	5.1	39	4.8	29	4.7	29	4.9	72	4.8	29	2.6
		39	2.9	29	3.1	39	3.3	39	3.4	39	3.3	39	1.8
		72	2.9	72	2.8	72	2.7	72	2.6	29	2.5	72	1.5
		15	2.3	15	2.4	90	2.3	15	2.1	15	2.1	15	1.2
		90	2.2	90	2.2	15	2.2	90	2.8	90	2.4	90	1.2
		28	2.3	28	3.4	28	4.6	28	3.8	28	4.3	31	0.9

续表

区域	国家	2014年	占比(%)	2015年	占比(%)	2016年	占比(%)	2017年	占比(%)	2018年	占比(%)	2019年	占比(%)
南亚国家	巴基斯坦	27	20.1	27	20.1	27	20.3	27	20.9	27	20.7	27	19.3
		84	9.6	84	9.7	84	9.9	84	10.0	84	10.1	84	6.3
		85	6.1	85	6.0	85	6.9	85	7.8	85	7.8	85	5.7
		72	5.9	72	5.7	72	5.6	72	5.9	72	5.9	72	4.2
		29	4.4	29	3.8	29	3.6	29	4.0	29	3.8	29	3.2
		39	2.6	87	4.4	87	4.2	87	6.7	87	7.0	39	3.0
		87	6.7	39	6.3	39	6.1	39	5.9	39	6.2	15	2.6
		15	5.1	15	5.4	12	5.8	12	5.7	15	5.7	87	2.0
		12	4.3	12	4.2	15	4.4	15	4.6	12	4.3	12	1.6
		52	3.3	52	3.7	52	3.9	52	3.8	52	3.9	52	1.1
	孟加拉国	52	7.1	52	7.0	52	7.1	52	6.8	52	7.4	—	—
		84	6.6	84	6.3	84	6.3	84	6.5	84	6.4	—	—
		27	5.3	27	5.6	27	3.8	27	3.9	27	3.8	—	—
		85	5.3	85	5.2	85	4.4	15	4.2	85	4.1	—	—
		15	5.4	15	5.5	15	5.4	85	5.2	15	5.2	—	—
		73	4.5	73	2.0	73	1.8	73	2.3	73	2.0	—	—
		89	4.0	89	5.1	89	6.4	89	5.5	39	6.0	—	—
		39	3.5	31	5.0	39	4.9	39	5.4	89	4.8	—	—
		31	3.0	39	3.6	54	5.5	31	4.2	31	4.5	—	—
		54	2.6	54	0.7	31	0.9	54	1.1	54	1.0	—	—
	斯里兰卡	27	7.1	27	7.4	27	7.5	27	7.5	27	7.3	—	—
		87	6.6	87	6.7	84	6.5	84	6.6	84	6.7	—	—
		84	5.3	84	5.3	87	3.8	87	3.8	87	4.0	—	—
		85	5.3	85	5.4	85	4.4	85	4.2	85	4.3	—	—
		60	5.4	73	5.5	73	5.7	60	5.6	60	5.6	—	—
		73	3.3	60	3.3	60	3.3	73	3.3	39	3.3	—	—
		71	3.3	71	3.3	71	3.3	71	3.3	10	3.3	—	—
		39	3.2	39	3.2	39	3.2	39	3.2	73	3.2	—	—
		52	4.5	52	4.5	10	4.5	52	4.5	71	4.5	—	—
		10	2.2	10	2.3	52	3.3	10	2.9	52	2.3	—	—

续表

区域	国家	2014年	占比(%)	2015年	占比(%)	2016年	占比(%)	2017年	占比(%)	2018年	占比(%)	2019年	占比(%)
南亚国家	阿富汗	27	12.0	27	12.8	27	12.9	27	12.7	27	12.3	—	—
		90	10.4	11	10.4	11	10.4	87	10.5	11	10.7	—	—
		11	8.3	90	8.6	90	8.6	73	8.6	90	8.9	—	—
		15	7.0	87	7.2	15	7.2	53	7.3	15	7.4	—	—
		87	6.7	73	6.9	87	6.9	11	7.0	87	7.0	—	—
		73	4.4	53	3.5	73	5.0	90	5.3	73	5.1	—	—
		53	7.9	15	7.1	53	6.8	15	6.6	53	6.6	—	—
		68	7.3	68	7.4	68	7.0	68	7.1	68	7.1	—	—
		85	8.2	10	8.8	85	7.7	10	8.7	10	8.7	—	—
		10	8.1	85	8.2	10	8.3	85	8.3	85	8.0	—	—
	尼泊尔	27	14.1	27	14.2	27	14.1	27	14.3	27	14.4	—	—
		72	11.4	72	9.5	72	6.7	72	7.5	72	7.6	—	—
		87	11.4	84	14.9	87	14.4	84	12.4	85	13.3	—	—
		84	11.6	87	12.5	84	13.0	87	13.5	10	14.5	—	—
		85	11.6	85	11.6	85	12.1	85	12.2	84	11.8	—	—
		10	7.5	10	7.3	10	6.9	10	7.1	87	7.8	—	—
		39	7.3	71	7.4	71	7.6	71	7.6	71	7.7	—	—
		71	6.2	39	6.2	39	6.4	15	7.2	39	7.2	—	—
		25	5.5	25	5.4	15	6.3	15	7.0	15	6.8	—	—
		15	6.0	15	5.8	25	5.7	25	6.0	25	5.9	—	—
	马尔代夫	25	14.2	27	14.0	25	13.9	25	14.1	27	14.1	—	—
		27	10.1	84	10.1	27	9.9	27	10.2	84	10.1	—	—
		44	8.1	85	4.9	44	3.4	85	5.9	85	6.2	—	—
		84	10.0	25	9.6	84	9.4	25	9.2	25	9.5	—	—
		85	8.4	44	8.3	85	8.5	44	8.7	44	8.4	—	—
		94	7.6	94	8.0	94	8.2	94	8.1	94	8.2	—	—
		72	7.4	72	7.7	73	8.1	72	8.0	73	8.0	—	—
		88	7.0	88	6.9	39	6.9	88	6.7	39	7.2	—	—
		73	7.0	73	6.7	72	6.6	73	6.8	72	6.8	—	—
		39	6.5	39	6.7	88	6.9	39	7.0	88	6.9	—	—

续表

区域	国家	2014年	占比(%)	2015年	占比(%)	2016年	占比(%)	2017年	占比(%)	2018年	占比(%)	2019年	占比(%)
南亚国家	不丹	—	—	—	—	—	—	—	—	27	12.0	—	—
		—	—	—	—	—	—	—	—	72	9.2	—	—
		—	—	—	—	—	—	—	—	84	9.1	—	—
		—	—	—	—	—	—	—	—	85	6.1	—	—
		—	—	—	—	—	—	—	—	73	5.2	—	—
		—	—	—	—	—	—	—	—	87	4.7	—	—
		—	—	—	—	—	—	—	—	25	3.1	—	—
		—	—	—	—	—	—	—	—	74	3.1	—	—
		—	—	—	—	—	—	—	—	10	3.0	—	—
		—	—	—	—	—	—	—	—	44	2.8	—	—
西亚北非国家	沙特阿拉伯	84	15.6	84	15.5	84	13.4	84	13.0	84	11.4	—	—
		87	13.8	87	14.4	87	12.8	85	10.9	85	10.1	—	—
		85	11.2	85	11.5	85	10.9	87	9.8	87	8.8	—	—
		73	4.8	99	3.6	99	5.3	99	5.3	99	6.3	—	—
		72	3.3	73	3.4	30	3.7	30	3.9	30	4.1	—	—
		10	3.3	71	3.3	73	3.2	73	3.2	89	3.2	—	—
		30	3.1	30	3.3	10	2.8	10	3.0	71	3.0	—	—
		71	3.0	10	2.8	72	2.4	71	2.6	27	2.9	—	—
		90	2.4	72	2.7	39	2.1	90	2.4	73	2.9	—	—
		39	2.0	90	2.1	71	2.1	27	2.3	90	2.6	—	—
	阿联酋	99	36.5	99	35.8	99	30.2	71	21.2	71	22.1	—	—
		71	16.6	71	15.8	71	19.5	85	17.6	85	14.0	—	—
		84	7.1	84	7.3	84	7.6	84	11.7	84	11.7	—	—
		87	6.5	87	6.7	85	6.9	87	8.5	87	8.4	—	—
		85	5.4	85	6.4	87	6.0	27	3.6	27	6.3	—	—
		88	2.9	88	3.0	88	4.6	88	3.3	88	2.8	—	—
		72	1.4	73	1.5	73	1.5	99	2.4	73	2.2	—	—
		73	1.4	39	1.3	39	1.3	73	1.9	72	2.1	—	—
		39	1.4	72	1.2	27	1.1	39	1.7	39	2.0	—	—
		74	1.1	74	0.9	72	1.1	72	1.6	30	1.7	—	—

续表

区域	国家	2014年	占比(%)	2015年	占比(%)	2016年	占比(%)	2017年	占比(%)	2018年	占比(%)	2019年	占比(%)
西亚北非国家	阿曼	87	22.0	87	14.6	84	13.5	84	15.4	84	15.9	—	—
		84	11.2	84	13.2	87	10.8	87	11.0	85	9.4	—	—
		27	6.5	27	11.9	27	8.7	85	7.9	87	7.5	—	—
		85	6.0	85	6.9	85	7.5	27	6.2	72	6.9	—	—
		72	4.3	73	4.5	73	5.1	73	5.5	27	5.8	—	—
		73	3.8	72	3.4	71	4.1	71	5.2	73	5.6	—	—
		26	3.6	39	2.9	72	4.1	72	4.1	39	3.3	—	—
		29	3.5	71	2.9	39	3.1	26	3.2	71	3.0	—	—
		39	2.6	29	2.7	4	2.5	39	2.9	4	2.8	—	—
		4	2.3	4	2.1	25	2.1	4	2.4	74	2.5	—	—
	伊朗	84	18.4	—	—	84	17.7	84	17.1	—	—	—	—
		10	11.9	—	—	85	10.6	85	9.6	—	—	—	—
		85	8.5	—	—	87	7.2	99	8.0	—	—	—	—
		87	7.3	—	—	10	6.5	10	6.6	—	—	—	—
		72	6.7	—	—	99	4.7	87	6.4	—	—	—	—
		39	3.7	—	—	72	4.4	72	4.0	—	—	—	—
		30	2.9	—	—	39	3.7	39	3.5	—	—	—	—
		99	2.9	—	—	30	3.4	90	3.4	—	—	—	—
		15	2.8	—	—	12	3.3	30	3.0	—	—	—	—
		23	2.6	—	—	90	3.0	12	2.9	—	—	—	—
	土耳其	27	22.7	27	18.3	84	13.7	27	15.9	27	19.3	27	19.8
		84	11.6	84	12.3	27	13.7	84	11.6	84	11.6	84	10.5
		85	7.4	85	8.5	85	10.1	85	9.0	72	8.3	85	7.3
		72	7.3	87	8.5	87	9.0	71	7.5	85	7.4	72	7.2
		87	6.5	72	7.1	72	6.3	87	7.5	87	6.2	71	6.4
		39	5.8	39	5.9	39	5.9	72	7.2	39	5.8	39	5.6
		71	3.4	29	2.3	71	3.6	39	5.7	71	5.6	87	4.8
		29	2.4	90	2.2	90	2.3	29	2.3	29	2.7	29	2.8
		90	2.0	30	2.1	29	2.2	90	2.1	90	2.1	30	2.3
		30	1.8	71	2.0	88	2.2	30	1.9	30	2.0	9	2.1

续表

区域	国家	2014年	占比(%)	2015年	占比(%)	2016年	占比(%)	2017年	占比(%)	2018年	占比(%)	2019年	占比(%)
西亚北非国家	以色列	27	17.6	85	12.8	84	13.1	84	13.7	84	12.9	84	12.4
		71	13.3	27	11.9	85	12.3	27	11.0	27	12.8	27	12.1
		85	10.4	71	11.7	71	11.4	85	10.6	85	10.4	85	10.6
		84	9.4	84	10.7	87	10.6	71	10.3	71	9.0	87	9.1
		87	7.6	87	7.6	27	8.8	87	8.4	87	8.4	71	6.7
		39	3.5	39	3.7	39	3.6	39	3.8	39	3.7	30	3.6
		90	2.8	90	3.3	90	3.3	90	3.6	90	3.4	9	3.6
		30	2.6	30	3.1	30	3.0	30	3.1	30	3.2	39	3.5
		29	2.5	29	2.6	29	2.0	29	2.2	72	2.3	88	2.7
		72	1.9	72	2.0	72	1.7	72	1.9	88	2.2	72	2.1
	埃及	27	8.8	27	5.3	27	5.6	27	7.6	27	17.4	27	14.1
		85	2.7	85	2.4	71	4.6	71	3.2	85	8.3	85	8.8
		39	2.3	39	1.9	85	2.6	85	2.6	84	8.0	84	8.5
		7	1.7	7	1.5	8	2.1	39	2.3	87	5.9	10	6.7
		8	1.5	8	1.5	39	2.0	8	1.9	10	5.6	87	6.0
		62	1.1	62	1.2	7	1.7	7	1.6	72	5.5	39	4.9
		31	1.0	71	0.9	31	1.5	31	1.6	39	4.8	72	4.6
		71	0.9	61	0.6	62	1.3	62	1.4	73	4.1	73	3.4
		72	0.9	52	0.6	52	0.8	72	1.3	30	2.9	30	3.3
		76	0.8	76	0.6	72	0.8	33	0.8	12	2.2	2	2.7
	科威特	87	15.8	87	15.4	84	14.7	84	16.5	84	15.0	—	—
		84	11.5	84	12.1	87	12.7	85	14.3	85	13.4	—	—
		85	11.2	85	11.2	85	11.5	87	12.7	87	13.1	—	—
		71	4.7	71	4.5	73	6.4	73	6.5	73	6.8	—	—
		73	4.0	73	4.1	30	3.7	30	4.6	71	4.4	—	—
		72	3.1	30	3.5	71	3.5	71	4.0	30	4.2	—	—
		30	3.1	39	2.4	90	2.6	90	3.3	90	3.4	—	—
		39	2.2	94	2.4	72	2.4	72	3.1	72	3.2	—	—
		90	2.2	72	2.4	39	2.3	39	2.7	39	2.7	—	—
		10	2.2	90	2.3	94	2.2	94	2.5	94	2.3	—	—

续表

区域	国家	2014年	占比(%)	2015年	占比(%)	2016年	占比(%)	2017年	占比(%)	2018年	占比(%)	2019年	占比(%)
西亚北非国家	伊拉克	73	15.0	—	—	—	—	—	—	—	—	—	—
		27	14.1	—	—	—	—	—	—	—	—	—	—
		87	6.0	—	—	—	—	—	—	—	—	—	—
		85	4.3	—	—	—	—	—	—	—	—	—	—
		84	4.0	—	—	—	—	—	—	—	—	—	—
		30	2.3	—	—	—	—	—	—	—	—	—	—
		86	2.2	—	—	—	—	—	—	—	—	—	—
		25	1.9	—	—	—	—	—	—	—	—	—	—
		10	1.7	—	—	—	—	—	—	—	—	—	—
		72	1.3	—	—	—	—	—	—	—	—	—	—
	卡塔尔	84	15.5	84	15.6	84	16.7	84	17.6	84	16.0	84	17.9
		87	12.7	87	13.6	87	11.7	85	10.1	85	9.5	85	8.7
		85	10.6	85	10.4	85	10.0	87	8.7	88	9.0	87	5.8
		88	5.9	88	6.0	88	6.2	88	6.7	87	6.3	88	5.4
		73	4.6	73	5.6	73	4.8	73	3.6	73	4.4	73	5.2
		94	2.7	94	2.6	94	2.7	26	2.7	71	2.9	93	4.1
		71	2.6	39	2.3	39	2.3	94	2.6	93	2.8	99	3.1
		72	2.5	71	2.3	93	2.2	71	2.4	94	2.7	71	2.9
		39	2.3	90	2.0	71	1.9	39	2.4	39	2.4	94	2.6
		89	2.1	25	1.9	90	1.8	30	1.9	30	2.1	30	2.2
	约旦	27	27.2	27	17.3	27	14.1	27	16.7	27	20.8	27	17.9
		84	6.7	87	8.6	87	10.1	87	10.2	87	8.0	84	7.9
		87	6.7	84	8.0	84	7.5	84	9.9	84	7.5	87	7.0
		10	4.0	85	5.6	85	6.1	85	6.0	85	6.2	85	6.8
		85	4.0	71	5.0	10	4.9	39	3.5	10	4.0	99	4.2
		39	3.8	39	3.8	39	3.6	10	3.4	39	3.6	10	4.0
		71	3.2	10	3.5	71	3.1	71	3.2	60	2.9	39	3.5
		72	3.0	72	3.0	30	3.1	30	2.7	30	2.9	60	3.4
		30	2.3	30	2.7	72	2.9	60	2.5	72	2.5	30	2.8
		60	2.1	60	2.6	60	2.6	72	2.1	2	1.8	72	2.2

续表

区域	国家	2014年	占比(%)	2015年	占比(%)	2016年	占比(%)	2017年	占比(%)	2018年	占比(%)	2019年	占比(%)
西亚北非国家	黎巴嫩	27	23.2	27	20.7	27	19.7	27	21.5	27	20.4	—	—
		87	7.2	87	8.9	87	9.3	87	9.4	87	8.1	—	—
		84	6.2	84	6.3	71	6.7	30	6.6	30	6.7	—	—
		30	5.6	30	6.1	30	6.5	84	5.9	71	6.3	—	—
		71	4.8	85	4.4	84	5.9	71	5.1	84	6.2	—	—
		85	4.5	71	4.4	85	4.2	85	4.0	85	5.5	—	—
		72	4.0	39	3.4	39	3.2	39	3.3	72	3.3	—	—
		39	3.4	72	2.9	72	3.1	72	3.3	39	3.2	—	—
		4	2.0	1	1.9	62	1.7	10	1.7	1	2.1	—	—
		1	1.8	62	1.7	1	1.7	62	1.6	4	1.8	—	—
	巴林	27	40.1	27	25.6	27	22.8	27	26.1	27	29.7	—	—
		87	9.3	87	12.7	87	11.4	84	9.2	84	9.6	—	—
		84	5.5	84	7.6	84	7.9	85	8.4	85	7.5	—	—
		85	4.7	85	6.0	85	6.8	87	7.6	87	6.6	—	—
		26	4.6	28	3.8	89	3.4	71	3.3	28	4.9	—	—
		71	2.3	71	3.5	28	3.4	28	3.2	26	3.6	—	—
		39	1.8	26	2.5	71	3.0	89	2.6	71	2.9	—	—
		28	1.7	39	2.3	39	2.4	26	2.5	89	2.4	—	—
		25	1.5	76	1.8	30	2.1	76	2.3	39	1.9	—	—
		2	1.5	30	1.8	26	1.8	73	2.1	73	1.9	—	—
	也门	10	14.7	10	19.3	—	—	—	—	—	—	—	28.4
		87	9.2	87	10.0	—	—	—	—	—	—	—	18.1
		72	6.8	27	9.9	—	—	—	—	—	—	—	5.6
		84	6.6	72	4.1	—	—	—	—	—	—	—	4.4
		17	5.4	17	3.9	—	—	—	—	—	—	—	4.3
		85	5.4	4	3.8	—	—	—	—	—	—	—	4.2
		30	3.6	15	3.4	—	—	—	—	—	—	—	3.5
		39	3.5	85	3.4	—	—	—	—	—	—	—	2.8
		4	3.5	30	3.3	—	—	—	—	—	—	—	2.7
		15	3.0	39	3.2	—	—	—	—	—	—	—	2.2

续表

区域	国家	2014年	占比(%)	2015年	占比(%)	2016年	占比(%)	2017年	占比(%)	2018年	占比(%)	2019年	占比(%)
西亚北非国家	叙利亚	—	—	—	—	—	—	—	—	—	—	—	—
		—	—	—	—	—	—	—	—	—	—	—	—
		—	—	—	—	—	—	—	—	—	—	—	—
		—	—	—	—	—	—	—	—	—	—	—	—
		—	—	—	—	—	—	—	—	—	—	—	—
		—	—	—	—	—	—	—	—	—	—	—	—
		—	—	—	—	—	—	—	—	—	—	—	—
		—	—	—	—	—	—	—	—	—	—	—	—
		—	—	—	—	—	—	—	—	—	—	—	—
		—	—	—	—	—	—	—	—	—	—	—	—
	巴勒斯坦	27	32.9	27	21.7	27	20.0	27	19.4	27	19.3	—	—
		87	4.1	84	5.1	87	5.3	87	6.8	87	5.9	—	—
		84	4.1	87	5.0	25	5.0	85	5.7	84	5.0	—	—
		85	4.0	85	4.8	84	4.8	84	4.7	85	5.0	—	—
		39	3.5	39	4.1	85	4.4	25	4.3	72	4.5	—	—
		25	3.2	25	4.1	39	4.0	72	4.2	23	4.0	—	—
		10	3.2	72	2.9	72	3.6	39	4.0	39	3.9	—	—
		23	3.1	10	2.8	23	3.2	23	3.6	25	3.6	—	—
		72	2.6	23	2.8	10	2.9	24	2.8	24	2.7	—	—
		22	2.4	30	2.8	22	2.9	22	2.8	30	2.6	—	—
中东欧国家	波兰	84	12.3	84	13.1	85	12.6	84	12.3	84	12.4	84	12.4
		85	11.5	85	13.0	84	12.5	85	11.8	85	11.5	85	11.6
		27	10.8	87	8.4	87	9.9	87	9.9	87	9.8	87	10.2
		87	8.0	27	7.5	27	6.2	27	7.4	27	8.8	27	8.1
		39	5.9	39	5.7	39	6.0	39	5.9	39	5.9	39	5.4
		72	3.8	72	3.5	72	3.5	72	3.9	72	4.0	72	3.7
		30	2.7	30	2.7	30	2.9	30	2.9	30	2.8	30	2.6
		73	2.4	73	2.4	73	2.5	73	2.4	73	2.4	73	2.3
		48	2.2	89	2.3	90	2.2	90	2.2	90	2.2	90	2.3
		90	2.1	90	2.3	48	2.1	48	2.1	48	2.0	48	2.0

续表

区域	国家	2014年	占比(%)	2015年	占比(%)	2016年	占比(%)	2017年	占比(%)	2018年	占比(%)	2019年	占比(%)
中东欧国家	罗马尼亚	85	14.6	85	15.2	85	15.6	85	15.5	85	15.5	85	15.1
		84	12.6	84	13.3	84	12.5	84	12.3	84	12.3	84	12.0
		27	9.4	87	8.8	87	9.5	87	9.2	87	9.2	87	10.0
		87	8.1	27	6.4	27	5.6	27	6.6	27	6.6	27	7.7
		39	5.3	39	5.5	39	5.5	39	5.4	39	5.4	39	5.1
		30	4.5	30	4.1	30	4.1	30	3.9	30	3.9	30	4.0
		72	3.6	72	3.4	73	3.0	72	3.4	72	3.4	72	3.2
		73	3.2	73	3.2	72	3.0	73	3.1	73	3.1	73	3.2
		40	2.0	90	2.2	90	2.1	90	2.2	90	2.2	90	2.6
		90	1.9	40	1.8	40	1.8	40	1.9	40	1.9	40	1.9
	捷克	84	17.6	84	18.5	85	17.8	85	19.0	85	19.5	85	—
		85	16.4	85	17.7	84	17.5	84	17.1	84	17.2	84	—
		87	9.2	87	9.9	87	11.0	87	10.7	87	10.1	87	—
		27	8.1	27	6.4	39	5.7	39	5.6	27	6.1	27	—
		39	5.6	39	5.5	27	4.8	27	5.4	39	5.3	39	—
		72	3.8	72	3.4	72	3.3	72	3.6	72	3.8	72	—
		30	3.0	73	2.9	30	2.9	73	2.8	73	2.8	30	—
		73	2.9	30	2.9	73	2.9	30	2.8	30	2.8	73	—
		90	2.2	90	2.3	90	2.2	90	2.2	90	2.3	90	—
		40	1.8	76	1.8	94	2.0	94	2.1	94	2.0	94	—
	斯洛伐克	85	19.2	85	20.0	85	20.2	85	20.7	85	20.4	—	—
		87	13.1	87	14.6	87	15.4	87	14.7	87	16.2	—	—
		84	12.1	84	12.5	84	12.7	84	12.4	84	12.6	—	—
		27	10.0	27	8.2	27	6.5	27	7.5	27	8.1	—	—
		39	4.2	39	4.3	39	4.5	39	4.5	39	4.1	—	—
		90	4.0	90	3.9	90	3.6	72	3.2	72	3.3	—	—
		72	3.1	72	2.9	72	2.8	73	2.9	73	2.9	—	—
		73	2.7	73	2.8	73	2.7	90	2.6	94	2.4	—	—
		30	2.5	30	2.5	30	2.6	30	2.3	30	2.2	—	—
		40	1.8	94	2.0	94	2.4	94	2.3	90	2.0	—	—

续表

区域	国家	2014年	占比(%)	2015年	占比(%)	2016年	占比(%)	2017年	占比(%)	2018年	占比(%)	2019年	占比(%)
中东欧国家	保加利亚	27	20.0	27	15.6	27	12.5	27	14.2	27	13.6	—	—
		84	9.6	84	10.0	84	10.0	84	10.0	84	10.2	—	—
		85	8.3	85	9.1	85	9.7	85	9.1	85	9.6	—	—
		87	6.0	87	7.1	87	7.4	87	6.9	87	7.2	—	—
		26	5.2	26	5.3	39	4.7	26	5.7	26	5.7	—	—
		39	4.3	39	4.5	30	4.3	39	4.4	39	4.5	—	—
		30	3.9	30	4.2	26	4.0	30	4.1	30	4.2	—	—
		73	3.6	72	3.1	72	3.0	72	3.4	72	3.8	—	—
		72	2.9	73	2.0	73	2.5	38	2.3	38	2.1	—	—
		74	1.8	74	1.7	38	2.3	74	2.1	74	2.0	—	—
	匈牙利	85	19.3	85	20.0	85	20.4	85	20.5	85	20.4	85	21.8
		84	16.6	84	17.3	84	17.7	84	16.5	84	15.8	84	15.8
		27	12.0	87	10.5	87	10.9	87	10.8	87	10.5	87	10.3
		87	9.5	27	8.2	27	6.4	27	7.8	27	8.2	27	8.1
		39	4.4	39	4.6	39	4.8	39	4.7	39	4.8	39	4.6
		30	3.7	30	4.3	30	4.1	30	4.0	30	4.4	30	4.2
		72	2.4	73	2.3	73	2.4	73	2.3	72	2.5	73	2.4
		73	2.3	90	2.2	90	2.2	72	2.3	73	2.4	90	2.4
		90	2.0	72	2.0	72	2.1	90	2.2	90	2.3	72	2.1
		40	1.9	40	2.0	40	2.0	76	2.0	76	2.0	76	1.8
	拉脱维亚	27	15.7	27	13.1	85	11.6	85	10.9	84	11.6	85	10.6
		85	11.0	85	12.0	27	9.9	84	10.2	27	10.5	84	9.6
		84	8.7	84	9.6	84	9.6	27	10.0	85	10.2	27	8.8
		87	6.8	87	7.4	87	9.2	87	8.6	87	8.5	87	8.3
		39	4.0	30	4.0	30	4.5	39	4.2	72	4.2	30	4.1
		30	3.8	39	3.9	39	4.0	30	4.2	39	4.0	39	4.0
		72	3.5	72	3.4	72	3.3	22	3.7	30	3.8	88	4.0
		44	2.5	44	2.8	44	3.3	72	3.6	44	3.7	22	3.7
		22	2.5	22	2.6	22	2.9	44	3.2	22	3.6	44	3.6
		73	2.5	73	2.3	73	2.2	88	2.5	88	2.9	72	3.4

263

续表

区域	国家	2014年	占比(%)	2015年	占比(%)	2016年	占比(%)	2017年	占比(%)	2018年	占比(%)	2019年	占比(%)
中东欧国家	立陶宛	27	24.4	27	20.2	27	16.9	27	18.8	27	19.6	—	—
		84	9.8	84	10.3	84	10.5	84	10.4	84	10.1	—	—
		85	7.1	85	7.6	87	8.7	87	9.2	87	9.7	—	—
		87	6.5	87	6.9	85	7.8	85	7.8	85	7.4	—	—
		39	4.2	39	4.4	39	4.7	39	4.6	39	4.5	—	—
		30	3.0	30	3.8	30	3.9	30	3.7	30	3.3	—	—
		29	2.3	8	2.2	29	2.2	29	2.3	29	2.6	—	—
		8	1.9	29	2.2	44	2.2	72	2.2	72	2.4	—	—
		73	1.9	90	2.1	90	2.0	44	2.1	44	2.2	—	—
		90	1.8	73	2.0	73	2.0	73	2.1	73	2.1	—	—
	斯洛文尼亚	27	12.9	87	12.1	87	13.6	87	13.9	87	13.7	—	—
		87	11.5	27	10.7	84	10.4	84	10.2	84	10.2	—	—
		84	9.7	84	9.8	85	9.3	85	9.5	27	9.4	—	—
		85	8.6	85	9.3	27	8.2	27	9.2	85	9.2	—	—
		39	5.4	39	5.5	39	5.6	39	5.6	39	5.4	—	—
		72	4.5	72	4.3	30	4.5	72	4.5	30	5.4	—	—
		30	4.1	30	4.3	72	4.1	30	4.3	72	4.7	—	—
		76	2.9	76	3.0	76	2.8	76	2.9	76	3.1	—	—
		29	2.6	29	2.5	73	2.3	29	2.4	29	2.4	—	—
		73	2.3	73	2.3	29	2.3	73	2.3	73	2.3	—	—
	爱沙尼亚	85	17.5	85	17.2	85	17.5	85	15.1	27	14.8	27	13.3
		27	15.7	27	13.3	84	10.1	84	9.9	85	13.9	85	12.6
		84	9.1	84	9.8	87	9.7	87	9.9	84	10.4	87	10.6
		87	7.8	87	8.3	27	9.4	27	9.9	87	9.6	84	10.1
		39	3.8	39	4.0	39	4.2	39	4.3	39	4.1	39	4.2
		72	2.7	44	2.8	30	3.0	72	3.3	44	3.3	72	3.3
		44	2.6	72	2.6	44	3.0	44	3.2	72	3.3	44	3.3
		73	2.4	30	2.6	72	2.7	30	2.9	30	3.0	30	3.1
		30	2.2	73	2.4	73	2.5	73	2.5	73	2.7	73	2.8
		22	2.2	90	2.3	90	2.1	8	2.2	90	2.1	90	2.1

续表

区域	国家	2014年	占比(%)	2015年	占比(%)	2016年	占比(%)	2017年	占比(%)	2018年	占比(%)	2019年	占比(%)
中东欧国家	克罗地亚	27	18.6	27	15.2	27	12.3	27	13.4	27	13.5	—	—
		84	9.0	84	9.2	84	9.9	84	9.7	84	9.4	—	—
		85	7.3	85	7.9	85	7.9	85	7.7	87	8.2	—	—
		87	5.4	87	6.0	87	7.2	87	7.5	85	8.0	—	—
		39	4.4	39	4.6	30	5.8	30	4.6	30	4.7	—	—
		30	3.7	30	4.1	39	4.5	39	4.3	39	4.3	—	—
		61	3.0	61	2.9	61	2.8	61	2.7	61	2.8	—	—
		72	2.6	72	2.6	73	2.6	90	2.7	73	2.6	—	—
		73	2.5	73	2.6	72	2.4	73	2.6	72	2.5	—	—
		48	2.2	48	2.2	90	2.1	72	2.4	90	2.5	—	—
	阿尔巴尼亚	27	15.5	27	10.4	84	8.7	27	9.9	27	10.1	—	—
		84	7.0	84	8.0	27	7.6	84	7.7	84	8.0	—	—
		87	5.8	85	7.1	85	7.4	85	6.8	87	7.2	—	—
		85	5.8	87	5.9	87	6.9	87	6.8	85	6.8	—	—
		72	4.6	39	3.6	73	4.7	39	4.0	72	4.2	—	—
		30	3.8	30	3.5	39	3.9	30	3.9	39	4.1	—	—
		39	3.3	72	3.4	30	3.5	72	3.7	30	3.7	—	—
		73	2.6	73	3.2	61	2.9	73	3.0	41	2.7	—	—
		41	2.5	41	2.7	62	2.8	41	2.8	61	2.7	—	—
		48	2.5	62	2.5	41	2.7	61	2.7	73	2.5	—	—
	塞尔维亚	27	14.0	27	11.5	99	16.8	99	14.4	99	11.7	—	—
		99	10.9	99	10.9	87	9.1	27	10.4	27	11.6	—	—
		87	10.6	87	9.0	27	8.8	84	8.3	85	9.5	—	—
		84	7.8	84	8.3	84	7.7	85	8.2	84	8.8	—	—
		85	6.3	85	7.4	85	7.6	87	7.5	87	7.2	—	—
		39	5.8	39	5.6	39	5.3	39	5.5	39	5.5	—	—
		30	3.3	30	3.3	30	3.1	30	3.4	30	3.2	—	—
		48	2.8	48	2.7	48	2.5	72	2.4	72	2.7	—	—
		72	2.7	72	2.6	73	2.0	48	2.4	48	2.4	—	—
		73	2.1	73	2.1	72	2.0	73	2.2	73	2.3	—	—

续表

区域	国家	2014年	占比(%)	2015年	占比(%)	2016年	占比(%)	2017年	占比(%)	2018年	占比(%)	2019年	占比(%)
中东欧国家	北马其顿	27	16.3	71	14.4	71	11.6	71	12.4	71	12.5	71	11.9
		71	8.0	27	11.5	27	11.0	85	9.0	85	9.8	85	10.9
		85	6.8	85	7.7	85	8.3	27	8.8	27	9.8	27	10.1
		84	6.7	84	6.6	84	7.1	84	7.2	84	6.8	84	6.5
		72	5.5	72	5.4	72	4.9	72	5.1	72	5.8	72	6.2
		87	4.2	87	4.2	87	4.5	87	5.1	87	4.9	69	4.8
		39	4.0	39	4.1	39	4.3	69	4.3	69	4.4	87	4.8
		30	2.5	69	2.4	69	3.3	39	4.2	39	4.1	39	4.1
		69	2.5	30	2.3	38	2.2	38	2.5	38	2.4	38	2.6
		52	2.2	38	2.2	30	2.0	30	2.3	30	2.2	30	2.4
	波黑	27	16.7	27	13.5	27	12.0	27	14.5	27	14.8	27	14.0
		84	8.6	84	8.2	84	7.9	84	7.8	84	8.0	84	8.2
		87	6.3	87	6.6	87	7.0	87	6.9	87	6.9	87	7.4
		85	5.9	85	5.7	85	5.9	85	6.1	85	5.8	85	5.9
		39	4.7	39	5.1	39	5.3	39	5.2	39	5.3	39	5.4
		30	3.4	30	3.3	30	3.4	72	3.1	72	3.7	30	3.2
		73	3.2	73	2.9	73	2.8	30	3.0	30	3.0	72	3.2
		72	2.3	72	2.6	72	2.7	73	2.8	73	2.8	73	2.6
		41	2.3	41	2.2	41	2.1	41	2.0	76	1.9	76	2.1
		22	2.0	22	2.1	22	2.0	22	1.8	48	1.8	48	1.8
	黑山	27	13.3	27	10.8	85	10.6	27	11.1	27	10.7	—	—
		84	6.8	85	7.9	27	9.1	85	8.3	85	8.8	—	—
		85	6.3	84	7.7	84	7.7	84	8.2	87	7.5	—	—
		2	5.8	87	6.4	87	6.7	87	7.2	84	7.5	—	—
		87	5.6	2	3.7	73	4.0	73	4.2	73	4.1	—	—
		94	3.2	30	3.5	2	3.6	2	3.6	2	3.4	—	—
		30	3.2	94	3.3	94	3.1	30	3.1	30	3.3	—	—
		39	3.1	22	3.0	30	3.0	94	3.0	39	3.2	—	—
		22	2.9	39	3.0	39	2.9	39	3.0	94	3.1	—	—
		73	2.6	73	2.7	22	2.8	22	2.8	72	2.8	—	—

注：表中数字为按HS二位编码分类后的产品代号，具体内容见第2章。
资料来源：作者根据联合国商品贸易统计数据库数据计算。

附表 2-3　　　　　2014~2018 年中国对"一带一路"沿线国家
贸易出口额及年均增速　　　　　　单位：百万美元

区域	国家	2014年	2015年	2016年	2017年	2018年	年均增速（%）
东南亚国家	印度尼西亚	39059.6	34342.0	32117.5	34757.4	43246.3	2.6
	泰国	34289.2	38290.8	37182.7	38541.7	42974.3	5.8
	马来西亚	46353.4	43980.4	37660.2	41712.3	45848.4	−0.3
	越南	63730.0	66017.0	61094.1	71617.2	84015.8	7.2
	新加坡	48911.2	51942.4	44496.0	45019.3	49817.8	0.5
	菲律宾	23473.6	26670.8	29836.6	32065.9	35111.2	10.6
	缅甸	9367.6	9650.9	8187.7	8948.5	10567.9	3.1
	柬埔寨	3274.7	3763.4	3928.7	4783.2	6023.0	16.5
	老挝	1839.5	1225.8	987.0	1419.4	1455.7	−5.7
	文莱	1746.8	1407.4	510.9	637.6	1597.6	−2.2
	东帝汶	60.3	104.5	164.3	132.6	132.8	21.8
东欧中亚国家	蒙古国	2216.4	1570.7	988.5	1235.6	1646.7	−7.2
	俄罗斯	53676.9	34756.9	37339.6	42830.6	48005.2	−2.8
	乌克兰	5106.2	3515.7	4217.0	5040.6	7025.5	8.3
	格鲁吉亚	908.7	768.7	745.2	912.6	1102.6	5.0
	阿塞拜疆	645.3	439.1	345.9	387.0	516.3	−5.4
	亚美尼亚	122.8	112.4	111.1	143.9	213.1	14.8
	摩尔多瓦	115.2	100.0	76.6	97.9	108.7	−1.5
	哈萨克斯坦	12709.8	8441.2	8292.3	11564.4	11326.6	−2.8
	乌兹别克斯坦	2678.2	2228.8	2007.5	2749.4	3942.1	10.1
	土库曼斯坦	954.3	815.5	338.5	368.1	316.8	−24.1
	吉尔吉斯斯坦	5242.5	4282.1	5605.4	5336.8	5547.0	1.4
	塔吉克斯坦	2468.2	1795.4	1725.1	1301.4	1425.9	−12.8
南亚国家	印度	54217.4	58228.0	58397.8	68042.3	76880.6	9.1
	巴基斯坦	13244.5	16441.9	17232.7	18250.8	16967.1	6.4
	孟加拉国	11782.3	13894.7	14300.6	15169.0	17759.5	10.8
	斯里兰卡	3792.8	4304.0	4286.9	4088.0	4266.7	3.0
	阿富汗	393.6	361.8	430.7	541.2	667.9	14.1
	尼泊尔	2283.6	832.7	866.1	967.0	—	—
	马尔代夫	104.0	172.6	320.7	295.6	—	—
	不丹	11.1	8.1	4.8	6.2	—	—

续表

区域	国家	2014年	2015年	2016年	2017年	2018年	年均增速（%）
西亚北非国家	沙特阿拉伯	20575.2	21612.9	18650.9	18375.0	17560.6	-3.9
	阿联酋	39034.5	37020.2	30067.0	28724.0	29902.9	-6.4
	阿曼	2065.4	2116.4	2147.7	2316.5	2875.7	8.6
	伊朗	24338.5	17770.1	16417.3	18584.8	14009.0	-12.9
	土耳其	19305.5	18607.8	16686.6	18121.5	17864.2	-1.9
	以色列	7739.1	8615.9	8174.3	8918.5	9315.8	4.7
	埃及	10460.5	11958.6	10436.3	9485.6	12020.9	3.5
	科威特	3428.7	3772.7	3000.9	3112.8	3321.3	-0.8
	伊拉克	7743.8	7909.2	7547.9	8330.4	7917.7	0.6
	卡塔尔	2254.0	2275.6	1515.7	1682.3	2488.6	2.5
	约旦	3364.5	3424.4	2954.4	2803.6	2974.0	-3.0
	黎巴嫩	2604.9	2285.5	2100.3	2010.6	1982.8	-6.6
	巴林	1231.8	1011.8	790.5	902.5	1138.8	-1.9
	也门	2201.3	1430.0	1692.3	1643.0	1876.6	-3.9
	叙利亚	984.4	1022.6	915.3	1102.8	1275.2	6.7
	巴勒斯坦	75.5	69.2	59.3	69.1	73.8	-0.6
中东欧国家	波兰	14256.8	14344.9	15094.1	17873.0	20944.3	10.1
	罗马尼亚	3223.2	3162.2	3447.7	3778.0	4512.1	8.8
	捷克	7992.9	8226.1	8058.5	8793.0	11912.5	10.5
	斯洛伐克	2828.5	2794.5	2861.4	2729.5	2558.8	-2.5
	保加利亚	1178.1	1043.3	1055.6	1169.0	1442.5	5.2
	匈牙利	5764.2	5197.5	5422.7	6049.3	6540.4	3.2
	拉脱维亚	1316.7	1022.5	1062.4	1148.2	1169.8	-2.9
	立陶宛	1658.3	1210.9	1290.9	1600.3	1763.5	1.6
	斯洛文尼亚	1991.9	2091.7	2269.4	2886.9	4435.2	22.2
	爱沙尼亚	1146.1	953.3	963.6	1006.4	1032.2	-2.6
	克罗地亚	1027.3	985.6	1016.8	1159.6	1329.8	6.7
	阿尔巴尼亚	378.3	430.2	506.5	454.0	541.8	9.4
	塞尔维亚	424.6	415.1	431.7	545.6	729.0	14.5
	北马其顿	76.7	86.5	90.0	78.0	107.8	8.9
	波黑	284.0	60.0	64.0	78.8	109.8	-21.1
	黑山	157.1	134.1	108.3	132.5	178.4	3.2
"一带一路"沿线国家整体		635892.0	613527.2	580698.6	634628.8	704414.9	2.6

资料来源：作者根据联合国商品贸易统计数据库数据计算。

附表 2-4　中国对"一带一路"沿线国家贸易出口额占对世界出口的比重　　单位：%

区域	国家	2014 年	2015 年	2016 年	2017 年	2018 年
东南亚国家	印度尼西亚	1.67	1.51	1.53	1.54	1.73
	泰国	1.46	1.68	1.77	1.70	1.72
	马来西亚	1.98	1.93	1.80	1.84	1.84
	越南	2.72	2.90	2.91	3.16	3.37
	新加坡	2.09	2.28	2.12	1.99	2.00
	菲律宾	1.00	1.17	1.42	1.42	1.41
	缅甸	0.40	0.42	0.39	0.40	0.42
	柬埔寨	0.14	0.17	0.19	0.21	0.24
	老挝	0.08	0.05	0.05	0.06	0.06
	文莱	0.07	0.06	0.02	0.03	0.06
	东帝汶	0.00	0.00	0.01	0.01	0.01
东欧中亚国家	蒙古国	0.09	0.07	0.05	0.05	0.07
	俄罗斯	2.29	1.53	1.78	1.89	1.92
	乌克兰	0.22	0.15	0.20	0.22	0.28
	格鲁吉亚	0.04	0.03	0.04	0.04	0.04
	阿塞拜疆	0.03	0.02	0.02	0.02	0.02
	亚美尼亚	0.01	0.00	0.01	0.01	0.01
	摩尔多瓦	0.00	0.00	0.00	0.00	0.00
	哈萨克斯坦	0.54	0.37	0.40	0.51	0.45
	乌兹别克斯坦	0.11	0.10	0.10	0.12	0.16
	土库曼斯坦	0.04	0.04	0.02	0.02	0.01
	吉尔吉斯斯坦	0.22	0.19	0.27	0.24	0.22
	塔吉克斯坦	0.11	0.08	0.08	0.06	0.06
南亚国家	印度	2.31	2.56	2.78	3.01	3.08
	巴基斯坦	0.57	0.72	0.82	0.81	0.68
	孟加拉国	0.50	0.61	0.68	0.67	0.71
	斯里兰卡	0.16	0.19	0.20	0.18	0.17
	阿富汗	0.02	0.02	0.02	0.02	0.03
	尼泊尔	0.10	0.04	0.04	0.04	—
	马尔代夫	0.00	0.01	0.02	0.01	—
	不丹	0.00	0.00	0.00	0.00	—

续表

区域	国家	2014年	2015年	2016年	2017年	2018年
西亚北非国家	沙特阿拉伯	0.88	0.95	0.89	0.81	0.70
	阿联酋	1.67	1.63	1.43	1.27	1.20
	阿曼	0.09	0.09	0.10	0.10	0.12
	伊朗	1.04	0.78	0.78	0.82	0.56
	土耳其	0.82	0.82	0.80	0.80	0.72
	以色列	0.33	0.38	0.39	0.39	0.37
	埃及	0.45	0.53	0.50	0.42	0.48
	科威特	0.15	0.17	0.14	0.14	0.13
	伊拉克	0.33	0.35	0.36	0.37	0.32
	卡塔尔	0.10	0.10	0.07	0.07	0.10
	约旦	0.14	0.15	0.14	0.12	0.12
	黎巴嫩	0.11	0.10	0.10	0.09	0.08
	巴林	0.05	0.04	0.04	0.04	0.05
	也门	0.09	0.06	0.08	0.07	0.08
	叙利亚	0.04	0.04	0.04	0.05	0.05
	巴勒斯坦	0.00	0.00	0.00	0.00	0.00
中东欧国家	波兰	0.61	0.63	0.72	0.79	0.84
	罗马尼亚	0.14	0.14	0.16	0.17	0.18
	捷克	0.34	0.36	0.38	0.39	0.48
	斯洛伐克	0.12	0.12	0.14	0.12	0.10
	保加利亚	0.05	0.05	0.05	0.05	0.06
	匈牙利	0.25	0.23	0.26	0.27	0.26
	拉脱维亚	0.06	0.04	0.05	0.05	0.05
	立陶宛	0.07	0.05	0.06	0.07	0.07
	斯洛文尼亚	0.09	0.09	0.11	0.13	0.18
	爱沙尼亚	0.05	0.04	0.05	0.04	0.04
	克罗地亚	0.04	0.04	0.05	0.05	0.05
	阿尔巴尼亚	0.02	0.02	0.02	0.02	0.02
	塞尔维亚	0.02	0.02	0.02	0.02	0.03
	北马其顿	0.00	0.00	0.00	0.00	0.00
	波黑	0.01	0.00	0.00	0.00	0.00
	黑山	0.01	0.01	0.01	0.01	0.01
"一带一路"沿线国家整体		27.1	27.0	27.7	28.0	28.2

资料来源：作者根据联合国商品贸易统计数据库数据计算。

附表 2-5　2014~2018年"一带一路"沿线国家前十大进口贸易伙伴及进口贸易占比

单位：%

区域	国家	2014年	占比	2015年	占比	2016年	占比	2017年	占比	2018年	占比
东南亚国家	印度尼西亚	中国	17.2	中国	20.6	中国	22.7	中国	22.8	中国	24.1
		新加坡	14.1	新加坡	12.6	新加坡	10.7	新加坡	10.8	新加坡	11.4
		日本	9.5	日本	9.3	日本	9.6	日本	9.7	日本	9.5
		韩国	6.6	马来西亚	6.0	泰国	6.4	泰国	5.9	泰国	5.8
		马来西亚	6.1	韩国	5.9	美国	5.4	马来西亚	5.6	美国	5.4
		泰国	5.5	泰国	5.7	马来西亚	5.3	美国	5.2	韩国	4.8
		美国	4.6	美国	5.3	韩国	4.9	韩国	5.2	马来西亚	4.6
		沙特阿拉伯	3.7	澳大利亚	3.4	澳大利亚	3.9	澳大利亚	3.8	澳大利亚	3.1
		澳大利亚	3.2	德国	2.4	越南	2.4	印度	2.6	印度	2.7
		德国	2.3	沙特阿拉伯	2.4	德国	2.3	德国	2.3	沙特阿拉伯	2.6
	泰国	中国	16.9	中国	20.3	中国	21.6	中国	20.0	中国	20.0
		日本	15.7	日本	15.4	日本	15.8	日本	14.5	日本	14.2
		美国	6.4	美国	6.9	美国	6.2	美国	6.7	美国	6.1
		马来西亚	5.6	马来西亚	5.9	马来西亚	5.6	马来西亚	5.2	马来西亚	5.4
		阿联酋	5.6	阿联酋	4.0	韩国	3.8	韩国	3.6	阿联酋	4.3
		韩国	3.7	新加坡	3.5	新加坡	3.4	新加坡	3.6	韩国	3.6
		新加坡	3.5	韩国	3.5	印度尼西亚	3.3	阿联酋	3.3	印度尼西亚	3.2
		沙特阿拉伯	3.4	印度尼西亚	3.2	阿联酋	3.1	印度尼西亚	3.3	新加坡	3.1
		印度尼西亚	3.2	德国	2.7	德国	3.0	瑞士	3.2	沙特阿拉伯	2.9
		德国	2.6	沙特阿拉伯	2.4	沙特阿拉伯	2.5	德国	2.7	瑞士	2.7

续表

区域	国家	2014 年	占比	2015 年	占比	2016 年	占比	2017 年	占比	2018 年	占比
东南亚国家	马来西亚	中国	16.9	中国	18.9	中国	20.4	中国	19.7	中国	19.9
		新加坡	12.5	新加坡	12.0	新加坡	10.4	新加坡	11.1	新加坡	11.7
		日本	8.0	美国	8.1	日本	8.2	美国	7.8	美国	7.4
		美国	7.7	日本	7.8	美国	8.0	日本	7.6	日本	7.2
		泰国	5.8	泰国	6.1	泰国	6.1	泰国	5.8	泰国	5.5
		韩国	4.6	印度尼西亚	4.5	韩国	5.2	韩国	4.7	印度尼西亚	4.6
		印度尼西亚	4.1	韩国	4.5	印度尼西亚	4.2	印度尼西亚	4.5	韩国	4.4
		德国	3.4	德国	3.4	德国	3.4	印度	3.2	印度	3.0
		澳大利亚	3.0	越南	2.7	越南	2.7	德国	3.1	德国	3.0
		阿联酋	2.3	澳大利亚	2.5	印度	2.4	越南	2.7	澳大利亚	2.5
	越南	中国	29.5	中国	29.8	中国	28.6	中国	27.5	中国	27.7
		韩国	14.7	韩国	16.6	韩国	18.4	韩国	22.0	韩国	20.1
		日本	8.7	日本	8.6	日本	8.6	日本	7.9	日本	8.0
		泰国	4.8	泰国	5.0	泰国	5.1	泰国	5.0	美国	5.4
		新加坡	4.6	美国	4.7	美国	5.0	美国	4.4	泰国	5.1
		美国	4.3	新加坡	3.6	马来西亚	3.0	马来西亚	2.8	马来西亚	3.1
		马来西亚	2.8	马来西亚	2.5	新加坡	2.7	新加坡	2.5	印度尼西亚	2.1
		印度	2.1	德国	1.9	印度尼西亚	1.7	印度	1.9	新加坡	1.9
		德国	1.8	印度尼西亚	1.7	德国	1.6	印度尼西亚	1.7	印度	1.8
		印度尼西亚	1.7	印度	1.6	印度	1.6	德国	1.5	德国	1.6

续表

区域	国家	2014 年	占比	2015 年	占比	2016 年	占比	2017 年	占比	2018 年	占比
东南亚国家	新加坡	中国	11.8	中国	13.7	中国	13.9	中国	13.8	中国	13.4
		马来西亚	10.3	美国	10.9	马来西亚	11.0	马来西亚	11.9	马来西亚	11.5
		美国	10.1	马来西亚	10.7	美国	10.6	美国	10.6	美国	11.4
		韩国	5.8	日本	6.2	日本	7.3	日本	6.3	日本	6.0
		日本	5.4	韩国	5.9	韩国	5.8	韩国	4.9	印度尼西亚	4.1
		印度尼西亚	5.0	印度尼西亚	4.9	印度尼西亚	4.8	印度尼西亚	4.6	韩国	3.8
		阿联酋	4.2	德国	2.9	德国	3.0	德国	2.9	沙特阿拉伯	3.4
		沙特阿拉伯	3.9	瑞士	2.9	法国	2.9	瑞士	2.8	法国	3.1
		德国	2.8	阿联酋	2.8	沙特阿拉伯	2.8	沙特阿拉伯	2.8	瑞士	2.7
		瑞士	2.6	泰国	2.6	瑞士	2.7	法国	2.7	德国	2.7
	菲律宾	中国	15.2	中国	16.4	中国	18.5	中国	18.1	中国	19.6
		美国	8.9	美国	10.9	日本	11.9	日本	11.6	韩国	10.0
		日本	8.2	日本	9.6	美国	8.9	韩国	8.7	日本	9.9
		韩国	7.7	新加坡	7.0	泰国	7.8	美国	8.2	美国	7.2
		新加坡	6.9	韩国	6.5	韩国	6.5	泰国	6.9	泰国	6.9
		泰国	5.3	泰国	6.3	新加坡	6.5	印度尼西亚	6.6	印度尼西亚	5.9
		沙特阿拉伯	4.9	马来西亚	4.7	印度尼西亚	5.5	新加坡	5.8	新加坡	5.5
		马来西亚	4.7	印度尼西亚	4.4	马来西亚	4.0	马来西亚	3.9	马来西亚	3.7
		印度尼西亚	4.7	德国	3.7	德国	2.3	越南	2.8	越南	2.8
		德国	4.1	沙特阿拉伯	2.6	越南	2.3	德国	2.1	德国	2.2

续表

区域	国家	2014年	占比	2015年	占比	2016年	占比	2017年	占比	2018年	占比
东南亚国家	缅甸	中国	31.0	中国	38.0	中国	34.4	中国	31.8	中国	32.2
		新加坡	23.1	新加坡	21.6	新加坡	14.5	新加坡	15.2	新加坡	19.1
		日本	10.2	泰国	11.6	泰国	12.7	泰国	11.3	泰国	13.4
		泰国	9.8	日本	9.1	日本	8.0	日本	5.5	印度	5.1
		马来西亚	6.0	印度尼西亚	3.5	印度	7.0	马来西亚	5.2	印度尼西亚	4.8
		印度	4.1	马来西亚	3.1	马来西亚	4.4	印度	5.1	马来西亚	4.2
		印度尼西亚	3.3	印度	2.8	印度尼西亚	3.8	印度尼西亚	4.8	日本	3.6
		美国	3.0	韩国	2.4	韩国	3.0	美国	3.6	越南	3.0
		韩国	2.8	越南	1.6	越南	2.3	越南	3.0	韩国	2.3
		越南	1.5	阿联酋	0.7	美国	1.4	韩国	2.7	美国	1.7
	柬埔寨	中国	38.2	中国	36.8	中国	36.8	中国	37.0	中国	35.1
		泰国	10.8	泰国	14.6	泰国	15.4	泰国	16.5	泰国	18.4
		越南	9.0	越南	8.7	越南	11.4	越南	11.8	越南	12.7
		新加坡	5.0	新加坡	4.7	新加坡	4.6	新加坡	4.3	日本	4.2
		韩国	4.0	韩国	4.3	日本	4.3	日本	4.1	印度尼西亚	3.5
		印度尼西亚	2.9	日本	4.0	韩国	3.5	印度尼西亚	3.8	新加坡	3.3
		日本	2.7	印度尼西亚	3.1	印度尼西亚	3.4	韩国	3.4	韩国	3.2
		美国	2.7	美国	2.2	马来西亚	2.0	马来西亚	2.0	马来西亚	2.0
		马来西亚	2.2	马来西亚	1.8	美国	1.4	丹麦	1.4	美国	1.5
		印度	1.5	印度	1.1	德国	1.3	美国	1.4	丹麦	1.3

续表

区域	国家	2014 年	占比	2015 年	占比	2016 年	占比	2017 年	占比	2018 年	占比
东南亚国家	老挝	泰国	68.1	泰国	58.8	泰国	61.9	泰国	48.4	泰国	53.1
		中国	12.9	中国	18.9	中国	18.2	中国	29.3	中国	21.9
		越南	9.2	越南	13.9	越南	10.1	越南	7.2	越南	10.4
		日本	2.0	日本	1.9	日本	2.2	日本	1.9	日本	5.0
		韩国	1.8	韩国	1.3	韩国	2.0	新加坡	1.7	韩国	2.1
		比利时	0.5	美国	0.5	印度尼西亚	1.4	奥地利	1.5	新加坡	1.1
		美国	0.5	比利时	0.4	新加坡	0.6	印度尼西亚	1.3	印度尼西亚	0.8
		印度	0.4	德国	0.4	美国	0.5	韩国	0.8	澳大利亚	0.7
		德国	0.4	印度	0.4	德国	0.5	美国	0.7	印度	0.6
		马来西亚	0.4	澳大利亚	0.4	马来西亚	0.4	印度	0.0	奥地利	0.4
	文莱	马来西亚	20.6	马来西亚	21.1	马来西亚	21.1	中国	20.8	中国	39.4
		新加坡	20.4	新加坡	14.0	新加坡	19.2	新加坡	18.5	新加坡	13.8
		中国	9.9	中国	10.4	中国	13.0	马来西亚	18.2	马来西亚	13.2
		美国	9.0	美国	10.3	美国	11.6	美国	9.5	美国	8.7
		韩国	8.7	韩国	9.1	日本	4.3	德国	5.6	日本	3.9
		泰国	4.5	日本	7.4	泰国	3.8	英国	4.3	英国	3.0
		德国	4.3	德国	5.2	韩国	3.6	日本	3.9	泰国	2.6
		日本	4.0	泰国	3.7	英国	3.2	泰国	3.1	韩国	2.3
		印度尼西亚	2.9	印度尼西亚	2.7	印度尼西亚	3.1	韩国	2.7	德国	1.8
		英国	2.4	英国	2.6	德国	2.9	印度尼西亚	2.4	印度尼西亚	1.7

续表

区域	国家	2014年	占比	2015年	占比	2016年	占比	2017年	占比	2018年	占比
东南亚国家	东帝汶	—	—	—	—	—	—	印度尼西亚	31.9	—	—
		—	—	—	—	—	—	中国	15.1	—	—
		—	—	—	—	—	—	新加坡	13.1	—	—
		—	—	—	—	—	—	越南	6.6	—	—
		—	—	—	—	—	—	泰国	3.0	—	—
		—	—	—	—	—	—	马来西亚	2.7	—	—
		—	—	—	—	—	—	巴西	2.6	—	—
		—	—	—	—	—	—	澳大利亚	2.5	—	—
		—	—	—	—	—	—	比利时	2.1	—	—
		—	—	—	—	—	—	日本	1.9	—	—
东欧中亚国家	蒙古国	中国	33.1	中国	35.8	中国	31.1	中国	32.6	中国	33.5
		俄罗斯	29.9	俄罗斯	26.9	俄罗斯	25.8	俄罗斯	28.1	俄罗斯	29.1
		日本	7.2	日本	7.2	日本	9.9	日本	8.4	日本	9.5
		韩国	6.8	韩国	6.8	韩国	5.9	美国	4.8	韩国	4.5
		美国	4.2	德国	3.3	美国	4.2	韩国	4.6	美国	3.6
		德国	3.0	美国	3.1	德国	3.6	德国	3.0	德国	2.9
		乌克兰	1.3	波兰	1.0	马来西亚	1.2	波兰	1.1	波兰	1.0
		马来西亚	1.2	马来西亚	1.0	波兰	1.2	意大利	1.1	意大利	0.9
		新加坡	1.0	乌克兰	1.0	越南	1.2	马来西亚	0.9	印度	0.9
		法国	1.0	泰国	0.9	乌克兰	1.0	越南	0.9	马来西亚	0.9

续表

区域	国家	2014年	占比	2015年	占比	2016年	占比	2017年	占比	2018年	占比
东欧中亚国家	俄罗斯	中国	17.7	中国	19.3	中国	22.3	中国	21.9	中国	21.7
		德国	11.5	德国	10.4	德国	10.9	德国	10.9	德国	10.6
		美国	6.5	美国	6.3	美国	5.8	美国	5.5	白俄罗斯	5.4
		意大利	4.4	白俄罗斯	4.4	白俄罗斯	4.9	白俄罗斯	5.1	美国	5.3
		白俄罗斯	4.3	意大利	4.3	法国	4.5	意大利	4.5	意大利	4.4
		日本	3.8	日本	3.7	意大利	4.3	法国	4.0	法国	4.0
		乌克兰	3.7	乌克兰	3.1	日本	3.7	日本	3.5	日本	3.7
		法国	3.7	法国	3.0	韩国	3.0	韩国	3.3	韩国	2.9
		韩国	3.1	韩国	2.5	波兰	2.1	波兰	2.1	乌克兰	2.3
		英国	2.7	哈萨克斯坦	2.3	乌克兰	2.0	乌克兰	2.0	哈萨克斯坦	2.2
	乌克兰	俄罗斯	23.3	俄罗斯	20.0	俄罗斯	13.1	俄罗斯	14.6	俄罗斯	14.1
		中国	9.9	德国	10.6	中国	11.9	中国	11.4	中国	13.3
		德国	9.9	中国	10.1	德国	11.0	德国	10.5	德国	10.5
		白俄罗斯	7.3	白俄罗斯	6.5	白俄罗斯	7.1	波兰	6.8	白俄罗斯	6.6
		波兰	5.6	波兰	6.2	波兰	6.9	白俄罗斯	6.5	波兰	6.4
		美国	3.6	匈牙利	4.3	美国	4.3	美国	5.0	美国	5.2
		意大利	2.8	美国	4.0	法国	3.9	瑞士	3.3	意大利	3.6
		匈牙利	2.7	意大利	2.6	意大利	3.5	意大利	3.3	土耳其	3.0
		土耳其	2.4	法国	2.4	土耳其	2.8	法国	3.0	瑞士	2.9
		法国	2.3	土耳其	2.3	瑞士	2.5	土耳其	2.6	法国	2.6

续表

区域	国家	2014年	占比	2015年	占比	2016年	占比	2017年	占比	2018年	占比
东欧中亚国家	格鲁吉亚	土耳其	20.1	土耳其	18.2	土耳其	18.7	土耳其	17.3	土耳其	16.1
		中国	8.5	俄罗斯	8.6	俄罗斯	9.3	俄罗斯	9.9	俄罗斯	10.2
		乌克兰	6.4	中国	8.1	中国	7.6	中国	9.2	中国	9.1
		德国	5.4	阿塞拜疆	7.4	阿塞拜疆	6.8	阿塞拜疆	7.1	阿塞拜疆	6.5
		俄罗斯	5.4	乌克兰	6.3	德国	5.8	乌克兰	5.6	乌克兰	5.6
		其他地区	4.7	德国	5.9	乌克兰	5.8	德国	5.5	德国	4.7
		日本	4.3	美国	3.5	意大利	3.6	亚美尼亚	3.5	美国	3.9
		阿塞拜疆	4.1	日本	2.9	荷兰	3.0	美国	3.4	亚美尼亚	3.7
		罗马尼亚	3.6	阿联酋	2.9	亚美尼亚	3.0	意大利	2.7	法国	2.9
		美国	3.3	罗马尼亚	2.8	美国	3.0	罗马尼亚	2.4	意大利	2.5
	亚美尼亚	俄罗斯	25.7	俄罗斯	30.4	俄罗斯	30.8	俄罗斯	29.9	俄罗斯	26.0
		中国	10.0	中国	9.7	中国	11.3	中国	12.0	中国	13.6
		土耳其	5.6	伊朗	6.1	土耳其	5.2	土耳其	5.7	伊朗	5.6
		伊朗	5.0	德国	5.6	伊朗	5.1	伊朗	4.5	土耳其	5.2
		乌克兰	4.9	意大利	4.5	德国	5.0	德国	4.2	德国	5.0
		意大利	4.3	土耳其	4.2	意大利	4.0	意大利	3.2	意大利	3.7
		德国	4.2	乌克兰	3.8	乌克兰	3.1	乌克兰	3.0	美国	3.6
		瑞士	3.5	美国	3.2	格鲁吉亚	3.0	美国	2.9	乌克兰	3.2
		美国	2.7	格鲁吉亚	2.0	美国	2.5	瑞士	2.4	瑞士	2.7
		巴西	2.2	法国	2.0	印度	2.2	格鲁吉亚	2.2	法国	2.3

续表

区域	国家	2014年	占比	2015年	占比	2016年	占比	2017年	占比	2018年	占比
东欧中亚国家	阿塞拜疆	俄罗斯	14.3	俄罗斯	15.6	俄罗斯	19.4	俄罗斯	17.7	俄罗斯	16.4
		土耳其	14.0	土耳其	12.6	土耳其	13.9	土耳其	14.5	土耳其	13.8
		英国	10.7	美国	9.2	中国	8.3	中国	9.7	中国	10.4
		德国	7.7	德国	7.3	英国	5.8	美国	8.2	德国	5.7
		中国	7.6	意大利	6.4	美国	5.6	乌克兰	5.3	美国	4.6
		美国	6.1	日本	6.1	德国	4.6	德国	5.0	瑞士	4.4
		乌克兰	4.6	英国	5.7	意大利	3.9	意大利	3.6	乌克兰	4.1
		意大利	3.0	中国	5.6	乌克兰	3.4	英国	2.7	伊朗	3.6
		日本	2.6	乌克兰	3.4	日本	3.3	伊朗	2.7	日本	3.3
		巴西	2.4	法国	2.3	挪威	3.3	巴西	2.0	意大利	2.9
	摩尔多瓦	罗马尼亚	15.1	罗马尼亚	13.9	罗马尼亚	13.7	罗马尼亚	14.4	罗马尼亚	14.5
		俄罗斯	13.5	俄罗斯	13.4	俄罗斯	13.3	俄罗斯	11.8	俄罗斯	12.5
		乌克兰	10.3	乌克兰	9.3	中国	9.8	乌克兰	10.6	中国	10.4
		中国	9.0	中国	9.2	乌克兰	9.5	中国	10.5	乌克兰	10.0
		德国	8.0	德国	8.1	德国	7.9	德国	8.1	德国	8.4
		意大利	6.6	土耳其	7.2	意大利	7.0	意大利	6.9	意大利	6.8
		土耳其	5.7	意大利	7.0	土耳其	6.8	土耳其	6.3	土耳其	5.9
		波兰	2.9	波兰	3.1	波兰	3.3	波兰	3.4	波兰	3.5
		白俄罗斯	2.7	澳大利亚	2.2	白俄罗斯	2.5	白俄罗斯	2.4	法国	2.3
		澳大利亚	2.1	白俄罗斯	2.1	法国	2.2	法国	2.3	白俄罗斯	2.2

续表

区域	国家	2014年	占比	2015年	占比	2016年	占比	2017年	占比	2018年	占比
东欧中亚国家	哈萨克斯坦	俄罗斯	33.4	俄罗斯	34.4	俄罗斯	36.3	俄罗斯	39.6	俄罗斯	39.3
		中国	17.8	中国	16.6	中国	14.6	中国	15.9	中国	16.0
		德国	5.6	德国	6.5	德国	5.7	德国	5.0	德国	4.9
		美国	4.8	美国	4.9	美国	5.1	美国	4.2	意大利	4.4
		乌克兰	2.9	意大利	3.8	意大利	3.3	意大利	3.2	美国	3.8
		法国	2.6	乌克兰	2.7	法国	2.6	乌兹别克斯坦	2.5	乌兹别克斯坦	3.4
		韩国	2.6	土耳其	2.4	土耳其	2.5	土耳其	2.5	韩国	2.7
		意大利	2.5	乌兹别克斯坦	2.4	乌兹别克斯坦	2.3	韩国	1.9	法国	2.0
		土耳其	2.5	法国	2.2	日本	2.2	法国	1.8	土耳其	1.9
		乌兹别克斯坦	2.5	韩国	2.0	韩国	1.8	白俄罗斯	1.8	白俄罗斯	1.8
	吉尔吉斯斯坦	俄罗斯	32.4	俄罗斯	31.3	中国	38.1	中国	33.3	中国	36.7
		中国	21.1	中国	25.3	俄罗斯	20.8	俄罗斯	27.5	俄罗斯	28.5
		哈萨克斯坦	9.4	哈萨克斯坦	16.7	哈萨克斯坦	16.5	哈萨克斯坦	11.6	哈萨克斯坦	11.4
		日本	6.4	土耳其	4.0	土耳其	5.0	土耳其	5.0	土耳其	5.5
		美国	4.1	美国	3.0	美国	4.0	乌兹别克斯坦	3.6	乌兹别克斯坦	3.4
		德国	4.1	德国	2.3	乌兹别克斯坦	1.8	美国	3.5	美国	2.4
		土耳其	4.0	乌克兰	2.2	德国	1.6	白俄罗斯	2.4	德国	1.4
		韩国	2.3	日本	1.5	乌克兰	1.0	德国	1.5	日本	0.9
		乌克兰	2.0	乌兹别克斯坦	1.5	白俄罗斯	0.9	韩国	1.0	白俄罗斯	0.9
		乌兹别克斯坦	1.9	韩国	1.3	韩国	0.7	乌克兰	0.9	立陶宛	0.7

续表

区域	国家	2014年	占比	2015年	占比	2016年	占比	2017年	占比	2018年	占比
东欧中亚国家	乌兹别克斯坦	—	—	—	—	—	—	中国	22.5	中国	20.4
		—	—	—	—	—	—	俄罗斯	21.3	俄罗斯	19.5
		—	—	—	—	—	—	韩国	9.6	韩国	11.2
		—	—	—	—	—	—	哈萨克斯坦	8.1	哈萨克斯坦	8.9
		—	—	—	—	—	—	土耳其	4.9	土耳其	6.3
		—	—	—	—	—	—	德国	4.8	德国	4.0
		—	—	—	—	—	—	巴西	2.7	日本	3.9
		—	—	—	—	—	—	印度	2.3	拉脱维亚	2.2
		—	—	—	—	—	—	立陶宛	2.1	白俄罗斯	2.2
		—	—	—	—	—	—	拉脱维亚	1.7	乌克兰	1.9
	土库曼斯坦	—	—	—	—	—	—	—	—	—	—

续表

区域	国家	2014年	占比	2015年	占比	2016年	占比	2017年	占比	2018年	占比
东欧中亚国家	塔吉克斯坦	—	—	—	—	—	—	—	—	—	—
		—	—	—	—	—	—	—	—	—	—
		—	—	—	—	—	—	—	—	—	—
		—	—	—	—	—	—	—	—	—	—
		—	—	—	—	—	—	—	—	—	—
		—	—	—	—	—	—	—	—	—	—
		—	—	—	—	—	—	—	—	—	—
		—	—	—	—	—	—	—	—	—	—
		—	—	—	—	—	—	—	—	—	—
		—	—	—	—	—	—	—	—	—	—
南亚国家	印度	中国	7.7	中国	14.8	中国	9.6	中国	11.1	中国	8.9
		美国	2.1	美国	4.1	美国	5.3	美国	3.9	美国	4.3
		沙特阿拉伯	4.9	沙特阿拉伯	1.5	沙特阿拉伯	4.4	沙特阿拉伯	3.2	沙特阿拉伯	3.9
		阿联酋	4.6	阿联酋	2.8	阿联酋	4.0	阿联酋	3.8	阿联酋	3.9
		伊拉克	3.6	伊拉克	4.4	伊拉克	2.3	伊拉克	3.6	伊拉克	3.5
		瑞士	3.0	瑞士	3.6	瑞士	2.3	瑞士	2.6	韩国	2.8
		韩国	2.7	韩国	3.3	韩国	2.2	韩国	2.3	瑞士	2.6
		中国香港特别行政区	2.9	中国香港特别行政区	2.3	中国香港特别行政区	3.0	中国香港特别行政区	2.3	中国香港特别行政区	2.6
		印度尼西亚	3.6	伊朗	2.8	印度尼西亚	2.6	印度尼西亚	2.9	印度尼西亚	2.7
		伊朗	2.9	印度尼西亚	2.1	伊朗	2.4	伊朗	2.8	伊朗	2.6

续表

区域	国家	2014年	占比	2015年	占比	2016年	占比	2017年	占比	2018年	占比
南亚国家	巴基斯坦	中国	16.1	中国	23.3	中国	18.0	中国	19.6	中国	17.4
		阿联酋	10.6	阿联酋	12.5	阿联酋	13.7	阿联酋	12.3	阿联酋	12.8
		沙特阿拉伯	6.4	沙特阿拉伯	3.0	沙特阿拉伯	6.0	沙特阿拉伯	4.8	沙特阿拉伯	5.5
		美国	6.0	美国	4.2	美国	5.4	美国	5.1	美国	5.3
		印度尼西亚	4.9	印度尼西亚	5.6	印度尼西亚	3.5	印度尼西亚	4.9	印度尼西亚	4.7
		卡塔尔	4.9	卡塔尔	5.5	卡塔尔	4.2	卡塔尔	4.5	卡塔尔	4.7
		日本	4.8	日本	5.4	印度	4.3	日本	4.4	日本	4.7
		印度	4.4	印度	3.9	日本	4.5	印度	3.8	印度	4.2
		泰国	4.1	科威特	3.3	泰国	3.1	泰国	3.4	泰国	3.3
		科威特	3.6	泰国	2.9	科威特	3.2	科威特	3.6	科威特	3.3
	孟加拉国	中国	13.0	中国	13.1	中国	13.0	中国	13.1	中国	13.1
		印度	8.5	印度	8.5	印度	8.5	印度	8.5	印度	8.5
		中国香港特别行政区	7.0	新加坡	6.9	新加坡	7.0	新加坡	6.9	新加坡	7.0
		新加坡	4.5	中国香港特别行政区	4.4	中国香港特别行政区	4.4	中国香港特别行政区	4.4	印度尼西亚	4.4
		印度尼西亚	3.9	印度尼西亚	3.9	印度尼西亚	3.9	印度尼西亚	3.9	中国香港特别行政区	3.9
		日本	3.1	日本	3.2	日本	3.1	韩国	3.1	日本	3.1
		韩国	2.8	韩国	2.8	韩国	2.8	日本	2.8	韩国	2.8
		马来西亚	2.8	马来西亚	2.8	马来西亚	2.8	马来西亚	2.8	马来西亚	2.8
		巴西	2.5	巴西	2.5	巴西	2.5	巴西	2.5	巴西	2.5
		科威特	2.5	科威特	2.5	科威特	2.5	科威特	2.5	科威特	2.5

续表

区域	国家	2014年	占比	2015年	占比	2016年	占比	2017年	占比	2018年	占比
南亚国家	斯里兰卡	印度	13.5	印度	13.7	印度	13.6	印度	13.6	印度	13.6
		中国	14.6	中国	14.7	中国	14.7	中国	14.7	中国	14.7
		阿联酋	6.5	阿联酋	6.4	阿联酋	6.4	阿联酋	6.4	阿联酋	6.4
		新加坡	5.7	日本	5.7	新加坡	5.7	新加坡	5.7	美国	5.7
		日本	4.8	新加坡	4.8	马来西亚	4.8	日本	4.8	日本	4.8
		美国	4.0	美国	4.0	美国	4.0	美国	4.0	新加坡	4.0
		马来西亚	3.3	马来西亚	3.3	日本	3.3	马来西亚	3.3	马来西亚	3.3
		泰国	2.7	泰国	2.7	泰国	2.7	泰国	2.7	泰国	2.7
		其他亚洲国家及地区	2.6	其他亚洲国家及地区	2.6	其他亚洲国家及地区	2.6	其他亚洲国家及地区	2.6	其他亚洲国家及地区	2.6
		中国香港特别行政区	2.5	中国香港特别行政区	2.4	中国香港特别行政区	2.4	中国香港特别行政区	2.4	中国香港特别行政区	2.4
	阿富汗	伊朗	14.9	中国	15.6	伊朗	15.7	伊朗	15.4	伊朗	15.2
		中国	15.5	伊朗	13.0	中国	14.7	中国	14.6	中国	14.1
		巴基斯坦	14.2	巴基斯坦	13.2	巴基斯坦	13.1	巴基斯坦	12.6	巴基斯坦	13.1
		哈萨克斯坦	10.5	哈萨克斯坦	10.0	哈萨克斯坦	9.2	哈萨克斯坦	10.0	哈萨克斯坦	9.5
		乌兹别克斯坦	6.8	乌兹别克斯坦	6.6	乌兹别克斯坦	7.2	乌兹别克斯坦	6.7	土库曼斯坦	6.7
		日本	4.8	日本	5.4	日本	5.2	日本	4.9	日本	5.0
		马来西亚	4.6	土库曼斯坦	4.8	土库曼斯坦	5.1	土库曼斯坦	4.7	乌兹别克斯坦	4.6
		印度	4.4	印度	4.7	印度	4.6	印度	4.3	印度	4.3
		土库曼斯坦	3.1	马来西亚	3.5	俄罗斯	3.3	俄罗斯	3.2	马来西亚	3.4
		俄罗斯	1.2	俄罗斯	2.2	马来西亚	1.3	马来西亚	1.8	俄罗斯	1.9

续表

区域	国家	2014 年	占比	2015 年	占比	2016 年	占比	2017 年	占比	2018 年	占比
南亚国家	尼泊尔	阿联酋	9.9	阿联酋	10.1	阿联酋	10.7	阿联酋	10.0	阿联酋	10.2
		中国	11.5	中国	10.8	中国	11.5	中国	11.3	中国	11.2
		新加坡	10.1	新加坡	10.2	新加坡	10.5	新加坡	10.7	印度	10.5
		印度	9.5	印度	10.2	印度	9.8	印度	9.9	新加坡	9.8
		斯里兰卡	10.4	马来西亚	9.6	马来西亚	9.7	马来西亚	9.3	马来西亚	9.5
		马来西亚	9.4	斯里兰卡	8.4	斯里兰卡	8.1	斯里兰卡	8.2	斯里兰卡	8.1
		泰国	6.9	泰国	7.2	土耳其	6.7	泰国	7.2	泰国	7.0
		土耳其	5.2	土耳其	5.4	泰国	5.5	土耳其	5.3	土耳其	5.5
		印度尼西亚	4.3	德国	4.5	印度尼西亚	4.5	印度尼西亚	4.4	印度尼西亚	4.4
		德国	4.3	印度尼西亚	4.2	德国	4.1	德国	4.2	德国	4.2
	不丹	印度	50.1	印度	57.3	印度	52.0	印度	53.5	印度	51.3
		韩国	2.0	韩国	3.9	韩国	5.1	韩国	3.7	中国	4.2
		中国	4.4	中国	1.0	中国	4.0	日本	2.8	日本	3.5
		日本	4.3	日本	2.5	日本	3.7	中国	3.4	韩国	3.5
		澳大利亚	2.9	澳大利亚	3.6	新加坡	1.6	澳大利亚	2.9	澳大利亚	2.7
		新加坡	2.6	新加坡	3.2	澳大利亚	1.9	新加坡	2.1	新加坡	2.4
		泰国	2.4	泰国	3.0	泰国	1.9	泰国	2.0	泰国	2.3
		瑞典	2.3	尼泊尔	1.6	瑞典	2.3	瑞典	1.6	瑞典	1.9
		尼泊尔	2.1	瑞典	1.6	尼泊尔	1.4	尼泊尔	1.7	印度尼西亚	1.5
		其他地区	1.6	其他地区	0.9	其他地区	1.2	其他地区	1.6	其他地区	1.3

续表

区域	国家	2014年	占比	2015年	占比	2016年	占比	2017年	占比	2018年	占比
南亚国家	马尔代夫	阿联酋	18.7	阿联酋	18.9	中国	19.1	阿联酋	19.3	阿联酋	19.5
		印度	17.4	中国	17.6	阿联酋	17.8	中国	18.0	新加坡	18.2
		中国	17.1	印度	17.3	新加坡	17.4	新加坡	17.6	中国	17.8
		新加坡	16.4	新加坡	16.6	印度	16.7	印度	16.9	印度	17.1
		马来西亚	15.9	泰国	16.1	马来西亚	16.2	泰国	16.4	斯里兰卡	16.6
		斯里兰卡	13.5	马来西亚	13.6	斯里兰卡	13.7	斯里兰卡	13.9	马来西亚	14.0
		泰国	11.7	斯里兰卡	11.8	泰国	11.9	马来西亚	12.0	泰国	12.2
		德国	9.2	土耳其	9.3	土耳其	9.4	土耳其	9.5	土耳其	9.6
		土耳其	7.4	印度尼西亚	7.5	印度尼西亚	7.6	法国	7.6	印度尼西亚	7.7
		印度尼西亚	7.0	德国	7.1	德国	7.2	德国	7.3	德国	7.3
西亚北非国家	沙特阿拉伯	中国	13.7	中国	14.1	中国	14.1	中国	15.3	中国	16.5
		美国	12.7	美国	13.7	美国	13.1	美国	13.5	美国	13.3
		德国	7.4	德国	7.0	德国	6.4	阿联酋	6.5	阿联酋	8.9
		日本	5.9	日本	5.7	阿联酋	5.4	德国	5.8	德国	5.4
		韩国	5.1	韩国	5.7	日本	5.3	法国	4.3	印度	4.2
		阿联酋	4.9	阿联酋	5.1	韩国	4.4	日本	4.1	日本	4.0
		印度	3.7	印度	3.4	印度	3.7	印度	4.0	法国	3.4
		意大利	3.4	法国	3.1	意大利	3.2	韩国	3.9	韩国	3.2
		瑞士	2.8	意大利	3.0	法国	2.6	意大利	3.4	意大利	3.1
		英国	2.7	英国	2.9	英国	2.3	英国	2.3	英国	2.3

续表

区域	国家	2014 年	占比	2015 年	占比	2016 年	占比	2017 年	占比	2018 年	占比
西亚北非国家	阿联酋	中国	7.4	中国	8.0	中国	8.3	中国	18.2	中国	15.5
		美国	6.4	美国	6.7	美国	7.6	美国	8.9	印度	9.4
		印度	5.8	印度	6.2	印度	6.9	印度	7.8	美国	8.6
		德国	3.9	德国	4.2	德国	4.7	日本	5.3	日本	5.6
		日本	3.5	日本	3.6	日本	3.6	德国	4.5	德国	4.5
		英国	2.2	英国	2.2	意大利	2.0	越南	3.8	英国	3.1
		瑞士	2.1	意大利	1.9	英国	1.9	土耳其	2.9	越南	3.1
		意大利	2.0	韩国	1.8	韩国	1.8	韩国	2.8	沙特阿拉伯	3.1
		韩国	1.9	瑞士	1.6	土耳其	1.7	沙特阿拉伯	2.6	意大利	2.7
		法国	1.6	法国	1.6	沙特阿拉伯	1.7	意大利	2.6	法国	2.7
	阿曼	阿联酋	29.6	阿联酋	13.6	阿联酋	14.9	阿联酋	38.9	中国	5.9
		中国	4.6	中国	12.9	中国	13.4	中国	5.9	印度	4.4
		印度	4.2	日本	7.8	美国	7.7	印度	5.2	卡塔尔	3.5
		沙特阿拉伯	4.0	美国	7.6	印度	7.4	沙特阿拉伯	3.4	沙特阿拉伯	3.2
		巴西	3.9	印度	7.2	日本	6.9	美国	3.2	美国	3.2
		美国	2.8	沙特阿拉伯	4.6	德国	4.5	巴西	2.8	德国	2.4
		德国	1.9	韩国	4.2	沙特阿拉伯	3.6	也门	2.4	巴西	2.3
		意大利	1.8	德国	4.2	意大利	3.1	伊朗	1.9	伊朗	2.3
		韩国	1.8	意大利	2.9	伊朗	3.0	英国	1.8	意大利	2.3
		日本	1.6	英国	2.6	韩国	2.7	意大利	1.7	韩国	1.8

续表

区域	国家	2014年	占比	2015年	占比	2016年	占比	2017年	占比	2018年	占比
西亚北非国家	伊朗	中国	24.3	—	—	中国	25.0	中国	25.4	—	—
		阿联酋	21.5	—	—	阿联酋	13.3	阿联酋	15.8	—	—
		韩国	8.5	—	—	韩国	8.1	韩国	7.1	—	—
		土耳其	7.4	—	—	土耳其	6.4	土耳其	6.2	—	—
		印度	7.2	—	—	德国	5.9	德国	6.0	—	—
		瑞士	4.7	—	—	印度	4.6	印度	4.4	—	—
		德国	4.7	—	—	俄罗斯	3.6	瑞士	4.2	—	—
		意大利	2.1	—	—	意大利	2.9	法国	3.4	—	—
		荷兰	2.0	—	—	巴西	2.8	意大利	2.8	—	—
		俄罗斯	1.2	—	—	瑞士	2.7	荷兰	2.3	—	—
	土耳其	俄罗斯	10.4	中国	12.0	中国	12.8	中国	10.0	俄罗斯	9.9
		中国	10.3	德国	10.3	德国	10.8	德国	9.1	中国	9.3
		德国	9.2	俄罗斯	9.8	俄罗斯	7.6	俄罗斯	8.3	德国	9.1
		美国	5.3	美国	5.4	美国	5.5	美国	5.1	美国	5.5
		意大利	5.0	意大利	5.1	意大利	5.1	意大利	4.8	意大利	4.6
		伊朗	4.1	法国	3.7	法国	3.7	法国	3.5	印度	3.4
		法国	3.4	韩国	3.4	韩国	3.2	伊朗	3.2	英国	3.3
		韩国	3.1	伊朗	2.9	印度	2.9	瑞士	3.0	法国	3.3
		印度	2.8	印度	2.7	西班牙	2.9	韩国	2.8	伊朗	3.1
		西班牙	2.5	西班牙	2.7	英国	2.7	英国	2.8	韩国	2.8

续表

区域	国家	2014年	占比	2015年	占比	2016年	占比	2017年	占比	2018年	占比
西亚北非国家	以色列	美国	11.8	美国	13.0	美国	12.3	美国	11.7	中国	13.7
		中国	8.3	中国	9.3	中国	9.0	中国	9.4	美国	13.4
		瑞士	7.2	瑞士	7.1	瑞士	6.5	瑞士	8.0	土耳其	8.1
		德国	6.4	德国	6.1	德国	6.2	德国	6.8	俄罗斯	6.1
		比利时	5.3	比利时	5.3	比利时	5.9	英国	6.2	德国	6.1
		意大利	3.8	意大利	4.0	英国	5.6	比利时	5.9	比利时	4.1
		土耳其	3.7	土耳其	3.9	荷兰	4.1	荷兰	4.2	意大利	3.9
		荷兰	3.3	荷兰	3.9	意大利	4.1	土耳其	4.2	日本	3.6
		英国	3.2	英国	3.7	土耳其	4.0	意大利	4.0	英国	2.8
		印度	3.1	中国香港特别行政区	3.3	日本	3.6	日本	3.0	印度	2.6
	埃及	中国	11.3	中国	13.1	中国	13.0	中国	12.2	中国	14.2
		德国	7.8	德国	7.8	德国	8.7	德国	6.8	沙特阿拉伯	7.0
		美国	7.3	美国	5.9	美国	5.3	意大利	6.3	美国	6.7
		科威特	4.9	俄罗斯	4.5	意大利	4.6	沙特阿拉伯	6.3	俄罗斯	6.0
		意大利	4.6	土耳其	4.4	土耳其	4.3	美国	5.9	德国	5.1
		乌克兰	4.2	意大利	4.4	沙特阿拉伯	4.2	俄罗斯	5.4	意大利	4.3
		俄罗斯	4.1	沙特阿拉伯	4.0	俄罗斯	3.8	巴西	4.1	土耳其	4.1
		土耳其	4.0	巴西	3.6	乌克兰	3.7	印度	3.5	巴西	3.8
		沙特阿拉伯	3.8	法国	3.3	韩国	3.7	乌克兰	3.5	科威特	2.8
		印度	3.5	乌克兰	3.3	西班牙	3.4	土耳其	3.1	印度	2.8

续表

区域	国家	2014 年	占比	2015 年	占比	2016 年	占比	2017 年	占比	2018 年	占比
西亚北非国家	科威特	中国	14.1	中国	16.4	中国	15.2	中国	18.4	中国	16.7
		美国	9.8	阿联酋	9.4	美国	9.6	美国	11.5	美国	8.7
		阿联酋	9.4	美国	9.2	阿联酋	9.1	阿联酋	9.8	阿联酋	8.6
		日本	7.1	日本	6.9	日本	6.5	德国	6.7	日本	5.9
		德国	6.7	德国	5.7	德国	6.3	沙特阿拉伯	6.1	德国	5.7
		沙特阿拉伯	5.0	沙特阿拉伯	4.8	印度	5.5	印度	5.9	沙特阿拉伯	5.7
		印度	4.2	印度	4.5	沙特阿拉伯	4.9	日本	5.8	印度	5.2
		韩国	4.1	意大利	3.5	意大利	4.6	韩国	5.2	日本	4.4
		意大利	3.7	韩国	3.1	韩国	4.4	意大利	5.1	韩国	3.9
		英国	2.6	英国	2.9	英国	2.5	英国	3.0	英国	2.5
	伊拉克	中国	3.5	—	—	—	—	—	—	—	—
		阿联酋	1.9	—	—	—	—	—	—	—	—
		韩国	1.0	—	—	—	—	—	—	—	—
		美国	0.8	—	—	—	—	—	—	—	—
		日本	0.5	—	—	—	—	—	—	—	—
		意大利	0.3	—	—	—	—	—	—	—	—
		印度	0.3	—	—	—	—	—	—	—	—
		法国	0.3	—	—	—	—	—	—	—	—
		伊朗	0.2	—	—	—	—	—	—	—	—
		印度尼西亚	0.2	—	—	—	—	—	—	—	—

续表

区域	国家	2014 年	占比	2015 年	占比	2016 年	占比	2017 年	占比	2018 年	占比
西亚北非国家	卡塔尔	美国	11.4	中国	11.5	美国	14.3	美国	16.4	美国	19.5
		中国	10.6	美国	11.0	中国	10.3	中国	11.4	中国	12.4
		阿联酋	8.2	阿联酋	8.8	德国	9.2	德国	6.9	印度	6.3
		德国	7.1	德国	7.5	阿联酋	9.1	阿联酋	5.5	德国	6.2
		日本	6.4	日本	6.5	日本	6.7	日本	5.3	英国	5.7
		英国	5.4	英国	5.7	沙特阿拉伯	4.3	沙特阿拉伯	5.3	日本	4.4
		意大利	4.9	意大利	4.4	英国	4.1	英国	4.7	意大利	4.3
		沙特阿拉伯	4.6	沙特阿拉伯	4.3	意大利	4.0	意大利	4.4	土耳其	4.2
		印度	3.8	法国	3.8	印度	3.7	印度	3.1	阿曼	3.1
		韩国	3.4	印度	3.7	法国	3.2	法国	2.7	法国	3.1
	约旦	沙特阿拉伯	19.6	沙特阿拉伯	15.0	中国	14.0	中国	13.5	中国	13.6
		中国	10.5	中国	12.9	沙特阿拉伯	12.1	沙特阿拉伯	13.5	美国	8.7
		美国	5.8	美国	6.2	美国	7.0	美国	9.8	德国	4.6
		印度	5.5	德国	4.6	德国	4.6	阿联酋	4.9	土耳其	3.8
		阿联酋	4.8	阿联酋	4.1	阿联酋	4.6	德国	4.4	意大利	3.1
		德国	3.9	意大利	3.9	意大利	4.4	意大利	4.0	印度	2.8
		土耳其	3.7	土耳其	3.7	土耳其	3.5	土耳其	3.3	埃及	2.7
		韩国	3.4	韩国	3.4	日本	3.3	日本	2.8	法国	2.3
		意大利	3.1	瑞士	3.2	韩国	3.2	韩国	2.7	韩国	2.2
		俄罗斯	2.9	日本	2.9	罗马尼亚	3.1	印度	2.5	日本	2.0

续表

区域	国家	2014年	占比	2015年	占比	2016年	占比	2017年	占比	2018年	占比
西亚北非国家	黎巴嫩	中国	12.1	中国	11.2	中国	11.2	中国	9.6	中国	10.3
		意大利	8.0	美国	6.9	意大利	7.5	意大利	9.0	希腊	8.5
		法国	6.2	意大利	6.9	美国	6.3	美国	7.4	意大利	8.0
		德国	6.1	德国	6.6	德国	6.2	希腊	7.0	美国	7.2
		美国	6.0	法国	5.9	希腊	5.7	德国	6.3	德国	5.8
		俄罗斯	4.3	俄罗斯	4.5	埃及	4.1	土耳其	4.0	土耳其	4.7
		希腊	4.0	希腊	4.2	俄罗斯	3.8	法国	3.9	法国	3.5
		土耳其	3.4	土耳其	3.5	法国	3.8	俄罗斯	3.8	阿联酋	2.9
		比利时	2.9	西班牙	3.1	土耳其	3.6	埃及	3.0	俄罗斯	2.8
		英国	2.6	英国	2.9	荷兰	3.5	西班牙	2.8	埃及	2.7
	巴林	沙特阿拉伯	41.7	沙特阿拉伯	28.7	沙特阿拉伯	24.7	沙特阿拉伯	29.6	沙特阿拉伯	33.1
		中国	8.0	中国	9.6	中国	9.7	中国	9.5	中国	9.1
		阿联酋	5.3	美国	7.1	美国	8.6	阿联酋	7.6	美国	5.9
		日本	5.2	阿联酋	6.9	阿联酋	7.1	美国	5.6	澳大利亚	4.6
		美国	4.7	日本	6.9	日本	6.1	日本	4.6	日本	3.9
		澳大利亚	4.0	澳大利亚	4.8	澳大利亚	3.9	印度	3.7	印度	3.7
		德国	2.9	德国	3.3	印度	3.4	德国	3.5	巴西	3.3
		印度	2.5	印度	3.1	英国	3.3	澳大利亚	3.4	德国	2.8
		巴西	2.3	英国	2.6	德国	3.1	巴西	2.5	法国	2.4
		意大利	1.7	巴西	2.5	意大利	2.2	法国	2.3	英国	2.3

续表

区域	国家	2014年	占比	2015年	占比	2016年	占比	2017年	占比	2018年	占比
西亚北非国家	也门	中国	11.3	阿联酋	11.5	—	—	—	—	—	—
		土耳其	7.0	中国	10.8	—	—	—	—	—	—
		沙特阿拉伯	6.8	沙特阿拉伯	8.6	—	—	—	—	—	—
		印度	6.7	土耳其	6.9	—	—	—	—	—	—
		巴西	6.2	印度	5.7	—	—	—	—	—	—
		美国	5.6	澳大利亚	5.0	—	—	—	—	—	—
		阿联酋	4.8	巴西	4.2	—	—	—	—	—	—
		日本	3.9	泰国	3.3	—	—	—	—	—	—
		阿根廷	3.4	美国	3.3	—	—	—	—	—	—
		澳大利亚	3.2	阿根廷	3.2	—	—	—	—	—	—
	叙利亚	—	—	—	—	—	—	—	—	—	—
		—	—	—	—	—	—	—	—	—	—
		—	—	—	—	—	—	—	—	—	—
		—	—	—	—	—	—	—	—	—	—
		—	—	—	—	—	—	—	—	—	—
		—	—	—	—	—	—	—	—	—	—
		—	—	—	—	—	—	—	—	—	—
		—	—	—	—	—	—	—	—	—	—
		—	—	—	—	—	—	—	—	—	—
		—	—	—	—	—	—	—	—	—	—

续表

区域	国家	2014年	占比	2015年	占比	2016年	占比	2017年	占比	2018年	占比
西亚北非国家	巴勒斯坦	以色列	69.6	以色列	58.3	以色列	58.2	以色列	55.3	土耳其	10.1
		土耳其	5.7	土耳其	7.3	土耳其	8.9	土耳其	9.9	中国	6.5
		中国	5.0	中国	7.0	中国	7.1	中国	7.3	德国	3.2
		德国	2.4	德国	2.8	德国	3.5	德国	3.7	约旦	2.9
		约旦	1.8	约旦	2.7	约旦	2.5	约旦	2.6	意大利	1.7
		沙特阿拉伯	1.1	日本	1.6	意大利	1.4	意大利	1.8	法国	1.7
		意大利	1.1	西班牙	1.4	沙特阿拉伯	1.3	法国	1.4	埃及	1.4
		西班牙	1.1	沙特阿拉伯	1.4	西班牙	1.3	沙特阿拉伯	1.3	乌克兰	1.4
		埃及	1.0	意大利	1.3	法国	1.3	西班牙	1.2	沙特阿拉伯	1.3
		法国	0.9	埃及	1.3	埃及	1.2	埃及	1.2	西班牙	1.3
中东欧国家	波兰	德国	21.7	德国	22.6	德国	22.9	德国	22.7	德国	22.4
		俄罗斯	10.8	中国	11.8	中国	12.4	中国	12.1	中国	11.6
		中国	10.6	俄罗斯	7.6	俄罗斯	6.1	俄罗斯	6.8	俄罗斯	7.3
		意大利	5.3	意大利	5.2	意大利	5.1	意大利	5.0	意大利	5.0
		法国	3.7	荷兰	3.8	法国	3.9	法国	3.9	法国	3.6
		荷兰	3.7	法国	3.7	荷兰	3.7	荷兰	3.7	荷兰	3.6
		捷克	3.5	捷克	3.4	捷克	3.5	捷克	3.5	捷克	3.4
		英国	2.5	美国	2.7	美国	2.9	美国	3.0	美国	2.8
		美国	2.5	英国	2.7	比利时	2.6	比利时	2.5	比利时	2.5
		比利时	2.4	比利时	2.4	英国	2.6	英国	2.3	英国	2.4

续表

区域	国家	2014 年	占比	2015 年	占比	2016 年	占比	2017 年	占比	2018 年	占比
中东欧国家	罗马尼亚	德国	19.1	德国	19.8	德国	20.5	德国	20.1	德国	20.5
		意大利	10.8	意大利	10.9	意大利	10.3	意大利	10.0	意大利	9.4
		匈牙利	7.8	匈牙利	7.9	匈牙利	7.5	匈牙利	7.5	匈牙利	6.9
		法国	5.7	法国	5.6	法国	5.5	波兰	5.5	波兰	5.6
		波兰	4.6	波兰	4.8	波兰	5.1	法国	5.3	中国	5.3
		中国	4.0	中国	4.6	中国	5.1	中国	5.0	法国	5.1
		哈萨克斯坦	4.0	荷兰	4.0	荷兰	4.1	荷兰	4.0	土耳其	4.4
		俄罗斯	3.9	奥地利	3.9	土耳其	3.8	土耳其	4.0	荷兰	3.9
		奥地利	3.8	土耳其	3.6	奥地利	3.6	奥地利	3.3	俄罗斯	3.8
		荷兰	3.7	俄罗斯	3.2	保加利亚	3.1	俄罗斯	3.3	奥地利	3.3
	捷克	德国	26.2	德国	26.0	德国	26.5	德国	25.8	德国	25.1
		中国	11.4	中国	13.5	中国	12.4	中国	12.6	中国	14.1
		波兰	7.7	波兰	7.9	波兰	8.3	波兰	7.7	波兰	7.6
		斯洛伐克	5.3	斯洛伐克	5.1	斯洛伐克	5.1	斯洛伐克	4.8	斯洛伐克	5.0
		意大利	4.1	意大利	4.1	意大利	4.3	意大利	4.2	意大利	4.2
		俄罗斯	4.1	法国	3.0	法国	3.2	奥地利	3.2	法国	3.3
		荷兰	3.4	俄罗斯	3.0	奥地利	2.9	法国	3.1	俄罗斯	3.2
		法国	3.2	荷兰	3.0	荷兰	2.9	俄罗斯	3.0	奥地利	2.9
		奥地利	3.1	奥地利	3.0	英国	2.7	荷兰	2.7	荷兰	2.8
		美国	2.4	韩国	2.4	韩国	2.5	英国	2.6	美国	2.5

续表

区域	国家	2014年	占比	2015年	占比	2016年	占比	2017年	占比	2018年	占比
中东欧国家	斯洛伐克	德国	15.6	德国	15.8	德国	17.1	德国	17.1	德国	18.1
		捷克	10.8	捷克	11.1	捷克	10.6	捷克	10.4	捷克	10.3
		其他欧洲国家	8.7	中国	8.8	中国	8.5	其他欧洲国家	7.5	其他欧洲国家	7.1
		中国	8.2	其他欧洲国家	8.7	其他欧洲国家	8.3	中国	7.5	中国	6.0
		俄罗斯	7.7	韩国	6.6	韩国	5.8	韩国	5.7	韩国	5.9
		韩国	7.4	俄罗斯	6.1	波兰	5.3	越南	5.4	越南	5.8
		波兰	5.0	波兰	5.1	俄罗斯	4.8	波兰	5.4	俄罗斯	5.8
		匈牙利	4.8	匈牙利	5.0	匈牙利	4.7	俄罗斯	5.0	波兰	5.6
		意大利	3.4	越南	3.5	越南	4.3	匈牙利	4.8	匈牙利	4.7
		越南	3.1	意大利	3.4	意大利	3.4	意大利	3.4	意大利	3.5
	保加利亚	俄罗斯	15.2	德国	12.9	德国	13.1	德国	12.2	德国	12.4
		德国	12.2	俄罗斯	12.0	俄罗斯	8.9	俄罗斯	10.2	俄罗斯	9.7
		意大利	7.0	意大利	7.6	意大利	7.9	意大利	7.2	意大利	7.5
		罗马尼亚	6.8	罗马尼亚	6.8	罗马尼亚	6.9	罗马尼亚	7.0	罗马尼亚	6.9
		土耳其	5.7	土耳其	5.7	土耳其	6.2	土耳其	6.3	土耳其	6.3
		希腊	5.1	希腊	4.8	希腊	4.8	西班牙	5.3	西班牙	4.6
		西班牙	4.9	西班牙	4.7	波兰	4.0	希腊	4.4	希腊	4.4
		匈牙利	3.4	匈牙利	3.7	中国	4.0	荷兰	3.7	中国	4.1
		中国	3.3	中国	3.7	西班牙	4.0	中国	3.7	荷兰	3.8
		法国	3.0	荷兰	3.3	匈牙利	3.8	波兰	3.6	匈牙利	3.5

续表

区域	国家	2014 年	占比	2015 年	占比	2016 年	占比	2017 年	占比	2018 年	占比
中东欧国家	匈牙利	德国	25.3	德国	26.2	德国	27.0	德国	26.5	德国	25.9
		奥地利	7.3	奥地利	6.6	奥地利	6.4	奥地利	6.2	奥地利	6.1
		俄罗斯	7.0	波兰	5.5	波兰	5.5	波兰	5.6	波兰	5.8
		斯洛伐克	5.4	斯洛伐克	5.3	斯洛伐克	5.4	斯洛伐克	5.4	中国	5.4
		波兰	5.2	中国	5.3	中国	5.3	中国	5.1	荷兰	5.1
		中国	4.9	法国	5.0	荷兰	5.0	荷兰	5.0	捷克	5.1
		法国	4.7	捷克	4.8	捷克	4.9	捷克	4.9	斯洛伐克	5.0
		捷克	4.5	意大利	4.6	意大利	4.8	意大利	4.8	意大利	4.7
		意大利	4.5	荷兰	4.5	法国	4.3	法国	4.0	俄罗斯	3.9
		荷兰	4.1	俄罗斯	4.0	罗马尼亚	3.1	俄罗斯	3.4	法国	3.7
	拉脱维亚	立陶宛	17.3	立陶宛	17.1	立陶宛	17.6	立陶宛	18.5	立陶宛	17.4
		德国	11.2	德国	11.0	德国	11.8	德国	11.2	德国	10.5
		波兰	11.1	波兰	10.8	波兰	10.6	波兰	9.0	波兰	8.8
		爱沙尼亚	9.0	俄罗斯	8.9	爱沙尼亚	8.6	爱沙尼亚	8.2	爱沙尼亚	8.6
		俄罗斯	8.4	爱沙尼亚	8.6	俄罗斯	8.0	俄罗斯	7.7	俄罗斯	8.4
		芬兰	5.9	芬兰	5.2	芬兰	4.4	芬兰	4.3	加拿大	4.7
		荷兰	3.6	荷兰	3.7	荷兰	4.1	荷兰	4.0	芬兰	4.3
		意大利	3.5	中国	3.3	瑞典	3.5	瑞典	3.2	荷兰	3.5
		瑞典	3.1	瑞典	3.3	中国	3.2	意大利	3.2	中国	3.1
		中国	2.7	意大利	3.1	意大利	3.1	中国	3.1	瑞典	3.1

续表

区域	国家	2014 年	占比	2015 年	占比	2016 年	占比	2017 年	占比	2018 年	占比
中东欧国家	立陶宛	俄罗斯	21.6	俄罗斯	16.3	俄罗斯	13.8	俄罗斯	13.1	俄罗斯	14.2
		德国	10.9	德国	11.5	德国	12.2	德国	12.1	德国	12.0
		波兰	9.4	波兰	10.3	波兰	11.0	波兰	10.3	波兰	11.5
		拉脱维亚	6.9	拉脱维亚	8.3	拉脱维亚	8.0	拉脱维亚	7.1	拉脱维亚	7.2
		意大利	4.9	荷兰	5.1	意大利	5.5	意大利	5.2	荷兰	4.9
		荷兰	4.8	意大利	4.5	荷兰	4.8	荷兰	5.0	意大利	4.9
		英国	4.1	瑞典	3.9	瑞典	4.3	瑞典	3.9	瑞典	3.8
		比利时	3.4	白俄罗斯	3.5	法国	3.4	法国	3.8	法国	3.4
		瑞典	3.1	爱沙尼亚	3.0	爱沙尼亚	3.3	比利时	3.3	比利时	3.2
		白俄罗斯	2.8	比利时	3.0	比利时	3.2	哈萨克斯坦	3.3	爱沙尼亚	3.1
	斯洛文尼亚	德国	16.5	德国	17.2	德国	17.6	德国	17.1	德国	16.3
		意大利	15.1	意大利	14.7	意大利	14.2	意大利	14.5	意大利	13.7
		奥地利	8.6	奥地利	8.6	奥地利	8.1	奥地利	8.0	奥地利	8.1
		中国	5.7	中国	6.5	中国	6.5	中国	6.3	中国	6.2
		克罗地亚	4.2	克罗地亚	4.8	克罗地亚	5.0	克罗地亚	4.4	克罗地亚	4.4
		法国	3.9	法国	3.8	法国	4.0	法国	4.4	法国	4.2
		韩国	3.2	匈牙利	2.8	匈牙利	2.8	波兰	2.8	瑞士	3.1
		匈牙利	3.0	捷克	2.7	波兰	2.8	匈牙利	2.7	美国	3.0
		捷克	2.4	波兰	2.7	捷克	2.6	捷克	2.6	波兰	2.8
		波兰	2.4	美国	2.5	美国	2.5	美国	2.5	匈牙利	2.6

续表

区域	国家	2014年	占比	2015年	占比	2016年	占比	2017年	占比	2018年	占比
中东欧国家	爱沙尼亚	俄罗斯	10.7	芬兰	9.9	德国	10.5	芬兰	10.7	德国	10.0
		芬兰	10.3	俄罗斯	9.8	芬兰	9.3	德国	10.3	俄罗斯	9.8
		德国	10.1	德国	9.7	中国	8.3	中国	8.5	芬兰	9.4
		中国	7.5	中国	8.0	俄罗斯	7.4	俄罗斯	7.8	中国	8.4
		瑞典	5.9	立陶宛	6.6	立陶宛	6.4	立陶宛	6.1	立陶宛	6.0
		波兰	5.7	瑞典	5.6	瑞典	5.5	波兰	5.4	瑞典	5.6
		立陶宛	5.7	波兰	5.6	波兰	5.5	瑞典	5.4	其他欧洲国家	5.2
		其他欧洲国家	4.7	其他欧洲国家	4.7	荷兰	5.0	其他欧洲国家	4.5	波兰	4.5
		拉脱维亚	4.7	拉脱维亚	4.2	其他欧洲国家	4.4	荷兰	4.5	拉脱维亚	4.1
		荷兰	4.2	荷兰	4.1	拉脱维亚	4.3	拉脱维亚	4.3	荷兰	3.3
	克罗地亚	德国	15.1	德国	15.5	德国	16.1	德国	15.8	德国	15.3
		意大利	14.2	意大利	13.2	意大利	12.6	意大利	12.9	意大利	13.2
		斯洛文尼亚	10.8	斯洛文尼亚	10.7	斯洛文尼亚	10.9	斯洛文尼亚	10.7	斯洛文尼亚	11.2
		奥地利	8.6	奥地利	9.1	奥地利	8.0	匈牙利	7.6	匈牙利	7.7
		匈牙利	6.5	匈牙利	7.8	匈牙利	7.1	奥地利	7.5	奥地利	6.9
		俄罗斯	5.1	荷兰	3.8	荷兰	3.9	荷兰	3.9	波兰	3.7
		荷兰	3.4	波兰	2.8	波兰	3.1	波兰	3.5	荷兰	3.7
		波黑	2.7	中国	2.8	中国	3.0	中国	3.2	中国	3.4
		中国	2.6	波黑	2.7	波黑	2.9	波黑	3.1	波黑	3.1
		波兰	2.5	塞尔维亚	2.4	塞尔维亚	2.5	塞尔维亚	2.7	捷克	2.7

续表

区域	国家	2014年	占比	2015年	占比	2016年	占比	2017年	占比	2018年	占比
中东欧国家	阿尔巴尼亚	意大利	29.8	意大利	30.3	意大利	29.3	意大利	28.6	意大利	27.3
		希腊	9.4	中国	8.6	德国	9.5	土耳其	8.1	土耳其	8.4
		中国	7.3	土耳其	8.0	中国	8.8	德国	8.1	中国	8.4
		土耳其	7.1	希腊	7.8	希腊	7.9	希腊	8.0	希腊	8.1
		德国	6.0	德国	6.7	土耳其	7.9	中国	7.9	德国	7.7
		塞尔维亚	5.4	塞尔维亚	4.8	塞尔维亚	4.1	塞尔维亚	5.4	塞尔维亚	4.8
		瑞士	3.1	法国	2.2	西班牙	2.2	西班牙	2.2	西班牙	2.5
		美国	2.4	俄罗斯	2.2	法国	2.0	瑞士	2.1	俄罗斯	2.0
		俄罗斯	2.1	西班牙	1.6	美国	1.9	俄罗斯	1.9	法国	1.9
		法国	1.9	美国	1.6	俄罗斯	1.9	法国	1.8	罗马尼亚	1.7
	塞尔维亚	德国	11.8	德国	12.4	德国	12.9	德国	12.7	德国	13.4
		俄罗斯	11.4	意大利	10.6	意大利	10.3	意大利	10.0	意大利	9.4
		意大利	11.2	俄罗斯	9.6	中国	8.3	中国	8.2	中国	8.4
		中国	7.6	中国	8.5	俄罗斯	7.9	俄罗斯	7.2	俄罗斯	7.9
		匈牙利	4.9	匈牙利	4.8	匈牙利	4.6	匈牙利	4.8	匈牙利	4.8
		波兰	4.8	波兰	4.2	波兰	4.3	波兰	4.1	土耳其	3.8
		奥地利	3.1	土耳其	3.2	土耳其	3.5	土耳其	3.7	波兰	3.6
		土耳其	2.9	斯洛文尼亚	3.0	奥地利	3.0	奥地利	3.1	法国	2.8
		罗马尼亚	2.8	法国	2.9	法国	3.0	罗马尼亚	3.0	奥地利	2.8
		法国	2.8	奥地利	2.9	斯洛文尼亚	3.0	法国	2.9	罗马尼亚	2.8

续表

区域	国家	2014 年	占比	2015 年	占比	2016 年	占比	2017 年	占比	2018 年	占比
中东欧国家	北马其顿	英国	12.2	德国	12.6	德国	12.3	德国	11.8	德国	11.6
		德国	11.1	英国	9.7	英国	10.8	英国	10.1	英国	9.5
		希腊	9.1	塞尔维亚	8.1	塞尔维亚	8.0	希腊	8.0	希腊	8.5
		塞尔维亚	8.7	希腊	7.8	希腊	7.4	塞尔维亚	7.6	塞尔维亚	7.1
		意大利	6.3	中国	6.1	中国	6.2	中国	5.8	中国	5.8
		中国	5.9	意大利	6.1	意大利	5.7	意大利	5.5	意大利	5.6
		保加利亚	5.3	保加利亚	5.3	土耳其	5.2	土耳其	4.8	土耳其	4.7
		土耳其	5.2	土耳其	5.0	保加利亚	4.6	保加利亚	4.3	保加利亚	4.3
		罗马尼亚	2.9	罗马尼亚	3.2	罗马尼亚	3.2	南非	3.2	罗马尼亚	3.4
		斯洛文尼亚	2.2	南非	2.9	南非	2.6	罗马尼亚	3.2	南非	3.3
	波黑	德国	11.5	德国	12.1	德国	12.4	德国	11.6	德国	11.9
		克罗地亚	11.4	意大利	11.1	意大利	11.7	意大利	11.3	意大利	11.3
		意大利	10.2	塞尔维亚	10.9	塞尔维亚	11.3	塞尔维亚	11.3	塞尔维亚	10.8
		塞尔维亚	10.1	克罗地亚	10.6	克罗地亚	10.0	克罗地亚	10.1	克罗地亚	9.9
		中国	8.4	中国	6.9	中国	6.8	中国	6.5	中国	6.9
		俄罗斯	8.0	俄罗斯	5.7	斯洛文尼亚	5.1	斯洛文尼亚	5.0	斯洛文尼亚	4.8
		斯洛文尼亚	4.7	斯洛文尼亚	4.9	俄罗斯	4.5	俄罗斯	5.0	俄罗斯	4.7
		土耳其	3.6	土耳其	4.1	土耳其	4.2	土耳其	4.2	土耳其	4.5
		奥地利	3.3	奥地利	3.5	奥地利	3.4	奥地利	3.4	奥地利	3.5
		美国	2.9	波兰	2.9	波兰	2.9	美国	3.2	美国	3.3

续表

区域	国家	2014年	占比	2015年	占比	2016年	占比	2017年	占比	2018年	占比
中东欧国家	黑山	塞尔维亚	26.9	塞尔维亚	28.1	塞尔维亚	22.2	塞尔维亚	21.5	塞尔维亚	19.3
		希腊	8.1	中国	10.3	德国	10.6	中国	9.6	中国	10.1
		中国	7.4	波黑	6.5	中国	9.0	德国	8.5	德国	9.2
		波黑	7.1	意大利	6.4	意大利	7.4	意大利	7.3	意大利	7.5
		意大利	6.5	德国	6.3	波黑	5.4	波黑	6.6	希腊	6.5
		德国	6.4	希腊	6.2	克罗地亚	5.4	希腊	5.9	波黑	6.1
		克罗地亚	6.0	克罗地亚	6.0	希腊	5.3	克罗地亚	5.7	克罗地亚	6.0
		荷兰	3.3	斯洛文尼亚	3.1	土耳其	3.4	土耳其	3.1	土耳其	3.4
		斯洛文尼亚	3.2	土耳其	2.3	斯洛文尼亚	2.3	斯洛文尼亚	2.4	斯洛文尼亚	2.2
		土耳其	2.0	西班牙	1.7	西班牙	2.1	法国	2.3	法国	2.0

资料来源：作者根据联合国商品贸易统计数据库数据计算。

附表2-6　　2014~2019年"一带一路"沿线国家出口贸易总额及平均增速

单位：百万美元

区域	国家	2014年	2015年	2016年	2017年	2018年	2019年	年均增速（%）
东南亚国家	印度尼西亚	176293	150366	144490	168811	180215	167497	-1.0
	泰国	227462	214310	215388	236635	252957	246245	1.6
	马来西亚	233927	199952	189743	218130	247455	238195	0.4
	越南	150217	162065	176581	215014	243699	264273	12.0
	新加坡	415378	351587	330481	373446	412955	390763	-1.2
	菲律宾	62100	58827	57406	68713	69307	70334	2.5
	缅甸	11453	11429	11831	13879	16672	17440	8.8
	柬埔寨	6846	8542	10069	11010	12700	14090	15.5
	老挝	2662	3653	4245	4873	5295	5880	17.2
	文莱	10509	6353	4875	5571	6574	6490	-9.2
	东帝汶	15	18	20	23	45	154	59.3
东欧中亚国家	蒙古国	5775	4669	4916	6201	7012	7620	5.7
	俄罗斯	496807	341419	281710	353104	443129	418796	-3.4
	乌克兰	53901	38127	36360	43265	47348	50066	-1.5
	格鲁吉亚	2861	2204	2113	2736	3356	3765	5.6
	阿塞拜疆	28260	16592	13108	15481	20291	20000	-6.7
	亚美尼亚	1519	1485	1792	2245	2412	2640	11.7
	摩尔多瓦	2340	1967	2045	2425	2706	2779	3.5
	哈萨克斯坦	79460	45956	36685	48304	60956	57309	-6.3
	乌兹别克斯坦	11500	9443	8974	10392	11224	16000	6.8
	土库曼斯坦	17500	10000	6964	7458	9573	10000	-10.6
	吉尔吉斯斯坦	1897	1441	1573	1764	1837	1966	0.7
	塔吉克斯坦	977	891	899	1198	1073	1050	1.5
南亚国家	印度	322694	267951	264542	299241	324778	324163	0.1
	巴基斯坦	24731	22089	20375	21569	23425	23352	-1.1
	孟加拉国	30405	32379	34894	35851	39252	37943	4.5
	斯里兰卡	11298	10547	10310	11360	11890	11973	1.2
	阿富汗	570	571	596	780	885	1050	13.0
	尼泊尔	889	721	696	742	786	900	0.2
	马尔代夫	301	240	256	318	339	350	3.1
	不丹	583	549	525	573	606	590	0.2

续表

区域	国家	2014年	2015年	2016年	2017年	2018年	2019年	年均增速（%）
西亚北非国家	沙特阿拉伯	342433	203550	183580	221835	294373	268590	-4.7
	阿联酋	343036	300477	295031	313547	316896	280136	-4.0
	阿曼	50718	31927	30014	32904	41761	41556	-3.9
	伊朗	95160	70275	72903	92764	105000	55100	-10.4
	土耳其	166505	150982	149247	164495	177169	180871	1.7
	以色列	68507	64063	60571	61150	61952	58448	-3.1
	埃及	26853	21349	25468	25604	27624	28993	1.5
	科威特	102111	54122	46273	55015	71938	64876	-8.7
	伊拉克	88112	57577	47642	63314	95256	89491	0.3
	卡塔尔	131592	77971	57309	67498	84288	72640	-11.2
	约旦	8385	7833	7549	7511	7750	8313	-0.2
	黎巴嫩	4548	3982	3930	4026	3830	4829	1.2
	巴林	20130	16540	12785	15376	18044	17881	-2.3
	也门	7792	1911	651	1235	1358	1478	-28.3
	叙利亚	—	—	—	—	—	—	—
	巴勒斯坦	—	—	—	—	—	—	—
中东欧国家	波兰	220052	199124	203816	234364	263569	264013	3.7
	罗马尼亚	69725	60595	63534	70761	79660	76873	2.0
	捷克	175021	157878	162693	182142	202238	198511	2.6
	斯洛伐克	86227	75146	77060	83414	93425	89682	0.8
	保加利亚	29245	25371	26572	31438	33618	33303	2.6
	匈牙利	110622	98524	101920	113806	125795	123616	2.2
	拉脱维亚	14715	12286	12294	14126	16166	15489	1.0
	立陶宛	32319	25392	25009	29901	33337	33124	0.5
	斯洛文尼亚	35956	31929	32917	38443	44200	44866	4.5
	爱沙尼亚	16042	12836	13171	14559	17019	16124	0.1
	克罗地亚	13835	12925	13812	16069	17402	17381	4.7
	阿尔巴尼亚	2429	1917	1959	2292	2870	2716	2.3
	塞尔维亚	14845	13376	14874	16992	19227	19630	5.7
	北马其顿	4969	4536	4790	5668	6911	7189	7.7
	波黑	5892	5098	5328	6402	7182	6578	2.2
	黑山	441	352	361	421	472	465	1.1
"一带一路"沿线国家整体		4679347	3776187	3627525	4168184	4731082	4536435	-0.6

资料来源：作者根据世界贸易组织数据库数据计算。

附表 2-7　　2014~2019 年"一带一路"沿线国家出口贸易前十大产品结构

区域	国家	2014年	占比(%)	2015年	占比(%)	2016年	占比(%)	2017年	占比(%)	2018年	占比(%)	2019年	占比(%)
东南亚国家	印度尼西亚	27	29.0	27	23.0	27	19.3	27	21.8	27	23.3	27	20.8
		15	12.0	15	12.4	15	12.6	15	13.6	15	11.3	15	10.5
		85	5.5	85	5.7	85	5.6	85	5.0	85	4.9	85	5.0
		40	4.0	40	3.9	71	4.4	40	4.6	87	4.2	87	4.9
		84	3.4	71	3.7	87	4.1	87	4.0	40	3.5	72	4.4
		87	3.0	87	3.6	40	3.9	84	3.5	84	3.3	71	4.0
		71	2.6	84	3.5	84	3.8	71	3.3	72	3.2	40	3.6
		38	2.4	64	3.0	64	3.2	64	2.9	71	3.1	84	3.2
		64	2.3	44	2.7	62	2.7	62	2.5	26	2.9	62	2.7
		44	2.3	62	2.6	44	2.7	44	2.4	64	2.8	64	2.6
	泰国	84	17.0	84	17.6	84	17.4	84	17.0	84	17.2	84	15.8
		85	13.5	85	13.9	85	13.9	85	14.4	85	14.0	85	13.3
		87	11.4	87	12.6	87	12.8	87	12.1	87	12.2	87	11.4
		40	6.3	40	5.8	71	6.6	40	6.9	40	6.2	40	6.6
		39	5.9	39	5.6	40	5.7	71	5.4	39	5.8	71	6.3
		27	5.3	71	5.1	39	5.3	39	5.3	71	4.7	39	5.7
		71	4.4	27	3.9	27	2.9	27	3.5	27	4.2	27	3.6
		16	2.9	16	2.8	16	2.8	16	2.7	16	2.6	16	2.9
		29	2.6	90	2.5	90	2.5	90	2.4	29	2.5	90	2.1
		10	2.5	10	2.2	10	2.1	10	2.3	10	2.3	29	2.0
	马来西亚	85	28.1	85	29.8	85	30.8	85	31.6	85	33.6	85	34.4
		27	22.1	27	16.5	27	14.0	27	15.4	27	15.6	27	14.5
		84	9.9	84	11.3	84	11.6	84	11.0	84	10.3	84	9.1
		15	6.8	15	6.3	15	6.6	15	6.2	15	4.9	15	4.8
		39	3.2	39	3.5	90	3.8	90	3.6	90	3.8	90	4.2
		90	3.2	90	3.5	39	3.6	39	3.4	39	3.8	39	4.0
		40	3.0	40	3.1	40	3.0	40	3.3	40	3.0	40	3.0
		44	1.9	44	1.9	29	2.0	38	2.0	29	2.0	72	1.8
		29	1.9	29	1.8	38	1.9	29	1.7	38	1.8	38	1.7
		38	1.7	38	1.7	44	1.8	44	1.6	76	1.6	29	1.7

续表

区域	国家	2014年	占比(%)	2015年	占比(%)	2016年	占比(%)	2017年	占比(%)	2018年	占比(%)	2019年	占比(%)
东南亚国家	越南	85	24.3	85	29.3	85	32.4	85	35.0	85	35.5	85	36.7
		64	7.1	64	7.7	64	7.6	64	7.1	64	6.9	64	7.2
		62	7.0	62	7.0	62	6.6	62	5.7	62	5.9	62	5.7
		27	6.2	61	6.2	61	6.1	61	5.6	61	5.7	61	5.6
		61	6.1	84	6.2	84	5.5	84	5.2	84	4.8	84	4.9
		84	5.9	94	3.4	94	3.3	90	3.5	90	3.2	94	3.6
		3	3.8	27	3.1	3	2.9	94	3.1	94	3.0	3	2.3
		94	3.3	3	3.0	9	2.7	8	2.9	3	2.6	8	2.2
		9	3.2	9	2.5	8	2.6	3	2.9	8	2.5	90	2.0
		90	2.0	90	2.1	90	2.5	27	2.3	72	1.9	39	1.8
	新加坡	85	30.1	85	33.0	85	34.0	85	33.3	85	31.3	85	30.9
		27	16.5	84	14.2	84	14.5	84	14.0	84	14.3	84	15.2
		84	13.0	27	12.2	27	11.1	27	12.8	27	13.1	27	12.3
		99	7.8	99	5.5	71	5.0	99	5.7	99	6.4	99	5.5
		29	4.4	71	5.0	99	4.7	90	4.7	90	4.7	90	5.4
		71	4.4	29	4.4	90	4.6	71	4.6	71	4.1	71	4.6
		39	3.9	90	4.3	29	4.5	29	4.2	29	4.1	39	3.7
		90	3.8	39	3.8	39	3.9	39	3.9	39	3.9	29	3.3
		30	1.7	30	1.9	88	2.0	88	1.8	33	2.0	33	2.5
		88	1.4	88	1.8	30	1.7	33	1.7	30	2.0	30	2.1
	菲律宾	85	37.4	85	44.3	85	44.8	85	47.3	85	48.7	85	50.5
		84	14.4	84	14.0	84	13.8	84	13.3	84	14.3	84	14.3
		44	5.0	44	5.0	44	5.1	90	3.6	90	3.3	8	3.7
		26	4.6	90	4.1	90	4.4	74	3.0	8	3.1	90	2.4
		90	3.7	26	2.8	87	2.5	8	2.6	71	2.2	71	2.3
		27	3.0	89	2.6	26	2.2	89	2.4	74	2.1	74	2.0
		8	2.7	87	2.4	15	2.1	15	2.4	26	1.8	26	2.0
		87	2.7	15	2.0	8	2.0	44	2.1	89	1.8	27	1.5
		89	2.5	61	1.5	89	1.8	71	2.0	15	1.7	39	1.4
		15	2.4	74	1.5	71	1.3	87	1.7	27	1.7	87	1.4

续表

区域	国家	2014年	占比(%)	2015年	占比(%)	2016年	占比(%)	2017年	占比(%)	2018年	占比(%)	2019年	占比(%)
东南亚国家	缅甸	27	40.2	27	42.3	27	28.2	27	26.7	27	21.6	27	24.2
		71	9.5	7	11.4	62	12.7	62	13.9	62	19.6	62	21.0
		10	8.6	10	8.4	7	12.2	10	9.6	10	7.0	61	7.0
		62	8.2	62	6.6	17	9.5	7	6.8	71	5.7	10	5.7
		7	8.1	71	5.5	10	5.7	17	5.9	61	5.1	7	5.4
		99	6.0	99	5.1	3	4.6	3	4.8	74	5.0	71	4.6
		3	3.7	3	3.9	71	3.6	61	3.6	17	4.7	74	4.5
		44	3.6	12	2.3	84	3.5	74	3.5	7	4.6	3	4.3
		12	2.6	17	2.2	12	2.6	71	2.8	3	4.4	8	3.7
		72	1.7	74	1.9	74	2.2	72	2.5	8	2.5	64	2.6
	柬埔寨	61	74.2	61	65.0	61	60.7	61	56.3	61	51.9	—	—
		64	6.1	64	7.5	64	7.8	64	7.8	62	9.8	—	—
		62	3.6	62	4.3	62	5.2	62	6.0	64	8.2	—	—
		10	3.4	85	3.8	85	4.3	85	3.9	42	4.5	—	—
		40	2.1	10	3.3	87	3.5	87	3.4	85	4.0	—	—
		44	1.6	87	3.3	10	3.0	10	3.0	10	3.2	—	—
		49	1.4	43	1.9	71	2.1	43	2.6	87	3.2	—	—
		97	0.9	40	1.9	43	1.8	42	2.5	43	2.4	—	—
		85	0.8	42	1.1	40	1.7	40	2.3	40	1.8	—	—
		71	0.6	63	1.0	42	1.5	71	2.1	39	1.6	—	—
	老挝	74	24.3	26	21.6	26	24.0	27	26.3	27	24.3	27	23.2
		26	21.3	74	17.3	74	12.1	26	16.3	26	13.1	26	11.3
		85	7.6	85	10.6	85	10.9	85	8.5	74	12.9	74	7.5
		71	6.6	22	6.3	8	7.3	74	7.7	85	8.5	85	6.9
		44	5.1	71	6.1	22	5.9	22	5.0	47	4.9	47	4.9
		62	5.0	28	5.3	71	4.7	8	4.5	22	4.8	8	4.9
		22	4.5	62	3.8	28	4.5	71	4.2	71	3.2	22	4.3
		61	2.9	44	3.2	7	3.8	40	3.1	40	2.9	1	3.9
		24	2.8	8	3.1	62	3.4	62	2.5	8	2.9	71	3.8
		9	2.7	10	2.7	24	2.7	7	2.4	62	2.2	40	3.8

续表

区域	国家	2014年	占比(%)	2015年	占比(%)	2016年	占比(%)	2017年	占比(%)	2018年	占比(%)	2019年	占比(%)
东南亚国家	文莱	27	92.5	27	93.0	27	87.9	27	89.6	27	91.0	27	91.1
		29	4.4	29	2.1	84	2.6	90	2.6	29	3.7	29	3.0
		84	0.8	84	1.2	29	2.5	29	2.5	84	1.5	84	2.0
		90	0.3	88	1.0	38	2.3	84	1.2	73	0.7	88	0.6
		85	0.3	90	0.5	85	1.3	38	1.1	90	0.7	73	0.6
		88	0.2	85	0.5	88	0.8	85	0.6	85	0.6	90	0.5
		72	0.2	73	0.4	90	0.6	88	0.6	88	0.5	85	0.5
		73	0.2	72	0.2	73	0.3	71	0.2	72	0.2	38	0.4
		99	0.1	99	0.1	72	0.3	73	0.2	99	0.1	72	0.2
		22	0.1	87	0.1	99	0.2	72	0.2	3	0.1	76	0.1
	东帝汶	—	—	—	—	—	—	9	58.7	—	—	—	—
		—	—	—	—	—	—	63	18.9	—	—	—	—
		—	—	—	—	—	—	13	3.8	—	—	—	—
		—	—	—	—	—	—	3	3.4	—	—	—	—
		—	—	—	—	—	—	12	3.2	—	—	—	—
		—	—	—	—	—	—	27	2.0	—	—	—	—
		—	—	—	—	—	—	87	1.7	—	—	—	—
		—	—	—	—	—	—	96	1.5	—	—	—	—
		—	—	—	—	—	—	83	1.1	—	—	—	—
		—	—	—	—	—	—	84	0.9	—	—	—	—
东欧中亚国家	蒙古国	26	55.8	26	57.0	26	42.9	27	42.7	27	45.8	27	45.7
		27	25.9	27	20.3	27	26.8	26	35.5	26	38.1	26	35.3
		71	7.0	71	9.0	71	15.5	71	9.6	51	5.2	71	5.5
		51	5.4	51	5.9	51	5.4	51	4.7	25	2.7	51	4.9
		25	1.3	74	1.4	74	1.5	74	1.5	71	2.1	25	2.7
		84	0.9	25	1.4	84	1.3	25	1.4	2	1.2	2	1.1
		74	0.7	84	1.0	25	1.2	8	0.9	74	1.2	74	0.9
		41	0.6	41	0.7	88	0.8	2	0.9	16	1.1	16	0.7
		88	0.5	61	0.5	8	0.7	61	0.6	61	0.5	61	0.7
		61	0.4	12	0.4	87	0.7	41	0.4	84	0.3	88	0.6

续表

区域	国家	2014年	占比(%)	2015年	占比(%)	2016年	占比(%)	2017年	占比(%)	2018年	占比(%)	2019年	占比(%)
东欧中亚国家	俄罗斯	27	69.5	27	62.8	27	48.3	27	49.1	27	52.7	27	52.0
		72	4.1	72	4.4	99	13.6	99	14.1	99	14.1	99	13.0
		71	2.4	99	3.1	72	4.7	72	5.0	72	5.2	72	4.3
		99	2.3	31	2.6	71	3.0	71	2.9	10	2.3	71	3.6
		84	1.9	84	2.5	31	2.8	71	2.7	71	2.2	84	2.1
		31	1.8	71	2.3	84	2.7	31	2.5	84	2.0	44	2.0
		44	1.6	76	2.1	44	2.2	44	2.1	44	2.0	31	2.0
		10	1.4	44	1.8	76	1.9	10	2.0	31	1.8	10	1.9
		76	1.3	10	1.6	10	1.9	76	1.7	76	1.4	76	1.4
		28	1.0	74	1.3	85	1.6	85	1.4	76	1.2	85	1.3
	乌克兰	72	23.9	72	21.2	72	19.9	72	20.0	72	21.0	—	—
		10	12.1	10	15.9	10	16.7	10	15.0	10	15.3	—	—
		15	7.1	15	8.7	15	10.9	15	10.6	15	9.5	—	—
		26	6.4	26	5.8	26	5.7	26	6.3	26	6.4	—	—
		84	5.5	85	5.2	26	5.4	85	5.9	85	6.2	—	—
		85	5.0	84	5.1	84	4.3	12	4.7	12	4.1	—	—
		27	3.7	12	3.9	12	4.2	84	3.9	84	3.6	—	—
		73	3.1	44	2.9	44	3.1	44	2.8	44	3.2	—	—
		12	3.1	23	2.6	23	2.7	23	2.4	23	2.6	—	—
		44	2.3	28	2.5	73	1.9	73	2.1	73	2.3	—	—
	格鲁吉亚	87	19.6	26	12.4	26	15.9	26	15.6	26	15.3	87	20.9
		22	15.5	22	12.0	22	14.2	22	15.3	22	14.1	26	17.6
		72	14.2	72	10.9	72	9.7	72	13.5	87	13.5	22	13.6
		26	8.8	87	9.1	8	9.5	87	9.6	72	12.2	72	9.3
		8	7.2	8	9.0	87	8.5	30	5.6	24	4.8	30	4.8
		31	4.8	30	7.0	30	5.6	27	4.0	30	4.8	8	3.2
		30	3.7	27	6.2	71	4.2	8	3.9	8	3.1	31	2.5
		27	2.7	31	5.0	31	3.1	71	2.8	31	2.8	84	2.4
		61	1.8	71	3.3	27	2.9	31	2.8	71	2.5	71	2.3
		1	1.8	61	2.5	61	2.5	84	2.5	84	2.5	24	1.8

309

续表

区域	国家	2014年	占比(%)	2015年	占比(%)	2016年	占比(%)	2017年	占比(%)	2018年	占比(%)	2019年	占比(%)
东欧中亚国家	亚美尼亚	26	19.5	26	24.7	26	22.8	26	27.9	26	23.4	26	25.4
		71	15.3	71	13.9	71	19.0	71	11.9	71	12.9	71	15.8
		22	12.7	24	11.5	24	11.7	22	11.3	24	11.2	22	11.2
		24	7.8	22	7.5	22	9.7	24	11.1	22	9.6	24	11.1
		72	7.4	27	6.2	76	4.6	76	4.8	62	6.6	72	5.7
		76	6.3	76	5.8	62	4.1	62	4.4	72	5.3	62	4.7
		27	6.1	74	4.8	72	3.7	72	3.9	76	4.0	76	3.8
		74	5.1	62	4.1	74	3.7	74	3.6	27	3.4	27	2.6
		62	3.2	72	3.8	27	3.4	27	3.4	74	2.9	90	2.1
		3	2.0	4	1.5	8	1.5	94	1.8	61	2.2	61	1.6
	阿塞拜疆	27	92.8	27	88.5	27	91.7	—	—	27	90.65	27	90.7
		17	1.0	8	1.7	8	1.8	—	—	8	1.85	8	1.8
		8	0.9	99	1.7	7	1.0	—	—	7	1.24	7	1.2
		15	0.9	17	1.7	39	0.7	—	—	71	0.91	39	0.9
		99	0.8	15	1.2	76	0.7	—	—	39	0.89	71	0.9
		39	0.7	39	0.9	17	0.5	—	—	76	0.81	52	0.8
		7	0.5	7	0.7	73	0.4	—	—	52	0.65	76	0.7
		76	0.4	76	0.7	89	0.3	—	—	29	0.34	29	0.3
		29	0.2	29	0.5	29	0.3	—	—	73	0.22	84	0.2
		84	0.2	84	0.3	72	0.3	—	—	84	0.20	72	0.2
	摩尔多瓦	—	—	85	12.4	85	12.4	85	14.3	85	19.4	85	20.8
		—	—	8	9.9	12	9.9	12	10.0	12	8.9	12	9.4
		—	—	12	9.1	22	8.6	8	9.1	10	8.2	10	8.4
		—	—	22	8.1	10	7.7	22	8.5	22	8.1	22	7.8
		—	—	62	7.1	8	7.6	10	7.5	8	7.7	8	7.6
		—	—	10	5.8	62	7.3	62	7.2	62	7.2	62	6.6
		—	—	94	5.1	94	6.3	94	5.9	94	6.1	94	5.5
		—	—	61	4.3	61	4.5	61	4.1	61	4.1	30	3.5
		—	—	30	3.9	15	2.7	20	2.9	30	2.7	61	3.3
		—	—	15	3.7	30	2.4	30	2.6	15	2.5	20	2.6

续表

区域	国家	2014年	占比(%)	2015年	占比(%)	2016年	占比(%)	2017年	占比(%)	2018年	占比(%)	2019年	占比(%)
东欧中亚国家	哈萨克斯坦	27	76.4	27	67.7	27	60.7	27	63.3	27	70.0	27	67.1
		72	4.3	28	6.8	72	7.5	72	8.6	72	6.8	72	6.0
		28	3.6	72	5.4	28	6.6	74	5.2	74	4.2	26	4.7
		26	3.3	74	4.4	74	5.2	28	4.5	28	3.5	74	4.5
		74	2.3	26	2.4	26	3.2	26	4.4	26	3.4	28	3.8
		10	1.4	10	1.8	10	2.2	79	1.8	10	2.1	10	2.3
		84	1.1	71	1.6	71	1.8	10	1.7	25	1.1	25	1.0
		71	0.9	79	1.3	79	1.5	71	1.2	76	1.0	76	1.0
		79	0.7	25	1.2	11	1.4	76	1.1	71	0.9	79	0.9
		25	0.7	11	1.1	76	1.0	11	1.0	11	0.8	12	0.7
	吉尔吉斯斯坦	—	—	71	46.4	71	49.7	71	41.3	71	37.2	71	43.0
		—	—	99	9.1	26	4.8	26	8.2	61	7.7	26	8.2
		—	—	27	5.2	99	4.8	61	5.6	27	7.6	27	6.0
		—	—	87	4.4	7	4.4	27	5.0	26	6.8	7	4.5
		—	—	7	3.9	87	3.9	88	4.5	74	6.1	61	3.8
		—	—	88	2.8	27	3.4	7	4.3	7	3.4	74	3.2
		—	—	84	2.8	88	3.1	87	3.4	87	2.6	87	2.5
		—	—	85	2.5	62	2.5	84	2.9	52	2.0	4	2.4
		—	—	62	2.1	61	2.4	4	2.1	84	2.0	8	2.2
		—	—	24	2.0	84	2.2	8	1.9	72	1.9	52	1.9
	乌兹别克斯坦	—	—	—	—	—	—	71	34.6	71	27.7	71	34.9
		—	—	—	—	—	—	27	15.9	27	24.4	27	16.5
		—	—	—	—	—	—	52	11.7	52	9.4	99	9.4
		—	—	—	—	—	—	74	5.3	74	5.7	52	8.7
		—	—	—	—	—	—	39	4.4	8	5.0	74	4.7
		—	—	—	—	—	—	8	4.1	39	4.2	8	4.3
		—	—	—	—	—	—	61	2.5	7	2.8	7	3.2
		—	—	—	—	—	—	7	2.2	72	2.7	39	2.7
		—	—	—	—	—	—	79	2.0	61	2.5	61	2.2
		—	—	—	—	—	—	31	1.8	99	2.2	79	1.4

续表

区域	国家	2014年	占比(%)	2015年	占比(%)	2016年	占比(%)	2017年	占比(%)	2018年	占比(%)	2019年	占比(%)
东欧中亚国家	土库曼斯坦	—	—	—	—	—	—	—	—	—	—	—	—
		—	—	—	—	—	—	—	—	—	—	—	—
		—	—	—	—	—	—	—	—	—	—	—	—
		—	—	—	—	—	—	—	—	—	—	—	—
		—	—	—	—	—	—	—	—	—	—	—	—
		—	—	—	—	—	—	—	—	—	—	—	—
		—	—	—	—	—	—	—	—	—	—	—	—
		—	—	—	—	—	—	—	—	—	—	—	—
		—	—	—	—	—	—	—	—	—	—	—	—
		—	—	—	—	—	—	—	—	—	—	—	—
		—	—	—	—	—	—	—	—	—	—	—	—
		—	—	—	—	—	—	—	—	—	—	—	—
	塔吉克斯坦	—	—	—	—	—	—	—	—	—	—	—	—
		—	—	—	—	—	—	—	—	—	—	—	—
		—	—	—	—	—	—	—	—	—	—	—	—
		—	—	—	—	—	—	—	—	—	—	—	—
		—	—	—	—	—	—	—	—	—	—	—	—
南亚国家	印度	71	11.3	27	10.2	27	8.1	27	8.3	27	8.9	27	6.9
		84	5.8	71	5.8	71	6.1	84	6.7	84	4.7	71	5.7
		27	1.4	84	1.7	84	2.0	71	1.8	71	1.8	84	3.3
		87	1.4	87	0.9	30	0.9	30	1.0	30	0.9	29	2.8
		29	3.8	29	3.1	85	3.4	85	3.1	85	3.7	87	2.7
		30	2.3	30	2.7	87	2.6	87	2.7	87	3.3	30	2.5
		52	3.8	85	4.2	29	4.2	29	4.0	29	4.4	85	2.3
		61	3.7	72	4.0	72	4.0	72	3.6	61	3.8	72	1.5
		85	4.1	52	4.2	52	3.6	52	3.8	85	3.9	62	1.3
		72	4.1	61	3.9	61	3.9	61	3.9	72	3.8	61	1.2

续表

区域	国家	2014年	占比(%)	2015年	占比(%)	2016年	占比(%)	2017年	占比(%)	2018年	占比(%)	2019年	占比(%)
南亚国家	巴基斯坦	63	6.0	63	6.5	63	6.4	61	6.6	63	6.6	63	6.8
		52	6.2	52	6.2	52	6.2	63	6.2	52	6.2	52	5.4
		61	5.9	61	5.9	61	5.9	52	5.9	61	5.9	61	5.0
		62	6.2	62	6.3	62	6.3	62	6.3	62	6.3	62	4.7
		10	6.8	10	6.8	10	6.8	17	6.8	10	6.8	10	3.9
		42	2.0	42	1.8	42	1.9	27	1.8	42	1.8	42	1.1
		17	1.6	22	1.6	17	1.6	10	1.6	17	1.6	3	0.8
		22	1.0	25	1.6	27	1.6	42	2.4	27	2.4	90	0.8
		25	1.7	17	0.9	22	1.5	22	1.8	22	1.8	25	0.7
		27	1.8	27	1.6	25	1.7	25	1.7	25	1.7	8	0.7
	孟加拉国	62	18.7	62	19.7	62	19.3	62	19.5	61	20.4	—	—
		53	23.7	61	24.1	53	23.6	61	23.9	62	24.0	—	—
		3	5.5	63	6.5	3	6.1	63	5.5	53	6.1	—	—
		61	4.6	53	3.5	61	4.3	53	4.9	63	5.3	—	—
		63	2.4	3	2.6	63	3.0	3	3.7	3	3.0	—	—
		41	2.4	27	2.3	41	3.0	27	2.8	27	2.6	—	—
		42	2.0	64	2.0	42	1.9	64	1.9	64	1.9	—	—
		84	2.0	41	2.0	84	2.0	41	2.0	41	1.9	—	—
		27	0.9	42	0.9	27	0.9	42	0.9	42	0.9	—	—
		64	0.8	84	0.8	64	0.9	84	0.9	84	0.7	—	—
	斯里兰卡	61	9.1	61	9.5	61	9.5	61	9.6	61	9.4	—	—
		62	7.8	62	8.1	62	8.0	62	8.2	62	8.1	—	—
		9	8.6	9	8.6	9	8.7	9	8.7	40	8.8	—	—
		40	4.7	40	4.8	40	4.8	40	4.9	9	4.9	—	—
		89	1.8	27	1.8	27	1.8	27	1.9	27	1.9	—	—
		27	1.8	71	1.9	71	1.9	85	1.9	85	2.0	—	—
		85	1.9	3	2.0	3	2.0	89	2.0	3	2.0	—	—
		71	2.0	85	2.0	85	2.0	71	2.0	84	2.1	—	—
		3	2.6	89	3.0	89	3.4	3	3.8	89	4.3	—	—
		84	1.8	84	2.0	84	2.2	84	2.3	71	2.5	—	—

续表

区域	国家	2014年	占比(%)	2015年	占比(%)	2016年	占比(%)	2017年	占比(%)	2018年	占比(%)	2019年	占比(%)
南亚国家	阿富汗	13	5.5	13	5.6	8	5.6	8	5.7	13	5.8	—	—
		8	1.8	8	1.8	7	1.9	13	1.9	8	2.0	—	—
		27	1.8	27	1.8	13	1.9	27	1.9	27	1.9	—	—
		57	2.0	7	2.0	27	2.0	7	2.0	7	2.1	—	—
		7	1.1	9	1.1	9	1.1	9	1.1	9	1.2	—	—
		52	1.0	12	1.0	12	1.1	12	1.1	52	1.1	—	—
		9	1.1	57	1.3	57	1.4	51	1.5	12	1.6	—	—
		12	0.7	52	0.8	52	0.9	57	0.9	57	1.0	—	—
		41	0.6	41	0.7	41	0.7	52	0.7	41	0.7	—	—
		51	0.5	51	0.6	51	0.6	41	0.6	51	0.6	—	—
	尼泊尔	9	23.5	9	26.2	9	21.2	9	22.1	9	18.7	—	—
		55	10.3	55	10.3	55	10.3	55	10.3	55	10.3	—	—
		57	11.0	57	11.0	57	11.0	57	11.0	57	11.0	—	—
		72	9.7	62	9.7	62	9.7	62	9.7	62	9.7	—	—
		63	9.9	72	8.3	20	9.4	20	8.1	63	9.2	—	—
		62	7.2	20	7.7	72	8.2	72	8.5	54	8.8	—	—
		20	6.9	63	7.1	63	7.3	63	7.5	20	7.7	—	—
		23	7.1	54	7.3	23	7.4	54	7.6	72	7.7	—	—
		53	6.6	23	6.6	53	6.6	23	6.7	23	6.8	—	—
		54	6.7	53	6.7	54	6.8	53	6.8	53	6.9	—	—
	马尔代夫	3	67.2	3	67.2	3	68.3	3	71.3	3	63.5	—	—
		2	22.3	2	22.3	2	22.3	2	22.4	2	22.4	—	—
		74	0.9	23	1.5	23	2.3	23	3.0	23	3.7	—	—
		85	1.8	85	1.8	72	1.9	72	1.9	85	1.9	—	—
		23	1.1	89	1.1	74	1.1	74	1.1	89	1.1	—	—
		72	0.3	72	0.3	85	0.3	27	0.3	72	0.3	—	—
		89	0.2	74	0.4	89	0.4	85	0.4	74	0.5	—	—
		76	0.1	76	0.1	76	0.1	89	0.2	76	0.2	—	—
		39	0.1	39	0.1	39	0.1	76	0.1	39	0.2	—	—
		27	0.0	27	0.1	27	0.1	39	0.1	27	0.1	—	—

续表

区域	国家	2014年	占比(%)	2015年	占比(%)	2016年	占比(%)	2017年	占比(%)	2018年	占比(%)	2019年	占比(%)
南亚国家	不丹	—	—	—	—	—	—	—	—	27	20.5	—	—
		—	—	—	—	—	—	—	—	72	13.8	—	—
		—	—	—	—	—	—	—	—	25	10.8	—	—
		—	—	—	—	—	—	—	—	28	6.6	—	—
		—	—	—	—	—	—	—	—	74	6.0	—	—
		—	—	—	—	—	—	—	—	8	2.8	—	—
		—	—	—	—	—	—	—	—	9	2.7	—	—
		—	—	—	—	—	—	—	—	7	2.3	—	—
		—	—	—	—	—	—	—	—	44	2.4	—	—
		—	—	—	—	—	—	—	—	39	2.4	—	—
西亚北非国家	沙特阿拉伯	27	83.3	27	75.1	27	74.2	27	76.7	27	78.6	—	—
		39	5.5	39	7.5	39	8.1	39	7.7	39	7.1	—	—
		29	4.1	29	5.1	29	4.8	29	4.6	29	4.9	—	—
		28	0.7	89	1.3	89	1.3	89	1.1	89	0.9	—	—
		89	0.7	76	1.0	76	1.1	76	1.0	28	0.8	—	—
		76	0.6	28	0.9	84	0.9	84	0.7	76	0.8	—	—
		84	0.5	84	0.8	28	0.8	87	0.7	84	0.7	—	—
		87	0.4	87	0.6	4	0.7	4	0.5	72	0.5	—	—
		4	0.3	4	0.6	71	0.7	85	0.5	87	0.4	—	—
		31	0.3	85	0.6	87	0.6	71	0.5	31	0.4	—	—
	阿联酋	99	40.5	99	44.9	99	48.9	99	33.1	27	31.3	—	—
		27	30.0	27	20.8	27	16.1	27	20.1	99	25.0	—	—
		71	10.8	71	13.5	71	14.3	71	14.8	71	11.8	—	—
		87	3.0	87	3.0	84	2.7	85	7.4	85	7.0	—	—
		84	2.7	85	2.7	87	2.7	84	4.9	84	4.5	—	—
		85	2.2	84	2.6	85	2.3	87	3.9	87	3.3	—	—
		76	1.2	76	1.8	39	1.8	76	2.0	76	1.6	—	—
		39	1.1	39	1.2	76	1.7	39	1.6	39	1.4	—	—
		73	0.6	73	0.7	88	0.7	88	1.0	24	1.2	—	—
		88	0.6	88	0.6	73	0.6	33	0.7	88	1.1	—	—

续表

区域	国家	2014年	占比(%)	2015年	占比(%)	2016年	占比(%)	2017年	占比(%)	2018年	占比(%)	2019年	占比(%)
西亚北非国家	阿曼	27	72.4	27	66.0	27	76.5	27	66.8	27	69.4	—	—
		87	8.9	87	11.7	29	3.6	87	4.2	72	3.1	—	—
		29	3.5	29	3.1	76	2.1	29	3.9	29	3.1	—	—
		76	1.8	76	2.5	87	1.9	26	3.0	87	2.4	—	—
		39	1.7	39	2.0	72	1.8	72	2.5	76	2.3	—	—
		26	1.3	31	1.9	31	1.7	31	1.8	31	1.7	—	—
		31	1.2	72	1.4	39	1.3	76	1.7	39	1.7	—	—
		72	1.1	85	1.3	85	1.1	39	1.7	85	1.6	—	—
		85	1.0	26	1.1	73	1.0	85	1.6	25	1.5	—	—
		73	0.8	73	1.0	25	0.8	84	1.6	26	1.4	—	—
	伊朗	27	67.8	—	—	27	67.6	27	71.1	—	—	—	—
		39	5.6	—	—	39	5.9	39	5.7	—	—	—	—
		29	4.9	—	—	29	4.4	29	3.7	—	—	—	—
		8	3.1	—	—	72	3.0	72	3.2	—	—	—	—
		72	2.3	—	—	8	2.7	8	2.1	—	—	—	—
		26	1.4	—	—	26	1.3	26	1.7	—	—	—	—
		25	1.3	—	—	25	1.0	25	0.8	—	—	—	—
		7	0.9	—	—	31	1.0	57	0.8	—	—	—	—
		31	0.8	—	—	4	0.9	31	0.7	—	—	—	—
		73	0.8	—	—	57	0.8	4	0.7	—	—	—	—
	土耳其	87	11.5	87	12.1	87	13.9	87	15.2	87	15.9	87	14.9
		84	8.6	84	8.6	84	8.7	84	8.8	84	9.4	84	9.8
		61	6.4	71	7.8	71	8.5	71	6.9	72	6.9	72	5.5
		85	6.1	61	6.2	61	6.2	61	5.6	61	5.4	85	5.4
		72	5.9	85	5.8	85	5.5	72	5.2	85	5.2	61	5.1
		71	4.9	72	4.6	72	4.3	85	5.2	71	4.3	27	4.7
		73	4.0	62	4.1	62	4.2	62	3.8	73	3.9	71	4.1
		62	4.0	73	3.8	39	3.5	73	3.6	62	3.7	62	3.8
		27	3.9	39	3.7	73	3.5	39	3.5	39	3.6	39	3.8
		39	3.9	27	3.1	8	2.7	27	2.8	27	2.6	73	3.7

续表

区域	国家	2014年	占比(%)	2015年	占比(%)	2016年	占比(%)	2017年	占比(%)	2018年	占比(%)	2019年	占比(%)
西亚北非国家	以色列	71	30.6	71	28.4	71	27.0	71	25.0	71	24.0	71	20.4
		85	13.0	85	15.8	85	14.6	85	12.2	85	13.8	85	13.7
		30	9.0	30	10.2	30	11.0	30	11.9	30	9.1	90	9.4
		38	7.6	84	6.9	84	7.2	84	7.7	90	8.6	84	8.5
		84	6.7	90	6.3	90	6.9	90	7.7	84	7.8	29	7.4
		90	5.9	38	5.2	88	4.4	88	5.1	38	5.3	38	5.8
		39	3.6	88	4.6	39	3.9	38	4.6	39	4.7	30	5.1
		88	2.6	39	3.5	38	3.5	39	4.4	88	3.6	39	4.8
		29	2.3	31	1.9	29	2.1	29	2.0	27	2.3	88	4.1
		31	2.2	29	1.8	31	1.8	31	2.0	29	2.3	31	2.1
	埃及	27	23.4	27	18.0	27	14.3	27	19.5	27	24.5	27	26.5
		85	7.3	85	8.0	71	11.8	71	8.2	39	6.1	71	6.7
		39	6.1	39	6.3	85	6.8	85	6.7	85	5.3	39	6.6
		7	4.6	7	5.2	8	5.3	39	5.8	71	5.0	85	5.6
		8	3.9	8	5.1	39	5.2	8	4.9	8	4.8	8	4.6
		62	2.9	62	4.0	7	4.3	7	4.1	31	4.7	31	4.4
		31	2.8	71	2.9	31	3.8	31	4.1	62	3.6	7	3.6
		71	2.5	61	2.2	62	3.4	62	3.5	72	3.6	62	3.6
		72	2.3	52	2.2	52	2.1	72	3.3	7	3.1	72	2.3
		76	2.1	76	2.1	72	2.0	33	2.1	76	2.3	61	2.0
	科威特	27	93.5	27	89.6	27	89.7	27	73.5	27	77.6	—	—
		29	1.7	29	2.5	29	2.5	29	1.8	29	2.5	—	—
		39	1.1	87	1.7	87	1.6	87	1.3	87	1.0	—	—
		87	1.0	39	1.6	39	1.5	39	1.0	39	1.0	—	—
		31	0.3	31	0.5	84	0.5	31	0.4	84	0.3	—	—
		84	0.3	84	0.4	31	0.5	84	0.4	89	0.3	—	—
		71	0.2	71	0.3	4	0.3	99	0.3	85	0.2	—	—
		72	0.2	85	0.3	71	0.3	85	0.2	38	0.2	—	—
		85	0.2	4	0.3	85	0.3	4	0.2	31	0.2	—	—
		4	0.2	99	0.3	99	0.2	73	0.2	99	0.2	—	—

317

续表

区域	国家	2014年	占比(%)	2015年	占比(%)	2016年	占比(%)	2017年	占比(%)	2018年	占比(%)	2019年	占比(%)
西亚北非国家	伊拉克	27	99.9	27	99.8	27	100.0	—	—	—	—	—	—
		29	0.1	34	0.2	41	0.0	—	—	—	—	—	—
		34	0.0	41	0.0	5	0.0	—	—	—	—	—	—
		41	0.0	5	0.0	17	0.0	—	—	—	—	—	—
		8	0.0	8	0.0	1	0.0	—	—	—	—	—	—
		5	0.0	20	0.0	51	0.0	—	—	—	—	—	—
		20	0.0	17	0.0	49	0.0	—	—	—	—	—	—
		17	0.0	57	0.0	28	0.0	—	—	—	—	—	—
		28	0.0	1	0.0	8	0.0	—	—	—	—	—	—
		51	0.0	12	0.0	39	0.0	—	—	—	—	—	—
	卡塔尔	27	86.6	27	82.8	27	81.6	27	84.2	27	86.0	27	85.8
		39	4.0	39	3.7	39	5.1	39	4.1	39	3.5	39	3.3
		76	2.2	76	2.3	31	2.1	76	2.1	31	1.8	31	1.9
		29	1.9	31	2.2	76	2.0	31	1.6	76	1.7	76	1.9
		31	1.3	29	2.2	29	1.9	29	1.4	29	1.4	29	1.2
		72	0.9	28	1.3	87	1.2	28	1.0	28	1.3	28	0.9
		28	0.7	72	1.0	28	1.2	84	0.7	89	1.1	72	0.7
		87	0.5	87	0.9	84	1.2	89	0.7	87	0.5	84	0.7
		73	0.4	84	0.8	73	0.5	87	0.7	72	0.5	88	0.5
		84	0.3	89	0.4	72	0.5	88	0.6	88	0.5	71	0.4
	约旦	61	14.6	61	16.8	61	18.1	61	20.1	61	21.4	61	21.9
		31	12.2	31	10.5	30	9.6	30	8.9	31	10.5	31	10.4
		30	7.9	30	8.1	31	8.1	31	8.8	30	8.6	30	7.7
		7	7.2	25	7.7	25	6.5	25	6.0	25	5.8	28	6.4
		25	6.1	7	6.7	7	5.4	28	5.1	28	5.2	25	5.5
		28	4.9	28	4.2	88	5.4	7	5.1	85	3.9	84	3.7
		39	4.5	39	4.0	85	4.7	85	4.8	7	3.8	85	3.1
		85	4.4	84	3.8	28	4.2	39	3.6	39	3.5	71	3.1
		84	3.3	85	3.7	39	3.4	88	3.4	84	2.8	88	3.0
		1	2.6	1	2.6	84	3.2	84	3.0	88	2.3	39	2.9

续表

区域	国家	2014年	占比(%)	2015年	占比(%)	2016年	占比(%)	2017年	占比(%)	2018年	占比(%)	2019年	占比(%)
西亚北非国家	黎巴嫩	71	16.4	71	14.7	71	27.8	71	20.6	71	22.0	—	—
		84	6.7	84	7.0	84	5.7	85	6.2	39	6.0	—	—
		85	6.7	85	7.0	85	5.5	39	5.2	85	5.8	—	—
		39	3.9	33	4.4	39	4.4	84	5.0	84	5.1	—	—
		20	3.9	20	4.3	33	4.2	33	4.4	72	4.2	—	—
		49	3.8	39	4.2	20	3.6	20	3.8	33	4.1	—	—
		33	3.5	74	3.5	21	3.0	72	3.7	20	3.5	—	—
		22	3.1	22	2.8	8	2.5	21	3.3	74	3.2	—	—
		74	3.0	31	2.7	49	2.4	74	2.9	8	2.6	—	—
		72	3.0	48	2.7	74	2.4	49	2.6	48	2.5	—	—
	巴林	27	63.1	27	37.2	27	36.9	27	44.6	27	48.3	—	—
		76	11.4	76	15.9	76	17.1	76	16.3	76	14.4	—	—
		87	2.9	84	7.6	26	7.4	26	6.9	26	6.9	—	—
		84	2.8	61	4.3	84	5.9	87	3.9	72	4.8	—	—
		72	2.7	87	4.0	72	3.3	73	3.1	87	2.8	—	—
		26	2.5	85	3.2	85	2.4	72	3.0	73	2.4	—	—
		71	2.0	26	2.8	87	2.2	84	2.4	84	2.1	—	—
		85	1.2	72	2.5	39	2.1	71	1.9	71	1.7	—	—
		31	1.1	39	2.0	71	2.0	39	1.5	39	1.3	—	—
		39	1.0	71	2.0	61	2.0	29	1.3	31	1.3	—	—
	也门	27	55.8	3	23.0	—	—	—	—	—	—	11	96.2
		87	11.2	87	17.1	—	—	—	—	—	—	23	1.5
		3	7.9	8	8.8	—	—	—	—	—	—	44	0.7
		88	2.9	85	5.7	—	—	—	—	—	—	15	0.5
		84	2.5	9	5.2	—	—	—	—	—	—	61	0.2
		8	2.2	4	4.9	—	—	—	—	—	—	39	0.2
		72	2.2	84	3.9	—	—	—	—	—	—	10	0.1
		4	1.9	7	3.8	—	—	—	—	—	—	62	0.1
		9	1.4	10	3.5	—	—	—	—	—	—	76	0.1
		34	1.3	88	3.0	—	—	—	—	—	—	40	0.1

续表

区域	国家	2014年	占比(%)	2015年	占比(%)	2016年	占比(%)	2017年	占比(%)	2018年	占比(%)	2019年	占比(%)
西亚北非国家	叙利亚	—	—	—	—	—	—	—	—	—	—	—	—
		—	—	—	—	—	—	—	—	—	—	—	—
		—	—	—	—	—	—	—	—	—	—	—	—
		—	—	—	—	—	—	—	—	—	—	—	—
		—	—	—	—	—	—	—	—	—	—	—	—
		—	—	—	—	—	—	—	—	—	—	—	—
		—	—	—	—	—	—	—	—	—	—	—	—
		—	—	—	—	—	—	—	—	—	—	—	—
		—	—	—	—	—	—	—	—	—	—	—	—
		—	—	—	—	—	—	—	—	—	—	—	—
	巴勒斯坦	68	19.3	68	17.9	68	19.1	68	20.1	68	17.0	—	—
		94	10.8	94	10.6	94	11.0	94	10.7	94	9.8	—	—
		39	7.2	39	7.8	39	8.5	39	7.3	39	7.6	—	—
		72	5.6	7	7.2	7	6.6	7	6.0	72	6.3	—	—
		7	5.1	15	4.6	15	5.2	72	4.6	7	5.0	—	—
		64	4.5	72	4.1	24	3.7	15	4.2	15	4.3	—	—
		24	3.9	64	4.1	64	3.6	64	3.5	76	3.3	—	—
		44	3.2	24	4.0	44	3.2	8	3.4	44	3.1	—	—
		15	3.1	76	3.4	72	3.0	44	3.2	24	3.1	—	—
		76	2.8	44	3.0	8	2.6	24	2.8	25	3.1	—	—
中东欧国家	波兰	84	12.9	84	13.0	84	13.0	84	13.2	84	13.5	84	13.7
		85	11.8	85	12.2	87	12.2	87	12.0	87	11.5	87	11.8
		87	10.5	87	10.9	85	10.9	85	10.8	85	10.7	85	10.1
		94	5.6	94	5.6	94	5.6	94	5.8	94	5.7	94	5.8
		39	4.5	39	4.6	39	4.6	39	4.6	39	5.0	39	4.7
		27	4.1	27	3.3	73	3.3	73	3.1	73	3.3	73	3.4
		73	3.3	73	3.1	27	3.1	27	2.5	27	2.6	2	2.3
		89	2.6	89	2.8	40	2.8	40	2.4	2	2.3	27	2.2
		40	2.4	40	2.3	2	2.3	2	2.3	40	2.2	40	2.1
		72	2.1	2	2.2	48	2.2	72	2.0	44	2.1	48	2.0

续表

区域	国家	2014年	占比(%)	2015年	占比(%)	2016年	占比(%)	2017年	占比(%)	2018年	占比(%)	2019年	占比(%)
中东欧国家	罗马尼亚	85	15.5	85	17.1	85	18.4	85	17.5	85	17.6	85	17.6
		87	14.2	87	14.5	87	15.4	87	16.3	87	17.3	87	16.9
		84	10.5	84	10.8	84	11.0	84	11.0	84	11.2	84	11.5
		27	6.0	27	4.5	94	4.1	94	3.8	27	4.1	94	3.8
		94	3.9	94	4.0	10	3.7	27	3.8	94	3.7	27	3.8
		62	3.8	62	3.7	27	3.6	40	3.5	90	3.5	10	3.7
		10	3.8	10	3.7	62	3.6	90	3.4	40	3.4	90	3.7
		40	3.6	40	3.6	40	3.5	10	3.2	10	3.2	40	3.4
		44	3.6	44	3.3	44	2.9	62	3.1	73	3.1	73	3.0
		73	3.1	73	3.0	73	2.8	73	2.8	72	2.9	72	2.8
	捷克	84	19.3	87	20.0	87	21.1	87	21.0	87	20.2	87	20.3
		87	19.0	84	18.7	84	18.5	84	18.8	84	19.9	84	19.8
		85	16.7	85	17.0	85	17.1	85	17.6	85	18.1	85	18.6
		73	4.1	73	3.9	73	3.7	73	3.6	73	3.6	73	3.5
		39	3.7	39	3.6	39	3.4	39	3.5	39	3.5	39	3.3
		27	2.7	27	2.9	94	3.1	94	2.9	94	2.8	94	2.7
		94	2.5	94	2.7	40	2.2	40	2.1	72	2.3	90	2.1
		72	2.4	40	2.3	95	2.0	72	2.1	90	2.1	72	2.0
		40	2.3	72	2.1	72	1.9	90	2.0	40	2.1	40	2.0
		95	1.9	95	2.0	27	1.9	95	1.8	27	1.9	27	1.7
	斯洛伐克	87	25.0	87	27.1	87	28.6	87	27.0	87	30.0	—	—
		85	21.2	85	20.6	85	20.6	85	21.0	85	19.3	—	—
		84	12.3	84	12.3	84	12.6	84	12.4	84	12.0	—	—
		72	4.7	72	4.2	72	3.9	72	4.7	72	4.7	—	—
		27	4.5	27	3.6	39	3.1	27	3.3	27	3.0	—	—
		39	3.0	39	3.1	40	3.0	39	3.1	39	3.0	—	—
		40	2.6	40	3.0	27	2.7	40	2.9	40	2.8	—	—
		73	2.4	73	2.3	73	2.3	73	2.3	73	2.4	—	—
		94	2.0	94	2.0	94	2.0	94	2.0	94	2.0	—	—
		64	1.6	76	1.5	76	1.4	76	1.5	76	1.6	—	—

续表

区域	国家	2014年	占比(%)	2015年	占比(%)	2016年	占比(%)	2017年	占比(%)	2018年	占比(%)	2019年	占比(%)
中东欧国家	保加利亚	27	12.6	27	10.6	85	10.0	27	9.9	85	10.9	—	—
		74	9.2	85	9.7	27	9.0	85	9.7	27	8.9	—	—
		85	8.5	74	8.9	84	8.0	74	9.2	74	8.9	—	—
		84	7.8	84	7.9	74	6.5	84	7.8	84	8.1	—	—
		10	4.2	10	3.8	10	4.3	99	4.0	10	3.6	—	—
		62	3.6	62	3.5	99	3.7	10	3.3	30	3.2	—	—
		30	3.5	30	3.5	62	3.6	30	3.1	87	3.1	—	—
		61	2.9	39	2.9	30	3.2	73	3.1	73	3.0	—	—
		12	2.7	87	2.8	87	3.0	62	2.8	39	2.9	—	—
		39	2.7	61	2.6	39	2.8	87	2.8	99	2.8	—	—
	匈牙利	85	19.7	85	20.0	85	20.5	85	20.3	85	21.1	85	22.8
		84	18.7	84	18.8	84	19.0	84	18.3	84	17.7	87	17.8
		87	15.8	87	18.0	87	17.9	87	17.0	87	16.5	84	16.5
		30	4.4	30	4.8	30	4.6	30	4.6	30	4.9	30	5.0
		90	4.1	39	3.8	39	3.7	39	3.8	39	3.9	39	3.6
		39	3.8	90	3.3	90	3.6	90	3.7	90	3.4	90	3.2
		27	3.4	40	2.4	40	2.4	27	2.5	27	2.8	27	2.6
		40	2.3	27	2.3	27	1.8	40	2.3	40	2.3	40	2.1
		94	1.8	94	1.8	94	1.8	29	1.6	29	1.7	94	1.5
		73	1.5	10	1.6	73	1.4	94	1.6	94	1.6	73	1.4
	拉脱维亚	44	16.4	44	16.3	44	17.0	44	16.4	44	17.8	44	17.2
		85	11.4	85	12.9	85	11.4	85	10.9	85	10.1	85	10.6
		27	8.9	27	7.6	84	6.3	84	6.7	84	8.3	84	5.9
		84	5.2	84	5.9	27	5.8	27	5.4	87	5.6	87	5.4
		22	5.0	87	4.7	87	5.5	87	5.3	27	5.3	22	5.2
		87	4.6	10	3.9	10	3.8	10	5.1	22	4.9	27	4.6
		72	3.4	22	3.8	30	3.8	30	3.7	72	4.0	10	4.1
		73	3.3	72	3.5	22	3.8	22	3.7	30	3.5	30	3.7
		10	3.0	30	3.1	73	3.2	73	3.5	73	3.2	73	3.5
		30	3.0	73	3.1	72	2.9	72	3.2	10	2.8	72	3.3

续表

区域	国家	2014年	占比(%)	2015年	占比(%)	2016年	占比(%)	2017年	占比(%)	2018年	占比(%)	2019年	占比(%)
中东欧国家	立陶宛	27	17.6	27	16.3	27	13.8	27	14.8	27	14.6	—	—
		84	8.6	84	8.3	84	8.2	84	8.7	84	8.4	—	—
		85	6.7	94	7.1	94	7.7	94	7.4	94	7.5	—	—
		94	6.4	85	6.6	85	6.5	85	6.8	85	6.9	—	—
		39	5.8	39	5.7	39	6.1	39	6.0	39	6.3	—	—
		87	4.6	31	4.0	87	4.1	87	4.9	87	4.7	—	—
		44	3.6	44	3.8	44	4.0	44	3.5	44	3.9	—	—
		31	3.5	87	3.7	30	3.2	31	2.7	31	2.6	—	—
		4	2.5	30	2.8	31	3.0	30	2.7	90	2.6	—	—
		10	2.4	10	2.6	10	2.6	90	2.6	24	2.6	—	—
	斯洛文尼亚	87	12.8	87	13.8	87	14.8	87	16.0	87	16.3	—	—
		85	12.0	85	12.2	85	12.0	85	12.2	85	11.3	—	—
		84	11.0	84	10.8	84	10.9	84	10.8	84	10.8	—	—
		30	10.2	30	9.9	30	9.9	30	9.5	30	9.9	—	—
		27	6.1	27	5.3	27	4.5	27	4.9	27	5.2	—	—
		39	4.3	39	4.3	39	4.4	39	4.4	39	4.4	—	—
		72	3.8	76	3.8	76	3.6	76	3.5	76	3.7	—	—
		76	3.5	72	3.6	94	3.4	72	3.5	72	3.6	—	—
		94	3.2	94	3.1	72	3.2	94	3.1	94	3.0	—	—
		44	3.0	44	3.0	44	3.0	44	2.7	44	2.7	—	—
	爱沙尼亚	85	20.7	85	20.3	85	20.9	85	17.1	85	15.9	85	14.7
		27	11.1	27	11.1	44	9.6	44	10.1	27	14.7	27	12.0
		44	8.4	44	9.1	27	8.4	27	10.0	44	10.1	44	10.1
		84	7.6	94	7.5	84	8.0	84	8.5	84	8.7	84	9.4
		94	6.3	84	7.2	94	7.8	94	7.6	94	7.3	94	7.5
		87	5.1	87	5.3	87	5.7	87	5.3	87	5.4	87	6.4
		73	3.1	73	3.5	73	3.4	73	3.6	73	3.4	73	3.7
		39	2.4	90	2.7	90	3.0	90	2.7	90	2.8	90	3.2
		90	2.4	39	2.5	39	2.6	39	2.6	39	2.4	39	2.6
		72	2.0	18	1.6	72	1.6	72	2.2	72	2.1	72	1.9

续表

区域	国家	2014年	占比(%)	2015年	占比(%)	2016年	占比(%)	2017年	占比(%)	2018年	占比(%)	2019年	占比(%)
中东欧国家	克罗地亚	27	13.5	27	10.9	27	9.5	27	10.7	27	10.6	—	—
		84	9.8	84	9.5	84	9.1	84	8.6	84	8.6	—	—
		85	8.1	85	8.0	85	9.0	85	8.6	85	8.2	—	—
		44	6.1	44	5.9	30	6.8	30	8.0	30	6.2	—	—
		61	4.1	30	4.5	44	5.8	44	5.5	44	5.7	—	—
		94	3.9	94	4.0	94	4.0	87	3.9	87	4.6	—	—
		30	3.8	61	3.9	87	3.7	61	3.4	61	3.4	—	—
		73	3.1	8	3.3	61	3.6	94	3.3	73	3.3	—	—
		39	2.7	73	3.2	73	3.1	73	3.3	76	3.0	—	—
		76	2.6	87	3.0	39	2.8	76	3.0	94	2.9	—	—
	阿尔巴尼亚	27	25.3	27	18.6	64	21.2	64	20.7	64	19.3	—	—
		64	16.8	64	17.9	62	12.7	62	12.6	27	13.3	—	—
		62	9.3	62	11.1	27	11.3	27	8.8	62	11.0	—	—
		72	8.3	72	7.8	61	8.6	61	8.5	72	10.4	—	—
		61	6.8	61	7.1	72	6.2	72	8.3	61	8.4	—	—
		26	4.8	26	4.9	26	5.0	26	4.2	85	3.6	—	—
		25	3.4	25	3.1	25	2.7	85	3.4	76	2.5	—	—
		48	2.6	85	2.9	85	2.7	76	2.9	26	2.5	—	—
		85	2.3	48	2.3	76	2.5	25	2.8	7	2.4	—	—
		83	2.1	83	2.3	48	2.2	7	2.6	25	2.4	—	—
	塞尔维亚	87	14.9	87	13.9	87	11.8	85	12.0	85	12.6	85	13.5
		85	9.4	85	9.4	85	9.7	87	10.3	87	8.3	84	6.9
		84	6.3	84	6.6	84	6.8	84	6.7	84	6.7	87	6.6
		39	5.4	39	4.9	39	4.9	39	5.0	39	4.9	72	5.4
		27	4.8	10	4.1	8	4.4	8	4.1	40	4.6	39	5.0
		40	3.4	27	3.7	72	3.7	40	3.8	72	4.4	40	4.8
		10	3.3	8	3.7	40	3.7	10	3.5	8	3.9	74	3.4
		8	3.3	72	3.6	10	3.6	72	3.2	74	3.4	94	3.2
		72	3.3	40	3.4	27	2.8	94	3.0	94	3.1	8	3.0
		74	3.1	73	2.9	94	2.8	74	2.8	73	2.8	27	3.0

续表

区域	国家	2014年	占比(%)	2015年	占比(%)	2016年	占比(%)	2017年	占比(%)	2018年	占比(%)	2019年	占比(%)
中东欧国家	北马其顿	38	17.5	38	19.1	38	20.4	38	20.6	38	21.0	38	21.0
		72	13.4	84	11.4	84	12.5	85	13.4	85	14.7	85	15.1
		62	10.6	72	11.4	85	11.1	84	11.4	84	11.6	84	12.5
		84	9.4	85	10.2	62	8.5	62	7.3	72	7.2	72	7.7
		85	8.9	62	9.3	72	7.5	72	6.5	62	6.0	62	5.3
		26	3.5	26	3.1	87	3.8	87	4.5	87	5.2	87	5.0
		24	2.9	94	3.0	73	3.4	94	4.0	94	4.2	94	4.4
		73	2.9	73	2.8	94	3.4	73	3.7	73	3.8	26	3.0
		61	2.9	87	2.7	24	2.7	26	3.6	26	3.1	73	2.7
		87	2.4	61	2.4	26	2.6	24	2.8	24	2.2	24	2.2
	波黑	94	10.5	94	10.7	94	11.3	94	10.4	27	9.8	94	8.8
		27	9.6	44	7.3	44	7.6	27	8.4	94	9.4	27	8.1
		64	7.5	27	7.0	64	6.9	44	7.1	44	6.7	84	7.0
		44	7.3	64	6.9	27	6.8	84	6.4	84	6.4	85	6.8
		84	6.8	84	6.6	84	6.5	64	6.2	64	6.2	73	6.8
		76	6.6	76	6.3	28	5.2	76	5.9	76	6.1	44	6.5
		72	6.6	28	5.3	76	5.2	28	5.5	73	6.0	64	6.5
		28	4.6	72	5.2	73	4.7	73	5.3	85	5.6	28	5.4
		73	4.3	85	4.6	85	4.5	85	5.3	28	5.3	72	5.0
		85	3.9	73	4.2	72	4.2	72	4.7	72	5.3	76	4.7
	黑山	76	22.4	76	22.5	76	20.5	76	20.2	27	20.8	—	—
		27	14.5	27	14.8	27	16.1	26	14.0	76	19.5	—	—
		2	12.5	44	9.5	44	9.1	27	12.4	26	7.6	—	—
		44	7.2	72	7.7	26	8.9	44	8.2	44	7.4	—	—
		22	5.7	22	6.7	22	6.3	72	6.5	72	7.4	—	—
		72	5.1	26	5.6	84	5.1	22	5.3	30	5.4	—	—
		84	4.4	84	5.4	72	5.0	84	4.3	22	5.0	—	—
		26	3.4	2	2.3	30	3.1	8	3.7	84	4.0	—	—
		74	1.9	30	2.1	2	2.5	30	3.2	87	2.5	—	—
		24	1.8	24	1.8	87	2.4	2	2.2	2	2.0	—	—

注：表中数字为按HS二位编码分类后的产品代号，具体内容见第2章。

资料来源：作者根据联合国商品贸易统计数据库数据计算。

附表2-8　　　　2014~2018年中国对"一带一路"沿线国家贸易进口额及年均增速　　单位：百万美元

区域	国家	2014年	2015年	2016年	2017年	2018年	年均增速（%）
东南亚国家	印度尼西亚	24485.2	19886.2	21414.0	28574.3	34154.7	8.7
	泰国	38331.9	37168.7	38532.3	41596.1	44918.7	4.0
	马来西亚	55652.2	53277.3	49269.6	54426.1	63322.0	3.3
	越南	19906.4	29831.7	37171.6	50374.6	64087.4	34.0
	新加坡	30828.7	27580.8	26014.2	34249.6	33638.3	2.2
	菲律宾	20984.1	18965.7	17395.9	19239.2	20595.7	−0.5
	缅甸	15601.3	5449.3	4097.7	4526.3	4718.8	−25.8
	柬埔寨	482.9	666.6	830.5	1007.6	1377.3	30.0
	老挝	1777.9	1547.3	1359.6	1605.0	2029.6	3.4
	文莱	189.7	101.2	221.5	351.8	247.6	6.9
	东帝汶	0.1	0.7	0.3	1.6	3.0	134.4
东欧中亚国家	蒙古国	5102.1	3795.4	3622.6	5167.3	6341.6	5.6
	俄罗斯	41593.5	33258.7	32260.1	41390.3	58886.5	9.1
	乌克兰	3483.5	3555.8	2490.8	2339.6	2635.8	−6.7
	格鲁吉亚	53.1	43.8	53.6	67.6	53.9	0.4
	阿塞拜疆	297.1	222.9	412.1	577.5	382.1	6.5
	亚美尼亚	167.2	209.0	280.6	302.7	314.0	17.1
	摩尔多瓦	24.8	21.5	24.4	34.0	38.4	11.6
	哈萨克斯坦	9741.8	5848.9	4805.1	6378.7	8529.6	−3.3
	乌兹别克斯坦	1597.9	1267.1	1607.1	1471.4	2324.4	9.8
	土库曼斯坦	9516.2	7827.7	5563.3	6575.1	8119.4	−3.9
	吉尔吉斯斯坦	55.4	58.6	71.2	87.1	54.4	−0.5
	塔吉克斯坦	47.7	52.0	31.2	46.7	76.8	12.6
南亚国家	印度	16358.7	13368.6	11764.1	16345.4	18850.0	3.6
	巴基斯坦	2753.9	2474.8	1912.6	1833.2	2179.8	−5.7
	孟加拉国	761.1	816.8	869.4	875.1	985.4	6.7
	斯里兰卡	248.3	258.5	273.4	310.0	340.9	8.2
	阿富汗	17.4	11.8	4.5	3.4	24.1	8.5
	尼泊尔	47.1	32.0	22.4	17.9	22.0	−17.3
	马尔代夫	0.4	0.2	0.2	0.6	6.7	104.6
	不丹	0.1	0.4	0.1	0.2	0.0	−46.6

续表

区域	国家	2014 年	2015 年	2016 年	2017 年	2018 年	年均增速（%）
西亚北非国家	沙特阿拉伯	48508.0	30021.1	23626.0	31761.9	45898.7	-1.4
	阿联酋	15763.4	11514.0	9994.4	12311.2	16281.2	0.8
	阿曼	23795.9	15047.4	12041.0	13383.3	18821.4	-5.7
	伊朗	27503.8	16057.4	14827.2	18553.7	21098.9	-6.4
	土耳其	3705.4	2943.6	2785.4	3783.4	3762.7	0.4
	以色列	3140.6	2802.0	3172.9	4206.2	4631.4	10.2
	埃及	1159.5	917.8	553.2	1341.9	1834.5	12.2
	科威特	10005.0	7497.1	6370.3	8935.0	15359.4	11.3
	伊拉克	20761.2	12674.6	10663.3	13814.1	22466.1	2.0
	卡塔尔	8336.7	4614.4	4012.4	6400.3	9091.3	2.2
	约旦	263.2	287.5	211.2	279.2	214.2	-5.0
	黎巴嫩	25.4	17.3	17.7	23.0	49.1	17.9
	巴林	184.0	111.5	63.7	123.9	150.4	-4.9
	也门	2932.9	898.1	166.0	660.0	717.5	-29.7
	叙利亚	2.1	3.6	3.3	1.3	0.9	-20.1
	巴勒斯坦	0.1	0.4	0.3	0.1	0.4	50.5
中东欧国家	波兰	2934.7	2742.0	2537.7	3353.5	3646.2	5.6
	罗马尼亚	1520.7	1295.0	1455.2	1824.3	2170.0	9.3
	捷克	2986.7	2780.5	2951.5	3695.7	4406.2	10.2
	斯洛伐克	3376.1	2237.3	2410.2	2585.0	5244.3	11.6
	保加利亚	984.9	748.3	590.1	969.2	1149.1	3.9
	匈牙利	3259.9	2875.6	3464.2	4077.2	4338.7	7.4
	拉脱维亚	146.9	144.6	132.2	177.2	212.8	9.7
	立陶宛	157.5	138.8	164.0	255.2	331.8	20.5
	斯洛文尼亚	331.5	289.5	436.9	495.4	591.0	15.6
	爱沙尼亚	225.5	235.0	211.8	260.3	245.5	2.1
	克罗地亚	100.7	111.8	161.4	183.1	212.0	20.5
	阿尔巴尼亚	189.3	127.9	128.6	196.2	107.9	-13.1
	塞尔维亚	112.7	133.7	162.7	211.6	224.5	18.8
	北马其顿	90.6	132.7	46.7	86.7	48.4	-14.5
	波黑	37.2	53.7	43.5	57.3	77.4	20.1
	黑山	53.6	24.3	32.6	66.4	42.2	-5.8
“一带一路”沿线国家整体		482703.3	387078.3	365814.0	453848.8	562685.1	3.9

资料来源：作者根据联合国商品贸易统计数据库数据计算。

附表 2-9　中国对"一带一路"沿线国家贸易进口额占对世界进口的比重　　单位：%

区域	国家	2014年	2015年	2016年	2017年	2018年
东南亚国家	印度尼西亚	1.25	1.18	1.35	1.55	1.60
	泰国	1.96	2.21	2.43	2.26	2.10
	马来西亚	2.84	3.17	3.10	2.95	2.97
	越南	1.02	1.78	2.34	2.73	3.00
	新加坡	1.57	1.64	1.64	1.86	1.58
	菲律宾	1.07	1.13	1.10	1.04	0.96
	缅甸	0.80	0.32	0.26	0.25	0.22
	柬埔寨	0.02	0.04	0.05	0.05	0.06
	老挝	0.09	0.09	0.09	0.09	0.10
	文莱	0.01	0.01	0.01	0.02	0.01
	东帝汶	0.00	0.00	0.00	0.00	0.00
东欧中亚国家	蒙古国	0.26	0.23	0.23	0.28	0.30
	俄罗斯	2.12	1.98	2.03	2.24	2.76
	乌克兰	0.18	0.21	0.16	0.13	0.12
	格鲁吉亚	0.00	0.00	0.00	0.00	0.00
	阿塞拜疆	0.02	0.01	0.03	0.03	0.02
	亚美尼亚	0.01	0.01	0.02	0.02	0.01
	摩尔多瓦	0.00	0.00	0.00	0.00	0.00
	哈萨克斯坦	0.50	0.35	0.30	0.35	0.40
	乌兹别克斯坦	0.08	0.08	0.10	0.08	0.11
	土库曼斯坦	0.49	0.47	0.35	0.36	0.38
	吉尔吉斯斯坦	0.00	0.00	0.00	0.00	0.00
	塔吉克斯坦	0.00	0.00	0.00	0.00	0.00
南亚国家	印度	0.83	0.80	0.74	0.89	0.88
	巴基斯坦	0.14	0.15	0.12	0.10	0.10
	孟加拉国	0.04	0.05	0.05	0.05	0.05
	斯里兰卡	0.01	0.02	0.02	0.02	0.02
	阿富汗	0.00	0.00	0.00	0.00	0.00
	尼泊尔	0.00	0.00	0.00	0.00	0.00
	马尔代夫	0.00	0.00	0.00	0.00	0.00
	不丹	0.00	0.00	0.00	0.00	0.00

续表

区域	国家	2014年	2015年	2016年	2017年	2018年
西亚北非国家	沙特阿拉伯	2.48	1.79	1.49	1.72	2.15
	阿联酋	0.80	0.69	0.63	0.67	0.76
	阿曼	1.21	0.90	0.76	0.73	0.88
	伊朗	1.40	0.96	0.93	1.01	0.99
	土耳其	0.19	0.18	0.18	0.21	0.18
	以色列	0.16	0.17	0.20	0.23	0.22
	埃及	0.06	0.05	0.03	0.07	0.09
	科威特	0.51	0.45	0.40	0.48	0.72
	伊拉克	1.06	0.75	0.67	0.75	1.05
	卡塔尔	0.43	0.27	0.25	0.35	0.43
	约旦	0.01	0.02	0.01	0.02	0.01
	黎巴嫩	0.00	0.00	0.00	0.00	0.00
	巴林	0.01	0.01	0.00	0.01	0.01
	也门	0.15	0.05	0.01	0.04	0.03
	叙利亚	0.00	0.00	0.00	0.00	0.00
	巴勒斯坦	0.00	0.00	0.00	0.00	0.00
中东欧国家	波兰	0.15	0.16	0.16	0.18	0.17
	罗马尼亚	0.08	0.08	0.09	0.10	0.10
	捷克	0.15	0.17	0.19	0.20	0.21
	斯洛伐克	0.17	0.13	0.15	0.14	0.25
	保加利亚	0.05	0.04	0.04	0.05	0.05
	匈牙利	0.17	0.17	0.22	0.22	0.20
	拉脱维亚	0.01	0.01	0.01	0.01	0.01
	立陶宛	0.01	0.01	0.01	0.01	0.02
	斯洛文尼亚	0.02	0.02	0.03	0.03	0.03
	爱沙尼亚	0.01	0.01	0.01	0.01	0.01
	克罗地亚	0.01	0.01	0.01	0.01	0.01
	阿尔巴尼亚	0.01	0.01	0.01	0.01	0.01
	塞尔维亚	0.01	0.01	0.01	0.01	0.01
	北马其顿	0.00	0.01	0.00	0.00	0.00
	波黑	0.00	0.00	0.00	0.00	0.00
	黑山	0.00	0.00	0.00	0.00	0.00
“一带一路”沿线国家整体		24.64	23.05	23.04	24.61	26.36

资料来源：作者根据联合国商品贸易统计数据库数据计算。

附表 2-10　2014~2018 年“一带一路”沿线国家前十大出口贸易伙伴及出口贸易占比

单位：%

区域	国家	2014 年	占比	2015 年	占比	2016 年	占比	2017 年	占比	2018 年	占比
东南亚国家	印度尼西亚	日本	13.1	日本	12.0	中国	11.6	中国	13.7	中国	15.1
		中国	10.0	美国	10.8	美国	11.2	美国	10.6	日本	10.8
		新加坡	9.5	中国	10.0	日本	11.1	日本	10.5	美国	10.2
		美国	9.4	新加坡	8.4	新加坡	7.8	印度	8.3	印度	7.6
		印度	7.0	印度	7.8	印度	7.0	新加坡	7.6	新加坡	7.2
		韩国	6.0	韩国	5.1	马来西亚	4.9	马来西亚	5.0	韩国	5.3
		马来西亚	5.5	马来西亚	5.1	韩国	4.8	韩国	4.8	马来西亚	5.2
		泰国	3.3	泰国	3.7	泰国	3.7	菲律宾	3.9	菲律宾	3.8
		澳大利亚	2.8	菲律宾	2.6	菲律宾	3.6	泰国	3.8	泰国	3.8
		荷兰	2.3	澳大利亚	2.5	荷兰	2.3	荷兰	2.4	越南	2.5
	泰国	中国	11.0	美国	11.2	美国	11.4	中国	12.5	中国	12.0
		美国	10.5	中国	11.1	中国	11.0	美国	11.3	美国	11.1
		日本	9.6	日本	9.4	日本	9.5	日本	9.3	日本	9.9
		马来西亚	5.6	马来西亚	4.8	澳大利亚	4.8	越南	4.9	越南	5.1
		新加坡	4.6	澳大利亚	4.6	马来西亚	4.5	澳大利亚	4.4	马来西亚	4.6
		印度尼西亚	4.2	越南	4.2	越南	4.4	马来西亚	4.4	澳大利亚	4.3
		澳大利亚	4.1	新加坡	4.1	新加坡	3.8	印度尼西亚	3.7	印度尼西亚	4.0
		越南	3.5	印度尼西亚	3.7	印度尼西亚	3.8	新加坡	3.5	新加坡	3.7
		菲律宾	2.6	菲律宾	2.8	菲律宾	3.0	菲律宾	2.9	菲律宾	3.1
		印度	2.5	印度	2.5	印度	2.4	印度	2.7	柬埔寨	3.0

续表

区域	国家	2014 年	占比	2015 年	占比	2016 年	占比	2017 年	占比	2018 年	占比
东南亚国家	马来西亚	新加坡	14.2	新加坡	13.9	新加坡	14.6	新加坡	14.3	新加坡	13.9
		中国	12.1	中国	13.0	中国	12.5	中国	13.5	中国	13.9
		日本	10.8	日本	9.5	美国	10.2	美国	9.5	美国	9.1
		美国	8.4	美国	9.5	日本	8.1	日本	8.1	日本	6.9
		泰国	5.3	泰国	5.7	泰国	5.6	泰国	5.4	泰国	5.7
		澳大利亚	4.3	印度	4.1	印度	4.1	印度	3.7	印度	3.6
		印度	4.2	印度尼西亚	3.7	印度尼西亚	3.5	印度尼西亚	3.6	越南	3.4
		印度尼西亚	4.1	澳大利亚	3.6	澳大利亚	3.4	澳大利亚	3.5	韩国	3.4
		韩国	3.7	韩国	3.2	越南	3.0	韩国	3.1	澳大利亚	3.4
		荷兰	3.1	荷兰	3.0	韩国	2.9	越南	3.0	印度尼西亚	3.2
	越南	美国	19.1	美国	20.7	美国	21.8	美国	19.3	美国	19.5
		中国	9.9	中国	10.2	中国	12.4	中国	16.5	中国	17.0
		日本	9.8	日本	8.7	日本	8.3	日本	7.8	日本	7.7
		韩国	4.8	韩国	5.5	韩国	6.5	韩国	6.9	韩国	7.5
		德国	3.4	德国	3.5	荷兰	3.4	荷兰	3.3	荷兰	2.9
		阿联酋	3.1	阿联酋	3.5	德国	3.4	德国	3.0	德国	2.8
		澳大利亚	2.7	荷兰	2.9	阿联酋	2.8	英国	2.5	印度	2.7
		马来西亚	2.6	英国	2.9	英国	2.8	阿联酋	2.3	英国	2.4
		荷兰	2.5	马来西亚	2.2	泰国	2.1	泰国	2.2	泰国	2.2
		英国	2.4	新加坡	2.0	马来西亚	1.9	马来西亚	2.0	阿联酋	2.1

续表

区域	国家	2014年	占比	2015年	占比	2016年	占比	2017年	占比	2018年	占比
东南亚国家	新加坡	中国	13.2	中国	14.4	中国	13.1	中国	14.5	中国	12.2
		马来西亚	12.1	马来西亚	10.8	马来西亚	10.5	马来西亚	10.6	马来西亚	10.9
		印度尼西亚	9.3	印度尼西亚	8.3	印度尼西亚	7.9	印度尼西亚	7.5	印度尼西亚	8.0
		美国	5.6	美国	6.5	美国	6.7	美国	6.5	美国	7.7
		日本	4.0	日本	4.3	日本	4.3	日本	4.6	日本	4.9
		韩国	4.0	韩国	4.0	韩国	4.3	韩国	4.5	韩国	3.8
		泰国	3.7	泰国	3.9	泰国	4.1	泰国	3.9	泰国	3.8
		澳大利亚	3.7	越南	3.4	越南	3.4	越南	3.3	澳大利亚	3.1
		越南	2.9	澳大利亚	3.2	印度	3.0	印度	3.0	印度	3.0
		印度	2.8	印度	3.1	澳大利亚	2.8	澳大利亚	2.7	越南	2.9
	菲律宾	日本	22.5	日本	21.1	日本	20.7	日本	15.8	美国	15.6
		美国	14.1	美国	15.0	美国	15.4	美国	14.1	日本	14.0
		中国	13.0	中国	10.9	中国	11.0	中国	11.7	中国	12.9
		新加坡	7.2	新加坡	6.2	新加坡	6.6	韩国	6.3	新加坡	6.3
		德国	4.3	德国	4.5	德国	4.1	新加坡	5.8	德国	4.2
		韩国	4.1	韩国	4.3	泰国	3.8	泰国	4.0	泰国	4.0
		泰国	3.8	泰国	3.9	韩国	3.7	德国	3.9	韩国	3.8
		荷兰	3.1	荷兰	3.0	荷兰	3.0	荷兰	3.7	荷兰	3.7
		马来西亚	1.9	马来西亚	2.0	马来西亚	2.1	马来西亚	2.5	马来西亚	2.9
		澳大利亚	1.3	越南	1.2	越南	1.3	越南	1.3	法国	1.7

续表

区域	国家	2014年	占比	2015年	占比	2016年	占比	2017年	占比	2018年	占比
东南亚国家	缅甸	中国	35.1	中国	39.5	中国	40.8	中国	38.9	中国	33.3
		泰国	32.7	泰国	29.3	泰国	19.2	泰国	19.4	泰国	18.3
		印度	7.3	印度	8.4	印度	8.9	日本	6.5	日本	8.3
		新加坡	4.8	新加坡	5.0	新加坡	7.6	新加坡	5.3	印度	3.4
		日本	4.6	日本	3.8	日本	5.7	印度	5.1	德国	3.0
		韩国	3.3	韩国	2.3	韩国	2.9	德国	2.6	美国	3.0
		马来西亚	2.2	马来西亚	1.4	德国	1.5	韩国	2.2	新加坡	2.9
		越南	0.9	印度尼西亚	1.2	美国	1.3	英国	2.1	韩国	2.7
		印度尼西亚	0.7	阿联酋	0.8	马来西亚	1.2	美国	2.0	英国	2.5
		孟加拉国	0.6	德国	0.7	印度尼西亚	1.0	马来西亚	1.4	荷兰	2.2
	柬埔寨	美国	29.2	美国	25.0	美国	21.3	美国	21.4	美国	24.0
		英国	11.0	英国	10.2	英国	9.5	英国	9.0	德国	8.6
		德国	8.5	德国	8.8	德国	9.0	德国	8.9	日本	8.5
		加拿大	7.4	日本	6.7	日本	8.2	日本	7.5	英国	8.0
		中国	5.2	加拿大	6.5	加拿大	6.5	中国	6.7	中国	6.8
		日本	5.0	中国	4.7	中国	6.1	加拿大	6.1	加拿大	6.1
		西班牙	3.2	泰国	4.1	泰国	4.2	西班牙	4.0	西班牙	4.0
		法国	3.0	法国	3.5	西班牙	4.0	泰国	3.8	比利时	3.9
		比利时	2.8	比利时	3.3	比利时	3.9	法国	3.7	荷兰	3.4
		荷兰	2.5	西班牙	3.2	法国	3.6	比利时	3.5	法国	3.3

续表

区域	国家	2014年	占比	2015年	占比	2016年	占比	2017年	占比	2018年	占比
东南亚国家	老挝	泰国	35.6	中国	34.8	中国	36.1	泰国	48.1	泰国	48.2
		中国	27.4	泰国	33.8	泰国	31.3	中国	25.3	中国	26.6
		越南	16.9	越南	18.0	越南	17.2	越南	14.7	越南	15.2
		澳大利亚	4.0	德国	2.0	印度	2.8	印度	3.3	印度	2.2
		德国	2.8	日本	1.7	日本	1.9	日本	1.4	日本	1.5
		日本	2.1	英国	1.4	德国	1.6	德国	1.2	德国	1.3
		英国	1.6	印度	1.1	阿联酋	1.1	阿联酋	0.6	美国	0.5
		荷兰	1.6	荷兰	1.0	史瓦帝尼	1.0	瑞士	0.5	瑞典	0.4
		美国	1.0	美国	0.8	英国	0.8	美国	0.5	瑞士	0.4
		瑞士	1.0	瑞士	0.7	瑞士	0.8	瑞典	0.4	英国	0.3
	文莱	日本	37.2	日本	36.3	日本	34.7	日本	29.3	日本	34.7
		韩国	11.0	韩国	15.6	韩国	14.3	韩国	14.2	泰国	10.5
		印度	9.1	印度	9.1	印度	9.4	马来西亚	11.2	韩国	9.4
		澳大利亚	7.6	泰国	8.6	泰国	8.9	泰国	11.0	澳大利亚	8.8
		印度尼西亚	6.1	新西兰	5.2	新加坡	6.7	印度	9.8	新加坡	8.5
		泰国	5.2	马来西亚	4.6	马来西亚	5.7	新加坡	7.6	马来西亚	7.6
		马来西亚	3.5	新加坡	3.5	澳大利亚	4.8	中国	3.7	印度	6.0
		新西兰	3.5	澳大利亚	3.5	中国	4.7	澳大利亚	2.7	中国	3.6
		新加坡	3.3	印度尼西亚	1.6	新西兰	3.1	瑞士	2.2	美国	0.9
		意大利	2.7	中国	1.5	印度尼西亚	1.7	越南	0.8	印度尼西亚	0.7

续表

区域	国家	2014年	占比	2015年	占比	2016年	占比	2017年	占比	2018年	占比
东南亚国家	东帝汶	—	—	—	—	—	—	印度尼西亚	25.4	—	—
		—	—	—	—	—	—	美国	22.3	—	—
		—	—	—	—	—	—	德国	13.6	—	—
		—	—	—	—	—	—	中国	8.5	—	—
		—	—	—	—	—	—	澳大利亚	5.9	—	—
		—	—	—	—	—	—	葡萄牙	4.0	—	—
		—	—	—	—	—	—	日本	3.3	—	—
		—	—	—	—	—	—	新加坡	2.9	—	—
		—	—	—	—	—	—	韩国	2.0	—	—
		—	—	—	—	—	—	越南	1.8	—	—
东欧中亚国家	蒙古国	中国	87.8	中国	83.5	中国	79.0	中国	85.0	中国	92.8
		英国	6.9	英国	7.2	英国	16.0	英国	10.7	英国	2.5
		俄罗斯	1.1	瑞士	2.3	俄罗斯	1.1	俄罗斯	1.1	俄罗斯	1.2
		意大利	0.9	俄罗斯	1.6	德国	0.9	意大利	0.7	意大利	0.8
		瑞士	0.5	韩国	1.4	意大利	0.7	新加坡	0.4	新加坡	0.4
		日本	0.4	意大利	0.9	新加坡	0.3	日本	0.2	日本	0.4
		丹麦	0.4	新加坡	0.6	日本	0.3	德国	0.2	韩国	0.3
		阿联酋	0.4	日本	0.4	美国	0.2	韩国	0.2	德国	0.2
		美国	0.3	美国	0.4	韩国	0.2	美国	0.1	越南	0.1
		德国	0.3	阿联酋	0.3	法国	0.1	伊朗	0.1	伊朗	0.1

续表

区域	国家	2014年	占比	2015年	占比	2016年	占比	2017年	占比	2018年	占比
东欧中亚国家	俄罗斯	荷兰	13.4	荷兰	11.7	荷兰	10.5	中国	11.0	中国	12.4
		中国	7.5	中国	8.2	中国	9.9	荷兰	10.1	荷兰	9.6
		意大利	5.8	意大利	4.7	德国	7.1	德国	6.9	德国	7.6
		德国	5.0	德国	4.6	白俄罗斯	4.9	白俄罗斯	5.4	白俄罗斯	5.0
		日本	4.0	日本	4.2	土耳其	4.6	土耳其	5.0	土耳其	4.7
		韩国	3.6	韩国	3.8	意大利	4.1	意大利	3.7	韩国	3.9
		白俄罗斯	3.3	白俄罗斯	3.6	韩国	3.6	哈萨克斯坦	3.7	波兰	3.7
		波兰	3.2	土耳其	3.4	哈萨克斯坦	3.6	韩国	3.4	意大利	3.6
		土耳其	3.0	哈萨克斯坦	3.0	美国	3.3	波兰	3.1	哈萨克斯坦	2.9
		哈萨克斯坦	2.8	波兰	2.8	日本	3.3	美国	3.1	美国	2.8
	乌克兰	俄罗斯	18.2	俄罗斯	12.7	俄罗斯	9.9	俄罗斯	9.1	俄罗斯	7.7
		土耳其	6.6	土耳其	7.3	埃及	6.2	波兰	6.3	波兰	6.9
		埃及	5.3	中国	6.3	波兰	6.1	土耳其	5.8	意大利	5.6
		中国	5.0	埃及	5.5	土耳其	5.6	意大利	5.7	土耳其	5.0
		波兰	4.9	意大利	5.2	意大利	5.3	印度	5.1	德国	4.7
		意大利	4.6	波兰	5.2	印度	5.2	中国	4.9	中国	4.6
		印度	3.4	印度	3.8	中国	5.0	埃及	4.2	印度	4.6
		白俄罗斯	3.0	德国	3.5	德国	3.9	德国	4.0	匈牙利	3.5
		德国	3.0	西班牙	2.7	匈牙利	2.9	荷兰	3.9	荷兰	3.4
		匈牙利	2.8	匈牙利	2.4	西班牙	2.8	匈牙利	3.1	埃及	3.3

续表

区域	国家	2014 年	占比	2015 年	占比	2016 年	占比	2017 年	占比	2018 年	占比
东欧中亚国家	格鲁吉亚	阿塞拜疆	19.0	阿塞拜疆	10.9	俄罗斯	9.8	俄罗斯	14.5	阿塞拜疆	15.0
		亚美尼亚	9.8	保加利亚	9.7	土耳其	8.2	阿塞拜疆	9.9	俄罗斯	13.0
		俄罗斯	9.4	土耳其	8.5	中国	8.0	土耳其	7.9	亚美尼亚	8.3
		土耳其	7.8	亚美尼亚	8.2	保加利亚	7.9	亚美尼亚	7.7	保加利亚	7.7
		美国	7.2	俄罗斯	7.4	阿塞拜疆	7.3	中国	7.4	土耳其	7.0
		保加利亚	5.8	中国	5.7	亚美尼亚	7.1	保加利亚	6.8	中国	5.9
		乌克兰	4.9	美国	4.7	德国	4.0	乌克兰	4.6	乌克兰	5.2
		中国	3.2	乌兹别克斯坦	4.4	瑞士	3.9	美国	4.5	美国	4.8
		哈萨克斯坦	3.1	德国	3.4	乌克兰	3.5	伊朗	2.8	哈萨克斯坦	2.7
		意大利	3.0	意大利	3.4	意大利	3.4	罗马尼亚	2.8	乌兹别克斯坦	2.4
	亚美尼亚	俄罗斯	20.4	俄罗斯	15.2	俄罗斯	20.6	俄罗斯	25.2	俄罗斯	26.9
		中国	11.5	中国	11.1	保加利亚	9.0	保加利亚	13.1	瑞士	14.2
		德国	10.6	德国	9.8	格鲁吉亚	7.8	瑞士	11.5	保加利亚	9.0
		加拿大	6.3	伊拉克	8.8	伊拉克	7.8	格鲁吉亚	6.8	伊拉克	6.3
		美国	5.8	格鲁吉亚	7.7	德国	7.5	德国	5.9	德国	5.7
		保加利亚	5.7	加拿大	7.6	加拿大	7.4	中国	5.5	荷兰	5.6
		伊朗	5.6	保加利亚	5.3	中国	5.5	伊拉克	5.5	中国	4.5
		伊拉克	5.4	伊朗	5.3	瑞士	5.3	阿联酋	4.3	伊朗	4.0
		荷兰	5.0	美国	3.6	伊朗	3.9	荷兰	4.1	阿联酋	3.1
		格鲁吉亚	4.4	意大利	3.3	阿联酋	3.8	伊朗	3.9	格鲁吉亚	2.8

续表

区域	国家	2014年	占比	2015年	占比	2016年	占比	2017年	占比	2018年	占比
东欧中亚国家	阿塞拜疆	意大利	22.1	意大利	17.8	意大利	32.4	意大利	35.0	意大利	30.2
		印度尼西亚	9.3	土耳其	11.7	土耳其	8.9	土耳其	9.1	土耳其	9.4
		德国	8.9	德国	9.7	其他亚洲国家及地区	6.9	以色列	4.2	以色列	6.7
		以色列	8.1	法国	6.8	以色列	5.0	加拿大	3.9	捷克	4.8
		法国	7.0	以色列	6.3	法国	4.7	俄罗斯	3.8	印度	4.2
		泰国	3.9	捷克	4.3	德国	4.6	捷克	3.6	德国	4.0
		西班牙	3.6	格鲁吉亚	3.9	印度	4.1	葡萄牙	3.3	其他亚洲国家及地区	3.7
		印度	3.6	印度尼西亚	3.8	西班牙	3.7	格鲁吉亚	3.2	俄罗斯	3.4
		美国	3.4	俄罗斯	3.3	格鲁吉亚	3.1	印度尼西亚	3.0	印度尼西亚	3.1
		俄罗斯	2.9	澳大利亚	3.2	俄罗斯	3.1	法国	3.0	加拿大	3.0
	摩尔多瓦	罗马尼亚	18.6	罗马尼亚	22.7	罗马尼亚	25.1	罗马尼亚	24.8	罗马尼亚	29.3
		俄罗斯	18.1	俄罗斯	12.2	俄罗斯	11.4	俄罗斯	10.5	意大利	11.4
		意大利	10.4	意大利	10.0	意大利	9.7	意大利	9.7	德国	8.1
		德国	5.9	英国	7.0	德国	6.2	德国	6.9	俄罗斯	8.1
		白俄罗斯	5.8	白俄罗斯	6.7	英国	5.6	英国	5.6	土耳其	4.0
		乌克兰	4.7	德国	6.0	白俄罗斯	5.1	白俄罗斯	4.5	波兰	3.6
		英国	4.6	波兰	3.5	保加利亚	3.7	土耳其	4.3	白俄罗斯	3.2
		土耳其	4.5	土耳其	3.3	波兰	3.6	波兰	4.2	乌克兰	3.0
		波兰	2.8	哈萨克斯坦	3.0	土耳其	3.0	保加利亚	3.2	英国	2.9
		瑞士	2.1	乌克兰	2.3	乌克兰	2.4	乌克兰	2.7	瑞士	2.2

续表

区域	国家	2014 年	占比	2015 年	占比	2016 年	占比	2017 年	占比	2018 年	占比
东欧中亚国家	哈萨克斯坦	意大利	20.2	意大利	17.7	意大利	20.3	意大利	17.9	意大利	19.2
		中国	12.3	中国	11.9	中国	11.5	中国	12.0	中国	10.3
		荷兰	11.0	荷兰	10.8	俄罗斯	9.5	荷兰	9.8	荷兰	10.1
		俄罗斯	8.0	俄罗斯	9.9	荷兰	8.9	俄罗斯	9.6	俄罗斯	8.6
		法国	5.9	法国	5.8	瑞士	7.3	瑞士	6.4	法国	6.3
		瑞士	5.7	瑞士	5.8	法国	4.9	法国	5.9	韩国	4.9
		罗马尼亚	4.0	罗马尼亚	2.9	西班牙	2.7	西班牙	3.0	瑞士	4.7
		澳大利亚	3.6	土耳其	2.8	乌兹别克斯坦	2.5	乌兹别克斯坦	2.6	西班牙	3.0
		西班牙	3.0	希腊	2.7	乌克兰	2.5	土耳其	2.4	乌兹别克斯坦	2.7
		土耳其	2.9	西班牙	2.7	英国	2.4	乌克兰	2.3	日本	2.5
	吉尔吉斯斯坦	瑞士	31.6	瑞士	39.0	瑞士	45.5	瑞士	27.8	英国	36.5
		哈萨克斯坦	25.2	哈萨克斯坦	15.8	哈萨克斯坦	10.6	哈萨克斯坦	15.1	俄罗斯	19.4
		乌兹别克斯坦	9.0	俄罗斯	10.9	俄罗斯	10.2	俄罗斯	15.1	哈萨克斯坦	14.7
		阿联酋	7.8	阿联酋	6.9	乌兹别克斯坦	8.8	英国	10.9	乌兹别克斯坦	8.6
		俄罗斯	6.3	乌兹别克斯坦	6.6	土耳其	6.3	乌兹别克斯坦	8.3	土耳其	5.7
		土耳其	4.7	土耳其	5.8	中国	5.6	土耳其	7.5	中国	3.3
		塔吉克斯坦	4.1	中国	2.5	阿联酋	2.6	中国	5.5	塔吉克斯坦	2.6
		中国	1.8	塔吉克斯坦	1.7	英国	2.2	阿联酋	1.7	立陶宛	2.5
		阿富汗	1.3	比利时	1.5	塔吉克斯坦	1.5	塔吉克斯坦	1.4	比利时	0.8
		比利时	1.3	维珍群岛	1.4	比利时	0.8	比利时	1.2	伊朗	0.8

续表

区域	国家	2014 年	占比	2015 年	占比	2016 年	占比	2017 年	占比	2018 年	占比
东欧中亚国家	乌兹别克斯坦	—	—	—	—	—	—	俄罗斯	14.4	中国	19.4
		—	—	—	—	—	—	中国	13.0	俄罗斯	15.0
		—	—	—	—	—	—	哈萨克斯坦	9.7	哈萨克斯坦	11.2
		—	—	—	—	—	—	土耳其	8.3	土耳其	7.9
		—	—	—	—	—	—	阿富汗	5.0	阿富汗	4.3
		—	—	—	—	—	—	伊朗	2.6	吉尔吉斯斯坦	2.3
		—	—	—	—	—	—	吉尔吉斯斯坦	1.7	伊朗	1.5
		—	—	—	—	—	—	乌克兰	1.0	塔吉克斯坦	1.3
		—	—	—	—	—	—	塔吉克斯坦	0.7	英国	1.2
		—	—	—	—	—	—	拉脱维亚	0.5	乌克兰	0.6
	土库曼斯坦	—	—	—	—	—	—	—	—	—	—
		—	—	—	—	—	—	—	—	—	—
		—	—	—	—	—	—	—	—	—	—
		—	—	—	—	—	—	—	—	—	—
		—	—	—	—	—	—	—	—	—	—
		—	—	—	—	—	—	—	—	—	—
		—	—	—	—	—	—	—	—	—	—
		—	—	—	—	—	—	—	—	—	—
		—	—	—	—	—	—	—	—	—	—
		—	—	—	—	—	—	—	—	—	—

续表

区域	国家	2014 年	占比	2015 年	占比	2016 年	占比	2017 年	占比	2018 年	占比
东欧中亚国家	塔吉克斯坦	—	—	—	—	—	—	—	—	—	—
		—	—	—	—	—	—	—	—	—	—
		—	—	—	—	—	—	—	—	—	—
		—	—	—	—	—	—	—	—	—	—
		—	—	—	—	—	—	—	—	—	—
		—	—	—	—	—	—	—	—	—	—
		—	—	—	—	—	—	—	—	—	—
		—	—	—	—	—	—	—	—	—	—
		—	—	—	—	—	—	—	—	—	—
		—	—	—	—	—	—	—	—	—	—
南亚国家	印度	美国	7.3	美国	7.9	美国	7.9	美国	6.6	美国	6.8
		阿联酋	5.7	阿联酋	5.5	阿联酋	4.0	阿联酋	3.6	阿联酋	4.2
		中国	2.0	中国	1.3	中国	1.5	中国	2.3	中国	2.7
		中国香港特别行政区	0.1	中国香港特别行政区	1.2	中国香港特别行政区	1.4	中国香港特别行政区	1.9	新加坡	2.3
		新加坡	1.8	新加坡	1.4	新加坡	1.6	新加坡	1.9	中国香港特别行政区	2.0
		英国	1.4	英国	1.6	英国	1.1	英国	1.5	英国	1.9
		德国	3.2	德国	3.7	孟加拉国	4.0	德国	2.4	德国	1.9
		孟加拉国	2.6	孟加拉国	3.1	德国	3.4	孟加拉国	2.4	孟加拉国	1.9
		尼泊尔	2.2	荷兰	2.5	荷兰	2.2	荷兰	1.9	荷兰	2.0
		荷兰	1.7	尼泊尔	1.7	尼泊尔	1.8	尼泊尔	1.9	尼泊尔	1.8

续表

区域	国家	2014 年	占比	2015 年	占比	2016 年	占比	2017 年	占比	2018 年	占比
南亚国家	巴基斯坦	美国	5.8	美国	6.4	美国	5.6	美国	5.5	美国	5.5
		中国	3.0	中国	3.1	中国	3.1	中国	2.9	中国	3.2
		英国	8.5	英国	7.3	英国	5.7	英国	4.3	英国	3.3
		阿富汗	2.9	阿富汗	3.4	阿富汗	4.0	阿富汗	3.5	阿富汗	2.9
		德国	4.0	阿联酋	3.9	德国	3.4	德国	3.1	德国	3.0
		阿联酋	3.5	德国	2.1	阿联酋	2.3	阿联酋	2.4	阿联酋	2.5
		西班牙	2.9	荷兰	2.7	荷兰	2.6	西班牙	2.1	荷兰	2.6
		荷兰	3.2	西班牙	3.1	西班牙	2.9	荷兰	2.9	西班牙	2.8
		孟加拉国	2.5	孟加拉国	2.4	孟加拉国	2.4	孟加拉国	2.4	孟加拉国	2.5
		意大利	2.0	意大利	2.1	意大利	2.3	意大利	2.5	意大利	2.7
	孟加拉国	美国	8.2	美国	8.2	美国	8.3	美国	8.7	美国	8.8
		德国	7.4	德国	7.7	德国	7.8	德国	8.2	德国	8.1
		英国	1.4	英国	4.2	英国	7.2	英国	7.2	英国	7.2
		西班牙	6.4	西班牙	5.4	西班牙	5.4	西班牙	4.9	西班牙	4.4
		法国	6.0	法国	5.4	法国	4.5	法国	5.2	法国	4.6
		意大利	6.6	意大利	4.4	加拿大	4.3	意大利	3.9	意大利	4.1
		加拿大	4.8	加拿大	3.9	意大利	3.9	加拿大	3.8	日本	3.5
		日本	3.3	日本	3.5	日本	3.7	日本	3.5	加拿大	3.4
		比利时	2.6	比利时	3.8	比利时	3.5	比利时	3.8	比利时	3.5
		荷兰	3.1	荷兰	3.6	荷兰	3.6	荷兰	3.1	荷兰	3.6

续表

区域	国家	2014 年	占比	2015 年	占比	2016 年	占比	2017 年	占比	2018 年	占比
南亚国家	斯里兰卡	美国	8.7	美国	9.1	美国	8.6	美国	8.3	美国	8.8
		英国	3.6	英国	3.5	英国	3.4	英国	3.2	印度	3.5
		印度	3.2	印度	3.8	德国	3.7	印度	2.5	中国	2.7
		德国	3.4	德国	3.2	印度	1.6	德国	1.3	英国	1.9
		意大利	1.3	意大利	0.6	意大利	0.7	中国	1.6	比利时	1.9
		中国	1.2	中国	0.6	中国	0.5	意大利	1.1	德国	1.6
		阿联酋	1.1	比利时	0.7	比利时	1.0	比利时	1.2	意大利	1.3
		比利时	0.6	阿联酋	0.8	阿联酋	0.3	阿联酋	0.7	土耳其	1.1
		新加坡	2.2	土耳其	2.7	土耳其	3.0	土耳其	1.4	新加坡	0.9
		土耳其	1.6	新加坡	2.1	新加坡	2.4	新加坡	1.4	阿联酋	0.9
	阿富汗	巴基斯坦	9.8	巴基斯坦	10.0	巴基斯坦	9.7	巴基斯坦	9.4	中国	9.5
		印度	13.6	印度	13.5	印度	13.6	中国	13.7	巴基斯坦	13.6
		中国	1.9	中国	0.0	中国	3.4	印度	9.5	印度	1.5
		土耳其	0.2	土耳其	2.4	土耳其	0.6	土耳其	2.5	土耳其	1.5
		伊朗	3.3	伊朗	2.8	伊朗	2.2	阿联酋	2.7	阿联酋	1.9
		阿联酋	4.0	阿联酋	3.4	伊拉克	2.4	伊朗	2.7	伊朗	2.0
		伊拉克	4.3	伊拉克	1.5	阿联酋	0.7	伊拉克	3.3	伊拉克	1.9
		塔吉克斯坦	3.2	沙特阿拉伯	1.5	塔吉克斯坦	2.2	德国	2.8	塔吉克斯坦	1.2
		沙特阿拉伯	1.6	塔吉克斯坦	1.3	德国	1.8	塔吉克斯坦	2.5	沙特阿拉伯	1.5
		德国	1.7	德国	1.5	沙特阿拉伯	2.2	沙特阿拉伯	1.8	德国	1.3

续表

区域	国家	2014年	占比	2015年	占比	2016年	占比	2017年	占比	2018年	占比
南亚国家	尼泊尔	印度	11.6	印度	12.1	印度	13.4	印度	12.8	印度	12.8
		美国	0.9	美国	1.7	美国	2.7	美国	2.2	德国	2.5
		德国	1.4	德国	1.5	德国	1.5	英国	1.4	美国	1.4
		英国	1.3	英国	1.3	英国	1.3	德国	1.3	中国	1.3
		中国	0.9	中国	0.9	土耳其	0.9	土耳其	1.1	英国	1.1
		土耳其	0.9	土耳其	0.9	中国	0.9	中国	1.1	土耳其	1.1
		法国	1.0	法国	1.0	法国	1.0	法国	1.0	意大利	1.0
		意大利	1.0	意大利	1.0	阿富汗	1.0	阿富汗	1.0	日本	1.0
		阿富汗	1.1	阿富汗	1.1	意大利	1.1	意大利	1.0	法国	1.0
		日本	1.1	日本	1.1	日本	1.1	日本	0.9	阿富汗	0.9
南亚国家	马尔代夫	泰国	4.1	泰国	4.5	泰国	4.3	泰国	4.6	泰国	4.4
		美国	3.0	德国	3.3	德国	3.1	德国	3.4	德国	3.2
		德国	2.7	英国	2.8	意大利	2.8	英国	2.9	法国	2.9
		英国	2.5	美国	2.7	斯里兰卡	2.6	美国	2.8	意大利	2.7
		法国	2.4	法国	2.6	瑞士	2.5	印度	2.7	英国	2.6
		意大利	2.1	瑞士	2.3	英国	2.2	意大利	2.4	美国	2.3
		斯里兰卡	2.1	越南	2.2	美国	2.2	斯里兰卡	2.3	斯里兰卡	2.2
		瑞士	1.9	意大利	2.0	法国	2.0	瑞士	2.1	瑞士	2.1
		越南	1.9	斯里兰卡	2.0	意大利	2.0	越南	2.1	越南	2.1
		西班牙	1.9	印度	2.0	西班牙	2.0	西班牙	2.1	西班牙	2.0

续表

区域	国家	2014年	占比	2015年	占比	2016年	占比	2017年	占比	2018年	占比
南亚国家	不丹	印度	69.2	印度	68.5	印度	67.6	印度	67.8	印度	67.1
		孟加拉国	14.1	孟加拉国	11.2	孟加拉国	10.4	孟加拉国	13.0	孟加拉国	11.7
		日本	3.8	日本	3.3	意大利	2.8	意大利	3.4	意大利	1.9
		意大利	2.1	意大利	3.1	尼泊尔	2.3	尼泊尔	2.9	日本	2.0
		尼泊尔	3.6	尼泊尔	3.2	日本	4.1	日本	3.7	尼泊尔	3.1
		中国香港特别行政区	2.6	中国香港特别行政区	2.1	中国香港特别行政区	4.4	德国	3.8	保加利亚	3.8
		德国	2.4	荷兰	1.7	荷兰	4.3	荷兰	3.7	德国	4.0
		荷兰	2.0	德国	2.0	新加坡	2.0	新加坡	2.0	中国香港特别行政区	2.0
		新加坡	1.8	新加坡	1.8	德国	1.7	中国香港特别行政区	1.7	荷兰	1.8
		保加利亚	1.8	保加利亚	1.8	保加利亚	1.8	保加利亚	1.8	新加坡	1.8
西亚北非国家	沙特阿拉伯	中国	2.1	阿联酋	3.5	阿联酋	3.7	阿联酋	12.1	中国	9.9
		阿联酋	1.8	中国	2.8	中国	2.7	中国	2.8	阿联酋	2.8
		印度	1.1	印度	1.6	印度	1.6	新加坡	1.4	新加坡	1.4
		新加坡	1.1	新加坡	1.2	新加坡	1.2	印度	1.3	印度	1.2
		土耳其	0.6	埃及	1.0	科威特	1.0	科威特	0.9	比利时	0.8
		埃及	0.6	美国	0.9	卡塔尔	0.9	土耳其	0.8	土耳其	0.8
		约旦	0.6	土耳其	0.9	土耳其	0.9	比利时	0.8	科威特	0.7
		比利时	0.5	卡塔尔	0.8	埃及	0.9	巴林	0.7	埃及	0.7
		巴林	0.5	科威特	0.8	巴林	0.8	美国	0.7	巴林	0.6
		卡塔尔	0.4	巴林	0.8	美国	0.8	埃及	0.6	美国	0.6

续表

区域	国家	2014年	占比	2015年	占比	2016年	占比	2017年	占比	2018年	占比
西亚北非国家	阿联酋	伊朗	3.3	伊朗	3.6	印度	3.8	沙特阿拉伯	4.6	沙特阿拉伯	5.6
		印度	3.2	印度	3.5	伊朗	3.0	印度	4.6	印度	3.3
		伊拉克	1.9	伊拉克	2.3	瑞士	2.5	伊朗	4.5	伊拉克	2.9
		沙特阿拉伯	1.6	沙特阿拉伯	2.2	伊拉克	1.8	伊拉克	3.4	阿曼	2.7
		阿曼	1.5	阿曼	1.8	阿曼	1.7	美国	2.4	伊朗	2.6
		瑞士	1.4	瑞士	1.4	沙特阿拉伯	1.6	阿曼	2.3	瑞士	2.4
		比利时	1.3	比利时	1.4	比利时	1.5	土耳其	1.8	科威特	2.2
		中国香港特别行政区	1.0	中国香港特别行政区	1.3	中国香港特别行政区	1.3	中国香港特别行政区	1.7	中国香港特别行政区	1.6
		科威特	0.9	卡塔尔	1.1	中国	1.2	科威特	1.6	美国	1.6
		土耳其	0.8	科威特	1.0	美国	1.2	中国	1.6	中国	1.3
	阿曼	阿联酋	4.8	阿联酋	11.7	阿联酋	7.0	阿联酋	6.9	阿联酋	6.9
		巴基斯坦	2.8	沙特阿拉伯	5.0	伊拉克	7.0	卡塔尔	4.1	卡塔尔	4.3
		沙特阿拉伯	2.7	中国	3.7	巴基斯坦	4.1	沙特阿拉伯	4.0	沙特阿拉伯	4.0
		印度	2.0	印度	2.4	印度	3.8	印度	2.8	印度	2.6
		美国	1.4	美国	1.5	沙特阿拉伯	2.7	中国	2.1	中国	1.9
		中国	1.3	伊拉克	1.3	南非	2.7	伊朗	1.7	美国	1.5
		韩国	0.9	巴基斯坦	1.2	中国	2.1	巴基斯坦	1.5	也门	1.4
		科威特	0.8	南非	0.9	韩国	1.3	也门	1.5	伊朗	1.0
		南非	0.8	卡塔尔	0.8	伊朗	1.2	南非	1.1	科威特	0.9
		卡塔尔	0.6	马来西亚	0.8	索马里	1.1	美国	1.0	巴基斯坦	0.9

续表

区域	国家	2014年	占比	2015年	占比	2016年	占比	2017年	占比	2018年	占比
西亚北非国家	伊朗	中国	10.4	—	—	中国	10.1	中国	8.6	—	—
		伊拉克	7.2	—	—	阿联酋	8.9	阿联酋	6.3	—	—
		阿联酋	4.5	—	—	伊拉克	7.4	伊拉克	6.1	—	—
		印度	2.8	—	—	土耳其	3.9	韩国	4.1	—	—
		阿富汗	2.8	—	—	韩国	3.5	土耳其	3.8	—	—
		土耳其	2.2	—	—	印度	3.4	阿富汗	2.6	—	—
		土库曼斯坦	1.1	—	—	阿富汗	3.0	印度	2.6	—	—
		巴基斯坦	1.1	—	—	日本	1.4	巴基斯坦	0.9	—	—
		意大利	0.7	—	—	巴基斯坦	1.0	泰国	0.7	—	—
		中国香港特别行政区	0.6	—	—	土库曼斯坦	0.7	印度尼西亚	0.6	—	—
	土耳其	德国	9.6	德国	9.3	德国	9.8	德国	9.6	德国	8.2
		伊拉克	6.9	英国	7.3	英国	8.2	英国	6.1	日本	7.1
		英国	6.3	伊拉克	5.9	伊拉克	5.4	阿联酋	5.9	韩国	5.2
		意大利	4.5	意大利	4.8	意大利	5.3	伊拉克	5.8	英国	4.1
		法国	4.1	美国	4.4	美国	4.6	美国	5.5	印度	4.0
		美国	4.0	法国	4.1	法国	4.2	意大利	5.4	中国	3.8
		俄罗斯	3.8	瑞士	3.9	阿联酋	3.8	法国	4.2	中国	3.4
		西班牙	3.0	西班牙	3.3	西班牙	3.5	西班牙	4.0	意大利	3.0
		阿联酋	3.0	阿联酋	3.3	伊朗	3.5	荷兰	2.5	伊拉克	2.6
		伊朗	2.5	伊朗	2.5	荷兰	2.5	以色列	2.2	美国	2.5

347

续表

区域	国家	2014年	占比	2015年	占比	2016年	占比	2017年	占比	2018年	占比
西亚北非国家	以色列	美国	26.9	美国	28.3	美国	29.1	美国	27.9	美国	27.1
		中国香港特别行政区	8.9	中国香港特别行政区	8.3	中国香港特别行政区	7.3	英国	8.5	中国	7.7
		英国	5.8	英国	6.2	英国	6.5	中国香港特别行政区	6.9	英国	7.1
		比利时	4.8	中国	5.1	中国	5.5	中国	5.4	中国香港特别行政区	6.8
		中国	4.0	比利时	3.9	比利时	4.1	比利时	4.4	荷兰	3.7
		土耳其	4.0	印度	3.5	印度	4.0	荷兰	3.8	比利时	3.5
		荷兰	3.6	荷兰	3.4	荷兰	3.5	印度	3.2	印度	3.5
		印度	3.2	越南	2.8	德国	2.5	法国	2.9	土耳其	3.1
		德国	2.5	土耳其	2.7	瑞士	2.4	德国	2.7	德国	2.9
		法国	2.4	法国	2.6	法国	2.4	瑞士	2.4	法国	2.6
	埃及	意大利	9.2	沙特阿拉伯	9.2	阿联酋	12.6	阿联酋	10.6	意大利	7.0
		沙特阿拉伯	7.4	意大利	7.4	沙特阿拉伯	7.8	意大利	8.5	土耳其	6.9
		印度	7.2	土耳其	5.8	意大利	6.5	土耳其	7.2	阿联酋	6.8
		土耳其	5.4	美国	5.6	土耳其	6.4	沙特阿拉伯	6.0	美国	5.9
		美国	4.2	阿联酋	5.1	英国	4.7	美国	5.1	沙特阿拉伯	4.9
		英国	3.8	英国	4.3	美国	4.5	英国	4.2	英国	4.6
		阿联酋	3.7	印度	4.1	黎巴嫩	3.6	印度	3.4	西班牙	4.4
		利比亚	3.7	利比亚	2.6	西班牙	2.9	西班牙	3.1	印度	3.9
		法国	3.1	约旦	2.6	印度	2.8	中国	2.6	中国	3.5
		伊拉克	2.9	德国	2.5	利比亚	2.6	黎巴嫩	2.6	阿尔及利亚	3.4

续表

区域	国家	2014年	占比	2015年	占比	2016年	占比	2017年	占比	2018年	占比
西亚北非国家	科威特	中国	1.0	中国	1.5	印度	1.6	印度	1.1	印度	1.4
		印度	0.9	沙特阿拉伯	1.5	沙特阿拉伯	1.5	伊拉克	1.0	中国	1.1
		阿联酋	0.8	印度	1.4	阿联酋	1.2	沙特阿拉伯	1.0	阿联酋	0.9
		沙特阿拉伯	0.7	阿联酋	1.2	中国	1.1	阿联酋	0.9	伊拉克	0.7
		伊拉克	0.7	伊拉克	0.8	伊拉克	0.6	中国	0.7	沙特阿拉伯	0.7
		巴基斯坦	0.2	美国	0.4	卡塔尔	0.4	卡塔尔	0.5	卡塔尔	0.5
		土耳其	0.2	卡塔尔	0.4	俄罗斯	0.4	阿曼	0.3	巴基斯坦	0.3
		卡塔尔	0.2	土耳其	0.3	阿曼	0.3	巴基斯坦	0.2	阿曼	0.2
		印度尼西亚	0.2	巴基斯坦	0.3	巴基斯坦	0.3	美国	0.2	土耳其	0.2
		巴西	0.2	约旦	0.2	美国	0.3	俄罗斯	0.2	约旦	0.1
	伊拉克	阿联酋	0.0	阿联酋	0.0	新加坡	0.0	—	—	—	—
		叙利亚	0.0	新加坡	0.0	阿联酋	0.0	—	—	—	—
		土耳其	0.0	叙利亚	0.0	意大利	0.0	—	—	—	—
		约旦	0.0	黎巴嫩	0.0	黎巴嫩	0.0	—	—	—	—
		黎巴嫩	0.0	意大利	0.0	伊朗	0.0	—	—	—	—
		埃及	0.0	埃及	0.0	埃及	0.0	—	—	—	—
		摩洛哥	0.0	约旦	0.0	约旦	0.0	—	—	—	—
		利比亚	0.0	伊朗	0.0	瑞典	0.0	—	—	—	—
		阿尔及利亚	0.0	摩洛哥	0.0	德国	0.0	—	—	—	—
		伊朗	0.0	英国	0.0	俄罗斯	0.0	—	—	—	—

续表

区域	国家	2014年	占比	2015年	占比	2016年	占比	2017年	占比	2018年	占比
西亚北非国家	卡塔尔	日本	25.3	日本	20.8	日本	19.1	日本	17.1	日本	17.4
		韩国	18.8	韩国	17.3	韩国	15.7	韩国	15.8	韩国	17.4
		印度	12.7	印度	11.9	印度	12.9	印度	12.3	印度	12.1
		中国	7.7	中国	6.7	中国	7.8	中国	10.7	中国	11.4
		新加坡	6.2	阿联酋	6.1	阿联酋	6.6	新加坡	9.3	新加坡	8.1
		阿联酋	5.1	新加坡	4.5	新加坡	5.2	阿联酋	3.8	泰国	3.7
		泰国	2.6	英国	4.5	泰国	3.8	泰国	3.5	巴基斯坦	2.9
		英国	2.3	泰国	3.5	英国	3.3	英国	2.4	意大利	2.0
		意大利	1.4	意大利	2.0	埃及	1.9	巴基斯坦	2.3	阿联酋	1.8
		土耳其	1.1	比利时	1.7	意大利	1.9	意大利	2.0	英国	1.3
	约旦	美国	15.8	美国	18.5	美国	20.8	美国	21.5	美国	22.8
		伊拉克	15.3	沙特阿拉伯	14.8	沙特阿拉伯	13.2	沙特阿拉伯	11.3	沙特阿拉伯	9.9
		沙特阿拉伯	12.4	伊拉克	9.6	伊拉克	6.6	伊拉克	7.3	伊拉克	9.1
		印度	7.8	印度	7.5	印度	6.5	印度	6.9	印度	8.9
		阿联酋	4.0	阿联酋	4.8	阿联酋	5.3	阿联酋	4.7	阿联酋	4.0
		叙利亚	2.7	科威特	3.9	科威特	4.5	科威特	4.6	科威特	3.2
		中国	2.2	中国	2.8	黎巴嫩	2.5	巴勒斯坦	2.7	巴勒斯坦	2.5
		科威特	2.1	卡塔尔	2.0	巴勒斯坦	2.3	卡塔尔	2.2	卡塔尔	1.9
		土耳其	2.0	巴勒斯坦	1.9	卡塔尔	2.3	中国	2.2	埃及	1.9
		卡塔尔	1.8	印度尼西亚	1.8	法国	2.2	黎巴嫩	1.9	印度尼西亚	1.7

续表

区域	国家	2014年	占比	2015年	占比	2016年	占比	2017年	占比	2018年	占比
西亚北非国家	黎巴嫩	沙特阿拉伯	11.4	沙特阿拉伯	12.1	南非	21.1	南非	11.1	阿联酋	15.5
		阿联酋	9.7	阿联酋	10.6	沙特阿拉伯	9.0	阿联酋	9.3	沙特阿拉伯	7.2
		南非	9.0	伊拉克	7.6	阿联酋	8.0	叙利亚	8.7	叙利亚	7.0
		伊拉克	7.7	叙利亚	7.1	叙利亚	6.7	沙特阿拉伯	8.6	南非	5.9
		叙利亚	7.3	南非	6.6	伊拉克	5.4	伊拉克	6.1	伊拉克	5.0
		土耳其	4.4	约旦	3.8	约旦	3.3	瑞士	4.7	卡塔尔	4.5
		约旦	3.9	埃及	3.0	瑞士	3.2	土耳其	4.2	瑞士	4.4
		卡塔尔	2.8	卡塔尔	2.7	卡塔尔	2.5	卡塔尔	3.5	土耳其	4.3
		瑞士	2.6	土耳其	2.6	科威特	2.5	科威特	3.2	约旦	2.9
		埃及	2.5	科威特	2.3	土耳其	2.4	约旦	3.1	科威特	2.6
	巴林	沙特阿拉伯	14.9	沙特阿拉伯	66.9	沙特阿拉伯	21.4	沙特阿拉伯	14.8	沙特阿拉伯	13.3
		阿联酋	14.7	阿联酋	6.9	美国	8.3	美国	7.6	阿联酋	6.1
		日本	13.7	美国	4.8	阿联酋	6.2	阿联酋	6.6	美国	4.8
		卡塔尔	5.1	科威特	2.9	卡塔尔	5.1	阿曼	3.9	阿曼	4.6
		新加坡	4.9	埃及	2.2	科威特	3.6	中国	2.6	埃及	3.6
		伊拉克	4.7	卡塔尔	1.9	阿曼	2.8	卡塔尔	2.5	中国	2.3
		中国	4.2	阿尔及利亚	1.3	埃及	2.1	土耳其	2.0	印度	2.2
		美国	3.8	摩洛哥	1.0	印度	1.4	印度	1.8	科威特	1.8
		阿曼	3.5	伊拉克	1.0	阿尔及利亚	1.2	科威特	1.7	土耳其	1.7
		韩国	2.3	印度	1.0	摩洛哥	0.8	埃及	1.4	韩国	0.8

续表

区域	国家	2014年	占比	2015年	占比	2016年	占比	2017年	占比	2018年	占比
西亚北非国家	也门	中国	35.6	沙特阿拉伯	32.2	—	—	—	—	—	—
		沙特阿拉伯	21.0	阿曼	17.0	—	—	—	—	—	—
		泰国	13.7	索马里	6.6	—	—	—	—	—	—
		马来西亚	5.0	日本	5.5	—	—	—	—	—	—
		阿联酋	4.2	阿联酋	4.6	—	—	—	—	—	—
		阿曼	3.0	埃及	3.1	—	—	—	—	—	—
		索马里	2.8	美国	2.4	—	—	—	—	—	—
		埃及	1.9	德国	2.1	—	—	—	—	—	—
		韩国	1.7	吉布地	2.0	—	—	—	—	—	—
		约旦	1.4	英国	1.8	—	—	—	—	—	—
	叙利亚	—	—	—	—	—	—	—	—	—	—

续表

区域	国家	2014 年	占比	2015 年	占比	2016 年	占比	2017 年	占比	2018 年	占比
西亚北非国家	巴勒斯坦	以色列	83.9	以色列	83.9	以色列	83.2	以色列	82.5	以色列	83.7
		约旦	7.0	约旦	6.3	约旦	5.6	约旦	7.2	约旦	6.4
		阿联酋	1.5	阿联酋	2.0	阿联酋	2.5	阿联酋	2.5	阿联酋	2.3
		美国	1.3	沙特阿拉伯	1.5	沙特阿拉伯	2.0	沙特阿拉伯	1.4	沙特阿拉伯	1.8
		荷兰	1.2	科威特	1.3	科威特	1.2	美国	1.3	美国	1.3
		沙特阿拉伯	1.2	美国	1.1	美国	1.1	科威特	0.8	科威特	0.8
		科威特	1.0	卡塔尔	1.0	卡塔尔	1.1	土耳其	0.7	土耳其	0.7
		卡塔尔	0.9	英国	0.5	英国	0.7	卡塔尔	0.7	卡塔尔	0.6
		英国	0.4	土耳其	0.3	荷兰	0.6	英国	0.6	英国	0.6
		土耳其	0.3	波兰	0.3	土耳其	0.4	法国	0.2	德国	0.2
中东欧国家	波兰	德国	25.9	德国	26.9	德国	27.0	德国	27.2	德国	28.1
		英国	6.4	英国	6.8	英国	6.6	英国	6.4	捷克	6.4
		捷克	6.3	捷克	6.5	捷克	6.5	捷克	6.3	英国	6.2
		法国	5.6	法国	5.6	法国	5.5	法国	5.6	法国	5.5
		意大利	4.5	意大利	4.8	意大利	4.8	意大利	4.9	意大利	4.6
		俄罗斯	4.4	荷兰	4.4	荷兰	4.4	荷兰	4.3	荷兰	4.5
		荷兰	4.1	俄罗斯	2.9	俄罗斯	2.9	俄罗斯	3.1	俄罗斯	3.1
		瑞典	2.8	瑞典	2.7	瑞典	2.9	美国	2.8	美国	2.8
		匈牙利	2.6	西班牙	2.7	西班牙	2.8	西班牙	2.7	瑞典	2.8
		斯洛伐克	2.5	匈牙利	2.7	匈牙利	2.6	瑞典	2.7	匈牙利	2.7

续表

区域	国家	2014年	占比	2015年	占比	2016年	占比	2017年	占比	2018年	占比
中东欧国家	罗马尼亚	德国	19.2	德国	19.8	德国	21.5	德国	23.0	德国	23.0
		意大利	11.9	意大利	12.4	意大利	11.6	意大利	11.2	意大利	11.4
		法国	6.8	法国	6.8	法国	7.2	法国	6.8	法国	7.1
		匈牙利	5.1	匈牙利	5.4	匈牙利	5.2	匈牙利	4.7	匈牙利	4.9
		土耳其	4.5	英国	4.4	英国	4.3	英国	4.1	英国	4.2
		英国	4.1	土耳其	3.9	保加利亚	3.2	保加利亚	3.4	保加利亚	3.3
		保加利亚	3.4	保加利亚	3.3	土耳其	3.2	土耳其	3.3	波兰	3.2
		俄罗斯	2.8	西班牙	2.9	西班牙	3.0	波兰	3.1	西班牙	3.1
		西班牙	2.6	波兰	2.7	波兰	2.9	西班牙	3.0	捷克	3.0
		荷兰	2.6	荷兰	2.5	捷克	2.6	捷克	2.9	土耳其	2.9
	捷克	德国	32.0	德国	32.2	德国	32.4	德国	32.6	德国	32.4
		斯洛伐克	8.4	斯洛伐克	9.0	斯洛伐克	8.4	斯洛伐克	7.6	斯洛伐克	7.5
		波兰	6.0	波兰	5.9	波兰	5.8	波兰	6.0	波兰	6.0
		英国	5.1	英国	5.3	英国	5.3	法国	5.1	法国	5.1
		法国	5.1	法国	5.1	法国	5.2	英国	5.0	英国	4.6
		奥地利	4.3	奥地利	4.1	意大利	4.2	奥地利	4.4	奥地利	4.5
		意大利	3.6	意大利	3.7	奥地利	4.2	意大利	4.1	意大利	3.9
		俄罗斯	3.1	匈牙利	3.0	匈牙利	2.9	荷兰	3.5	荷兰	3.7
		匈牙利	2.8	荷兰	2.8	荷兰	2.9	匈牙利	3.0	西班牙	3.1
		荷兰	2.7	西班牙	2.6	西班牙	2.8	西班牙	2.9	匈牙利	3.0

续表

区域	国家	2014年	占比	2015年	占比	2016年	占比	2017年	占比	2018年	占比
中东欧国家	斯洛伐克	德国	21.9	德国	22.3	德国	21.9	德国	20.7	德国	22.2
		捷克	12.6	捷克	12.2	捷克	11.8	捷克	11.5	捷克	11.7
		波兰	8.2	波兰	8.3	波兰	7.6	波兰	7.7	波兰	7.7
		匈牙利	6.6	匈牙利	6.1	法国	6.1	匈牙利	6.6	法国	6.3
		奥地利	6.1	奥地利	6.0	匈牙利	6.0	法国	6.3	匈牙利	6.0
		英国	4.9	法国	5.4	奥地利	5.7	奥地利	6.1	奥地利	5.8
		法国	4.8	英国	5.2	英国	5.4	意大利	6.0	意大利	5.8
		意大利	4.5	意大利	4.5	意大利	4.9	英国	4.7	英国	4.5
		俄罗斯	3.2	西班牙	2.8	西班牙	3.0	西班牙	3.0	美国	3.3
		荷兰	2.5	荷兰	2.4	荷兰	2.9	美国	2.8	西班牙	2.9
	保加利亚	德国	12.0	德国	12.4	德国	13.3	德国	12.9	德国	14.6
		土耳其	9.4	土耳其	9.2	意大利	9.0	意大利	8.9	土耳其	8.5
		意大利	9.0	意大利	8.6	土耳其	8.6	罗马尼亚	7.9	意大利	8.4
		罗马尼亚	7.9	罗马尼亚	8.1	罗马尼亚	7.8	土耳其	7.8	罗马尼亚	7.8
		希腊	6.7	希腊	6.5	希腊	6.8	希腊	6.2	希腊	6.6
		法国	4.3	法国	4.2	法国	4.4	法国	4.1	其他国家（地区）	3.9
		中国	4.2	比利时	3.7	比利时	3.5	其他国家（地区）	4.0	比利时	3.4
		比利时	2.6	新加坡	2.6	其他国家（地区）	2.7	西班牙	3.9	法国	2.8
		俄罗斯	2.4	中国	2.5	英国	2.7	比利时	2.8	西班牙	2.7
		西班牙	2.4	俄罗斯	2.4	中国	2.6	荷兰	2.7	俄罗斯	2.7

续表

区域	国家	2014年	占比	2015年	占比	2016年	占比	2017年	占比	2018年	占比
中东欧国家	匈牙利	德国	27.5	德国	27.3	德国	27.5	德国	27.3	德国	27.3
		奥地利	5.5	罗马尼亚	5.3	罗马尼亚	5.0	罗马尼亚	5.2	斯洛伐克	5.2
		罗马尼亚	5.4	斯洛伐克	5.0	斯洛伐克	4.9	意大利	5.1	意大利	5.2
		斯洛伐克	4.9	奥地利	4.8	奥地利	4.8	奥地利	4.8	罗马尼亚	5.1
		意大利	4.6	意大利	4.7	法国	4.8	斯洛伐克	4.7	奥地利	4.7
		法国	4.5	法国	4.6	意大利	4.8	法国	4.4	捷克	4.5
		波兰	3.8	英国	3.9	捷克	4.1	捷克	4.3	法国	4.3
		捷克	3.8	捷克	3.9	波兰	4.1	波兰	4.1	波兰	4.2
		英国	3.6	波兰	3.8	英国	3.9	英国	3.5	英国	3.7
		美国	3.5	美国	3.6	美国	3.4	荷兰	3.4	荷兰	3.5
	拉脱维亚	立陶宛	19.8	立陶宛	20.3	立陶宛	19.2	立陶宛	17.5	立陶宛	17.1
		爱沙尼亚	11.7	爱沙尼亚	11.5	爱沙尼亚	11.9	爱沙尼亚	11.6	爱沙尼亚	11.0
		俄罗斯	10.6	俄罗斯	8.0	俄罗斯	7.6	俄罗斯	9.0	俄罗斯	8.9
		德国	6.8	德国	6.3	德国	7.1	德国	7.2	瑞典	7.1
		波兰	6.4	波兰	5.9	瑞典	5.9	瑞典	6.1	德国	6.8
		瑞典	5.3	英国	5.2	英国	5.5	英国	5.1	英国	5.7
		英国	4.9	瑞典	5.1	波兰	5.0	波兰	4.4	丹麦	4.3
		丹麦	3.7	丹麦	4.0	丹麦	4.6	丹麦	4.2	美国	4.0
		丹麦	2.4	荷兰	2.5	荷兰	2.8	美国	2.7	波兰	3.9
		荷兰	2.1	丹麦	2.2	丹麦	2.3	荷兰	2.6	芬兰	2.3

续表

区域	国家	2014 年	占比	2015 年	占比	2016 年	占比	2017 年	占比	2018 年	占比
中东欧国家	立陶宛	俄罗斯	20.9	俄罗斯	13.7	俄罗斯	13.5	俄罗斯	15.2	俄罗斯	14.0
		拉脱维亚	9.2	拉脱维亚	9.9	拉脱维亚	9.9	拉脱维亚	9.6	拉脱维亚	9.8
		波兰	8.3	波兰	9.7	波兰	9.1	波兰	8.1	波兰	8.2
		德国	7.3	德国	7.8	德国	7.7	德国	7.2	德国	7.4
		白俄罗斯	4.7	爱沙尼亚	5.3	爱沙尼亚	5.3	美国	5.3	美国	5.0
		荷兰	4.5	白俄罗斯	4.6	美国	5.1	爱沙尼亚	4.8	爱沙尼亚	4.9
		爱沙尼亚	4.3	英国	4.5	瑞典	4.7	瑞典	4.8	瑞典	4.8
		英国	3.8	美国	4.3	英国	4.3	白俄罗斯	3.9	英国	3.8
		美国	3.7	荷兰	4.0	白俄罗斯	3.8	荷兰	3.5	白俄罗斯	3.8
		乌克兰	3.7	瑞典	4.0	荷兰	3.1	英国	3.5	荷兰	3.4
	斯洛文尼亚	德国	20.0	德国	20.6	德国	20.6	德国	20.2	德国	20.3
		意大利	11.9	意大利	11.2	意大利	10.9	意大利	11.5	意大利	12.5
		奥地利	8.9	奥地利	8.3	克罗地亚	8.3	克罗地亚	8.0	克罗地亚	8.1
		克罗地亚	7.7	克罗地亚	7.8	奥地利	7.8	奥地利	7.6	奥地利	7.5
		法国	5.1	法国	4.9	法国	4.7	法国	5.6	法国	5.6
		俄罗斯	4.4	塞尔维亚	3.5	塞尔维亚	3.6	塞尔维亚	3.3	塞尔维亚	3.2
		塞尔维亚	3.3	波兰	3.4	波兰	3.3	波兰	3.1	波兰	3.0
		波兰	3.2	俄罗斯	3.3	俄罗斯	3.0	俄罗斯	2.9	匈牙利	2.8
		匈牙利	3.0	匈牙利	2.9	匈牙利	2.8	匈牙利	2.7	俄罗斯	2.6
		波黑	2.5	波黑	2.6	波黑	2.7	波黑	2.6	波黑	2.5

续表

区域	国家	2014年	占比	2015年	占比	2016年	占比	2017年	占比	2018年	占比
中东欧国家	爱沙尼亚	瑞典	16.4	瑞典	17.3	瑞典	16.9	芬兰	15.3	芬兰	15.1
		俄罗斯	14.2	芬兰	14.5	芬兰	15.1	瑞典	12.7	瑞典	10.4
		芬兰	13.6	俄罗斯	9.7	俄罗斯	9.3	俄罗斯	10.2	拉脱维亚	9.1
		拉脱维亚	9.8	拉脱维亚	9.5	拉脱维亚	8.7	拉脱维亚	8.6	俄罗斯	8.7
		立陶宛	4.8	立陶宛	5.4	立陶宛	5.6	德国	6.9	美国	6.9
		美国	4.8	美国	4.9	德国	5.5	立陶宛	5.5	德国	6.0
		德国	4.4	德国	4.8	丹麦	3.8	丹麦	3.7	立陶宛	5.2
		丹麦	3.6	丹麦	3.8	美国	3.2	荷兰	3.5	丹麦	3.6
		荷兰	2.5	荷兰	3.0	丹麦	3.0	美国	3.3	丹麦	3.1
		丹麦	2.4	丹麦	2.6	荷兰	2.6	丹麦	2.6	荷兰	2.7
	克罗地亚	意大利	13.9	意大利	13.4	意大利	13.7	意大利	13.6	意大利	14.6
		波黑	11.9	斯洛文尼亚	12.3	斯洛文尼亚	12.5	德国	12.3	德国	13.2
		斯洛文尼亚	11.3	德国	11.3	德国	11.8	斯洛文尼亚	10.7	斯洛文尼亚	11.1
		德国	11.2	波黑	9.7	波黑	9.2	波黑	9.8	波黑	9.4
		奥地利	6.1	奥地利	6.5	奥地利	6.4	奥地利	6.3	奥地利	6.5
		塞尔维亚	5.6	塞尔维亚	5.5	塞尔维亚	4.8	塞尔维亚	5.3	塞尔维亚	4.9
		匈牙利	3.5	匈牙利	3.6	匈牙利	3.8	美国	3.9	匈牙利	3.4
		俄罗斯	2.6	法国	2.3	美国	3.7	匈牙利	3.3	法国	2.6
		法国	2.2	美国	2.3	荷兰	2.6	法国	2.6	美国	2.3
		美国	2.1	荷兰	2.0	法国	2.3	捷克	1.8	比利时	1.8

续表

区域	国家	2014 年	占比	2015 年	占比	2016 年	占比	2017 年	占比	2018 年	占比
中东欧国家	阿尔巴尼亚	意大利	52.0	意大利	50.9	意大利	54.6	意大利	53.5	意大利	48.0
		塞尔维亚	8.0	塞尔维亚	9.9	塞尔维亚	8.7	塞尔维亚	9.4	塞尔维亚	11.3
		西班牙	6.5	西班牙	5.2	希腊	4.6	西班牙	5.5	西班牙	7.8
		马耳他	6.2	马耳他	4.6	德国	3.4	希腊	4.3	德国	4.3
		土耳其	3.9	希腊	3.9	马耳他	3.3	德国	4.0	希腊	4.2
		希腊	3.5	德国	3.1	西班牙	3.3	北马其顿	3.1	北马其顿	2.8
		中国	3.4	土耳其	2.9	中国	3.1	中国	3.1	中国	1.8
		德国	2.8	中国	2.7	北马其顿	2.6	黑山	1.8	黑山	1.8
		北马其顿	2.1	北马其顿	2.6	黑山	1.8	罗马尼亚	1.7	美国	1.7
		黑山	1.4	黑山	1.4	罗马尼亚	1.4	美国	1.3	罗马尼亚	1.5
	塞尔维亚	意大利	17.4	意大利	16.2	意大利	14.6	意大利	13.2	意大利	12.2
		德国	11.9	德国	12.5	德国	13.1	德国	12.6	德国	11.9
		波黑	8.9	波黑	8.8	波黑	8.3	波黑	8.0	波黑	7.9
		俄罗斯	6.9	罗马尼亚	5.6	罗马尼亚	5.7	俄罗斯	5.9	罗马尼亚	5.9
		罗马尼亚	5.6	俄罗斯	5.4	俄罗斯	5.3	黑山	4.8	俄罗斯	5.3
		黑山	5.1	黑山	5.1	黑山	4.9	罗马尼亚	4.8	黑山	4.7
		北马其顿	4.1	北马其顿	3.9	北马其顿	4.0	保加利亚	3.9	匈牙利	4.0
		斯洛文尼亚	3.2	克罗地亚	3.3	克罗地亚	3.5	北马其顿	3.7	北马其顿	3.9
		克罗地亚	3.1	斯洛文尼亚	3.1	匈牙利	3.2	克罗地亚	3.7	保加利亚	3.8
		法国	2.8	法国	3.1	斯洛文尼亚	3.2	匈牙利	3.7	斯洛文尼亚	3.5

续表

区域	国家	2014年	占比	2015年	占比	2016年	占比	2017年	占比	2018年	占比
中东欧国家	北马其顿	德国	41.2	德国	44.0	德国	47.0	德国	47.0	德国	47.0
		塞尔维亚	9.9	塞尔维亚	8.9	塞尔维亚	8.9	塞尔维亚	8.4	塞尔维亚	7.9
		保加利亚	6.6	保加利亚	6.0	保加利亚	5.2	保加利亚	5.9	保加利亚	5.2
		意大利	6.2	意大利	4.1	比利时	4.0	希腊	3.6	比利时	3.8
		希腊	4.6	希腊	3.7	意大利	3.7	比利时	3.5	希腊	3.3
		比利时	3.1	中国	3.2	希腊	3.4	意大利	3.3	意大利	3.1
		罗马尼亚	1.9	比利时	3.2	罗马尼亚	2.8	罗马尼亚	3.1	罗马尼亚	2.8
		克罗地亚	1.9	罗马尼亚	2.4	西班牙	2.5	西班牙	1.9	奥地利	2.4
		波黑	1.9	西班牙	2.4	克罗地亚	1.9	土耳其	1.6	匈牙利	2.1
		中国	1.9	克罗地亚	1.8	波黑	1.7	克罗地亚	1.5	英国	1.8
	波黑	德国	15.2	德国	15.7	德国	15.7	德国	14.4	德国	14.6
		意大利	13.8	意大利	13.5	意大利	12.0	克罗地亚	11.6	克罗地亚	12.3
		克罗地亚	11.0	克罗地亚	10.3	克罗地亚	10.4	塞尔维亚	11.3	塞尔维亚	11.6
		塞尔维亚	9.2	塞尔维亚	8.5	塞尔维亚	8.7	意大利	10.9	意大利	11.4
		奥地利	8.7	斯洛文尼亚	8.3	斯洛文尼亚	8.6	斯洛文尼亚	8.8	斯洛文尼亚	8.9
		斯洛文尼亚	8.0	奥地利	8.3	奥地利	7.7	奥地利	8.1	奥地利	8.6
		其他国家（地区）	4.7	其他国家（地区）	5.2	其他国家（地区）	5.5	土耳其	3.9	黑山	3.4
		黑山	3.4	土耳其	3.9	土耳其	4.2	黑山	3.2	土耳其	2.7
		土耳其	2.6	黑山	2.9	黑山	2.6	匈牙利	2.3	匈牙利	2.4
		匈牙利	2.1	匈牙利	2.1	荷兰	2.2	荷兰	2.3	荷兰	2.2

续表

区域	国家	2014年	占比	2015年	占比	2016年	占比	2017年	占比	2018年	占比
中东欧国家	黑山	塞尔维亚	24.0	塞尔维亚	22.1	塞尔维亚	25.6	塞尔维亚	17.8	塞尔维亚	23.6
		意大利	10.5	意大利	12.6	匈牙利	10.9	波黑	12.7	匈牙利	11.7
		克罗地亚	9.9	其他国家（地区）	9.5	其他国家（地区）	8.9	其他国家（地区）	9.4	其他国家（地区）	8.6
		白俄罗斯	9.9	波黑	9.3	波黑	8.3	匈牙利	8.5	波黑	7.8
		波黑	9.6	土耳其	6.7	中国	5.9	中国香港特别行政区	8.5	斯洛文尼亚	7.1
		其他国家（地区）	6.4	德国	4.7	意大利	5.4	土耳其	6.0	波兰	4.5
		阿尔巴尼亚	4.6	阿尔巴尼亚	4.2	斯洛文尼亚	4.7	斯洛文尼亚	5.4	捷克	4.4
		斯洛文尼亚	4.0	斯洛文尼亚	3.8	阿尔巴尼亚	4.5	波兰	4.1	中国	3.6
		波兰	2.3	波兰	2.8	德国	4.1	意大利	3.5	意大利	3.5
		德国	1.8	中国	2.5	波兰	3.6	拉脱维亚	3.0	德国	3.3

资料来源：作者根据联合国商品贸易统计数据库数据计算。

附表 2-11　　2014~2019 年"一带一路"沿线国家净出口贸易总额及年均增速

单位：百万美元

区域	国家	2014年	2015年	2016年	2017年	2018年	2019年	年均增速（%）
东南亚国家	印度尼西亚	-1886	7671	8837	11886	-8492	-3230	-11.4
	泰国	-287	11657	21190	15116	4756	9605	301.8
	马来西亚	25076	23981	21059	22713	29853	33197	5.8
	越南	2368	-3545	1777	2095	6837	10370	34.4
	新加坡	37464	54500	47142	45523	42074	31497	-3.4
	菲律宾	-6605	-15924	-32029	-33188	-50023	-42495	-45.1
	缅甸	-5006	-5456	-3874	-5374	-2675	-560	35.5
	柬埔寨	-3846	-4719	-3797	-4294	-5678	-8000	-15.8
	老挝	-1609	-2022	-1127	-794	-869	-110	41.5
	文莱	6910	3124	2196	2486	2410	2120	-21.0
	东帝汶	-843	-560	-527	-531	-475	-437	12.3
东欧中亚国家	蒙古国	538	871	1558	1864	1137	1493	22.6
	俄罗斯	188930	148400	90217	114720	194425	164744	-2.7
	乌克兰	-529	610	-2892	-6344	-9698	-10541	-81.9
	格鲁吉亚	-5741	-5096	-5181	-5207	-5781	-5301	1.6
	阿塞拜疆	19072	7375	4619	6698	8826	8000	-15.9
	亚美尼亚	-2882	-1754	-1481	-1944	-2551	-2874	0.1
	摩尔多瓦	-2977	-2020	-1975	-2406	-3054	-3063	-0.6
	哈萨克斯坦	38164	15388	11690	19038	28422	19552	-12.5
	乌兹别克斯坦	-2425	-2018	-2354	-1643	-6088	-7000	-23.6
	土库曼斯坦	7500	3000	1970	2887	7222	7000	-1.4
	吉尔吉斯斯坦	-3835	-2629	-2427	-2731	-3455	-2938	5.2
	塔吉克斯坦	-3320	-2545	-2132	-1577	-2078	-2150	8.3
南亚国家	印度	-140216	-126180	-97107	-150684	-189686	-159701	-2.6
	巴基斯坦	-22859	-22079	-26472	-36177	-36653	-27111	-3.5
	孟加拉国	-10714	-9668	-9878	-16985	-21243	-22201	-15.7
	斯里兰卡	-8119	-8388	-8873	-9620	-10343	-7873	0.6
	阿富汗	-7159	-7152	-5938	-6800	-6522	-6260	2.6
	尼泊尔	-6701	-5931	-8239	-9603	-11926	-11240	-10.9
	马尔代夫	-1692	-1656	-1869	-2042	-2621	-2550	-8.5
	不丹	-349	-512	-477	-456	-442	-370	-1.2

续表

区域	国家	2014年	2015年	2016年	2017年	2018年	2019年	年均增速（%）
西亚北非国家	沙特阿拉伯	168599	28874	43410	87316	157308	126699	-5.6
	阿联酋	67011	37060	28455	43840	55358	18231	-22.9
	阿曼	21415	2920	6866	6469	15991	17817	-3.6
	伊朗	40054	25338	29823	43265	55647	13272	-19.8
	土耳其	-84637	-62637	-52942	-74220	-53983	-29476	19.0
	以色列	-2973	1998	-5241	-7977	-14646	-18043	-43.4
	埃及	-39933	-42225	-30321	-36023	-44376	-41926	-1.0
	科威特	71090	23159	15448	21442	36074	30242	-15.7
	伊拉克	28122	-940	5961	11989	42065	32548	3.0
	卡塔尔	101144	45361	25249	37602	52592	41291	-16.4
	约旦	-14545	-12642	-11775	-12987	-12560	-11024	5.4
	黎巴嫩	-17533	-14983	-15438	-15885	-16566	-14812	3.3
	巴林	6780	5940	3615	4526	5149	5375	-4.5
	也门	-4250	-4662	-6643	-5854	-6854	-9013	-16.2
	叙利亚	—	—	—	—	—	—	
	巴勒斯坦	—	—	—	—	—	—	
中东欧国家	波兰	-3504	2651	4310	552	-5390	2015	189.5
	罗马尼亚	-8023	-9229	-11026	-14725	-18087	-19657	-19.6
	捷克	20784	16514	19653	18790	17579	20263	-0.5
	斯洛伐克	4678	2309	2380	1797	523	-367	-160.1
	保加利亚	-5406	-3834	-2361	-2746	-4238	-3873	6.5
	匈牙利	5725	6551	8040	6287	4113	3802	-7.9
	拉脱维亚	-3249	-2433	-2140	-2907	-3515	-3228	0.1
	立陶宛	-2040	-2762	-2367	-2357	-3165	-2488	-4.1
	斯洛文尼亚	2022	2114	2380	2365	1933	904	-14.9
	爱沙尼亚	-2254	-1685	-1788	-2115	-2134	-1891	3.5
	克罗地亚	-8974	-7646	-8091	-8760	-10801	-10645	-3.5
	阿尔巴尼亚	-2793	-2385	-2654	-2979	-3055	-3181	-2.6
	塞尔维亚	-5756	-4500	-4371	-4955	-6655	-7100	-4.3
	北马其顿	-2332	-1891	-1968	-2055	-2139	-2282	0.4
	波黑	-5096	-3888	-3818	-4102	-4448	-4581	2.1
	黑山	-1928	-1688	-1925	-2192	-2538	-2444	-4.9
"一带一路"沿线国家整体		408620	67482	24327	30027	174791	88001	-26.4

资料来源：作者根据世界贸易组织数据库数据计算。

附表2-12　　2014~2019年中国对"一带一路"沿线国家贸易净出口额及年均增速

单位：百万美元

区域	国家	2014年	2015年	2016年	2017年	2018年	年均增速（%）
东南亚国家	印度尼西亚	14574.4	14455.8	10703.5	6183.1	9091.7	-11.1
	泰国	-4042.7	1122.1	-1349.6	-3054.4	-1944.4	13.0
	马来西亚	-9298.9	-9296.9	-11609.5	-12713.9	-17473.5	-22.0
	越南	43823.6	36185.3	23922.5	21242.6	19928.4	-17.9
	新加坡	18082.4	24361.7	18481.7	10769.7	16179.5	-2.7
	菲律宾	2489.4	7705.1	12440.7	12826.8	14515.5	55.4
	缅甸	-6233.6	4201.6	4089.9	4422.1	5849.0	48.5
	柬埔寨	2791.8	3096.8	3098.2	3775.6	4645.6	13.6
	老挝	61.6	-321.6	-372.6	-185.6	-573.9	-257.9
	文莱	1557.1	1306.3	289.3	285.8	1350.0	-3.5
	东帝汶	60.2	103.8	164.0	131.0	129.8	21.1
东欧中亚国家	蒙古国	-2885.7	-2224.7	-2634.1	-3931.7	-4694.8	-15.7
	俄罗斯	12083.4	1498.2	5079.5	1440.3	-10881.3	-47.5
	乌克兰	1622.7	-40.1	1726.2	2701.0	4389.7	28.2
	格鲁吉亚	855.6	724.9	691.7	845.0	1048.7	5.2
	阿塞拜疆	348.2	216.2	-66.2	-190.5	134.2	-21.2
	亚美尼亚	-44.4	-96.6	-169.5	-158.8	-100.8	-31.8
	摩尔多瓦	90.4	78.5	52.3	64.0	70.2	-6.1
	哈萨克斯坦	2968.0	2592.3	3487.2	5185.8	2797.0	-1.5
	乌兹别克斯坦	1080.3	961.7	400.4	1278.0	1617.7	10.6
	土库曼斯坦	-8561.9	-7012.2	-5224.8	-6207.0	-7802.6	2.2
	吉尔吉斯斯坦	5187.1	4223.6	5534.2	5249.8	5492.6	1.4
	塔吉克斯坦	2420.5	1743.4	1693.8	1254.6	1349.1	-13.6
南亚国家	印度	37858.7	44859.5	46633.6	51696.9	58030.6	11.3
	巴基斯坦	10490.6	13967.1	15320.1	16417.6	14787.3	9.0
	孟加拉国	11021.2	13077.9	13431.2	14293.9	16774.1	11.1
	斯里兰卡	3544.5	4045.5	4013.4	3778.0	3925.8	2.6
	阿富汗	376.2	350.0	426.1	537.8	643.8	14.4
	尼泊尔	2236.5	800.7	843.7	949.1	—	—
	马尔代夫	103.6	172.5	320.5	295.0	—	—
	不丹	11.0	7.8	4.7	6.1	—	—

续表

区域	国家	2014 年	2015 年	2016 年	2017 年	2018 年	年均增速（%）
西亚北非国家	沙特阿拉伯	-27932.8	-8408.1	-4975.1	-13386.9	-28338.1	-0.4
	阿联酋	23271.2	25506.1	20072.6	16412.8	13621.6	-12.5
	阿曼	-21730.5	-12931.0	-9893.3	-11066.8	-15945.7	6.7
	伊朗	-3165.4	1712.7	1590.1	31.1	-7089.9	-31.0
	土耳其	15600.1	15664.2	13901.2	14338.1	14101.5	-2.5
	以色列	4598.5	5813.9	5001.4	4712.2	4684.4	0.5
	埃及	9301.0	11040.7	9883.0	8143.7	10186.4	2.3
	科威特	-6576.2	-3724.4	-3369.4	-5822.2	-12038.1	-20.8
	伊拉克	-13017.4	-4765.4	-3115.4	-5483.7	-14548.5	-2.9
	卡塔尔	-6082.7	-2338.7	-2496.7	-4717.9	-6602.7	-2.1
	约旦	3101.3	3136.9	2743.2	2524.4	2759.8	-2.9
	黎巴嫩	2579.5	2268.2	2082.7	1987.6	1933.7	-7.0
	巴林	1047.8	900.3	726.8	778.6	988.4	-1.4
	也门	-731.5	531.8	1526.3	983.1	1159.0	64.6
	叙利亚	982.2	1019.0	912.0	1101.5	1274.3	6.7
	巴勒斯坦	75.4	68.8	59.0	68.9	73.3	-0.7
中东欧国家	波兰	11322.1	11602.9	12556.3	14519.5	17298.1	11.2
	罗马尼亚	1702.5	1867.3	1992.4	1953.6	2342.1	8.3
	捷克	5006.2	5445.7	5107.0	5097.3	7506.3	10.7
	斯洛伐克	-547.6	557.2	451.2	144.5	-2685.5	-97.6
	保加利亚	193.2	295.0	465.4	199.9	293.4	11.0
	匈牙利	2504.3	2321.9	1958.5	1972.1	2201.7	-3.2
	拉脱维亚	1169.8	877.9	930.2	971.0	957.0	-4.9
	立陶宛	1500.8	1072.1	1126.9	1345.1	1431.7	-1.2
	斯洛文尼亚	1660.5	1802.2	1832.6	2391.6	3844.2	23.4
	爱沙尼亚	920.6	718.3	751.9	746.0	786.7	-3.9
	克罗地亚	926.7	873.8	855.3	976.6	1117.8	4.8
	阿尔巴尼亚	188.9	302.3	377.9	257.8	434.0	23.1
	塞尔维亚	311.8	281.4	269.0	334.1	504.5	12.8
	北马其顿	-13.9	-46.2	43.3	-8.6	59.4	131.7
	波黑	246.7	6.2	20.5	21.6	32.4	-39.8
	黑山	103.5	109.9	75.7	66.1	136.2	7.1
“一带一路”沿线国家整体		153188.6	226448.9	214884.5	180780.0	141729.8	-1.9

资料来源：作者根据联合国商品贸易统计数据库数据计算。

附表 2-13　　　2014~2019 年"一带一路"沿线国家国际
直接投资流入量及年均增速　　　单位：百万美元

区域	国家	2014年	2015年	2016年	2017年	2018年	2019年	年均增速（%）
东南亚国家	印度尼西亚	21810.5	16641.5	3921.2	20579.2	21979.8	23429.0	1.4
	泰国	4809.1	5623.8	1815.3	6477.6	10492.6	4145.7	−2.9
	马来西亚	10877.3	10082.3	11335.9	9398.8	8091.0	7650.5	−6.8
	越南	9200.0	11800.0	12600.0	14100.0	15500.0	16120.0	11.9
	新加坡	73286.6	59700.1	73862.6	75723.0	77646.1	92080.5	4.7
	菲律宾	5284.8	4446.6	6915.1	8703.6	6456.2	4996.4	−1.1
	缅甸	946.2	2824.0	2989.0	4341.0	3554.0	2766.0	23.9
	柬埔寨	1853.5	1822.8	2475.9	2788.1	3102.6	3706.0	14.9
	老挝	720.8	1118.7	997.4	1599.4	1319.6	557.2	−5.0
	文莱	567.9	173.2	−149.6	460.1	504.0	274.6	−13.5
	东帝汶	49.3	43.0	5.5	6.7	47.9	74.6	8.6
东欧中亚国家	蒙古国	337.8	94.3	−4156.4	1494.4	2173.7	2443.3	48.6
	俄罗斯	29151.7	11857.8	37175.8	25953.5	13332.4	31735.1	1.7
	乌克兰	410.0	2961.0	3284.0	2601.0	2355.0	3070.0	49.6
	格鲁吉亚	1818.0	1652.5	1565.8	1894.5	1232.4	1267.7	−7.0
	阿塞拜疆	4430.4	4047.7	4500.0	2867.0	1403.0	1503.9	−19.4
	亚美尼亚	403.9	178.3	338.1	249.8	254.3	254.5	−8.8
	摩尔多瓦	337.7	227.6	90.6	163.5	227.7	588.6	11.8
	哈萨克斯坦	8489.4	4056.6	8511.5	4669.3	3816.6	3118.1	−18.2
	乌兹别克斯坦	757.4	66.5	134.1	97.7	412.4	2286.3	24.7
	土库曼斯坦	3830.1	3043.0	2243.2	2085.9	1985.1	2165.9	−10.8
	吉尔吉斯斯坦	248.0	1141.9	615.9	−107.2	47.0	208.6	−3.4
	塔吉克斯坦	431.7	558.6	343.7	269.9	316.7	212.8	−13.2
南亚国家	印度	34582.0	44064.0	44481.0	39904.0	42156.0	—	—
	巴基斯坦	1887.0	1673.0	2576.0	2496.0	1737.0	—	—
	孟加拉国	1551.0	2235.0	2333.0	2152.0	3613.0	—	—
	斯里兰卡	894.0	680.0	897.0	1373.0	1614.0	758.0	−3.2
	阿富汗	44.0	163.0	94.0	53	119.0	—	—
	尼泊尔	30.0	52.0	106.0	198.0	67.0	185.0	43.9
	马尔代夫	333.0	298	457	458	539	565.0	11.2
	不丹	22.0	6.0	−34.0	−10.0	6.0	7.0	−20.5

续表

区域	国家	2014年	2015年	2016年	2017年	2018年	2019年	年均增速（%）
西亚北非国家	沙特阿拉伯	8012.0	8141.0	7453.0	1419.0	3208.8	4562.0	-10.7
	阿联酋	11071.5	8550.9	9604.8	10354.2	10385.3	13787.5	4.5
	阿曼	1287.4	-2171.7	2265.3	2918.1	4190.5	3124.6	19.4
	伊朗	2105.5	2050.0	3372.0	5019.0	3480.3	1508.0	-6.5
	土耳其	12972.0	18989.0	13705.0	11478.0	12944.0	8434.0	-8.3
	以色列	6049.1	11336.0	11988.0	18169.0	21803.0	18224.2	24.7
	埃及	4612.0	6925.2	8106.8	7408.7	6797.6	9010.0	14.3
	科威特	953.5	310.6	418.7	348.1	345.5	104.4	-35.7
	伊拉克	-10176.4	-7574.2	-6255.9	-5032.4	-4885.1	-3075.6	21.3
	卡塔尔	1040.4	1070.9	773.9	986.0	-2186.3	-2812.6	-222.0
	约旦	2178.5	1600.3	1553.0	2029.7	949.9	915.8	-15.9
	黎巴嫩	2862.5	2159.3	2568.5	2522.4	2879.8	2128.3	-5.8
	巴林	1518.6	64.9	243.4	1426.1	1515.2	941.8	-9.1
	也门	-233.1	-15.4	-561.0	-269.9	-282.1	-371.0	9.7
	叙利亚	—	—	—	—	—	—	—
	巴勒斯坦	—	—	—	—	—	175.7	—
中东欧国家	波兰	14268.7	15270.8	15690.1	9178.5	11476.2	13220.5	-1.5
	罗马尼亚	3211.4	3838.9	4997.0	5406.1	5887.7	5971.2	13.2
	捷克	5492.0	465.1	9814.8	9521.7	9478.9	7576.5	6.6
	斯洛伐克	-512.1	106.1	805.3	2276.7	475.1	2448.7	236.7
	保加利亚	460.9	2660.8	1109.8	2607.7	2058.8	1222.9	21.6
	匈牙利	7806.6	-14797.3	-5752.9	3260.9	6389.3	5204.5	-7.8
	拉脱维亚	780.1	707.6	173.7	732.5	879.4	789.2	0.2
	立陶宛	-23.3	870.4	263.9	652.3	905.1	975.2	311.0
	斯洛文尼亚	1049.8	1674.4	1245.1	782.0	1418.7	909.8	-2.8
	爱沙尼亚	684.5	35.6	1095.7	1712.2	1309.4	3044.5	34.8
	克罗地亚	2879.4	269.6	1807.7	2036.9	1159.4	1364.6	-13.9
	阿尔巴尼亚	1110.0	945.3	1099.9	1146.1	1293.6	1281.3	2.9
	塞尔维亚	2196.7	2689.2	2593.7	3159.0	4377.8	4584.9	15.9
	北马其顿	272.2	240.4	374.3	204.8	737.1	365.2	6.1
	波黑	550.2	361.1	319.0	448.1	467.7	528.4	-0.8
	黑山	497.0	699.1	226.3	557.2	489.6	452.8	-1.8
"一带一路"沿线各国总体		304039.5	260508.4	312966.4	334988.2	335512.6	312202.7	0.5

资料来源：作者根据联合国贸易和发展会议数据库数据计算。

附表2-14　　2014~2018年中国对"一带一路"沿线国家
直接投资规模及年均增速　　　　　　单位：百万美元

区域	国家	2013年	2014年	2015年	2016年	2017年	2018年	年均增速（%）
东南亚国家	印度尼西亚	1563.4	1272.0	1450.6	1460.9	1682.3	1864.8	10.0
	泰国	755.2	839.5	407.2	1121.7	1057.6	737.3	-3.2
	马来西亚	616.4	521.3	488.9	1830.0	1722.1	1662.7	33.6
	越南	480.5	332.9	560.2	1279.0	764.4	1150.8	36.4
	新加坡	2032.7	2813.6	10452.5	3171.9	6319.9	6411.3	22.9
	菲律宾	54.4	225.0	-27.6	32.2	108.8	58.8	-28.5
	缅甸	475.3	343.1	331.7	287.7	428.2	-197.2	-39.4
	柬埔寨	499.3	438.3	419.7	625.7	744.2	778.3	15.4
	老挝	781.5	1026.9	517.2	327.6	1220.0	1241.8	4.9
	文莱	8.5	-3.3	3.9	142.1	71.4	-15.1	-90.0
	东帝汶	1.6	9.7	33.8	55.3	19.5	-10.3	-51.5
东欧中亚国家	蒙古国	388.8	502.6	-23.2	79.1	-27.9	-457.1	-47.7
	俄罗斯	1022.3	633.6	2960.9	1293.1	1548.4	725.2	3.4
	乌克兰	10.1	4.7	-0.8	1.9	4.8	27.5	55.3
	格鲁吉亚	109.3	224.4	44.0	20.8	38.5	80.2	-22.7
	阿塞拜疆	-4.4	16.8	1.4	-24.7	-0.2	-1.1	-26.6
	亚美尼亚	—	—	—	—	4.0	19.6	—
	摩尔多瓦	—	—	—	—	—	—	—
	哈萨克斯坦	811.5	-40.1	-2510.3	487.7	2070.5	118.4	98.8
	乌兹别克斯坦	44.2	180.6	127.9	178.9	-75.8	99.0	-14.0
	土库曼斯坦	-32.4	195.2	-314.6	-23.8	46.7	-38.3	-29.9
	吉尔吉斯斯坦	203.4	107.8	151.6	158.7	123.7	100.2	-1.8
	塔吉克斯坦	72.3	107.2	219.3	272.4	95.0	388.2	38.0
南亚国家	印度	148.6	317.2	705.3	92.9	290.0	206.2	-10.2
	巴基斯坦	163.6	1014.3	320.7	632.9	678.2	-198.7	-29.9
	孟加拉国	41.4	25.0	31.2	40.8	99.0	543.7	115.9
	斯里兰卡	71.8	85.1	17.5	-60.2	-25.3	7.8	-44.9
	阿富汗	-1.2	27.9	-3.3	2.2	5.4	-0.2	-25.1
	尼泊尔	37.0	45.0	78.9	-48.8	7.6	51.2	3.3
	马尔代夫	1.6	0.7	—	33.4	32.0	-1.6	-78.8
	不丹	—	—	—	—	—	—	—

续表

区域	国家	2013年	2014年	2015年	2016年	2017年	2018年	年均增速（%）
西亚北非国家	沙特阿拉伯	478.8	184.3	404.8	23.9	-345.2	383.1	20.1
	阿联酋	294.6	705.3	1268.7	-391.4	661.2	1081.0	11.3
	阿曼	-0.7	15.2	11.0	4.6	12.7	51.9	36.0
	伊朗	745.3	592.9	-549.7	390.4	-368.3	-567.3	-48.9
	土耳其	178.6	105.0	628.3	-96.1	190.9	352.8	35.4
	以色列	1.9	52.6	229.7	1841.3	147.4	410.6	67.2
	埃及	23.2	162.9	80.8	119.8	92.8	222.0	8.0
	科威特	-0.6	161.9	144.4	50.6	175.1	192.1	4.4
	伊拉克	20.0	82.9	12.3	-52.9	-8.8	7.7	-44.7
	卡塔尔	87.5	35.8	140.9	96.1	-26.6	-368.1	-282.1
	约旦	0.8	6.7	1.6	6.1	15.2	85.6	88.8
	黎巴嫩	0.7	0.1	—	—	—	—	—
	巴林	-5.3	—	—	36.5	37.0	-2.4	—
	也门	331.3	6.0	-102.2	-413.2	27.3	10.5	15.1
	叙利亚	-8.1	9.6	-3.6	-0.7	0.5	0.0	-25.0
	巴勒斯坦	0.0	—	—	0.2	—	—	—
中东欧国家	波兰	18.3	44.2	25.1	-24.1	-4.3	117.8	27.8
	罗马尼亚	2.2	42.3	63.3	15.9	15.9	1.6	-56.1
	捷克	17.8	2.5	-17.4	1.9	73.0	113.0	160.3
	斯洛伐克	0.3	45.7	—	—	0.7	14.6	-24.8
	保加利亚	20.7	20.4	59.2	-15.0	88.9	-1.7	-27.1
	匈牙利	25.7	34.0	23.2	57.5	65.6	95.0	29.3
	拉脱维亚	—	—	0.5	—	0.1	10.7	—
	立陶宛	5.5	—	—	2.3	—	-4.5	—
	斯洛文尼亚	—	—	—	21.9	0.4	13.3	—
	爱沙尼亚	—	—	—	—	0.1	53.2	—
	克罗地亚	—	3.6	—	0.2	31.8	22.4	58.5
	阿尔巴尼亚	0.6	—	—	0.0	0.2	1.7	—
	塞尔维亚	11.5	11.7	7.6	30.8	79.2	153.4	90.3
	北马其顿	—	—	0.0	—	—	1.8	—
	波黑	—	—	1.6	0.9	—	—	—
	黑山	—	—	—	—	16.7	12.7	—
"一带一路"沿线国家整体		12606.8	13592.2	18874.7	15178.7	20032.1	17818.0	7.0

资料来源：作者根据中国对外直接投资统计公报数据库数据计算。

附表 2-15　　2014~2018年中国对“一带一路”沿线国家直接投资占对世界直接投资的比重

单位：%

区域	国家	2013年	2014年	2015年	2016年	2017年	2018年
东南亚国家	印度尼西亚	1.450	1.033	0.996	0.745	1.063	1.304
	泰国	0.700	0.682	0.280	0.572	0.668	0.515
	马来西亚	0.572	0.423	0.336	0.933	1.088	1.162
	越南	0.446	0.270	0.385	0.652	0.483	0.805
	新加坡	1.885	2.285	7.176	1.617	3.993	4.482
	菲律宾	0.050	0.183	−0.019	0.016	0.069	0.041
	缅甸	0.441	0.279	0.228	0.147	0.271	−0.138
	柬埔寨	0.463	0.356	0.288	0.319	0.470	0.544
	老挝	0.725	0.834	0.355	0.167	0.771	0.868
	文莱	0.008	−0.003	0.003	0.072	0.045	−0.011
	东帝汶	0.001	0.008	0.023	0.028	0.012	−0.007
东欧中亚国家	蒙古国	0.361	0.408	−0.016	0.040	−0.018	−0.320
	俄罗斯	0.948	0.587	2.746	1.199	1.436	0.672
	乌克兰	0.009	0.004	−0.001	0.002	0.004	0.025
	格鲁吉亚	0.101	0.208	0.041	0.019	0.036	0.074
	阿塞拜疆	−0.004	0.016	0.001	−0.023	0.000	−0.001
	亚美尼亚	—	—	—	—	0.004	0.018
	摩尔多瓦	—	—	—	—	—	—
	哈萨克斯坦	0.752	−0.037	−2.328	0.452	1.920	0.110
	乌兹别克斯坦	0.041	0.167	0.119	0.166	−0.070	0.092
	土库曼斯坦	−0.030	0.181	−0.292	−0.022	0.043	−0.036
	吉尔吉斯斯坦	0.189	0.100	0.141	0.147	0.115	0.093
	塔吉克斯坦	0.067	0.099	0.203	0.253	0.088	0.360
南亚国家	印度	0.022	0.039	0.059	0.037	0.110	0.034
	巴基斯坦	0.015	0.018	0.000	0.000	0.001	0.000
	孟加拉国	0.000	0.000	0.000	0.000	0.000	0.000
	斯里兰卡	—	—	0.000	0.000	0.000	—
	阿富汗	0.005	0.001	0.000	0.000	0.001	0.002
	尼泊尔	0.000	0.000	—	—	0.000	0.000
	马尔代夫	—	—	—	—	—	—
	不丹	—	—	—	—	—	—

续表

区域	国家	2013年	2014年	2015年	2016年	2017年	2018年
西亚北非国家	沙特阿拉伯	0.444	0.150	0.278	0.012	−0.218	0.268
	阿联酋	0.273	0.573	0.871	−0.200	0.418	0.756
	阿曼	−0.001	0.012	0.008	0.002	0.008	0.036
	伊朗	0.691	0.482	−0.377	0.199	−0.233	−0.397
	土耳其	0.166	0.085	0.431	−0.049	0.121	0.247
	以色列	0.002	0.043	0.158	0.939	0.093	0.287
	埃及	0.022	0.132	0.055	0.061	0.059	0.155
	科威特	−0.001	0.132	0.099	0.026	0.111	0.134
	伊拉克	0.019	0.067	0.008	−0.027	−0.006	0.005
	卡塔尔	0.081	0.029	0.097	0.049	−0.017	−0.257
	约旦	0.001	0.005	0.001	0.003	0.010	0.060
	黎巴嫩	0.001	0.000	—	—	—	—
	巴林	−0.005	—	—	0.019	0.023	−0.002
	也门	0.307	0.005	−0.070	−0.211	0.017	0.007
	叙利亚	−0.007	0.008	−0.002	0.000	0.000	0.000
	巴勒斯坦	0.000	—	—	0.000	—	—
中东欧国家	波兰	0.017	0.036	0.017	−0.012	−0.003	0.082
	罗马尼亚	0.002	0.034	0.043	0.008	0.010	0.001
	捷克	0.017	0.002	−0.012	0.001	0.046	0.079
	斯洛伐克	0.000	0.037	—	—	0.000	0.010
	保加利亚	0.019	0.017	0.041	−0.008	0.056	−0.001
	匈牙利	0.024	0.028	0.016	0.029	0.041	0.066
	拉脱维亚	—	—	0.000	—	0.000	0.007
	立陶宛	0.005	—	—	0.001	—	−0.003
	斯洛文尼亚	—	—	—	0.011	0.000	0.009
	爱沙尼亚	—	—	—	—	0.000	0.037
	克罗地亚	—	0.003	—	0.000	0.020	0.016
	阿尔巴尼亚	0.001	—	—	0.000	0.000	0.001
	塞尔维亚	0.011	0.009	0.005	0.016	0.050	0.107
	北马其顿	—	—	0.000	—	—	0.001
	波黑	—	—	0.001	0.000	—	—
	黑山	—	—	—	—	0.011	0.009
"一带一路"沿线国家整体		11.690	11.040	12.957	7.738	12.655	12.457

资料来源：作者根据中国对外直接投资统计公报数据计算。

附表2-16　　2014~2019年"一带一路"沿线国家国际直接投资流出量及年均增速

单位：百万美元

区域	国家	2014年	2015年	2016年	2017年	2018年	2019年	年均增速（%）
东南亚国家	印度尼西亚	7077.32	5936.97	-12214.69	2077.19	8138.85	3380.37	-13.74
	泰国	5575.37	1687.25	12366.88	17063.65	17714.49	11846.83	16.27
	马来西亚	16369.07	10545.85	8011.21	5638.47	5280.29	6303.97	-17.37
	越南	1150.00	1100.00	1000.00	480.00	598.00	465.00	-16.56
	新加坡	52477.49	45223.05	39781.84	43695.84	37142.73	33283.34	-8.70
	菲律宾	6299.15	4346.93	1032.33	1751.84	602.20	658.13	-36.35
	缅甸	—	—	—	—	—	—	—
	柬埔寨	82.06	87.76	79.07	114.86	123.96	101.84	4.41
	老挝	7.06	39.70	15.18	9.70	0.01	—	—
	文莱	—	—	—	—	—	—	—
	东帝汶	12.67	12.67	12.67	—	—	—	—
东欧中亚国家	蒙古国	107.08	11.41	14.47	48.61	37.05	126.97	3.47
	俄罗斯	64202.54	27089.94	26951.19	34153.10	36444.88	22529.88	-18.90
	乌克兰	111.00	-51.00	16.00	8.00	-5.00	648.00	42.31
	格鲁吉亚	406.65	309.15	407.17	269.43	340.17	281.54	-7.09
	阿塞拜疆	3230.00	3259.77	2574.00	2564.00	1761.00	2431.70	-5.52
	亚美尼亚	16.04	16.77	66.20	22.25	-11.73	-142.56	-254.80
	摩尔多瓦	36.62	18.74	9.12	13.69	31.05	42.54	3.04
	哈萨克斯坦	3814.83	795.17	-5234.89	913.20	-1102.63	-2591.89	-192.56
	乌兹别克斯坦	—	—	—	—	—	2.52	—
	土库曼斯坦	—	—	—	—	—	—	—
	吉尔吉斯斯坦	0.05	-1.24	0.01	-29.00	1.00	2.79	126.61
	塔吉克斯坦	—	—	35.09	159.00	56.83	23.21	—
南亚国家	印度	11783.00	7572.00	5072.00	11141.00	11447.00	12104.00	—
	巴基斯坦	122.00	25.00	52.00	52.00	-21.00	-7.00	—
	孟加拉国	44.00	46.00	41.00	142.00	23.00	-1.00	—
	斯里兰卡	67.00	53.00	237.00	72.00	68.00	77.00	2.82
	阿富汗	0.00	1.00	15	11	41	26	—
	尼泊尔	—	—	—	—	—	—	—
	马尔代夫	—	—	—	—	—	—	—
	不丹	—	—	—	—	—	—	—

续表

区域	国家	2014年	2015年	2016年	2017年	2018年	2019年	年均增速（%）
西亚北非国家	沙特阿拉伯	5396.00	5390.00	8936.00	7280.00	21219.18	13185.00	19.56
	阿联酋	11735.90	16691.60	15711.40	14059.95	15079.29	15901.11	6.26
	阿曼	1357.61	335.50	356.31	2423.93	566.51	1115.58	-3.85
	伊朗	3.44	119.69	104.11	75.75	74.60	84.82	89.82
	土耳其	6685.00	4811.00	2893.00	2633.00	3608.00	2841.00	-15.73
	以色列	4526.00	10969.00	14579.00	6153.00	6008.00	8566.39	13.61
	埃及	252.70	181.70	206.60	199.00	323.50	405.00	9.89
	科威特	-10468.08	5367.16	4527.89	9013.45	3750.97	-2495.46	24.93
	伊拉克	241.50	147.70	304.30	77.80	188.40	194.20	4.27
	卡塔尔	6748.35	4023.35	7901.92	1694.78	3522.80	4450.27	-7.99
	约旦	83.38	0.99	3.24	6.62	-7.61	41.13	-13.18
	黎巴嫩	1240.71	660.21	1004.74	1317.43	1058.43	437.85	-18.80
	巴林	-393.62	3190.96	-880.05	228.99	111.17	-197.07	12.92
	也门	11.59	4.43	0.79	5.60	3.61	3.33	22.07
	叙利亚	—	—	—	—	—	—	—
	巴勒斯坦	—	—	—	—	—	29.19	—
中东欧国家	波兰	2898.11	4995.54	11599.99	2759.64	864.13	2132.35	-5.95
	罗马尼亚	-373.49	562.21	4.61	-96.36	13.15	38.06	163.33
	捷克	1619.53	2487.44	2181.81	7560.01	5277.25	4917.94	24.88
	斯洛伐克	42.76	5.95	98.54	349.51	234.14	153.25	-29.09
	保加利亚	267.34	175.23	429.30	355.19	387.28	331.86	4.42
	匈牙利	3867.55	-16118.78	-8303.07	1118.94	1990.80	2625.50	-7.45
	拉脱维亚	387.41	67.65	148.22	139.73	149.91	-161.20	-183.92
	立陶宛	-29.44	84.79	108.04	33.27	837.98	153.34	-239.11
	斯洛文尼亚	275.19	267.29	289.66	314.86	82.03	135.38	-13.23
	爱沙尼亚	42.85	182.55	538.58	743.63	-21.72	1967.32	114.97
	克罗地亚	1963.08	11.35	-337.66	687.28	354.29	231.50	-34.79
	阿尔巴尼亚	33.31	37.65	64.16	26.13	82.52	126.86	30.66
	塞尔维亚	392.18	387.24	296.92	195.18	415.58	343.18	-2.63
	北马其顿	10.22	15.46	23.84	1.98	3.09	39.92	31.33
	波黑	18.38	72.68	34.91	76.07	18.21	-9.35	-187.36
	黑山	27.41	12.27	-184.75	11.40	102.97	66.91	19.54
“一带一路”沿线国家整体		211853.86	153265.70	142967.19	179806.58	184968.59	149222.35	-6.77

资料来源：作者根据联合国贸易和发展会议数据库数据计算。

附表 2-17　　2014~2018 年"一带一路"沿线国家对中国直接投资规模及年均增速

单位：百万美元

区域	国家	2013年	2014年	2015年	2016年	2017年	2018年	年均增速（%）
东南亚国家	印度尼西亚	126.2	78.0	107.5	64.0	40.8	32.5	-19.7
	泰国	483.1	60.5	44.4	56.2	110.2	45.7	-6.8
	马来西亚	280.5	157.5	480.5	221.1	108.4	211.6	7.7
	越南	—	0.1	—	—	3.5	138.8	567.3
	新加坡	7228.7	5826.7	6904.1	6046.7	4763.2	5210.2	-2.8
	菲律宾	67.3	97.1	38.7	77.6	5.0	49.9	-15.3
	缅甸	5.9	5.9	—	0.0	1.7	8.2	8.9
	柬埔寨	22.5	3.1	10.0	—	15.1	2.0	-10.6
	老挝	—	—	—	—	—	—	—
	文莱	133.2	70.9	72.6	65.7	25.7	18.7	-28.3
	东帝汶	—	—	—	—	—	—	—
东欧中亚国家	蒙古国	2.1	0.2	—	—	3.1	0.4	26.5
	俄罗斯	22.1	40.9	13.1	73.4	23.8	56.8	8.6
	乌克兰	5.5	0.4	0.5	1.7	27.1	0.8	20.5
	格鲁吉亚	4.0	—	0.1	—	—	—	—
	阿塞拜疆	0.8	1.3	0.1	0.1	—	0.4	-25.9
	亚美尼亚	—	—	—	—	—	0.0	-12.0
	摩尔多瓦	—	—	—	—	—	—	—
	哈萨克斯坦	3.6	36.6	9.5	2.8	5.6	19.7	-14.3
	乌兹别克斯坦	0.1	0.4	—	0.0	—	—	—
	土库曼斯坦	—	—	—	—	—	—	—
	吉尔吉斯斯坦	—	0.1	—	0.0	0.1	—	—
	塔吉克斯坦	—	—	—	—	—	—	—
南亚国家	印度	27.1	50.8	80.8	51.8	157.7	47.5	-1.6
	巴基斯坦	18.1	23.2	0.7	0.7	1.0	0.7	-58.8
	孟加拉国	0.3	0.2	0.2	0.1	0.1	0.1	-17.3
	斯里兰卡	—	—	0.0	0.2	0.2	—	—
	阿富汗	5.6	1.0	0.5	0.4	0.7	2.3	23.5
	尼泊尔	0.1	0.2	—	—	0.0	0.2	-9.1
	马尔代夫	—	—	—	—	—	—	—
	不丹	—	—	—	—	—	—	—

续表

区域	国家	2013年	2014年	2015年	2016年	2017年	2018年	年均增速（%）
西亚北非国家	沙特阿拉伯	58.5	30.6	277.7	13.5	14.9	86.9	29.8
	阿联酋	43.8	28.6	39.0	39.3	13.6	25.7	-2.6
	阿曼	—	—	—	—	6.0	0.0	—
	伊朗	3.3	3.8	2.5	3.8	—	0.1	-59.7
	土耳其	40.0	12.7	27.0	32.1	6.7	0.9	-48.9
	以色列	13.7	13.4	5.2	50.1	7.7	11.3	-4.2
	埃及	2.1	1.3	0.5	2.7	0.8	0.9	-8.6
	科威特	0.7	6.9	2.2	1.5	14.7	4.4	-10.6
	伊拉克	1.0	0.2	1.0	2.2	1.8	0.4	22.5
	卡塔尔	17.7	—	0.9	—	—	0.1	—
	约旦	1.3	1.2	0.1	1.6	0.2	3.9	35.8
	黎巴嫩	2.0	0.9	—	—	—	—	16.4
	巴林	—	—	—	—	0.3	0.0	-100.0
	也门	0.9	0.9	2.5	2.5	0.3	15.4	101.1
	叙利亚	2.5	1.7	0.6	1.1	9.3	9.0	50.9
	巴勒斯坦	0.0	—	—	0.1	—	—	-100.0
中东欧国家	波兰	1.6	2.2	82.8	5.9	2.9	2.5	3.1
	罗马尼亚	1.4	0.2	—	2.0	7.1	2.7	89.7
	捷克	11.0	33.7	16.3	11.5	8.0	4.2	-40.6
	斯洛伐克	8.5	3.6	—	—	0.4	28.8	68.1
	保加利亚	1.7	2.2	0.1	1.3	0.1	0.7	-25.9
	匈牙利	3.1	0.5	3.2	3.3	1.5	1.3	30.6
	拉脱维亚	—	—	—	—	—	0.0	18.9
	立陶宛	0.1	—	15.5	—	0.2	—	—
	斯洛文尼亚	—	—	0.6	0.4	4.2	—	189.4
	爱沙尼亚	—	—	—	—	—	—	—
	克罗地亚	—	0.0	—	0.4	—	6.2	318.8
	阿尔巴尼亚	—	—	—	—	—	—	—
	塞尔维亚	—	—	—	—	0.1	0.1	—
	北马其顿	—	—	—	—	—	—	—
	波黑	—	—	—	—	—	—	—
	黑山	—	—	—	—	—	—	—
"一带一路"沿线国家整体		8662.4	6600.5	8247.1	6855.5	5414.5	6057.9	-2.1

资料来源：作者根据中国外资公报数据计算。

附表 2-18　2014~2018 年"一带一路"沿线国家对中国直接投资占中国利用外资额的比重

单位：%

区域	国家	2014 年	2015 年	2016 年	2017 年	2018 年
东南亚国家	印度尼西亚	0.061	0.079	0.048	0.030	0.023
	泰国	0.047	0.033	0.042	0.081	0.033
	马来西亚	0.123	0.354	0.165	0.079	0.153
	越南	0.000	—	—	0.003	0.100
	新加坡	4.534	5.092	4.522	3.494	3.767
	菲律宾	0.076	0.029	0.058	0.004	0.036
	缅甸	0.005	—	0.000	0.001	0.006
	柬埔寨	0.002	0.007	—	0.011	0.001
	老挝	—	—	—	—	—
	文莱	0.055	0.054	0.049	0.019	0.014
	东帝汶	—	—	—	—	—
东欧中亚国家	蒙古国	0.000	—	—	0.002	0.000
	俄罗斯	0.032	0.010	0.055	0.017	0.041
	乌克兰	0.000	0.000	0.001	0.020	0.001
	格鲁吉亚	—	0.000	—	—	—
	阿塞拜疆	0.001	0.000	0.000	—	0.000
	亚美尼亚	—	—	—	—	0.000
	摩尔多瓦	—	—	—	—	—
	哈萨克斯坦	0.028	0.007	0.002	0.004	0.014
	乌兹别克斯坦	0.000	—	0.000	—	—
	土库曼斯坦	—	—	—	—	—
	吉尔吉斯斯坦	0.000	—	0.000	0.000	—
	塔吉克斯坦	—	—	—	—	—
南亚国家	印度	0.039	0.060	0.039	0.116	0.034
	巴基斯坦	0.018	0.000	0.000	0.001	0.000
	孟加拉国	0.000	0.000	0.000	0.000	0.000
	斯里兰卡	—	0.000	0.000	0.000	—
	阿富汗	0.001	0.000	0.000	0.001	0.002
	尼泊尔	0.000	—	—	0.000	0.000
	马尔代夫	—	—	—	—	—
	不丹	—	—	—	—	—

续表

区域	国家	2014年	2015年	2016年	2017年	2018年
西亚北非国家	沙特阿拉伯	0.024	0.205	0.010	0.011	0.063
	阿联酋	0.022	0.029	0.029	0.010	0.019
	阿曼	—	—	—	0.004	0.000
	伊朗	0.003	0.002	0.003	—	0.000
	土耳其	0.010	0.020	0.024	0.005	0.001
	以色列	0.010	0.004	0.037	0.006	0.008
	埃及	0.001	0.000	0.002	0.001	0.001
	科威特	0.005	0.002	0.001	0.011	0.003
	伊拉克	0.000	0.001	0.002	0.001	0.000
	卡塔尔	—	0.001	—	—	0.000
	约旦	0.001	0.000	0.001	0.000	0.003
	黎巴嫩	0.001	—	—	—	—
	巴林	—	—	—	0.000	0.000
	也门	0.001	0.002	0.002	0.000	0.011
	叙利亚	0.001	0.000	0.001	0.007	0.006
	巴勒斯坦	—	—	0.000	—	—
中东欧国家	波兰	0.002	0.061	0.004	0.002	0.002
	罗马尼亚	0.000	—	0.002	0.005	0.002
	捷克	0.026	0.012	0.009	0.006	0.003
	斯洛伐克	0.003	—	—	0.000	0.021
	保加利亚	0.002	0.000	0.001	0.000	0.000
	匈牙利	0.000	0.002	0.002	0.001	0.001
	拉脱维亚	—	—	—	—	0.000
	立陶宛	—	—	0.012	—	0.000
	斯洛文尼亚	—	—	0.000	0.000	0.003
	爱沙尼亚	—	—	—	—	—
	克罗地亚	0.000	—	0.000	—	0.004
	阿尔巴尼亚	—	—	—	—	—
	塞尔维亚	—	—	—	0.000	0.000
	北马其顿	—	—	—	—	—
	波黑	—	—	—	—	—
	黑山	—	—	—	—	—
"一带一路"沿线国家整体		5.136	6.083	5.127	3.972	4.380

资料来源：作者根据中国外资公报数据计算。